U0896225

晋城统计年鉴 2017

JIN CHENG STATISTICAL YEARBOOK

山西省晋城市统计局 编

中国统计出版社
China Statistics Press

图书在版编目(CIP)数据

晋城统计年鉴.2017/晋城市统计局编.—北京：

中国统计出版社，2017.9

ISBN 978-7-5037-8291-6

Ⅰ.①晋…　Ⅱ.①晋…　Ⅲ.①统计资料－晋城市－

2017－年鉴　Ⅳ.①C832.253-54

中国版本图书馆CIP数据核字(2017)第200465号

晋城统计年鉴—2017

作　　者 / 晋城市统计局
责任编辑 / 陈越月
封帧设计 / 郭　瑞
出版发行 / 中国统计出版社
地　　址 / 北京市丰台区西三环南路甲6号　邮编　100073
电　　话 / 邮购(010)63376909　书店(010)68783171
网　　址 / http://csp.stats.gov.cn
印　　刷 / 山西智慧景潮包装印刷有限公司
经　　销 / 新华书店
开　　本 / 890 × 1240 毫米　1/16
字　　数 / 987.28千字
印　　张 / 35.9印张
印　　数/ 1-350册
版　　别 / 2017年9月第1版
版　　次 / 2017年9月第1次印刷
定　　价 / 198.00元

如有印装差错，由本社发行部调换。

晋城统计年鉴2017

编辑说明

一、《晋城统计年鉴—2017》系统收录了全市和各县(市、区)2016年经济、社会各方面的统计数据,以及建市以来重要年份的全市主要统计数据,是一部全面反映晋城经济和社会发展情况的资料性年刊。

二、本年鉴正文内容分为22个篇章,即:1、行政区划和自然资源;2、综合;3、国民经济核算;4、人口;5、就业人员和职工工资;6、固定资产投资;7、房地产;8、能源;9、财政;10、物价;11、城市概况;12、环境保护;13、农村经济;14、工业;15、建筑业;16、交通运输、邮电通信业;17、国内贸易;18、对外经济贸易;19、金融和保险;20、教育、科技;21、文化、体育和卫生;22、其他社会活动。同时附录二个篇章:1、晋城市统计局关于2016年全市国民经济和社会发展的统计公报;2、1949-2016年主要经济社会指标。为方便读者使用,篇末附有《主要统计指标解释》。

三、本年鉴资料的统计范围包括全市行政区划内的全部单位和个人。按属地统计原则,各县(市、区)均包括驻地中央、省、市属单位,少数由市统计局直接统计的单位资料,在整理时一般已加入所驻县(市、区)中,如未加入者,则分别在县(市、区)分组项目下,单列市直汇单位。

四、本年鉴中部分数据合计数或相对数由于单位取舍不同而产生的计算误差,均未作机械调整。

五、本年鉴凡带有续表的资料,有关注解均列在第一张表的下方。

六、符号使用说明:年鉴各表中的“空格”表示该项统计指标数据不足本表最小单位数、数据不详或无该项数据;“ # ”表示其中的主要项。

七、在使用本年鉴过程中,如发现有差错之处,请及时指出,以便改正。

目　录

CONTENTS

一、行政区划和自然资源

Divisions of Administrative Areas and Natural Resources

二、综　合

General Survey

三、国民经济核算

National Accounts

四、人 口

Population

五、就业人员和职工工资

Employment and Wages

六、固定资产投资
Investment in Fixed Assets

七、房地产
Real Estate

八、能 源

Energy

九、财 政

Public Finance

十、物 价

Price

十一、城市概况
General Survey of Cities

十二、环境保护
Environment Protection

十三、农村经济
Agricultural Economy

十四、工 业
Industry

十五、建筑业
Construction

十六、交通运输、邮电通信业
Transportation,Post And Telecommunication Services

十七、国内贸易
Domestic Trade

十八、对外经济贸易

Foreign Trade

十九、金融和保险

Banking And Insurance

二十、教育、科技

Education,Science and Technology

二十一、文化、体育和卫生
Culture,Sports and Public Health

二十二、其他社会活动
Other Social Activities

附录

01 行政区划和自然资源

Divisions of Administrative Areas And Natural Resources

PAGE

001-012

资料整理人员： 姬鹏闯　张静云

1-1 全市行政区划(2016年)

单位:个

地区	乡(镇、办事处)	镇	乡	街道办事处
总计	84	48	26	10
城区	8	1		7
沁水县	14	7	7	
阳城县	17	10	7	
陵川县	12	7	5	
泽州县	17	14	3	
高平市	16	9	4	3
开发区				

1-1 续表

单位:个

地区	村(居)民委员会	居民委员会	村民委员会	村(居)民小组
总计	2340	143	2197	7674
城区	137	75	62	137
沁水县	251	9	242	863
阳城县	467	5	462	2048
陵川县	378	7	371	1590
泽州县	630	4	626	2471
高平市	463	29	434	463
开发区	14	14		102

1-2 自然资源

指 标	单 位	2014年	2015年	2016年
总 人 口	人	2308946	2314977	2320858
人口密度	人/平方公里	245	246	246
总 面 积	平方公里	9424.9	9424.9	9424.9
土地资源				
土地面积	公顷	942487	942487	942487
耕地面积	公顷	204679	204749	204806
林业用地面积	公顷	403474	403228	403138
森林资源				
森林面积	公顷	360759	360759	377056
森林覆盖率	%	38.25	38.25	39.98
林木蓄积量	万立方米	1380	1380	1380
水利资源				
水资源总量	万立方米	101474	89940	157817
地表水资源量(河川径流量)	万立方米	80866	72216	135620
地下水资源量	万立方米	72876	74290	80582
地表水与地下水资源重复量	万立方米	52268	56566	58385

注:总人口为常住人口,总面积为新的行政区划面积。

1-3 各地区自然资源情况(2016年)

单位:人、平方公里、人/平方公里

地区	总人口	土地面积	比重 %	占全省比重 %	人口密度
总计	2320858	9424.9	100.00	6.04	246
城区	492880	142.6	1.52	0.09	3457
沁水县	215866	2658.2	28.22	1.70	81
阳城县	391986	1917.5	20.35	1.23	204
陵川县	235317	1701.8	18.05	1.09	138
泽州县	491789	2024.4	21.46	1.30	243
高平市	493020	980.3	10.39	0.63	503

注:本表为常住人口数。

1-3 续表

地区	森林面积(公顷)	森林覆盖率(%)	林木蓄积量(万立方米)	水资源总量(万立方米)	地表水资源量	地下水资源量	地表水与地下水资源重复量
总计	377056	39.98	1380.3	157817	135620	80582	58385
城区	2825	19.80	6.1	3030	1343	2307	620
沁水县	128116	48.18	768.8	31851	29997	14878	13024
阳城县	84229	43.89	258.2	38914	33566	17401	12053
陵川县	91595	53.74	295.2	32292	28079	18321	14108
泽州县	54067	26.70	30.2	44534	38817	22975	17258
高平市	16225	16.53	21.9	7195	3818	4699	1322

1-4 主要河流基本情况(2016年)

名称	流域面积(平方公里)	河长(公里)	年径流量(万立方米)
全市合计	9490	297	60429
黄河流域	8417		52976
入汾小河	90		102
沁河	4858	168	40821
丹河	2945	129	8930
入黄小河	524		3123
海河流域	1073		7453
卫河分区	1073		7453

1-5 内陆水域面积(2016年)

单位:公顷

水域	总水面			
		可养殖水面	已养殖水面	尚可利用水面
总计	3599	1828	387	1384
池塘	91	44	42	5
水库	3508	1784	345	1379
河沟				
其他				

1-6 大中型水库一览表(2016年)

单位:米、万立方米

水库名称	建设地点	所在河流	所属流域	坝型	坝高	总库容	兴利库容
任庄水库	泽州县	丹河	黄河流域	土坝	35.30	8050	1330
杜河水库	泽州县	沁丹河	黄河流域	堆石坝	38.00	2800	785
东焦河水电站	泽州县	沁丹河	黄河流域	堆石坝	55.10	2288	1428
湾则水电站	沁水县	沁河支流县河	黄河流域	重力坝	40.00	1432	806
张峰水库	沁水县	沁丹河	黄河流域	堆石坝	72.20	39400	30300
董封水库	阳城县	获泽河	黄河流域	土坝	34.27	2347	458
上郊水库	陵川县	丹河	黄河流域	土坝	30.00	1172	450
申庄水库	陵川县	丹河	黄河流域	堆石坝	26.00	1484	227

1-6 续表1

单位:万立方米、万亩

水库名称	防洪库容	年供水		年末蓄水量	全年来水量	设计灌溉面积	有效灌溉面积
		灌溉	工业				
任庄水库	3779	300	500	1065	3935	2.4	1.1
杜河水库	835			1260	6250		
东焦河水电站	658		402	1460			
湾则水电站	499					5.0	
张峰水库	3600	40	610	31700	27800		
董封水库	1135	310		123	47	1.5	1.0
上郊水库	642	3		80	80	0.7	
申庄水库	565					0.8	

1-7　小型水利设施情况(2016年)

单位:处、千公顷、万立方米

地区	合计		小型水库			自流渠道	
	设施	面积	设施	库容	面积	设施	面积
合计	877	16.05	87	14161.97	4.04	555	8.60
城区	66	0.17	4	196.20		57	0.10
沁水县	325	5.85	2	506.90		299	5.68
阳城县	104	1.64	20	1985.13	0.04	66	1.54
陵川县	133	1.24	20	4002.64	0.36	78	0.73
泽州县	83	3.25	21	4093.90	0.99		
高平市	166	3.90	20	3377.20	2.65	55	0.55

1-7　续表

单位:处、千公顷、公里、万立方米

地区	挖泉截流		干渠长度	塘坝		
	设施	面积		设施	容量	面积
合计	37	0.40	530.00	198	1065.90	3.01
城区			36.00	5	34.20	0.07
沁水县	8	0.15	214.00	16	25.85	0.02
阳城县			104.00	18	107.20	0.06
陵川县			94.00	35	398.80	0.15
泽州县				62	127.91	2.26
高平市	29	0.25	82.00	62	371.94	0.45

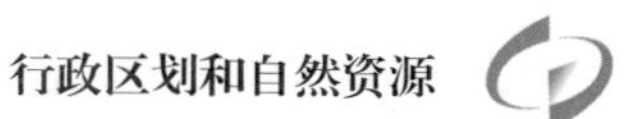

1-8 主要矿产基础储量

项目	单位	2015年	2016年
煤层气	亿立方米	6141.0	6141.0
煤	亿吨	291.6	291.6
铁矿	万吨	6246.0	6246.0
硫铁矿	万吨	4085.0	4085.0
锰铁矿	万吨	142.0	142.0
铝土矿	万吨	2399.9	2399.9
石灰岩	万吨	3488.0	3488.0
白云岩	亿吨	7.0	7.0
硅石	亿吨	4.0	4.0
粘土	万吨	2308.7	2308.7
铁矾土	万吨	1141.0	1141.0
天然油石	万吨		
大理石	亿吨	45.0	45.0
铜铅锌	万吨	63.0	63.0

注：本表资料由国土资源局提供。

1-9　各地区平均气温(2016年)

单位:摄氏度

地　区	1月	2月	3月	4月	5月	6月	7月	8月	9月	10月	11月	12月	年平均
市　区	-2.6	1.6	7.9	15.0	17.6	22.5	24.2	23.9	19.9	13.0	6.2	2.1	12.6
沁水县	-3.9	-0.1	6.5	13.7	15.9	21.1	23.0	23.0	18.2	11.6	4.7	0.5	11.2
阳城县	-2.4	2.0	8.4	15.5	18.0	23.1	24.9	24.7	20.2	13.4	6.2	1.9	13.0
陵川县	-5.5	-1.7	4.6	12.2	14.4	19.1	20.9	20.7	16.5	10.0	3.7	-0.7	9.5
高平市	-4.7	-0.6	6.5	13.9	16.6	21.4	23.3	22.9	18.4	12.0	4.6	0.0	11.2

1-10　各地区平均相对湿度(2016年)

单位:%

地　区	1月	2月	3月	4月	5月	6月	7月	8月	9月	10月	11月	12月	年平均
市　区	46	36	43	55	56	67	79	79	69	75	69	63	61
沁水县	45	37	43	58	60	68	80	78	71	76	67	63	62
阳城县	46	35	42	61	60	70	76	76	68	75	68	65	62
陵川县	47	42	47	55	57	71	86	82	71	76	64	63	63
高平市	53	46	48	59	60	70	82	81	75	80	74	72	67

1-11　各地区降水量(2016年)

单位:毫米

地　区	1月	2月	3月	4月	5月	6月	7月	8月	9月	10月	11月	12月	全　年
市　区	2.6	13.5	8.2	33.2	39.6	109.7	277.4	115.9	30.4	85.3	15.8	17.8	749.4
沁水县	1.5	5.2	3.7	41.4	40.8	114.0	170.6	44.4	71.0	82.6	12.6	11.5	599.3
阳城县	0.6	9.2	5.0	48.5	47.2	124.0	241.5	46.8	39.0	83.8	15.6	14.9	676.1
陵川县	2.0	14.3	9.6	21.9	48.9	185.0	233.1	77.6	61.2	69.5	13.9	15.1	752.1
高平市	1.5	11.7	7.9	25.0	41.4	155.4	214.5	154.9	19.1	73.4	15.3	15.2	735.3

1-12　各地区日照时数(2016年)

单位:小时

地　区	1月	2月	3月	4月	5月	6月	7月	8月	9月	10月	11月	12月	全　年
市　区	166.2	219.1	221.8	227.4	226.8	241.4	206.4	192.5	195.7	118.9	146.2	157.1	2319.5
沁水县	135.0	183.9	188.3	219.4	208.7	240.2	165.7	191.4	176.9	132.5	162.6	174.7	2179.3
阳城县	179.3	215.0	201.1	216.7	201.8	231.3	199.3	203.3	183.1	131.1	153.3	162.3	2277.6
陵川县	180.5	222.4	219.5	207.8	231.2	235.1	187.4	186.3	197.2	130.6	176.5	174.0	2348.5
高平市	154.8	202.0	183.3	201.3	217.7	186.8	123.6	152.4	141.0	102.3	94.4	157.3	1916.9

主要统计指标解释

行政区划 指国家对行政区域的划分。根据宪法规定，我国的行政区域划分如下：(1)全国分为省、自治区、直辖市；(2)省、自治区分为自治州、县、自治县、市；(3)自治州分为县、自治县、市；(4)县、自治县分为乡、民族乡、镇；(5)直辖市和较大的市分为区、县；(6)国家在必要时设立的特别行政区。

国土 指中华人民共和国国家管辖下的领土、领海和领空。

气候 指地球与大气之间长期能量交换与质量交换所形成的一种自然环境状态，它是多种因素综合作用的结果。气候既是人类生活和生产的环境要素之一，又是供给人类生活和生产的重要资源。气温、降水、湿度等气象要素的多年平均值是用来描述一个地区气候状况的主要参数，而各种气象要素某年、某月的平均值(或总量)则可以反映出该时期天气气候状况的重要特征。

自然资源 指人类可以直接从自然界获得，并用于生产和生活的物质资源。自然资源一般可以分成可再生资源和非再生资源两大类。可再生资源指在较短时间内可以再生、可以循环利用的资源，包括土地资源、水资源、气候资源、生物资源和海洋资源等。非再生资源指在使用后不能再生的资源，包括矿产资源和地热能源。

土地资源 土地指陆地的表层部分，它主要由岩石、岩石的风化物和土壤构成。土地资源按利用类型可以分为农用地、建筑用地和未利用地。农用地包括耕地、园地、林地、牧草地和水面。建筑用地包括居民点及工矿用地、交通用地和水利设施用地。未利用地指农用地和建筑用地以外的土地，包括滩涂、荒漠、戈壁、冰川和石山等。

耕地面积 指经过开垦用以种植农作物并经常进行耕耘的土地面积。包括种有作物的土地面积、休闲地、新开荒地和抛荒未满三年的土地面积。

林业用地面积 指生长乔木、竹类、灌木、沿海红树林等林木的土地面积，包括有林地、灌木林、疏林地、未成林造林地、迹地、苗圃等。

草地面积 指牧区和农区用于放牧牲畜或割草，植被盖度在5%以上的草原、草坡、草山等面积。包括天然的和人工种植或改良的草地面积。

森林资源 指森林、林木、林地以及依托森林、林木、林地生存的野生动物、植物和微生物。林木指树木和竹子。森林指以乔木为主体的植物群落，是集生的乔木及与共同作用的植物、动物、微生物和土壤、气候等的总体。

活立木总蓄积量 指一定范围内土地上全部树木蓄积的总量，包括森林蓄积、疏林蓄积、散生木蓄积和四旁树蓄积。

森林面积 指由乔木树种构成，郁闭度0.2以上(含0.2)的林地或冠幅宽度10米以上的林带的面积，即有林地面积。森林面积包括天然起源和人工起源的针叶林面积、阔叶林面积、针阔混交林面积和竹林面积，不包括灌木林地面积和疏林地面积。

森林蓄积量 指一定森林面积上存在着的林木树干部分的总材积。它是反映一个国家或地区森林资源总规模和水平的基本指标之一，也是反映森林资源的丰富程度、衡量森林生态环境优劣的重要依据。

森林覆盖率 指一个国家或地区森林面积占土地总面积的百分比。森林覆盖率是反映森林资源的丰富程度和生态平衡状况的重要指标。在计算森林覆盖率时，森林面积包括郁闭度0.2以上的乔木林地面积和竹林地面积，国家特别规定的灌木林地面积、农田林网以及四旁(村旁、路旁、水旁、宅旁)林木的覆盖面积。计算公式为：

森林覆盖率(%)= ×100%

水资源 水在自然界中以固体、液体和气态三种聚集状态存在，分布于海洋、陆地(包括土壤)以及大气之中，通过水循环形成水资源。水资源包括经人类控制并直接可供灌溉、发电、给水、航运、养殖等用途的地表水和地下水，以及江河、湖泊、井、泉、潮汐、港湾和养殖水域等。水资源是发展国民经济不可缺少的重要自然资源。

地表水和地下水 陆地上的水因空间分布不同，分为地表水和地下水。地表水指分别存在于河流、湖泊、沼泽、冰川和冰盖等水体中水分的总称，又称陆地水。地下水指储存在地面以下饱和岩土孔隙、裂隙及溶洞中的水。

内陆水域总面积 指江、河、湖泊、池塘、塘堰、水库等各种流水或蓄水的水面占地面积。

径流 指陆地上接受降水后扣除损耗外，从地表和地下向流域出口断面汇集的水流。径流可分为地表径流、地下径流和壤中流。地表径流指沿地表向河流、湖泊、沼泽、海洋等汇集的水流；地下径流指沿潜水层或隔水层间的含水层，向河流、湖泊、沼泽、海洋等汇集的地下水水流。

径流量 指在一定时段内通过河流某一过水断面的水量，用以反映一个国家或地区水资源的丰歉程度。计算公式为：

径流量=降水量-蒸发量

矿产资源 矿产指由地质作用形成，富集于地壳中或出露于地表达到工农业利用要求的有用矿物。矿产是一种重要的自然资源，是社会发展的重要物质基础。

矿产基础储量 基础储量是查明矿产资源的一部分。它能满足现行采矿和生产所需的指标要求，是控制的、探明的并通过可行性或预可行性研究认为属于经济的、边界经济的部分，用未扣除设计、采矿损失的数量表示。

流域 每条河流都有自己的干流和支流，干支流共同组成这条河流的水系。每条河流都有自己的集水区域，这个集水区域就称为该河流的流域。

外流河 指直接或间接流入海洋的河流。供给外流河河水的区域称为外流区域。

内陆河 指在陆地内部干燥地区，河水沿途消失于沙漠或注入内陆湖泊的河流。供给内陆河河水的区域称为内陆区域。

气温 指空气的温度，我国一般以摄氏度(℃)为单位表示。气象观测的温度表是放在离地面约1.5米处通风良好的百叶箱里测量的，因此，通常说的气温指的是离地面1.5米处百叶箱中的温度。其统计计算方法为：

月平均气温是将全月各日的平均气温相加，除以该月的天数而得。

年平均气温是将12个月的月平均气温累加后除以12而得。

相对湿度 指空气中实际所含水蒸气密度和同温度下饱和水蒸气密度的百分比值。其统计方法与气温相同。

降水量 指从天空降落到地面的液态或固态(经融化后)水，未经蒸发、渗透、流失而在地面上积聚的深度。其统计计算方法为：

月降水量是将全月各日的降水量累加而得。

年降水量是将12个月的月降水量累加而得。

日照时数 指太阳实际照射地面的时间。其统计方法与降水量相同。

02

▶综　合

General Information

PAGE

013-032

资料整理人员： 弓潞艳　郭　瑞

2-1 各部门机构数

	机构数		增速(%)
	2015年	2016年	
农村基层单位(个)			
基层组织			
乡政府	26	26	
镇政府	48	48	
村民委员会	2197	2197	
规模以上工业企业			
工业企业(个)	**251**	**241**	**-4.0**
大型企业	19	18	-5.3
中型企业	91	109	19.8
小型企业	141	114	-19.1
国有及国有控股企业	111	118	6.3
集体企业	1	1	
外商及港澳台商投资企业	14	15	7.1
建筑业企业(个)	**109**	**113**	**3.7**
邮电业(个)			
邮政局所	112	111	-0.9
金融业(个)			
银行系统合计	259	481	85.7
保险系统机构	26	26	
教育事业			
普通高等学校(所)	2	2	
普通中学(所)	160	156	-2.5
#高中	34	34	
初中	126	122	-3.2
普通小学(所)	543	494	-9.0
学前教育(所)	446	459	2.9
特殊教育(所)	6	6	
艺术事业(个)			
#艺术表演团体	8	8	
#剧场、影剧院			
公共图书馆(个)	**6**	**7**	**16.7**
群众文化事业(个)			
文化馆	7	7	
文物事业(个)			
博物馆	4	4	
广播电视台(座)	**7**	**7**	
卫生事业(个)	**3090**	**3102**	**0.4**
#医院、卫生院	177	176	-0.6
疗养院			
专科防治院(所、站)			
疾病预防控制中心	7	7	
妇幼保健院(所、站)	7	7	

2-2 平均每天主要社会经济活动

指 标	2007年	2008年	2009年	2010年	2011年	2012年	2013年	2014年	2015年	2016年
每天创造的财富										
地区生产总值(万元)	12050	15431	16604	20014	24520	27672	28272	28380	28500	28749
第一产业	553	615	689	841	1063	1169	1187	1201	1349	1366
第二产业	7610	9741	10513	12729	16050	17862	17655	16674	15772	15188
#工业	7226	9357	10069	12162	15344	16899	16588	15443	14605	14012
建筑业	384	384	444	570	706	964	1067	1250	1201	1207
第三产业	3886	5074	5402	6444	7407	8642	9430	10504	11379	12195
#交通运输仓储和邮政业	1063	1293	1367	1542	1750	2010	2155	1757	1907	2084
批发和零售业	868	1218	1262	1536	1891	2350	2540	2436	2432	2547
财政总收入(万元)	2645	3100	3730	4198	4981	5833	6117	5680	5275	4630
公共财政预算收入(万元)	924	1147	1317	1520	1861	2265	2591	2686	2573	2447
公共财政预算支出(万元)	1481	1734	2096	2452	3102	3547	4305	4431	4935	4744
粮食(吨)	1850	2090	1721	2506	2522	2662	2479	2000	2636	2467
棉花(吨)	1.0	1.0	0.5	0.6	1.0	0.8	0.7	0.5	0.4	0.3
油料(吨)	21	19	13	18	17	17	16	11	12	11
肉类(吨)	155	229	245	275	311	360	384	399	471	455
布(米)	20164	14767	17726	20164	19342	18279	21288	25041	26767	24438
原煤(吨)	215534	235918	233753	231068	250411	232951	223096	217917	240849	247142
发电量(万千瓦小时)	4032	5326	5461	5591	5456	6033	6356	6404	6211	6290
粗钢(吨)	1775	1555	5264	4622	6055	7493	7615	8320	8378	9804
钢材(吨)	1431	1163	3371	4148	5616	7352	7491	8191	8253	9704
水泥(吨)	4137	2685	3425	3918	3808	6366	6476	6932	6137	5288
每天消费量										
最终消费支出(万元)	5104	6613	7037	8087	9663	10839	11456	11159	12708	12992
居民消费	3657	4734	5110	5832	6966	7869	8627	8569	9824	10220
农村居民	1230	1564	1582	1596	1860	1938	2045	2129	2144	2431
城镇居民	2426	3170	3528	4237	5106	5931	6582	6440	7680	7789
政府消费	1447	1879	1927	2255	2697	2970	2829	2590	2884	2772
社会消费品零售总额(万元)	3164	4113	4871	5236	6151	7125	8141	9348	9829	10581
每天其他经济活动										
客运量(万人)	17.2	7.2	6.8	7.0	7.2	7.5	5.7	5.4	4.5	3.9
货运量(万吨)	21.7	8.0	7.7	9.0	9.5	10.7	13.3	13.8	14.8	16.4
邮电业务总量(万元)	674	718	942	817	450	486	534	609	666	1137
货物进出口总额(万美元)	43	57	66	146	311	337	252	1847	245	164
出口总额	22	35	33	58	77	67	71	486	79	45
进口总额	21	22	33	88	234	270	181	1361	166	91
每天人口变动										
出 生(人)	64	54	58	62	52	54	51	55	50	51
死 亡(人)	40	45	36	73	39	42	31	43	33	30
迁 出(人)	85	81	74	79	53	66	63	55	39	40
迁 入(人)	107	87	87	84	77	75	53	57	61	46

2-3 国民经济和社会发展总量与速度指标

指标及年份	总量指标					速度指标(%)					
						指数(上年=100)					平均增长速度
	2012	2013	2014	2015	2016	2012	2013	2014	2015	2016	2013-2016
人口与就业											
人口 (万人)											
年底总人口(常住人口)	229.1	230.1	230.9	231.5	232.1	100.3	100.4	100.4	100.3	100.3	0.3
城镇人口	124.8	127.7	130.4	132.9	135.4	103.5	102.3	102.1	101.9	101.9	2.1
乡村人口	104.3	102.3	100.5	98.6	96.7	96.6	98.1	98.2	98.1	98.1	-1.9
男性人口	115.2	115.3	116.0	117.0	117.2	100.2	100.1	100.7	100.9	100.1	0.4
女性人口	113.9	114.8	114.8	114.4	114.9	100.4	100.7	100.1	99.7	100.4	0.2
就业 (万人)											
就业人员数	142.3	148.2	151.3	154.2	156.2	102.7	104.2	102.1	101.9	101.3	2.4
#城镇非私营单位在岗职工	28.1	36.3	35.6	34.7	33.4	100.4	129.2	98.2	97.4	96.3	4.4
城镇登记失业人数	0.5	0.5	0.5	0.6	0.7	86.7	86.5	108.6	125.4	114.5	7.8
宏观经济											
国民经济核算 (亿元)											
地区生产总值	1012.8	1031.8	1035.9	1040.2	1049.3	111.1	109.3	104.8	103.3	103.8	5.3
第一产业	42.8	43.3	43.8	49.2	49.9	109.1	100.3	102.4	105.7	100.3	2.4
第二产业	653.8	644.4	608.6	575.7	554.4	112.1	110.8	105.2	100.8	102.4	4.7
第三产业	316.3	344.2	383.4	415.3	445.1	109.4	107.3	104.0	108.1	106.3	6.4
支出法地区生产总值 (亿元)	1023.6	1033.6	1035.9	1040.2	1049.3	111.4	109.3	104.8	103.3	103.8	5.3
最终消费支出	396.7	386.7	407.3	463.9	474.2	108.6	109.7	105.7	118.5	104.8	9.6
居民消费	288.0	69.3	77.7	358.6	373.0	108.5	110.5	112.5	118.6	107.5	12.2
政府消费	108.7	223.1	235.1	105.3	101.2	108.7	107.7	100.2	118.4	95.4	5.1
资本形成总额	632.8	671.7	660.5	645.9	626.1	117.6	113.1	104.4	100.0	99.9	4.2
固定资本形成总额	514.5	534.8	545.6	524.2	509.0	110.4	112.5	105.9	97.6	98.9	3.6
存货增加	118.3	136.8	114.9	121.8	117.1	166.1	115.8	98.6	110.9	103.9	7.1
固定资产投资 (亿元)											
固定资产投资总额	655.0	837.7	974.8	1105.1	1150.4	129.9	127.9	116.4	113.4	104.1	15.1
#国有经济	158.7	234.5	289.1	271.3	223.8	106.6	147.8	123.3	93.9	82.5	9.0
集体经济	88.6	166.6	192.4	267.4	129.2	172.3	188.1	115.5	138.9	48.3	9.9
私营个体经济	80.1	116.1	143.1	228.0	216.9	150.9	147.1	123.2	159.4	95.1	28.3
施工房屋建筑面积(万平方米)	1358.3	579.8	682.2	874.3	899.0	143.3	128.3	117.7	128.2	102.8	12.6
竣工房屋建筑面积	385.1	92.6	69.8	121.1	83.7	123.5	112.7	75.4	173.4	69.1	-8.9
财政 (亿元)											
财政总收入	213.5	223.3	207.3	192.5	169.0	117.4	104.6	92.9	92.9	87.8	-5.7
公共财政预算收入	82.9	94.6	98.0	93.9	89.3	122.1	114.1	103.7	95.8	95.1	1.9
公共财政预算支出	129.8	157.1	161.7	180.1	172.8	114.7	121.0	102.9	111.4	95.9	7.4
物价总指数(上年=100)											
居民消费价格指数	102.4	103.4	102.0	100.8	100.7						
商品零售价格指数	101.9	101.1	100.8	99.0	100.0						
工业生产者出厂价格指数	97.0	92.5	91.8	93.7	93.6						
工业生产者购进价格指数	96.9	95.1	94.1	92.6	99.4						

注:2011年起,固定资产投资统计起点为项目计划总投资500万元。

2–3 续表1

指标及年份		总量指标					速度指标（%）					
							指数(上年=100)					平均增长速度
		2012	2013	2014	2015	2016	2012	2013	2014	2015	2016	2013–2016
行 业												
农业												
农林牧渔业从业人员	（万人）	44.09	43.89	42.69	43.0	43.4	99.3	99.5	97.3	100.7	100.9	–0.4
农林牧渔业总产值	（亿元）	74.6	77.8	79.8	92.9	95.0	111.2	104.3	102.6	105.9	101.4	3.5
主要农产品产量												
粮 食	（万吨）	97.4	90.5	73.0	96.2	90.1	105.9	92.9	80.7	131.8	93.6	–2.0
棉 花	（吨）	299	265	193	132.9	106	85.2	88.6	72.9	68.8	79.8	–22.8
油 料	（吨）	6097	5893	4094	4494	3932	98.5	96.7	69.5	109.8	87.5	–10.4
水 果	（吨）	69305	61688	66580	76087	60445	106.9	89.0	107.9	114.3	79.4	–3.4
肉 类	（吨）	131697	140277	145795	171922	165945	116.0	106.5	103.9	117.9	96.5	5.9
工业												
主要工业产品产量												
布	（万米）	669	777	914	977	892	94.8	116.1	117.6	106.9	91.3	7.5
原 煤	（万吨）	8433	8143	7954	8791	9021	92.3	96.6	97.7	110.5	102.6	1.7
天然气	（万立方米）	250753	287609	301156	314529	324682	135.0	114.7	104.7	104.4	103.2	6.7
发电量	（亿千瓦小时）	219.3	232.9	233.8	226.7	229.6	135.0	106.2	100.4	97.0	101.3	1.2
粗 钢	（万吨）	274.3	278.0	303.7	305.8	357.8	124.1	101.3	109.3	100.7	117.0	6.9
钢 材	（万吨）	269.1	273.4	299.0	301.2	354.2	131.3	101.6	109.3	100.8	117.6	7.1
水 泥	（万吨）	233	236	253	224	193.0	167.6	101.3	107.2	88.5	86.2	–4.6

2–3 续表2

指标及年份		总量指标					速度指标(%)					
							指数(上年=100)					平均增长速度
		2012	2013	2014	2015	2016	2012	2013	2014	2015	2016	2013–2016
规模以上工业企业主要指标												
工业增加值	(亿元)	528.1	488.4	406.8	377.5	361.7	114.6	112.0	105.0	0.8	102.5	5.0
资产总计	(亿元)	2598.6	2804.5	2908.7	2987.6	3315.6	132.9	107.9	103.7	102.7	111.0	6.3
利润总额	(亿元)	179.5	104.4	56.0	50.6	56.3	90.3	58.2	53.6	90.4	111.3	–25.2
建筑业												
建筑业企业从业人员	(人)	26440	26660	34033	29385	25206	125.1	100.8	127.7	86.3	85.8	–1.2
建筑业总产值	(亿元)	57.4	71.0	73.4	59.6	56.1	126.5	123.7	103.3	81.3	94.1	–0.6
交通运输业												
公路客运量	(万人)	2730	2954	1983	1657	1416	103.2	108.2	67.1	83.5	85.5	–15.1
公路货运量	(万吨)	3910	4244	5042	5385	5990	113.0	108.5	118.8	106.8	111.2	11.3
邮电通信业												
邮电业务总量	(亿元)	17.8	19.5	22.2	24.3	41.5	108.3	109.7	114.1	109.4	170.6	23.6
函　件	(万件)	382.0	420.2	303.0	154.4	275.0	65.0	110.0	72.1	51.0	178.1	–7.9
局用电话交换机容量	(万门)	23.0	18.2	16.3	1.9	0.5	79.4	78.9	89.6	11.4	26.9	–61.6
固定电话年末用户	(万户)	43.5	40.3	40.3	35.8	17.0	101.1	92.6	100.0	88.9	47.5	–20.9
城　市		25.0	22.7	22.0			103.9	91.2	96.8			
农　村		16.9	11.5	9.9			88.9	67.9	86.8			
公用电话	(万户)	2.2	1.7	1.6			97.2	78.0	95.8			
移动电话用户	(万户)	171.8	224.1	224.7	229.2	225.0	109.0	130.4	100.3	102.0	98.2	7.0

注:2015年起,固定电话用户不分城市和农村,公用电话不再统计。

2-3 续表3

指标及年份		总量指标					速度指标(%)					
							指数(上年=100)					平均增长速度
		2012	2013	2014	2015	2016	2012	2013	2014	2015	2016	2013-2016
商业												
社会消费品零售总额	(亿元)	261	297.1	341.2	358.8	386.2	116.2	114.0	114.8	105.1	107.6	10.3
对外贸易												
货物进出口总额	(万美元)	123497	91855	109785	89597	59907	108.8	74.4	119.5	81.6	66.9	-16.5
出口额		24543	25890	28899	28832	16490	87.1	105.5	111.6	99.8	57.2	-9.5
进口额		98954	65965	80886	60765	43417	116.0	66.7	122.6	75.1	71.5	-18.6
国际旅游												
入境旅游过夜者人数	(万人次)	9.6	10.8	1.2	1.2	1.3	140.7	112.9		105.1	107.1	
国际旅游外汇收入	(万美元)	4564	5386	634	672	714	169.3	118.0		106.0	106.3	
金融业												
金融机构人民币各项存款余额	(亿元)	1719.2	1747.5	1812.6	1776.3	1934.6	114.7	101.7	103.7	98.0	108.9	3.0
金融机构人民币各项贷款余额	(亿元)	769.0	859.0	922.1	995.7	1082.2	121.4	111.7	107.3	108.0	108.7	8.9
教育												
专任教师数	(人)	24785	25256	25315	24928	24447	99.0	101.9	100.2	98.5	98.1	-0.3
#普通中学		10928	11317	11409	11460	11118	103.8	103.6	100.8	100.4	97.0	0.4
普通小学		10712	10537	10313	9648	9227	97.3	98.4	97.9	93.6	95.6	-3.7
在校学生数	(万人)	40.2	37.8	35.8	34.0	32.4	95.5	94.1	94.7	95.0	95.3	-5.3
#普通中学		16.9	16.1	14.8	13.7	12.6	95.6	94.9	92.0	92.8	92.0	-7.1
普通小学		15.1	13.8	12.8	12.3	11.8	92.9	91.7	92.8	96.1	95.8	-5.9
科技												
科学家、工程师数	(人)	5015	5554	5515	5574	5601	105.9	110.7	99.3	101.1	100.5	2.8
技术市场成交额	(万元)	91965	106070	117762	65114	83200	154.5	115.3	111.0	55.3	127.8	-2.5

注:2014年接待国外游客及外汇收入口径由原来的接待人次改为接待过夜人次,故同期不可比。

2-3 续表4

指标及年份		总量指标					速度指标（%）					
							指数(上年=100)					平均增长速度
		2012	2013	2014	2015	2016	2012	2013	2014	2015	2016	2013-2016
家庭、生活、环境												
婚姻												
结婚登记总数	（对）	19000	19586	18901	20324	18078	105.6	103.1	96.5	107.5	88.9	-1.2
离婚数	（对）	2000	2177	2622	2988	3392	117.6	108.9	120.4	114.0	113.5	14.1
生活												
城镇居民人均可支配收入	（元）	22565	23250	24907	26651	28223	112.1	103.0	107.1	107.0	105.9	5.8
农村居民人均可支配收入	（元）	8037	9026	10087	10914	11635	114.1	112.3	111.8	101.1	106.6	9.7
居民储蓄存款余额	（亿元）	756	825	869	977	1048	115.4	109.3	105.3	112.4	107.2	8.5
工资												
工资总额	（亿元）	150.3	196.5	199.1	189.8	187.0	113.4	130.7	101.3	95.4	98.5	5.6
职工平均工资	（元）	54455	54885	55759	54721	55453	111.8	100.8	101.6	98.1	101.3	0.5
卫生												
医院、卫生院	（个）	168	177	179	177	176	101.8	105.4	101.1	98.9	99.4	1.2
医生	（人）	5637	5830	5781	5361	5532	105.3	103.4	99.2	92.7	103.2	-0.5
医院、卫生院床位数	（张）	8323	9159	9509	10126	10611	104.0	110.0	103.8	106.5	104.8	6.3
城市市政建设												
全年供水总量	（万吨）	2146	2511	2964	3046	3098	109.2	117.0	118.0	102.8	101.7	9.6
天然气供应量	（万立方米）	18054	15701	10792	11774	10988	108.0	87.0	68.7	109.1	93.3	-11.7
排水管道长度	（公里）	347	354	363	367	367	106.1	102.0	102.6	101.1	100.1	1.4
实有道路长度	（公里）	205	210	217	218	220	110.8	102.5	103.3	100.7	100.7	1.8
公共交通运营数	（辆）	576	661	654	669	837	166.5	114.8	98.9	102.3	125.1	9.8
园林绿地面积	（公顷）	1577	1633	1702	1806	1806	105.6	103.6	104.2	106.1	100.0	3.4
火灾发生数	（起）	131	316	248	204	236	61.8	241.2	78.5	82.3	115.7	15.9
火灾损失	（万元）	243	434	372	1178	311	36.8	178.5	85.7	317.0	26.4	6.3
交通事故发生数	（起）	599	599	584	576	569	98.2	100.0	97.5	98.6	98.8	-1.3
交通事故损失	（万元）	166	150	144	165	154	111.8	90.2	96.2	114.2	93.7	-1.8

2-4 国民经济和社会发展结构指标

单位:%

指 标	2007年	2008年	2009年	2010年	2011年	2012年	2013年	2014年	2015年	2016年
人口										
城乡结构										
城 镇	43.2	45.2	47.0	51.0	52.7	54.5	55.5	56.5	57.4	58.3
乡 村	56.8	54.8	53.0	49.0	47.3	45.5	44.5	43.5	42.6	41.7
性别结构										
男	50.5	50.4	50.4	50.4	50.3	49.5	50.1	50.3	50.6	50.5
女	49.6	49.6	49.6	49.6	49.7	50.5	49.9	49.7	49.4	49.5
国民经济核算										
地区生产总值产业结构										
第一产业	4.6	4.0	4.1	4.2	4.3	4.2	4.2	4.2	4.7	4.8
第二产业	63.2	63.1	63.3	63.6	65.5	64.5	62.4	58.8	55.3	52.8
第三产业	32.3	32.9	32.5	32.2	30.2	31.3	33.4	37.0	39.9	42.4
农业										
农林牧渔业产值结构										
#农 业	56.0	49.5	45.7	50.6	43.9	46.7	49.2	42.6	46.1	38.1
林 业	3.0	2.6	6.8	5.4	4.0	3.2	3.0	5.1	3.9	4.0
牧 业	38.5	45.7	44.4	41.1	49.5	47.4	45.3	49.5	47.4	55.2
渔 业	0.3	0.2	0.6	0.6	0.5	0.6	0.6	0.5	0.5	0.5
工业										
工业企业资产结构										
大型企业	49.6	52.9	56.6	58.1	75.2	70.3	64.1	66.6	61.4	61.2
中型企业	37.0	36.9	34.9	33.1	18.3	19.7	21.7	22.9	25.4	30.0
小型企业	13.4	10.5	8.6	8.8	6.3	8.3	14.2	10.5	13.2	8.8
建筑业										
建筑业总产值结构										
#国有企业	16.7	15.3	19.7	25.2	19.8	14.9	5.7	5.7	8.0	9.4
集体企业	4.5	5.9	3.7	3.0	3.0	1.7	4.1	3.5	3.7	1.6
其它	78.8	78.8	76.6	71.8	77.2	83.3	90.2	90.8	88.3	89.0

2-4 续表

单位:%

指 标	2007年	2008年	2009年	2010年	2011年	2012年	2013年	2014年	2015年	2016年
金融业										
金融机构资金来源结构										
各项存款	112.9	109.6	109.0	109.0	113.5	113.0	114.8	118.2	98.5	91.3
金融机构资金运用结构										
各项贷款	52.7	43.1	42.0	43.0	48.0	50.6	56.4	60.1	55.2	51.1
有价证券及投资	4.5	4.4	4.6	5.5	2.8	4.1	4.5	4.9		
教育										
普通在校学生结构										
大学生	1.7	2.0	2.2	2.2	2.5	2.3	2.5	2.7	2.6	2.8
中学生	40.7	43.5	46.8	49.4	50.9	47.1	47.5	41.2	54.1	53.2
小学生	57.6	54.5	51.0	48.4	46.6	37.4	36.5	35.8	43.3	44.0
生活										
城镇居民消费结构										
食品类	31.9	29.5	30.3	27.5	28.3	24.3	23.5	22.7	21.4	22.0
衣着类	17.0	15.6	16.2	14.0	15.2	13.3	12.2	10.9	10.4	11.1
居住	14.0	17.2	14.1	9.9	10.4	17.0	26.4	23.8	21.5	24.1
用品及其他	37.1	37.7	39.4	48.6	46.2	45.4	37.9	42.6	46.7	42.8
农村居民消费结构										
食品类	34.6	38.1	37.4	38.8	36.0	33.0	25.6	25.9	22.9	24.2
衣着类	12.4	12.1	13.4	13.7	11.4	11.7	9.3	9.0	9.0	8.0
居住	15.7	11.6	11.4	11.9	12.5	17.2	18.9	20.2	21.1	22.4
用品及其他	37.3	38.2	37.8	35.6	40.1	38.1	46.1	44.9	47.0	45.4
福利										
离休退休人员结构										
离休人员	1.8	2.0	1.4	0.9	0.9	0.7	0.6	0.5	0.4	0.2
退休人员	98.2	98.0	98.6	99.1	99.1	99.3	99.4	99.5	99.6	99.8
离休退休人员保险福利费结构										
离休金	8.4	3.8	3.0	2.0	1.9	1.5	1.9	1.1	0.7	0.3
退休金	91.6	96.2	97.0	98.0	98.1	97.3	97.7	97.9	98.1	98.7
其 他						1.2	0.4	1.0	1.2	1.0
卫生										
卫生技术人员结构										
#医生	45.3	36.2	43.6	59.1	44.6	45.5	45.9	45.9	43.0	42.9
护师、护士	28.3	29.1	29.4	37.3	32.0	32.1	33.9	34.2	35.5	36.8
卫生机构床位结构										
市	43.9	38.0	38.7	37.8	39.0	38.5	36.8	36.5	37.0	38.8
县及以下	56.1	62.0	61.3	62.2	61.0	61.5	63.2	63.5	63.0	61.2

2-5 国民经济主要比例关系

单位:%

指 标	2007年	2008年	2009年	2010年	2011年	2012年	2013年	2014年	2015年	2016年
一、三次产业增加值比例										
第一产业	4.8	4.3	4.1	4.2	4.3	4.2	4.1	4.2	4.7	4.8
第二产业	64.1	63.5	63.3	63.6	65.5	64.5	60.6	58.8	55.3	52.8
第三产业	31.1	32.2	32.5	32.2	30.2	31.3	35.3	37.0	39.9	42.4
二、农林牧渔业总产值比例										
农 业	50.2	52.4	47.8	55.5	48.0	46.7	49.2	42.6	46.1	38.1
林 业	2.6	2.8	6.2	3.7	3.0	3.2	3.0	5.1	3.9	4.0
牧 业	44.9	42.8	43.0	38.2	46.6	47.4	45.3	49.5	47.4	55.2
渔 业	0.3	0.2	0.6	0.6	0.5	0.6	0.6	0.5	0.5	0.5
农林牧渔服务业	2.0	1.8	2.4	2.0	1.8	2.1	1.9	2.3	2.1	2.2
三、规模以上工业总产值比例(轻重工业)										
轻工业	1.2	2.1	1.8	2.0	2.1	2.3	2.4	2.5	2.6	2.7
重工业	98.8	97.9	98.2	98.0	97.9	97.7	97.6	97.5	97.4	97.3
四、规模以上工业总产值比例(隶属关系)										
中 央	11.7	9.2	8.5	7.6	6.0	7.3	9.3	9.3	10.8	9.9
省 属	39.6	33.5	36.4	30.6	29.1	33.2	34.4	33.1	33.1	34.1
市 属	14.5	16.9	16.2	15.6	14.8	15.6	14.5	12.4	12.2	10.3
县 属	13.7	12.3	9.7	12.2	16.8	10.7	7.1	6.5	6.3	6.8
乡镇街道办	1.8	6.5	5.0	4.9	1.7	0.2	1.3	0.1	0.0	0.0
其他企业	18.7	18.8	24.2	29.1	31.6	33.1	33.5	38.7	35.9	39.0
五、固定资产投资中三次产业比例										
第一产业	3.0	1.6	2.7	3.1	2.9	4.4	7.1	5.7	6.1	10.8
第二产业	64.2	65.0	51.1	48.7	57.3	55.5	46.7	45.3	40.6	32.0
第三产业	32.8	33.4	46.2	48.3	39.7	40.2	46.2	49.0	53.3	57.2
六、固定资产投资占GDP的比重	51.7	50.7	60.5	59.2	56.3	64.7	81.0	94.1	106.2	109.6
七、公共财政预算收入占GDP的比重	8.2	7.9	7.9	7.6	7.6	8.2	9.2	9.5	9.0	8.5
八、文教卫科事业费占财政支出的比重	28.9	31.4	31.8	31.7	32.9	34.8	30.7	33.1	33.9	33.3
社会保障和就业占财政支出的比重	19.6	14.1	15.0	12.7	12.0	12.5	12.0	12.6	12.7	13.9
一般公共服务占财政支出的比重	19.4	18.5	14.7	14.3	12.3	11.2	9.8	7.3	8.6	8.6
九、人口性别比(女=100)	101.8	101.8	101.6	102.6	101.3	101.3	100.5	101.0	102.3	102.0

2-6 社会经济主要指标人均水平

指 标		2007年	2008年	2009年	2010年	2011年	2012年	2013年	2014年	2015年	2016年
一、地区生产总值	（元）	18773	23680	27107	32329	39205	44257	45017	44943	44994	45271
二、工农业主要产品产量											
耕地面积(土地部门)	（公顷）	0.09	0.09	0.09	0.09	0.09	0.09	0.09	0.09	0.09	0.09
粮食产量	（公斤）	352	388	313	405	403	426	393	317	416	388
油料产量	（公斤）	4	3	1	3	3	3	3	2	2	2
棉花产量	（公斤）	0.17	0.18	0.08	0.10	0.15	0.13	0.12	0.08	0.06	0.05
水果产量	（公斤）	28	27	26	25	28	30	27	29	33	26
肉类产量	（公斤）	53	37	40	44	50	58	61	63	74	72
禽蛋产量	（公斤）	20	18	21	16	28	30	32	35	34	36
蔬菜产量	（公斤）	124	119	115	126	140	176	186	198	190	153
原 煤(全社会)	（吨）	36	39	38	37	40	37	35	35	38	39
发电量	（千瓦时）	6632	8727	8814	9032	8724	9581	10122	10142	9805	9906
生 铁	（吨）	0.67	0.39	1.15	1.00	1.22	1.46	1.50	1.61	1.57	1.80
化 肥	（吨）	0.71	0.86	0.94	0.76	0.88	0.22	1.18	1.43	1.13	1.12
水 泥	（吨）	0.68	0.44	0.56	0.63	0.61	1.02	1.03	1.10	0.97	0.83
三、财政贸易											
财政总收入	（元）	4351	5070	6089	6781	7964	9328	9704	8995	8327	7292
公共财政预算收入	（元）	1536	1879	2150	2456	2975	3623	4111	4253	4062	3854
公共财政预算支出	（元）	2436	2841	3421	4002	4960	5673	6830	7017	7791	7455
社会消费品零售总额	（元）	5205	6739	7952	8458	9834	11395	12916	14805	15517	16661
四、人民生活											
职工平均工资	（元）	26393	30999	34200	40029	48701	54455	54885	55759	54721	55453
城镇常住居民可人均支配收入	（元）	12404	14146	15161	17353	20127	22565	23250	24907	26651	28223
农村常住居民可人均支配收入	（元）	4435	4856	5255	5899	7043	8037	9026	10087	10914	11635
人均储蓄存款余额	（元）	16554	21603	24327	27196	28625	33015	35881	37718	42273	45217
每千人拥有公路通车里程	（公里）	3.49	3.43	3.45	3.74	3.77	3.83	3.86	3.89	3.90	3.94
每万人拥有电话机	（台）	6467	6839	7604	8197	8124	9408	11491	1748	1549	732
每万人拥有在校学生	（人）	1778	1966	1975	1904	1845	1757	1644	1554	1471	1400
每万人拥有病床数	（张）	30	33	35	37	38	39	42	41	46	49
每万人拥有卫生技术人员	（人）	41	44	46	43	53	54	55	55	54	56

注：人均指标均按年平均常住人口计算，下同。

2-7 国民经济和社会发展主要指标(2016年)

指 标		全市合计
自然资源		
土地面积	(平方公里)	9424.9
人口		
年底总人口	(万人)	232.1
劳动就业		
年底就业人员	(万人)	156.2
#城镇		75.1
年末城镇登记失业率	(%)	1.74
国民经济核算		
地区生产总值	(亿元)	1049.3
第一产业		49.9
第二产业		554.4
#工业		511.4
第三产业		445.1
人均地区生产总值	(元)	45271
固定资产投资		
固定资产投资总额	(万元)	11503657
#房地产开发		803648
财政		
财政总收入	(万元)	1690127
公共财政预算收入	(万元)	893229
公共财政预算支出	(万元)	1728079
对外贸易		
货物进出口总额	(万美元)	59907
出口额		16490
进口额		43417
物价		
居民消费价格总指数	(上年=100)	100.7
农业		
主要农产品产量		
粮食	(吨)	900509
棉花	(吨)	106
油料	(吨)	3932

2-7 续表

指 标		全市合计
工业		
主要工业产品产量		
原煤(全社会)	(万吨)	9021
发电量	(万千瓦小时)	2296021
粗钢	(吨)	3578485
水泥	(万吨)	193
交通运输业		
公路里程	(公里)	9135
#高速公路	(公里)	319
旅客周转量	(万人公里)	116678
货物周转量	(万吨公里)	493715
邮电通信业		
邮电业务总量	(万元)	415024
商业		
社会消费品零售总额	(万元)	3861943
教育		
学校数	(所)	1130
在校学生数	(人)	324487
毕业生数	(人)	85413
专任教师数	(人)	24447
卫生		
卫生机构数	(个)	3102
卫生技术人员	(人)	12891
卫生机构床位数	(张)	11257
人民生活		
居民人均可支配收入	(元)	20578
城镇常住居民人均可支配收入	(元)	28223
农村常住居民人均可支配收入	(元)	11635

2-8 人均主要工农业产品产量

年　份	粮食（公斤）	棉花（公斤）	油料（公斤）	水果（公斤）	肉类（公斤）
1985	239	0.6	3.5	29.5	10.4
1990	360	1.2	6.4	16.8	13.1
1995	320	1.3	7.9	14.5	17.8
2000	358	0.8	10.0	22.8	18.6
2005	359	0.2	5.0	24.0	34.0
2006	386	0.2	5.0	26.0	38.0
2007	352	0.2	3.5	27.8	52.6
2008	388	0.2	3.2	26.8	37.5
2009	313	0.1	1.0	25.5	39.9
2010	405	0.1	2.9	25.4	44.4
2011	403	0.2	2.7	28.4	49.7
2012	426	0.1	2.7	30.3	57.5
2013	393	0.1	2.6	26.8	61.0
2014	317	0.1	1.8	28.9	63.3
2015	416	0.1	1.9	32.9	74.4
2016	388	0.05	1.7	26.1	71.6

2-8 续表

年　份	原煤（吨）	发电量（千瓦时）	化肥（吨）	生铁（吨）	水泥（吨）
1985	12.4	309	0.02	0.28	0.13
1990	16.3	368	0.03	0.35	0.21
1995	17.5	593	0.03	2.01	0.35
2000	18.1	490	0.07	1.46	0.43
2005	35.0	6131	0.40	1.40	0.52
2006	35.0	6020	0.53	0.77	0.56
2007	35.5	6632	0.71	0.67	0.68
2008	38.7	8727	0.86	0.39	0.44
2009	38.2	8814	0.94	1.15	0.56
2010	37.3	9032	0.76	1.00	0.63
2011	40.0	8724	0.88	1.22	0.61
2012	36.8	9581	0.22	1.46	1.02
2013	35.4	10122	1.18	1.50	1.03
2014	34.5	10142	1.43	1.61	1.10
2015	38.0	9805	1.13	1.57	0.97
2016	39.0	9906	1.12	1.80	0.83

2-9 分县(市、区)居民人均可支配收入(2016年)

地区	居民人均可支配收入		城镇常住居民人均可支配收入		农村常住居民人均可支配收入	
	绝对数(元)	增速(%)	绝对数(元)	增速(%)	绝对数(元)	增速(%)
全市	**20578**	**6.3**	**28223**	**5.9**	**11635**	**6.6**
城区	30168	5.9	30168	5.9		
沁水县	15599	5.7	24825	5.3	10098	6.5
阳城县	17589	6.0	26037	5.7	11488	6.6
陵川县	11257	6.5	17256	6.4	7929	6.8
泽州县	19826	7.2	29333	7.1	13129	7.5
高平市	20036	5.2	28235	5.0	12168	5.6

2-10 居民收支分项数据

单位:元,%

	全体居民			城镇居民			农村居民		
	2015年	2016年	增幅	2015年	2016年	增幅	2015年	2016年	增幅
可支配收入	**19352**	**20578**	**6.3**	**26651**	**28223**	**5.9**	**10914**	**11635**	**6.6**
#工资性收入	12829	14280	11.3	17910	19777	10.4	7001	7888	12.7
经营净收入	2391	2414	0.9	2301	2719	18.2	2308	1937	-16.1
财产净收入	1343	1299	-3.3	2446	2330	-4.7	182	204	12.3
转移净收入	2788	2586	-7.3	3994	3397	-14.9	1424	1606	12.8
生活消费支出	**12724**	**13787**	**8.3**	**16472**	**17355**	**5.4**	**8194**	**9297**	**13.5**
#食品烟酒	2788	3138	12.6	3522	3812	8.2	1880	2250	19.7
衣着	1259	1380	9.6	1710	1930	12.9	734	743	1.3
居住	2720	3242	19.2	3542	4185	18.1	1731	2086	20.5
生活用品及服务	835	838	0.3	1084	1119	3.2	535	502	-6.1
交通通信	2072	1922	-7.2	2896	2340	-19.2	1127	1373	21.9
教育文化娱乐	1678	1740	3.7	1959	2205	12.5	1287	1160	-9.9
医疗保健	1077	1198	11.2	1373	1330	-3.2	713	980	37.4
其他用品和服务	295	329	11.3	385	433	12.6	188	203	8.1

2-11 分县(市、区)住户收支调查20%低收入户可支配收入

单位:元

	城镇居民				农村居民			
	2015年20%低收入户可支配收入	2016年20%低收入户可支配收入	2016年20%低收入户占平均水平的比例	增幅	2015年20%低收入户可支配收入	2016年20%低收入户可支配收入	2016年20%低收入户占平均水平的比例	增幅
全　　市	10527	11220	39.8	6.6	4322	4705	40.4	8.9
城　　区	11273	12050	39.9	6.9				
沁 水 县	9148	9627	38.8	5.2	3919	4301	42.6	9.8
阳 城 县	9886	10553	40.5	6.7	4676	5001	43.5	7.0
陵 川 县	6256	6688	38.8	6.9	2646	2880	36.3	8.8
泽 州 县	11109	11914	40.6	7.2	4868	5419	41.3	11.3
高 平 市	10313	10892	38.6	5.6	4411	4735	38.9	7.3

2-12 各地区城乡居民人民币储蓄存款(年底余额)

单位:万元

地　　区	1995年	2000年	2001年	2002年	2003年	2004年	2005年	2006年	2007年
全　　市	583477	1288919	1437079	1670422	1952885	2372650	2904916	3300761	3673062
市　　区	319056	734093	817883	937339	1098337	1323996	1708909	1917268	2052908
沁 水 县	31263	60090	68208	79338	95103	124703	153032	174563	199522
阳 城 县	90067	195459	216444	247342	274677	333544	385117	369931	435796
陵 川 县	34170	64168	71460	82103	98217	120413	80005	173339	203389
高 平 市	108921	235109	263084	324300	386551	469994	577853	665660	781447

2-12 续表

单位:万元

地　　区	2008年	2009年	2010年	2011年	2012年	2013年	2014年	2015年	2016年
全　　市	4812788	5438723	6145618	6543256	7555365	8254620	8706248	9751819	10480927
市　　区	2729104	3087649	3544637	3705549	4277558	4644097	4850922	5548782	5948646
沁 水 县	261773	296123	345346	388756	472906	541729	574124	646171	691777
阳 城 县	554541	627106	724767	805053	936293	1049909	1111890	1252652	1360952
陵 川 县	249019	276359	306081	360546	400186	448083	497271	549702	612067
高 平 市	1018351	1151486	1224787	1283352	1468422	1570802	1672041	1754512	1867485

注:1.由于城区和泽州县的特殊原因,居民储蓄无法区分,本表中市区数为城区与泽州县的数据之和;
2.2015年,人民银行居民储蓄存款口径发生变化,改为住户存款(包括个体工商户),同期不可比。

主要统计指标解释

平均增长速度 计算平均增长速度有两种方法：一种是习惯上经常使用的“水平法”，又称几何平均法，是以间隔期最后一年的水平同基期水平对比来计算平均每年增长(或下降)速度；另一种是“累计法”，又称代数平均法或方程法，是以间隔期内各年水平的总和同基期水平对比来计算平均每年增长(或下降)速度。在一般正常情况下，两种方法计算的平均每年增长速度比较接近；但在经济发展不平衡、出现大起大落时，两种方法计算的结果差别较大。

本《年鉴》内所列的平均增长速度，除地区生产总值“累计法”计算外，其余均用“水平法”计算。从某年到某年平均增长速度的年份，均不包括基期年在内。如建市22年以来的平均增长速度是以1985年为基期计算的，则写为1986-2006年平均增长速度，其余类推。

国民经济行业分类 自2003年定期报表开始使用新的《国民经济行业分类》(GB/T4754-2002)，该分类是由国家统计局组织修订，经国家质量监督检验检疫总局批准，于2002年5月10日发布实施。这次修订是在1994年分类标准的基础上，参照联合国《全部经济活动的国际标准产业分类》(ISIC/Rev.3)进行的。修订后的《国民经济行业分类》(GB/T4754-2002)共有门类20个，大类95个，中类396个，小类913个。新增门类4个，大类增加3个，中类增加28个，小类增加67个。

企业(单位)登记注册类型 是以在工商行政管理机关登记注册的各类企业为划分对象，以工商行政管理部门对企业登记注册的类型为依据，将企业登记注册类型分为内资企业、港澳台商投资企业和外商投资企业三大类。内资企业包括国有企业、集体企业、股份合作企业、联营企业、有限责任公司、股份有限公司、私营公司和其他企业；港澳台商投资企业和外商投资企业分别包括合资经营企业、合作经营企业、独资经营企业和股份有限公司。对不在工商行政管理部门进行登记注册的行政机关、事业单位和社会团体，主要按其经费来源和管理方式进行划分。

国有企业 指企业全部资产归国家所有，并按《中华人民共和国企业法人登记管理条例》规定登记注册的非公司制的经济组织。不包括有限责任公司中的国有独资公司。

集体企业 指企业资产归集体所有，并按《中华人民共和国企业法人登记管理条例》规定登记注册的经济组织。

股份合作企业 指以合作制为基础，由企业职工共同出资入股，吸收一定比例的社会资产投资组建，实行自主经营，自负盈亏，共同劳动，民主管理，按劳分配与按股分红相结合的一种集体经济组织。

联营企业 指两个及两个以上相同或不同所有制性质的企业法人或事业单位法人，按自愿、平等、互利的原则，共同投资组成的经济组织。联营企业包括国有联营企业、集体联营企业、国有与集体联营企业和其他联营企业。

有限责任公司 指根据《中华人民共和国公司登记管理条例》规定登记注册，由两个以上、五十个以下的股东共同出资，每个股东以其所认缴的出资额对公司承担有限责任，公司以其全部资产对其债务承担责任的经济组织。有限责任公司包括国有独资公司以及其他有限责任公司。

股份有限公司 指根据《中华人民共和国公司登记管理条例》规定登记注册，其全部注册资本由等额股份构成并通过发行股票筹集资本，股东以其认购的股份对公司承担有限责任，公司以其全部资产对其债务承担责任的经济组织。

私营企业 指由自然人投资设立或由自然人控股，以雇佣劳动为基础的营利性经济组织。包括按照《公司法》、《合伙企业法》、《私营企业暂行条例》规定登记注册的私营有限责任公司、私营股份有限公司、私营合伙企业和私营独资企业。

其他企业 指上述企业之外的其他内资经济组织。

与港澳台商合资经营企业 指港澳台地区投资者与内地企业依照《中华人民共和国中外合资经营企业法》及有关法律的规定，按合同规定的比例投资设立、分享利润和分担风险的企业。

与港澳台商合作经营企业 指港澳台地区投资者与内地企业依照《中华人民共和国中外合作经营企业法》及有关法律的规定，依照合作合同的约定进行投资或提供条件设立、分配利润和分担风险的企业。

港澳台商独资经营企业 指依照《中华人民共和国外资企业法》及有关法律的规定，在内地由港澳台地区投资者全额投资设立的企业。

港澳台商投资股份有限公司 指根据国家有关规定，经原外经贸部依法批准设立，其中港、澳、台商的股本占公司注册资本的比例达25%以上的股份有限公司。凡其中港、澳、台商的股本占公司注册资本的比例小于25%的，属于内资企业中的股份有限公司。

中外合资经营企业 指外国企业或外国人与中国内地企业依照《中华人民共和国中外合资经营企业法》及有关法律的规定，按合同规定的比例投资设立、分享利润和分担风险的企业。

中外合作经营企业 指外国企业或外国人与中国内地企业依照《中华人民共和国中外合作经营企业法》及有关法律的规定，依照合作合同的约定进行投资或提供条件设立、分配利润和分担风险的企业。

外资企业 指依照《中华人民共和国外资企业法》及有关法律的规定，在中国内地由外国投资者全额投资设立的企业。外商投资股份有限公司 指根据国家有关规定，经原外经贸部依法批准设立，其中外资的股本占公司注册资本的比例达25%以上的股份有限公司。凡其中外资股本占公司注册资本的比例小于25%的，属于内资企业中的股份有限公司。

行政机关、事业单位和社会团体 参照企业登记注册类型，主要按其经费来源和管理方式划分。具体规定如下：

（1）行政机关：包括国家机关和政党机关，原则上均列为“国有”。但有特殊规定的，如供销社等，则列为“集体”。

（2）事业单位：包括经国家机构编制部门和有关业务主管部门批准成立的各类事业单位，不包括实行企业化管理的事业单位。事业单位的划分办法如下：

①由国家财政预算拨款或列入财政预算外资金管理以及经费主要来源于国有主管部门或国有上级单位的事业单位，列为“国有”。

②经费主要来源于集体单位的事业单位，列为“集体”。

③公民个人（或个人合伙）开办的事业单位，列为“私营”。

④上述以外的其他事业单位，如果其经费来源不明确，按管理方式进行归类。

（3）社会团体：包括经民政部门批准成立以及未纳入社会团体管理条例范围的工会、妇联等各类社会团体。社会团体的划分办法如下：

①未纳入民政部社会团体管理条例范围的工会、妇联、共青团、青联、工商联、科协、侨联等社会团体，国家拨款设立的基金会或基金管理组织以及经费主要来源于国有业务主管部门或国有上级单位的社会团体，列为“国有”。

②经费主要来源于集体单位的社会团体，列为“集体”。

③公民个人（或个人合伙）开办的社会团体，划为“私营”。

④上述以外的其他社会团体，如果其经费来源不明确，改按管理方式进行归类。

可支配收入 指住户在调查期内获得的、可用于最终消费支出和储蓄的总和，即调查户可以用来自由支配的收入。可支配收入既包括现金，也包括实物收入。按照收入的来源，可支配收入包含四项，分别为：工资性收入、经营净收入、财产净收入和转移净收入。计算公式为：

可支配收入=工资性收入+经营净收入+财产净收入+转移净收入

工资性收入 指就业人员通过各种途径得到的全部劳动报酬和各种福利，包括受雇于单位或个人、从事各种自由职业、兼职和零星劳动得到的全部劳动报酬和福利。

经营净收入 指住户或住户成员从事生产经营活动所获得的净收入，是全部经营收入中扣除经营费用、生产性固定资产折旧和生产税之后得到的净收入。计算公式具体为：

经营净收入=经营收入-经营费用-生产性固定资产折旧-生产税

财产净收入 指住户或住户成员将其所拥有的金融资产、住房等非金融资产和自然资源交由其他机构单位、住户或个人支配而获得的回报并扣除相关的费用之后得到的净收入。财产净收入包括利息净收入、红利收入、储蓄性保险净收益、转让承包土地经营权租金净收入、出租房屋净收入、出租其他资产净收入和自有住房折算净租金等。

转移净收入 计算公式为：转移净收入=转移性收入-转移性支出

转移性收入 指国家、单位、社会团体对住户的各种经常性转移支付和住户之间的经常性收入转移。包括政府、非行政事业单位、社会团体对居民转移的养老金或退休金、社会救济和补助、惠农补贴、政策性生活补贴、救灾款、经常性捐赠和赔偿以及报销医疗费等；住户之间的赡养收入、经常性捐赠和赔偿以及农村地区（村委会）在外（含国外）工作的本住户非常住成员寄回带回的收入等。

转移性支出 指住户对国家、单位、住户或个人的经常性或义务性转移支付。包括缴纳的税款、各项社会保障支出、赡养支出、经常性捐赠和赔偿支出以及其他经常转移支出等。

消费支出 指住户用于满足家庭日常生活消费需要的全部支出，包括用于消费品的支出和用于服务性消费的支出。根据用途不同，消费支出可划分为食品烟酒、衣着、居住、生活用品及服务、交通通信、教育文化娱乐服务、医疗保健、其他商品及服务八大类。

03 国民经济核算 National Accounts

资料整理人员： 郭　瑞

3-1 生产总值

（本表按当年价格计算）

单位：万元

年 份	生 产 总 值	第一产业	第二产业			第三产业			人 均 生产总值 （元/人）
				工 业	建筑业		交通运输仓储和邮政业	批发零售和住宿餐饮业	
1985	137621	28621	85449	78055	7394	23551	9644	7412	758
1986	154993	35943	88595	81268	7327	30455	10694	9786	851
1987	167473	38943	91745	84136	7609	36785	11845	14303	913
1988	195179	43717	107611	99843	7768	43851	13218	15398	1053
1989	235786	49340	132750	120359	12391	53696	13829	19172	1256
1990	269458	60147	137237	123218	14019	72074	17331	21239	1415
1991	294188	41417	158399	141132	17267	94372	21308	29526	1523
1992	377739	60826	200365	176355	24010	116548	27651	34937	1930
1993	541304	70604	305670	277566	28104	165030	54709	40933	2730
1994	651540	91266	349260	318246	31014	211014	60690	48475	3248
1995	830580	109812	437402	383898	53504	283366	87395	71071	4095
1996	1007967	131127	517241	448492	68749	359599	105805	86765	4924
1997	1111052	84194	600850	486396	114454	426008	122838	107900	5388
1998	1245693	133785	647479	517967	129512	464429	132532	119170	5998
1999	1336030	109519	714494	542422	172072	512017	140181	129441	6386
2000	1462174	119359	772593	604663	167930	570222	164896	142608	6958
2001	1618444	92416	869962	706222	163741	656066	193808	150931	7472
2002	1804226	99951	987236	865127	122109	717039	219434	128942	8288
2003	2125995	111419	1203268	1056201	147067	811308	235495	144369	9724
2004	2683377	133482	1675943	1528443	147500	873952	244402	168505	12234
2005	3201537	147427	2048592	1895385	153207	1005518	238236	203248	14544
2006	3740999	161488	2406829	2246819	160010	1172682	251975	245467	16928
2007	4398210	201961	2777732	2637517	140214	1418518	388143	316653	19822
2008	5632450	224948	3555378	3415365	140013	1852125	471971	444740	25283
2009	6060499	251357	3837357	3675342	162015	1971785	499078	460755	27108
2010	7305428	307078	4646429	4438868	207561	2351922	563368	560719	32329
2011	8949773	388048	5858311	5600578	257733	2703414	638789	690181	39205
2012	10128134	427681	6537622	6184887	352735	3162831	735766	860257	44257
2013	10335860	424897	6263151	5843305	425985	3647812	578392	833879	44944
2014	10358635	438377	6086174	5636646	456122	3834085	641311	889120	44945
2015	10402397	492315	5756793	5330793	438310	4153288	696033	887715	44994
2016	10493406	498569	5543568	5114295	440709	4451270	760837	929548	45271

注：1、2013年全市GDP数据根据第三次全国经济普查情况进行了调整。

2、2013年开始GDP核算实行新的产业分类标准：农业中的农林牧渔服务业以及工业中的开采辅助活动和金属制品、机械和设备修理业均纳入到第三产业进行核算。

3-2 生产总值构成

（本表按当年价格计算）

单位：%

年 份	生 产 总 值	第一产业	第二产业	第三产业		
					交通运输仓储和邮政业	批发零售和住宿餐饮业
1985	100.0	20.8	62.1	17.1	7.0	5.4
1986	100.0	23.2	57.2	19.6	6.9	6.3
1987	100.0	23.3	54.8	22.0	7.1	8.5
1988	100.0	22.4	55.1	22.5	6.8	7.9
1989	100.0	20.9	56.3	22.8	5.9	8.1
1990	100.0	22.3	50.9	26.7	6.4	7.9
1991	100.0	14.1	53.8	32.1	7.2	10.0
1992	100.0	16.1	53.0	30.9	7.3	9.2
1993	100.0	13.0	56.5	30.5	10.1	7.6
1994	100.0	14.0	53.6	32.4	9.3	7.4
1995	100.0	13.2	52.7	34.1	10.5	8.6
1996	100.0	13.0	51.3	35.7	10.5	8.6
1997	100.0	7.6	54.1	38.3	11.1	9.7
1998	100.0	10.7	52.0	37.3	10.6	9.6
1999	100.0	8.2	53.5	38.3	10.5	9.7
2000	100.0	8.2	52.8	39.0	11.3	9.8
2001	100.0	5.7	53.8	40.5	12.0	9.3
2002	100.0	5.5	54.7	39.7	12.2	7.1
2003	100.0	5.2	56.6	38.2	11.1	6.8
2004	100.0	5.0	62.5	32.6	9.1	6.3
2005	100.0	4.6	64.0	31.4	7.4	6.3
2006	100.0	4.3	64.3	31.3	6.7	6.6
2007	100.0	4.6	63.2	32.3	8.8	7.2
2008	100.0	4.0	63.1	32.9	8.4	7.9
2009	100.0	4.1	63.3	32.5	8.2	7.6
2010	100.0	4.2	63.6	32.2	7.7	7.7
2011	100.0	4.3	65.5	30.2	7.1	7.7
2012	100.0	4.2	64.5	31.3	7.3	8.5
2013	100.0	4.1	60.6	35.3	5.6	8.1
2014	100.0	4.2	58.8	37.0	6.2	8.6
2015	100.0	4.7	55.3	39.9	6.7	8.5
2016	100.0	4.8	52.8	42.4	7.3	8.9

3-3 地区生产总值指数

（本表按可比价格计算）

（上年=100）

年 份	地区生产总值	第一产业	第二产业		第三产业			人均地区生产总值
				工 业		交通运输仓储和邮政业	批发零售和住宿餐饮业	
1985	114.6	76.5	137.6	137.9	119.1	101.1	120.9	114.2
1986	110.3	120.4	102.8	103.7	125.2	109.8	108.5	110.0
1987	104.1	96.6	102.6	102.9	118.9	108.9	111.8	103.4
1988	109.1	102.2	111.7	112.1	109.5	110.0	106.6	108.0
1989	107.4	111.4	104.6	102.9	111.1	102.5	102.8	106.1
1990	107.5	103.4	102.9	101.8	123.7	119.4	99.0	105.9
1991	104.2	65.5	108.5	108.9	127.1	117.0	132.3	102.7
1992	118.3	144.1	112.3	111.0	118.4	128.0	115.0	116.8
1993	122.5	114.8	119.2	118.8	132.4	193.8	113.0	120.9
1994	111.6	107.1	109.8	107.5	125.2	109.0	115.0	110.3
1995	111.3	106.7	109.0	108.7	123.9	129.2	108.6	110.1
1996	114.9	115.2	113.8	111.6	116.3	115.3	114.3	113.8
1997	113.8	66.9	121.0	117.1	118.3	113.2	123.1	113.0
1998	111.5	162.3	108.3	106.5	107.2	107.9	107.1	110.7
1999	107.2	91.9	106.6	102.3	111.7	108.9	109.4	106.4
2000	107.6	110.7	105.1	106.3	110.1	115.4	108.7	107.5
2001	108.4	79.4	110.2	112.1	112.1	112.7	108.0	108.3
2002	111.5	112.5	111.3	114.1	111.5	108.5	109.9	111.3
2003	113.5	110.7	115.7	116.6	111.0	104.4	109.1	113.4
2004	115.0	108.7	118.8	120.1	110.2	102.0	110.3	114.8
2005	116.3	100.7	118.3	119.6	115.2	113.1	117.1	115.9
2006	113.3	108.9	113.9	114.9	112.7	111.2	116.2	112.9
2007	117.8	117.2	117.5	119.0	118.6	118.3	125.9	117.3
2008	112.3	103.0	110.8	112.0	116.8	117.1	120.6	111.9
2009	107.2	102.3	107.7	107.2	106.9	106.9	105.3	106.9
2010	113.7	113.7	115.5	115.5	110.4	108.1	112.2	112.6
2011	113.6	107.7	116.3	116.3	109.1	108.9	114.7	112.5
2012	111.1	109.1	112.1	112.5	109.4	108.4	113.3	110.9
2013	109.3	100.3	110.8	110.8	107.4	108.1	106.4	108.9
2014	104.8	102.4	105.2	105.1	104.0	112.0	104.5	104.4
2015	103.3	105.7	100.8	100.9	108.1	108.7	100.1	103.0
2016	103.8	100.3	102.4	102.5	106.3	111.4	104.6	103.6

3-4 地区生产总值指数

（本表按可比价格计算） （1985年=100）

年份	地区生产总值	第一产业	第二产业	工业	第三产业	交通运输仓储和邮政业	批发零售和住宿餐饮业	人均地区生产总值
1985	100.0	100.0	100.0	100.0	100.0	100.0	100.0	100.0
1986	110.3	120.4	102.8	103.7	125.2	109.8	108.5	110.0
1987	114.8	116.3	105.5	106.8	148.8	119.6	121.3	113.7
1988	125.3	118.9	117.8	119.7	163.0	131.5	129.3	122.8
1989	134.6	132.5	123.2	123.1	181.1	134.8	133.0	130.3
1990	144.7	137.0	126.8	125.4	224.0	161.0	131.6	138.1
1991	150.7	89.7	137.6	136.6	284.7	188.3	174.1	141.8
1992	178.3	129.3	154.5	151.6	337.1	241.1	200.2	165.6
1993	218.4	148.4	184.2	180.1	446.3	467.2	226.2	200.2
1994	243.7	159.0	202.2	193.6	558.8	509.2	260.1	220.8
1995	271.3	169.6	220.4	210.4	692.4	657.9	282.5	243.1
1996	311.7	195.4	250.9	234.8	805.2	758.6	322.9	276.7
1997	354.7	130.7	303.5	275.0	952.6	858.7	397.5	312.6
1998	395.5	212.2	328.7	292.9	1021.2	926.6	425.7	346.1
1999	424.0	195.0	350.4	299.6	1140.6	1009.0	465.7	368.2
2000	456.2	215.9	368.3	318.5	1255.8	1164.4	506.2	395.8
2001	494.5	171.4	405.9	357.0	1407.8	1312.3	546.7	428.7
2002	551.4	192.8	451.7	407.4	1569.7	1423.9	600.8	477.1
2003	625.8	213.4	522.6	475.0	1742.4	1486.5	655.5	541.1
2004	719.7	232.0	620.9	570.4	1920.1	1516.2	723.0	621.1
2005	837.4	233.6	734.4	682.3	2211.0	1715.0	847.0	720.1
2006	948.9	254.5	836.7	783.8	2492.2	1907.3	984.5	812.8
2007	1118.1	298.2	983.1	933.0	2955.4	2256.7	1239.4	953.8
2008	1255.9	307.2	1088.8	1045.2	3452.8	2643.3	1494.6	1067.1
2009	1346.7	314.3	1172.8	1120.6	3691.8	2824.8	1573.1	1140.2
2010	1531.9	357.2	1354.2	1294.1	4076.2	3053.9	1765.1	1283.6
2011	1740.8	384.8	1575.0	1505.3	4448.8	3325.7	2025.0	1444.0
2012	1934.7	419.9	1765.3	1693.5	4867.3	3603.5	2293.9	1601.4
2013	2114.6	421.2	1955.7	1877.0	5220.3	3894.5	2440.1	1743.9
2014	2215.1	431.1	2058.3	1973.2	5431.5	4361.8	2550.9	1819.9
2015	2288.2	455.8	2074.8	1991.6	5871.7	4740.2	2552.9	1874.7
2016	2376.2	457.2	2123.7	2042.3	6243.2	5281.5	2669.4	1941.8

3–5　分行业增加值(2016年)

(本表增加值按当年价格计算)

行　　　业	增 加 值 (万元)	增加值构成 (%)
总　计	10493406	100.0
第一产业	498569	4.8
农林牧渔业	508346	4.8
第二产业	5543568	52.8
工业	5114295	48.7
采矿业	3401562	32.4
制造业	1106239	10.5
电力、燃气及水的生产和供应业	606494	5.8
建筑业	440709	4.2
第三产业	4451270	42.4
交通运输、仓储和邮政业	760837	7.3
信息传输、计算机服务和软件业	150198	1.4
批发和零售业	622846	5.9
住宿和餐饮业	306702	2.9
金融保险业	687148	6.5
房地产业	524824	5.0
租赁和商务服务业	210964	2.0
科学研究、技术服务和地质勘察业	9087	0.1
水利、环境和公共设施管理业	209486	2.0
居民服务和其他服务业	13574	0.1
教育	319639	3.0
卫生、社会保障和社会福利业	170926	1.6
文化、体育和娱乐业	82722	0.8
公共管理和社会组织	361104	3.4

3-6 三次产业贡献率

(本表按可比价格计算)　　单位:%

年　份	生产总值	第一产业	第二产业	工　业	第三产业
1990	100.0	32.1	13.3	8.5	54.6
1991	100.0	–75.7	85.6	72.4	90.2
1992	100.0	23.2	50.2	42.2	26.5
1993	100.0	6.0	64.4	61.9	29.6
1994	100.0	18.7	39.5	36.9	41.7
1995	100.0	10.4	49.2	36.7	40.4
1996	100.0	12.0	45.0	36.4	43.0
1997	100.0	–45.5	81.1	36.8	64.4
1998	100.0	36.8	34.6	23.4	28.5
1999	100.0	–26.9	74.2	27.1	52.7
2000	100.0	7.8	46.1	49.3	46.1
2001	100.0	–17.2	62.3	65.0	54.9
2002	100.0	4.1	63.1	85.5	32.8
2003	100.0	3.6	67.1	59.4	29.3
2004	100.0	4.0	84.8	84.7	11.2
2005	100.0	2.7	71.9	70.8	25.4
2006	100.0	2.6	66.4	65.1	31.0
2007	100.0	6.2	56.4	59.4	37.4
2008	100.0	1.9	63.0	63.0	35.1
2009	100.0	6.2	65.9	60.7	28.0
2010	100.0	4.5	65.0	61.3	30.5
2011	100.0	2.4	76.0	72.7	21.6
2012	100.0	3.3	70.6	69.8	26.1
2013	100.0	0.1	73.4	70.2	26.5
2014	100.0	1.8	70.5	65.5	27.7
2015	100.0	5.9	15.4	17.1	78.7
2016	100.0	0.4	34.0	34.0	65.6

注:产业贡献率指各产业增加值不变价增量与GDP不变价增量之比。

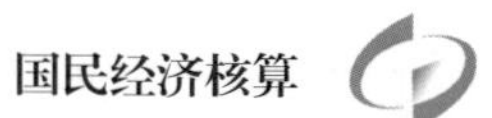

3-7 三次产业对生产总值增长的拉动

(本表按可比价格计算)　　　　单位:百分点

年 份	生产总值	第一产业	第二产业	工 业	第三产业
1990	7.5	2.4	1.0	0.6	4.1
1991	4.2	-3.2	3.6	3.0	3.8
1992	18.3	4.3	9.2	7.7	4.9
1993	22.5	1.3	14.5	13.9	6.7
1994	11.6	2.2	4.6	4.3	4.8
1995	11.3	1.2	5.6	4.1	4.6
1996	14.9	1.8	6.7	5.4	6.4
1997	13.8	-6.3	11.2	5.1	8.9
1998	11.5	4.2	4.0	2.7	3.3
1999	7.2	-1.9	5.3	1.9	3.8
2000	7.6	0.6	3.5	3.7	3.5
2001	8.4	-1.4	5.2	5.5	4.6
2002	11.5	0.5	7.3	9.8	3.8
2003	13.5	0.5	9.1	8.0	4.0
2004	15.0	0.6	12.7	12.7	1.7
2005	16.3	0.4	11.8	11.6	4.2
2006	13.3	0.3	8.8	8.7	4.1
2007	17.8	1.1	10.1	10.6	6.7
2008	12.3	0.2	7.8	7.8	4.3
2009	7.2	0.4	4.8	4.4	2.0
2010	13.7	0.6	8.9	8.4	4.2
2011	13.6	0.3	10.3	9.9	2.9
2012	11.1	0.4	7.8	7.7	2.9
2013	9.3	0.0	6.8	6.5	2.5
2014	4.8	0.1	3.4	3.1	1.3
2015	3.3	0.2	0.5	0.6	2.6
2016	3.8	0.0	1.3	1.3	2.5

注:产业拉动指GDP增长速度与各产业贡献率之乘积。

3-8 各地区生产总值和指数

（本表绝对数按当年价格计算，指数按可比价格计算）

地区	生产总值（万元）									
	2007年	2008年	2009年	2010年	2011年	2012年	2013年	2014年	2015年	2016年
全市	4398210	5632450	6060499	7305428	8949773	10128134	10335860	10358635	10402397	10493406
城区	855264	1099350	1248181	1492043	1807159	2033530	2181329	2299184	2399397	2498081
沁水县	660640	813677	830551	1000392	1460845	1627391	1694959	1723349	1726507	1720483
阳城县	850030	1017387	1150893	1385940	1398562	1600516	1645151	1667015	1694690	1665181
陵川县	164970	188238	201744	234473	277878	303983	326356	333341	339231	352685
泽州县	948620	1197858	1321779	1561109	1937395	2176678	2150427	2179343	2156705	2185348
高平市	1010828	1308010	1373527	1630851	2084216	2346797	2224981	2149949	1997282	2002904

3-8 续表

地区	指数（上年=100）									
	2007年	2008年	2009年	2010年	2011年	2012年	2013年	2014年	2015年	2016年
全市	117.8	112.3	107.2	113.7	113.6	111.1	109.3	104.8	103.3	103.8
城区	120.9	111.1	108.3	113.3	115.0	111.0	110.2	105.9	106.4	105.0
沁水县	116.3	108.6	107.3	114.4	115.4	112.0	111.7	105.1	105.1	103.8
阳城县	114.6	113.2	106.1	115.1	101.8	114.5	109.1	102.2	105.4	101.3
陵川县	109.6	108.1	105.1	114.0	113.6	110.0	108.0	102.7	103.0	104.2
泽州县	115.3	111.9	110.3	113.0	114.7	110.9	108.6	105.5	102.5	104.8
高平市	121.9	112.9	105.8	115.8	116.0	111.9	108.4	100.0	95.3	103.6

3–9 各地区生产总值(2016年)

(本表绝对数按当年价格计算,指数按可比价格计算)　　单位:万元

地区	地区生产总值	第一产业	第二产业	工业	第三产业	交通运输仓储和邮政业	批发和零售业	住宿和餐饮业	人均地区生产总值(元/人)
全市	10493406	498569	5543568	5114295	4451270	760837	622846	306702	45271
城区	2498081	7446	809300	617641	1681335	234129	258997	139204	50783
沁水县	1720483	59972	1199570	1151125	460942	94311	37221	36366	79802
阳城县	1665181	96862	900779	847379	667540	123225	122166	50689	42512
陵川县	352685	49177	95998	66610	207510	35783	17646	7565	15005
泽州县	2185348	140083	1344554	1298616	700711	179647	67814	27725	44485
高平市	2002904	145030	1205038	1139748	652836	121954	110578	46565	40675

3–9 续表

地区	构成(%)			指数(上年=100)				
	第一产业	第二产业	第三产业	地区生产总值	第一产业	第二产业	第三产业	人均地区生产总值(元/人)
全市	4.8	52.8	42.4	103.8	100.3	102.4	106.3	103.6
城区	0.3	32.4	67.3	105.0	83.0	98.7	108.4	104.5
沁水县	3.5	69.7	26.8	103.8	105.4	102.9	106.0	103.6
阳城县	5.8	54.1	40.1	101.3	101.1	98.2	106.2	101.2
陵川县	13.9	27.2	58.8	104.2	101.7	102.9	105.5	104.0
泽州县	6.4	61.5	32.1	104.8	105.7	104.3	105.6	104.6
高平市	7.2	60.2	32.6	103.6	93.2	103.4	106.5	103.3

3-10 支出法生产总值

（本表绝对数按当年价格计算，指数按可比价格计算）

年　份	支出法生产总值		最终消费支出	资本形成总额	货物和服务净　出　口	资本形成率（投资率）（%）	最终消费率（消费率）（%）
	绝对量（万元）	指　数（上年=100）					
2000	1457339	107.6	606533	839942	10864	57.6	41.6
2001	1614222	108.5	786226	819246	8750	50.8	48.7
2002	1800806	111.5	892158	895044	13604	49.7	49.5
2003	2126651	113.4	1062655	1049123	14873	49.3	50.0
2004	2682944	115.0	1239818	1412549	30577	52.6	46.2
2005	3199804	116.3	1352296	1853907	–6400	57.9	42.3
2006	3745196	113.3	1571193	2187111	–13108	58.4	42.0
2007	4398407	117.8	1862823	2550978	–15394	58.0	42.4
2008	5632520	112.3	2413660	3240264	–21404	57.5	42.9
2009	6093601	107.2	2568328	3576663	–51391	58.7	42.1
2010	7310307	113.2	2951832	4374398	–15923	59.8	40.4
2011	8966817	114.0	3526954	5459443	–19580	60.9	39.3
2012	10235605	111.4	3967118	6327842	–59355	61.8	38.8
2013	10335860	109.3	3867243	6716810	–248192	65.0	37.4
2014	10358635	104.8	4072998	6604983	–319346	63.8	39.3
2015	10402397	103.3	4638588	6459418	–695609	62.1	44.6
2016	10493406	103.8	4742061	6261178	–509833	59.7	45.2

3-11 最终消费与资本形成

（本表按当年价格计算）

年 份	绝对数（万元）							
	最终消费支出	居民消费支出	农村居民	城镇居民	政府消费支出	资本形成总额	固定资本形成总额	存货增加
1985	82590	65239	49353	15886	17351	49625	36532	13093
1986	92947	72839	54988	17851	20108	53861	37278	16583
1987	102135	79426	59515	19911	22709	58758	39820	18938
1988	127880	99899	75253	24646	27981	68164	46126	22038
1989	143555	108152	80968	27184	35403	83225	54795	28430
1990	162301	125290	95386	29904	37011	99162	62819	36343
1991	181361	136054	104066	31988	45307	106526	76257	30269
1992	207293	158922	124937	33985	48371	168772	131997	36725
1993	249115	185625	142394	43231	63490	293605	210595	83010
1994	296535	215291	158678	56613	81244	356323	222432	133891
1995	367081	256204	184384	71820	110877	427036	281134	145902
1996	486914	348116	255222	92894	138798	485924	307856	178068
1997	554288	390304	285078	105226	163984	523045	418535	104510
1998	532202	343627	243193	100434	188582	636830	503943	132887
1999	547783	357375	235880	121495	190408	790526	701419	89107
2000	606533	395805	252861	142944	210728	839942	738851	101091
2001	786226	531879	297327	234552	254346	819246	767223	52023
2002	892158	593145	251081	342064	299012	895044	834144	60900
2003	1062655	694348	269367	424980	368307	1049123	936465	112659
2004	1239818	797937	292342	505595	441881	1412549	1269559	142990
2005	1352296	939481	331686	607795	412815	1853907	1586416	267491
2006	1571193	1119858	384453	735405	451335	2187111	1871544	315567
2007	1862823	1334731	449124	885607	528092	2550978	2182910	368068
2008	2413660	1728005	570866	1157139	685655	3240264	2594528	645736
2009	2568328	1865043	577491	1287552	703286	3576663	3226634	350029
2010	2951832	2128859	582403	1546456	822973	4374398	3808854	565544
2011	3526954	2542624	679035	1863589	984330	5459443	4462482	996961
2012	3967118	2880060	709447	2170614	1087058	6327842	5144686	1183156
2013	3867243	2923885	693098	2230787	943358	6716810	5348334	1368476
2014	4072998	3127790	777069	2350721	945208	6604983	5455570	1149414
2015	4638588	3585882	782572	2803310	1052706	6459418	5241810	1217608
2016	4742061	3730411	887340	2843071	1011650	6261178	5090384	1170794

3-11 续表

地　区	构　成（%）					
	最终消费支出 = 100		居民消费支出 = 100		资本形成总额 = 100	
	居民消费支出	政府消费支出	农村居民	城镇居民	固定资本形成总额	存货增加
1985	79.0	21.0	75.6	24.4	73.6	26.4
1986	78.4	21.6	75.5	24.5	69.2	30.8
1987	77.8	22.2	74.9	25.1	67.8	32.2
1988	78.1	21.9	75.3	24.7	67.7	32.3
1989	75.3	24.7	74.9	25.1	65.8	34.2
1990	77.2	22.8	76.1	23.9	63.3	36.7
1991	75.0	25.0	76.5	23.5	71.6	28.4
1992	76.7	23.3	78.6	21.4	78.2	21.8
1993	74.5	25.5	76.7	23.3	71.7	28.3
1994	72.6	27.4	73.7	26.3	62.4	37.6
1995	69.8	30.2	72.0	28.0	65.8	34.2
1996	71.5	28.5	73.3	26.7	63.4	36.6
1997	70.4	29.6	73.0	27.0	80.0	20.0
1998	64.6	35.4	70.8	29.2	79.1	20.9
1999	65.2	34.8	66.0	34.0	88.7	11.3
2000	65.3	34.7	63.9	36.1	88.0	12.0
2001	67.6	32.4	55.9	44.1	93.6	6.4
2002	66.5	33.5	42.3	57.7	93.2	6.8
2003	65.3	34.7	38.8	61.2	89.3	10.7
2004	64.4	35.6	36.6	63.4	89.9	10.1
2005	69.5	30.5	35.3	64.7	85.6	14.4
2006	71.3	28.7	34.3	65.7	85.6	14.4
2007	71.7	28.3	33.6	66.4	85.6	14.4
2008	71.6	28.4	33.0	67.0	80.1	19.9
2009	72.6	27.4	31.0	69.0	90.2	9.8
2010	72.1	27.9	27.4	72.6	87.1	12.9
2011	72.1	27.9	26.7	73.3	81.7	18.3
2012	72.6	27.4	24.6	75.4	81.3	18.7
2013	75.6	24.4	23.7	76.3	79.6	20.4
2014	76.8	23.2	24.8	75.2	82.6	17.4
2015	77.3	22.7	21.8	78.2	81.1	18.9
2016	78.7	21.3	23.8	76.2	81.3	18.7

3-12 居民消费水平

（本表绝对数按当年价格计算，指数按可比价格计算）

年 份	绝对数(元)			城乡消费水平对比(农村居民=1)	指数(上年=100)			指数(1985=100)		
	全市居民	农村居民	城镇居民		全市居民	农村居民	城镇居民	全市居民	农村居民	城镇居民
1985	359	305	810	2.7	108.9	109.1	107.1	100.0	100.0	100.0
1986	400	340	875	2.6	109.1	110.1	104.5	109.1	110.1	104.5
1987	433	368	921	2.5	102.9	101.4	103.5	112.3	111.6	108.2
1988	539	463	1081	2.3	102.6	102.2	101.6	115.2	114.1	109.9
1989	576	493	1159	2.4	101.4	101.2	101.7	116.8	115.5	111.8
1990	658	574	1229	2.1	110.2	113.0	100.1	128.7	130.5	111.9
1991	704	620	1262	2.0	105.7	106.7	101.1	136.0	139.2	113.1
1992	812	737	1299	1.8	110.9	113.5	101.5	150.9	158.0	114.8
1993	936	833	1583	1.9	107.4	103.3	120.4	162.0	163.2	138.2
1994	1073	924	1963	2.1	107.2	104.8	111.5	173.7	171.1	154.1
1995	1263	1069	2372	2.2	114.5	113.5	114.7	198.9	194.2	176.8
1996	1701	1478	2905	2.0	121.5	122.8	115.5	241.7	238.4	204.2
1997	1893	1653	3114	1.9	109.7	110.2	105.8	265.1	262.7	216.0
1998	1655	1410	2854	2.0	88.0	84.9	94.4	233.3	223.1	203.9
1999	1708	1367	3311	2.4	107.0	103.2	108.9	249.6	230.2	222.1
2000	1884	1475	3696	2.5	110.3	107.9	111.6	275.3	248.4	247.8
2001	2527	1749	5799	3.3	113.0	113.8	108.7	311.1	282.7	269.4
2002	2725	1809	4334	2.4	116.0	107.0	120.0	360.9	302.5	323.2
2003	3176	2015	5003	2.5	121.9	120.5	117.7	439.9	364.5	380.5
2004	3638	2211	5803	2.6	112.2	107.5	113.6	493.6	391.8	432.2
2005	4268	2541	6782	2.7	110.2	115.8	105.4	543.9	453.8	455.5
2006	5067	2987	7971	2.7	128.3	118.3	132.3	697.7	537.0	602.5
2007	6015	3533	9345	2.6	118.3	123.1	114.2	825.4	661.2	688.0
2008	7757	4594	11745	2.6	126.5	124.9	124.8	1044.4	826.1	858.4
2009	8342	4795	12485	2.6	111.4	113.1	107.8	1163.0	934.0	925.5
2010	9423	5060	13955	2.8	106.6	99.6	105.5	1239.8	930.2	976.2
2011	11138	6184	15729	2.5	107.4	111.0	102.4	1331.4	1032.8	999.8
2012	12585	6684	17690	2.6	113.0	108.1	112.5	1504.4	1116.3	1124.4
2013	11189	7609	14057	1.8	110.2	105.5	109.7	1658.4	1177.1	1233.8
2014	11555	7973	14315	1.8	104.7	106.2	103.2	1736.3	1250.3	1273.7
2015	12724	8194	16472	2.0	111.8	102.8	115.1	1941.5	1285.0	1465.6
2016	16073	9178	20997	2.3	103.8	115.6	99.6	2014.6	1485.5	1459.2

注：城乡消费水平对比时，没有剔除城乡价格不可比的因素。

3-13 各地区最终消费及资本形成（2016年）

（本表绝对量按当年价格计算，指数按可比价格计算）

地区	最终消费支出		资本形成总额	
	绝对量(万元)	指数(上年=100)	绝对量(万元)	指数(上年=100)
全市	4742061	104.8	6261178	99.9
城区	1161615	106.2	1686205	101.9
沁水县	481292	112.9	1235077	101.0
阳城县	581629	102.0	1027318	100.7
陵川县	225952	105.7	127355	102.5
泽州县	1054390	98.0	1244047	102.3
高平市	804749	105.7	1255104	102.4

3-14 各地区居民消费水平（2016年）

（本表绝对数按当年价格计算，指数按可比价格计算）

年份	绝对数（元）			城乡消费水平对比（农村居民=1）	指数（上年=100）		
	全市居民	农村居民	城镇居民		全市居民	农村居民	城镇居民
全市	16073	9178	20997	2.3	103.8	115.6	99.6
城区	20053		20053		12.7		12.7
沁水县	12743	10818	15455	1.4	12.9	17.9	7.3
阳城县	8718	7310	10365	1.4	–8.8	–7.8	–10.3
陵川县	7919	6835	9522	1.4	7.8	11.6	2.9
泽州县	16527	10682	23344	2.2	0.9	10.7	–5.3
高平市	12480	12506	12457	1.0	2.5	4.1	1.2

主要统计指标解释

国内生产总值(GDP) 指按市场价格计算的一个国家(或地区)所有常住单位在一定时期内生产活动的最终成果。国内生产总值有三种表现形态,即价值形态、收入形态和产品形态。从价值形态看,它是所有常住单位在一定时期内生产的全部货物和服务价值超过同期投入的全部非固定资产货物和服务价值的差额,即所有常住单位的增加值之和;从收入形态看,它是所有常住单位在一定时期内创造并分配给常住单位和非常住单位的初次收入之和;从产品形态看,它是所有常住单位在一定时期内最终使用的货物和服务价值减去货物和服务进口价值。在实际核算中,国内生产总值有三种计算方法,即生产法、收入法和支出法。三种方法分别从不同的方面反映国内生产总值及其构成。

对于一个地区来说,称为地区生产总值或地区GDP。

国民总收入(GNI) 即国民生产总值,指一个国家(或地区)所有常住单位在一定时期内收入初次分配的最终结果。一国常住单位从事生产活动所创造的增加值在初次分配中主要分配给该国的常住单位,但也有一部分以生产税及进口税(扣除生产和进口补贴)、劳动者报酬和财产收入等形式分配给非常住单位;同时,国外生产所创造的增加值也有一部分以生产税及进口税(扣除生产和进口补贴)、劳动者报酬和财产收入等形式分配给该国的常住单位,从而产生了国民总收入的概念。它等于国内生产总值加上来自国外的净要素收入。与国内生产总值不同,国民总收入是个收入概念,而国内生产总值是个生产概念。

三次产业 三次产业的划分是世界上较为常用的产业结构分类,但各国的划分不尽一致。我国的三次产业划分是:

第一产业是指农业、林业、畜牧业、渔业和农林牧渔服务业。

第二产业是指采矿业,制造业,电力、煤气及水的生产和供应业,建筑业。

第三产业是指除第一、二产业以外的其他行业。

劳动者报酬 指劳动者因从事生产活动所获得的全部报酬。包括劳动者获得的各种形式的工资、奖金和津贴,既包括货币形式的,也包括实物形式的,还包括劳动者所享受的公费医疗和医药卫生费、上下班交通补贴、单位支付的社会保险费、住房公积金等。对于个体经济来说,其所有者所获得的劳动报酬和经营利润不易区分,这两部分统一作为劳动者报酬处理。

生产税净额 指生产税减生产补贴后的余额。生产税指政府对生产单位从事生产、销售和经营活动以及因从事生产活动使用某些生产要素(如固定资产、土地、劳动力)所征收的各种税、附加费和规费。生产补贴与生产税相反,指政府对生产单位的单方面转移支出,因此视为负生产税,包括政策亏损补贴、价格补贴等。

固定资产折旧 指一定时期内为弥补固定资产损耗按照规定的固定资产折旧率提取的固定资产折旧,或按国民经济核算统一规定的折旧率虚拟计算的固定资产折旧。它反映了固定资产在当期生产中的转移价值。各类企业和企业化管理的事业单位的固定资产折旧是指实际计提的折旧费;不计提折旧的政府机关、非企业化管理的事业单位和居民住房的固定资产折旧是按照统一规定的折旧率和固定资产原值计算的虚拟折旧。原则上,固定资产折旧应按固定资产当期的重置价值计算,但是目前我国尚不具备对全社会固定资产进行重估价的基础,所以暂时只能采用上述办法。

营业盈余 指常住单位创造的增加值扣除劳动者报酬、生产税净额和固定资产折旧后的余额。它相当于企业的营业利润加上生产补贴,但要扣除从利润中开支的工资和福利等。

支出法国内生产总值 是从最终使用的角度反映一个国家(或地区)一定时期内生产活动最终成果的一种方法,包括最终消费支出、资本形成总额及货物和服务净出口三部分。计算公式为:

支出法国内生产总值=最终消费支出+资本形成总额+货物和服务净出口

最终消费支出 指常住单位为满足物质、文化和精神生活的需要,从本国经济领土和国外购买的货物和服务的支出。它不包括非常住单位在本国经济领土内的消费支出。最终消费支出分为居民消费支出和政府消费支出。

居民消费支出 指常住住户在一定时期内对于货物和服务的全部最终消费支出。居民消费支出除了直接以货币形式购买的货物和服务的消费支出外,还包括以其他方式获得的货物和服务的消费支出,即所谓的虚拟消费支出。居民虚拟消费支出包括如下几种类型:单位以实物报酬及实物转移的形式提供给劳动者的货物和服务；住户生产并由本住户消费了的货物和服务，其中的服务仅指住户的自有住房服务和付酬的家庭雇员提供的家庭和个人服务；金融机构提供的金融媒介服务。

政府消费支出 指政府部门为全社会提供的公共服务的消费支出和免费或以较低的价格向居民住户提供的货物和服务的净支出，前者等于政府服务的产出价值减去政府单位所获得的经营收入的价值，后者等于政府部门免费或以较低价格向居民住户提供的货物和服务的市场价值减去向住户收取的价值。

资本形成总额 指常住单位在一定时期内获得减去处置的固定资产和存货的净额，包括固定资本形成总额和存货增加两部分。

固定资本形成总额 指常住单位在一定时期内获得的固定资产减处置的固定资产的价值总额。固定资产是通过生产活动生产出来的，且其使用年限在一年以上、单位价值在规定标准以上的资产，不包括自然资产。可分为有形固定资本形成总额和无形固定资本形成总额。有形固定资本形成总额包括一定时期内完成的建筑工程、安装工程和设备工器具购置（减处置）价值，以及土地改良、新增役、种、奶、毛、娱乐用牲畜和新增经济林木价值。无形固定资本形成总额包括矿藏的勘探、计算机软件等获得减处置。

存货增加 指常住单位在一定时期内存货实物量变动的市场价值，即期末价值减期初价值的差额，再扣除当期由于价格变动而产生的持有收益。存货增加可以是正值，也可以是负值，正值表示存货上升，负值表示存货下降。存货包括生产单位购进的原材料、燃料和储备物资等存货，以及生产单位生产的产成品、在制品和半成品等存货。

货物和服务净出口 指货物和服务出口减货物和服务进口的差额。出口包括常住单位向非常住单位出售或无偿转让的各种货物和服务的价值；进口包括常住单位从非常住单位购买或无偿得到的各种货物和服务的价值。由于服务活动的提供与使用同时发生，一般把常住单位从非常住单位得到的服务作为进口，非常住单位从常住单位得到的服务作为出口。货物的出口和进口都按离岸价格计算。

直接消耗系数 也称为投入系数，记为a(ij=1,2,…,n)它是指在生产经营过程中第j产品（或产业）部门的单位总产出所直接消耗的第i产品部门货物或服务的价值量，将各产品（或产业）部门的直接消耗系数用表的形式表现，就是直接消耗系数表或直接消耗系数矩阵，通常用字母A表示。

完全消耗系数 指第j产品部门每提供一个单位最终使用时，对第i产品部门货物或服务的直接消耗和间接消耗之和。将各产品部门的完全消耗系数用表的形式表现，就是完全消耗系数表或完全消耗系数矩阵，通常用字母B表示。

机构单位 指有权拥有资产和承担负债，能够独立地从事经济活动并与其他实体进行交易的经济实体。

机构部门 将相同性质的机构单位归并在一起，就形成机构部门。资金流量核算将常住机构单位划分为以下四个机构部门：非金融企业部门、金融机构部门、政府部门、住户部门。与常住单位发生经济往来关系的非常住单位组成国外部门，在资金流量核算中也视同机构部门。

非金融企业与非金融企业部门 非金融企业指主要从事市场货物生产和提供非金融市场服务的常住企业，它主要包括从事上述活动的各类法人企业。所有非金融企业归并在一起，就形成非金融企业部门。

金融机构与金融机构部门 金融机构指主要从事金融媒介以及与金融媒介密切相关的辅助金融活动的常住单位，它主要包括中央银行、商业银行和政策性银行、非银行信贷机构和保险公司。所有金融机构归并在一起，就形成金融机构部门。

政府单位与政府部门 政府单位指在我国境内通过政治程序建立的、在一特定区域内对其他机构单位拥有立法、司法和行政权的法律实体及其附属单位。政府单位的主要职能是利用征税和其他方式获得的资金向社会和公众提供公共服务。通过转移支付，对社会收入和财产进行再分配。它主要包括各种行政单位和非营利性事业单位。所有政府单位归并在一起，就形成政府部门。

住户与住户部门 住户指共享同一生活设施、部分或全部收入和财产集中使用、共同消费住房、食品和其他消费品与消费服务的常住个人或个人群体。所有住户归并在一起，就形成住户部门。

非常住单位与国外部门 所有不具有常住性的机构单位都是非常住单位。将所有与我国常住单位发生交易的非常住单位归并在一起，就形成国外部门。

初次分配总收入 初次分配是生产活动形成的净成果在参与生产活动的生产要素的所有者及政府之间的分配。生产活动的净成果是增加值。生产要素包括劳动力、土地、资本。劳动力所有者因提供劳动而获得劳动报酬；土地所有者因出租土地而获得地租;资本的所有者因资本的形态不同而获得不同形式的收入:借贷资本所有者获得利息收入;股权所有者获得红利或未分配利润;政府因直接或间接介入生产过程而获得生产税或支付补贴。初次分配的结果形成各个机构部门的初次分配总收入。各部门的初次分配总收入之和就等于国民总收入,亦即国民生产总值。

经常转移 转移是一个机构单位向另一个机构单位提供货物、服务或资产,而同时并没有从后一机构单位获得任何货物、服务或资产作为回报的一种交易。经常转移包括扣除资本转移外的所有转移。其形式有收入税、社会保险付款、社会补助和其他经常转移。

可支配总收入 在初次分配总收入的基础上,通过经常转移的形式对初次分配总收入进行再次分配。再分配的结果形成各个机构部门的可支配总收入。各部门的可支配总收入之和称为国民可支配总收入。

总储蓄 指可支配总收入用于最终消费后的余额。各部门的总储蓄之和称为国民总储蓄。

资本转移 指一个部门无偿地向另一个部门支付用于非金融投资的资金,是一种不从对方获取任何对应物作为回报的交易。资本转移具有不同于经常转移的两个特征,一是转移的目的是用于投资,而不是用于消费;二是资本转移其实物形式往往涉及除存货和现金以外资产所有权的转移;其现金形式往往涉及除存货以外的资产的处置。资本转移包括投资性补助和其他资本转移。

净金融投资 它反映机构部门或经济总体资金富余或短缺的状况。从实物交易角度看,它是指总储蓄加资本转移收入减资本转移支出减非金融投资后的差额。从金融交易角度看,它是金融资产的增加额减金融负债的增加额之后的差额。

通货 指以现金形式存在于市场流通中的货币,包括本币和外币。

存款 指金融机构接受客户存入的货币款项,存款人可随时或按约定时间支取款项的信用业务。包括活期存款、定期存款、住户储蓄存款、财政存款、外汇存款和其他存款等。

贷款 指金融机构将其所吸收的资金,按一定的利率贷放给客户并约期归还的信用业务。包括短期贷款、中长期贷款、财政贷款、外汇贷款和其他贷款。

证券(不含股票) 由债券购买者承购的或因销售产品而拥有的,可在金融市场上交易并代表一定债权的书面证明。包括政府债券、金融债券、企业债券、商业票据、支付固定收入但不提供法人企业残余价值分享权的优先股等。

股票及其他股权 指股票购买者及直接投资者对其投资企业净资产所拥有的权益。股票是股份公司签发的证明股东投资并按其所持股份享有权益和承担义务的权益性证券。其他股权是机构单位以直接投资的方式用除股票、债权性证券以外的土地、房屋及建筑物、机器设备、存货、资源资产等实物资产,商标、专利权、土地使用权、特许使用权、商誉等无形资产及货币资金直接向其他单位进行的投资。通常以股权证、出资证明书、参与证或类似的单据为凭证。

保险准备金 指对人寿保险准备金和养恤基金的净权益、保险费预付款和未结索赔准备金。

结算资金 指金融机构用于结算目的汇兑在途的资金。

金融机构往来 指各金融机构之间的资金往来,包括同业存放款和同业拆借款。

准备金 指各金融机构在中央银行的存款及缴存中央银行的法定准备金。

中央银行贷款 指中央银行向各金融机构的贷款。

经常项目 包括货物、服务、收益及经常性转移。

货物进出口 指通过我国海关进出口的货物。货物的进出口值都按离岸价格估价。离岸价格可视为进口商在出口商边境领取货物时支付的购买者价格。当进口商领取该货物时,该货物已装载到进口商自己的运载工具或其他运载工具,出口商已为该货物支付了出口税或获得了出口退税。

服务进出口 指常住单位与非常住单位之间相互提供的服务。包括运输服务、旅游服务、通讯服务、建筑服务、保险服务、金融服务、计算机和信息服务、咨询服务、广告、宣传服务、电影音像服务、专有权力使用费和特许费、其他商务服务、政府服务。

收益 指常住单位与非常住单位之间因相互提供生产要素而产生的收入,包括劳动者报酬和投资收益。其中投资收益包括直接投资、证券投资和其他投资的收益和支出,以及直接投资收益的再投资。

资本项目 包括移民转移、债务减免等资本性转移。

金融项目 包括直接投资、证券投资和其他投资。

直接投资 指外国、港澳台地区在我国和我国在外国、港澳台地区以独资、合资、合作及合作勘探开发方式进行的投资。

证券投资 指我国对外国、港澳台地区发行的股票、债券等有价证券和我国购买外国、港澳台地区发行的股票、债券等

有价证券。

其他投资　指除直接投资和证券投资以外的所有对外金融资产与负债交易项目。包括外国提供给我国和我国提供给外国的贸易信贷、贷款、货币和存款以及其他资产。

储备资产增减额　指我国在黄金储备、外汇储备、在国际货币基金组织的储备头寸、特别提款权、使用基金信贷等方面本年末与上年末余额之间的差额。负号表示储备资产增加，正号表示储备资产减少。

04

PAGE
053-064

资料整理人员： 张　磊　张静云

4-1 人口数及构成

单位:人

年 份	年底人口数	按性别分				按农业、非农业分			
		男		女		农业人口		非农业人口	
		人口数	比重(%)	人口数	比重(%)	人口数	比重(%)	人口数	比重(%)
1985	1820330	936233	51.4	884097	48.6	1621048	89.1	199282	10.9
1986	1824402	935929	51.3	888473	48.7	1615663	88.6	208739	11.4
1987	1844393	945722	51.3	898671	48.7	1620627	87.9	223766	12.1
1988	1864263	957384	51.4	906879	48.6	1632151	87.5	232112	12.5
1989	1889464	970953	51.4	918511	48.6	1652566	87.5	236898	12.5
1990	1919410	983347	51.2	936063	48.8	1669863	87.0	249547	13.0
1991	1944443	997962	51.3	946481	48.7	1687115	86.8	257328	13.2
1992	1969230	1011582	51.4	957648	48.6	1703304	86.5	265926	13.5
1993	1995703	1027366	51.5	968337	48.5	1715521	86.0	280182	14.0
1994	2016920	1032922	51.2	983998	48.8	1720224	85.3	296696	14.7
1995	2039271	1049946	51.5	989325	48.5	1730403	84.9	308868	15.1
1996	2054998	1057824	51.5	997174	48.5	1724275	83.9	330723	16.1
1997	2069390	1060316	51.2	1009074	48.8	1724258	83.3	345132	16.7
1998	2083893	1065308	51.1	1018585	48.9	1725266	82.8	358627	17.2
1999	2100254	1073751	51.1	1026503	48.9	1725168	82.1	375086	17.9
2000	2102610	1072409	51.0	1030201	49.0	1704050	81.0	398560	19.0
2001	2106316	1072173	50.9	1034143	49.1	1695883	80.5	410433	19.5
2002	2111588	1077085	51.0	1034503	49.0	1683301	79.7	428287	20.3
2003	2118287	1076945	50.8	1041342	49.2	1672210	78.9	446077	21.1
2004	2122015	1075351	50.7	1046664	49.3	1655488	78.0	466527	22.0
2005	2118610	1074777	50.7	1043833	49.3	1629260	76.9	489350	23.1
2006	2134601	1080675	50.7	1053926	49.3	1630988	76.4	503613	23.6
2007	2147768	1083596	50.5	1064172	49.5	1626440	75.7	521328	24.3
2008	2152235	1085693	50.4	1066542	49.6	1618615	75.2	533620	24.8
2009	2165264	1090695	50.4	1074569	49.6	1613600	74.5	551664	25.5
2010	2162304	1088746	50.4	1073558	49.6	1597625	73.9	564679	26.1
2011	2174770	1093921	50.3	1080849	49.7	1594769	73.3	580001	26.7
2012	2182370	1096479	50.2	1085891	49.8	1587300	72.7	595070	27.3
2013	2193126	1102220	50.3	1090906	49.7	1585225	72.3	607901	27.7
2014	2189195	1097513	50.1	1091682	49.9	1572990	71.9	616205	28.1
2015	2194372	1096979	49.9	1097393	50.1	1384649	63.1	809723	36.9
2016	2203916	1100828	49.9	1103088	50.1	1323111	60.0	880805	40.0

注:本表为公安户籍人口数。

4-2 人口出生率、死亡率和自然增长率

单位:‰

年　　份	出 生 率	死 亡 率	自然增长率
1985	12.25	7.90	4.34
1986	12.51	8.28	4.22
1987	14.46	8.01	6.45
1988	15.46	7.51	7.95
1989	18.38	7.16	11.22
1990	21.08	8.05	13.04
1991	19.34	7.81	11.54
1992	18.52	7.25	11.27
1993	18.17	7.20	10.98
1994	17.71	7.06	10.65
1995	17.92	7.26	10.66
1996	17.38	7.39	9.99
1997	17.03	7.10	9.93
1998	14.84	7.86	6.98
1999	15.64	7.02	8.62
2000	20.54	9.87	10.67
2001	11.37	7.36	4.01
2002	11.29	7.15	4.14
2003	11.61	7.83	3.77
2004	11.42	7.73	3.70
2005	11.98	11.29	0.69
2006	11.57	6.89	4.69
2007	10.91	6.74	4.17
2008	9.16	7.62	1.54
2009	9.85	6.01	3.84
2010	10.50	12.31	-1.81
2011	7.66	4.39	3.27
2012	9.02	7.06	1.96
2013	8.58	5.15	3.43
2014	9.10	7.24	2.76
2015	8.97	6.18	2.79
2016	8.53	4.96	3.57

注:本表按公安户籍人口数计算。

4-3　各地区人口数和出生率、死亡率、自然增长率（2016年）

地　　区	年底人口数（人）	出生率（‰）	死亡率（‰）	自然增长率（‰）
合　　计	**2320858**	**8.36**	**5.82**	**2.54**
城　　区	492880	9.32	5.40	3.92
沁 水 县	215866	8.14	5.62	2.52
阳 城 县	391986	7.43	5.95	1.48
陵 川 县	235317	7.82	5.45	2.37
泽 州 县	491789	8.72	6.52	2.20
高 平 市	493020	8.15	5.72	2.43

注：本表为常住人口数。

4-4　各地区人口的城乡构成

单位：人

年　份 地　区	人口数	城镇人口		乡村人口	
		人口数	比重（%）	人口数	比重（%）
2000	2160984	738794	34.19	1422190	65.81
2001	2170734	740654	34.10	1430080	65.90
2002	2183102	837925	38.38	1345177	61.62
2003	2189601	860995	39.32	1328606	60.68
2004	2197109	881570	40.12	1315539	59.88
2005	2205357	910697	41.29	1294660	58.71
2006	2214463	934519	42.20	1279944	57.80
2007	2223321	960918	43.22	1262403	56.78
2008	2232279	1009536	45.22	1222743	54.78
2009	2239120	1053058	47.03	1186062	52.97
2010	2280314	1163948	51.04	1116366	48.99
2011	2285526	1205614	52.75	1079912	47.25
2012	2291431	1248389	54.48	1043042	45.52
2013	2300569	1277244	55.52	1023325	44.48
2014	2308946	1304291	56.49	1004655	43.51
2015	2314977	1329274	57.42	985703	42.58
2016	2320858	1354043	58.34	966815	41.66
城　　区	492880	492880	100.00		
沁 水 县	215866	90992	42.15	124874	57.85
阳 城 县	391986	182597	46.58	209389	53.42
陵 川 县	235317	96566	41.04	138751	58.96
泽 州 县	491789	230250	46.82	261539	53.18
高 平 市	493020	260758	52.89	232262	47.11

注：本表为常住人口数。

4-5 各地区人口的男女构成(2016年)

单位:人

地　　区	人口数			占总人口的比重(%)	
	合计	男	女	男	女
全　　市	**2320858**	**1172010**	**1148848**	**50.50**	**49.50**
城　　区	492880	248136	244744	50.34	49.66
沁水县	215866	110350	105516	51.12	48.88
阳城县	391986	198114	193872	50.54	49.46
陵川县	235317	120138	115179	51.05	48.95
泽州县	491789	248402	243387	50.51	49.49
高平市	493020	246870	246150	50.07	49.93

注:本表为常住人口数。

4-6 人口平均预期寿命

单位:岁

指　　标	1990年	2000年	2010年
预期寿命	**66.79**	**70.56**	**73.09**
#男	64.83	68.48	71.23
女	68.96	72.85	75.17
#城市			79.41
镇			74.54
村			70.46

4-7　市镇人口情况(2016年)

单位:户、人

地　区	总户数	总人口	
			男
总　计	833256	2203916	1100828
城　区	135637	383565	192901
东街办事处	18119	56501	27968
西街办事处	15920	45343	22638
南街办事处	12644	38536	19165
北街办事处	10901	32472	16255
矿区街道办事处	19093	61285	33276
西上庄办事处	12311	30053	15191
钟家庄办事处	25959	69833	34396
北石店镇	11327	24664	11539
开发区	9363	24878	12473
沁　水　县	82069	203412	102238
龙港镇	19814	52355	26109
端氏镇	11639	25075	12575
中村镇	5274	14105	7195
嘉峰镇	10209	24092	12071
樊村河乡	950	2056	1036
土沃乡	2567	6804	3512
张村乡	1720	4279	2207
郑庄镇	7252	17000	8567
苏庄乡	1058	2352	1176
郑村镇	5808	15090	7418
胡底乡	4144	10462	5171
固县乡	2930	7462	3769
柿庄镇	4515	11715	5912
十里乡	4189	10565	5520

注:本表为公安户籍人口数。

4-7 续表1

单位：户、人

地　　区	总户数	总人口	
			男
阳　城　县	170072	383518	191451
凤城镇	59098	128427	63694
北留镇	14391	36872	18206
润城镇	14148	33049	16481
次营镇	6124	13235	6556
河北镇	7349	15498	7697
东冶镇	10147	22192	11290
町店镇	6535	14821	7333
白桑乡	6610	15707	7840
寺头乡	3987	8819	4501
芹池镇	6081	16458	8389
西河乡	6832	15493	7695
演礼乡	5770	13212	6549
固隆乡	3455	8234	4130
董封乡	3974	7882	4034
横河镇	2123	4397	2286
驾岭乡	4329	8761	4411
蟒河镇	9119	20461	10359

4-7　续表2

单位:户、人

地　　区	总户数	总人口	
			男
陵　川　县	92335	255246	131025
崇文镇	25118	67942	34897
礼义镇	13227	31689	16237
附城镇	9817	31295	15943
平城镇	8771	25551	12963
杨村镇	6019	17095	8596
西河底镇	6499	20592	10431
潞城镇	5497	15069	8007
夺火乡	1649	4819	2502
马圪当乡	2393	6307	3365
古郊乡	3526	9241	4803
六泉乡	4894	12136	6407
秦家庄乡	4925	13510	6874

4-7　续表3

单位:户、人

地　　区	总户数	总人口	
			男
泽　州　县	193617	494590	246622
大东沟镇	12740	32341	15919
周村镇	10451	25502	12629
梨川镇	6216	16278	8222
晋庙铺镇	6542	18508	9373
南村镇	18506	43575	21751
高都镇	14227	39569	19473
巴公镇	26019	61158	30693
大阳镇	10015	27123	13329
下村镇	18302	44511	22711
金村镇	19917	53079	26211
川底乡	8924	21930	10792
李寨乡	5411	12740	6318
南岭乡	3909	9678	4852
山河镇	9511	23253	11772
大箕镇	8203	21493	10717
柳树口镇	5300	15136	7726
北义城镇	9424	28716	14134

4-7 续表4

单位:户、人

地区	总户数	总人口	
			男
高平市	159526	483585	236591
东城办事处	11371	33476	16387
南城办事处	16565	54283	26389
北城办事处	11957	36432	17961
米山镇	10766	33160	16045
陈区镇	11107	30343	14737
河西镇	14060	47040	23151
马村镇	11251	33930	16559
寺庄镇	15016	46415	23102
三甲镇	8413	25015	12023
神农镇	7747	23331	11313
北诗镇	10154	30888	15275
野川镇	8269	21941	10521
建宁乡	6463	18577	9118
石末乡	5296	16492	8265
原村乡	7463	19665	9408
永录乡	3628	12597	6337

主要统计指标解释

人口数 指一定时点、一定地区范围内有生命的个人总和。

年度统计的年末人口数指每年12月31日24时的人口数。年度统计的全国人口总数内未包括香港、澳门特别行政区和台湾省以及海外华侨人数。

常住人口 指实际经常居住在某地区一定时间(半年以上)的人口。

城镇人口和乡村人口 城镇人口是指居住在城镇范围内的全部常住人口;乡村人口是除上述人口以外的全部人口。

出生率(又称粗出生率) 指在一定时期内(通常为一年)一定地区的出生人数与同期内平均人数(或期中人数)之比,用千分率表示。本资料中的出生率指年出生率,其计算公式为:

$$\text{出生率}=\frac{\text{年出生人数}}{\text{年平均人数}}\times1000‰$$

式中:出生人数指活产婴儿,即胎儿脱离母体时(不管怀孕月数),有过呼吸或其他生命现象。年平均人数指年初、年底人口数的平均数,也可用年中人口数代替。

死亡率(又称粗死亡率) 指在一定时期内(通常为一年)一定地区的死亡人数与同期内平均人数(或期中人数)之比,用千分率表示。本资料中的死亡率指年死亡率,其计算公式为:

$$\text{死亡率}=\frac{\text{年死亡人数}}{\text{年平均人数}}\times1000‰$$

人口自然增长率 指在一定时期内(通常为一年)人口自然增加数(出生人数减死亡人数)与该时期内平均人数(或期中人数)之比,用千分率表示。计算公式为:

$$\text{人口自然增长率}=\frac{\text{本年出生人数}-\text{本年死亡人数}}{\text{年平均人数}}\times1000‰$$

$$=\text{人口出生率}-\text{人口死亡率}$$

05

就业人员和职工工资

Employment And Wages

PAGE

065-092

资料整理人员：周　磊

5-1 就业基本情况

指　　标	2007年	2008年	2009年	2010年	2011年	2012年	2013年	2014年	2015年	2016年
经济活动人口(万人)	119.65	124.49	127.63	132.52	139.46	143.25	149.17	152.23	155.15	157.21
就业人员合计(万人)	118.76	123.58	126.75	131.65	138.57	142.33	148.24	151.33	154.17	156.22
第一产业	44.77	45.34	44.91	45.03	44.67	44.38	44.21	43.02	43.32	43.57
第二产业	35.55	36.84	37.76	39.82	43.25	44.11	48.91	50.74	50.40	50.91
第三产业	38.44	41.40	44.08	46.80	50.65	53.84	55.12	57.57	60.45	61.74
就业人员构成(合计=100)										
第一产业	37.70	36.69	35.43	34.20	32.24	31.18	29.82	28.43	28.09	27.89
第二产业	29.93	29.81	29.79	30.25	31.21	30.99	32.99	33.53	32.69	32.59
第三产业	32.37	33.50	34.78	35.55	36.55	37.83	37.19	38.04	39.22	39.52
按城乡分就业人员(万人)										
城镇就业人员	36.73	40.29	44.15	48.21	55.14	58.57	64.29	68.25	71.58	75.10
# 国有单位	11.92	12.12	11.74	11.98	11.63	11.91	11.09	10.92	10.85	10.65
城镇集体单位	3.82	4.13	4.75	5.05	6.04	6.03	6.93	6.93	7.02	9.09
私营单位	2.59	3.42	3.93	4.28	5.12	7.02	8.37	9.45	10.02	12.89
个体单位	7.76	8.81	10.14	10.79	12.88	12.94	13.26	14.32	15.97	16.14
联营单位		0.07	0.08	0.09	0.12	0.33	0.38	0.79	0.83	0.85
股份制单位	5.16	5.56	6.40	6.92	8.28	9.36	9.42	9.51	9.92	10.02
外商投资单位	0.45	0.52	0.60	0.65	0.78	0.86	0.93	1.27	1.35	1.36
港澳台商投资单位	0.49	0.58	0.67	1.82	2.86	3.09	5.28	5.95	5.97	4.22
其他经济单位	4.83	5.08	5.84	6.63	7.43	7.03	8.63	9.11	9.65	9.88
乡村就业人员	82.03	83.29	82.60	83.44	83.43	83.76	83.95	83.08	82.59	81.12
# 乡镇企业	60.97	61.49	59.08	59.67	59.63	58.86	58.99	58.08	57.75	54.20
私营企业	6.27	6.47	6.92	6.99	6.99	5.83	5.84	5.78	5.75	5.78
个体	12.99	13.38	14.27	14.42	14.45	14.69	14.72	14.57	14.48	14.55
联营经济		0.09	0.09	0.09	0.09	0.09	0.09	0.39	0.38	0.37
股份制经济	1.51	1.55	1.53	1.55	1.55	2.56	2.57	2.54	2.52	2.52
其他经济	0.29	0.31	0.71	0.72	0.72	1.73	1.74	1.72	1.71	3.70
城镇非私营单位在岗职工人数(万人)	24.36	25.25	26.17	26.55	27.98	28.09	36.28	35.62	34.71	33.43
国有单位	11.69	11.80	11.36	11.58	11.04	11.38	10.36	10.37	10.31	10.01
城镇集体单位	2.57	2.66	2.17	1.86	1.61	1.52	1.52	1.41	1.25	1.13
其他单位	10.10	10.79	12.64	13.12	15.33	15.18	24.40	23.83	23.15	22.28
城镇登记失业人数(万人)	0.61	0.63	0.65	0.67	0.61	0.52	0.45	0.49	0.61	0.70
城镇登记失业率(%)	2.50	2.50	2.50	2.40	2.20	1.79	1.53	1.27	1.60	1.74

5-2 按三次产业分就业人员数(2016年底数)

年份	经济活动人口（万人）	就业人员（万人）				构成（合计=100）		
			第一产业	第二产业	第三产业	第一产业	第二产业	第三产业
1985	79.93	79.64	38.14	24.00	17.50	47.89	30.14	21.97
1986	81.89	81.60	38.10	27.00	16.50	46.69	33.09	20.22
1987	84.25	83.96	38.06	27.00	18.90	45.33	32.16	22.51
1988	86.43	85.99	38.59	28.60	18.80	44.88	33.26	21.86
1989	88.22	87.72	40.52	28.20	19.00	46.19	32.15	21.66
1990	90.10	89.58	40.18	28.00	21.40	44.85	31.26	23.89
1991	92.70	92.35	40.25	30.30	21.80	43.58	32.81	23.61
1992	95.83	95.49	40.29	32.40	22.80	42.19	33.93	23.88
1993	96.49	96.15	38.25	34.10	23.80	39.78	35.47	24.75
1994	98.93	98.60	37.30	35.00	26.30	37.83	35.50	26.67
1995	99.45	99.15	37.35	34.20	27.60	37.67	34.49	27.84
1996	100.23	99.85	38.05	29.20	32.60	38.11	29.24	32.65
1997	102.20	101.80	38.75	33.24	29.81	38.06	32.65	29.28
1998	103.45	102.70	38.75	32.23	31.72	37.73	31.38	30.89
1999	104.00	103.56	41.80	29.91	31.85	40.36	28.88	30.76
2000	105.51	105.02	43.32	29.81	31.89	41.25	28.39	30.37
2001	106.11	105.22	43.79	29.13	32.30	41.62	27.68	30.70
2002	106.27	105.40	43.90	29.48	32.02	41.65	27.97	30.38
2003	107.96	107.13	43.94	30.46	32.73	41.02	28.43	30.55
2004	110.36	109.51	43.93	31.90	33.68	40.12	29.13	30.76
2005	112.99	112.13	44.37	33.49	34.27	39.57	29.87	30.56
2006	115.90	115.03	44.81	34.88	35.34	38.96	30.32	30.72
2007	119.65	118.76	44.77	35.55	38.44	37.70	29.93	32.37
2008	124.49	123.58	45.34	36.84	41.40	36.69	29.81	33.50
2009	127.63	126.75	44.91	37.76	44.08	35.43	29.79	34.78
2010	132.52	131.65	45.03	39.82	46.80	34.20	30.25	35.55
2011	139.46	138.57	44.67	43.25	50.65	32.24	31.21	36.55
2012	143.25	142.33	44.38	44.11	53.84	31.18	30.99	37.83
2013	149.17	148.24	44.21	48.91	55.12	29.82	32.99	37.19
2014	152.23	151.33	43.02	50.74	57.57	28.43	33.53	38.04
2015	155.15	154.17	43.32	50.4	60.45	28.09	32.69	39.22
2016	157.21	156.22	43.57	50.91	61.74	27.89	32.59	39.52

5-3 按城乡分就业人员数

单位：万人

年份	合计	城镇							
		小计	国有单位	集体单位	私营企业	个体单位	联营经济	股份制单位	外商投资单位
2000	105.02	28.85	14.62	4.86	1.30	4.84		1.85	0.03
2001	105.22	28.96	14.56	4.28	1.72	5.92		1.64	0.07
2002	105.40	29.08	14.64	4.29	1.73	6.04		1.66	0.06
2003	107.13	30.11	11.31	4.18	1.79	6.21		2.95	0.11
2004	109.51	31.45	11.52	4.23	1.98	6.32		3.12	0.13
2005	112.13	32.27	11.79	4.29	2.03	6.53		3.28	0.13
2006	115.03	33.32	11.92	3.10	2.08	6.77		4.69	0.35
2007	118.76	36.73	11.92	3.82	2.59	7.76		5.16	0.45
2008	123.58	40.29	12.12	4.13	3.42	8.81	0.07	5.56	0.52
2009	126.75	44.15	11.74	4.75	3.93	10.14	0.08	6.40	0.60
2010	131.65	48.21	11.98	5.05	4.28	10.79	0.09	6.92	0.65
2011	138.57	55.14	11.63	6.04	5.12	12.88	0.12	8.28	0.78
2012	142.33	58.57	11.91	6.03	7.02	12.94	0.33	9.36	0.86
2013	148.24	64.29	11.09	6.93	8.37	13.26	0.38	9.42	0.93
2014	151.33	68.25	10.92	6.93	9.45	14.32	0.79	9.51	1.27
2015	154.17	71.58	10.85	7.02	10.02	15.97	0.83	9.92	1.35
2016	156.22	75.1	10.65	9.09	12.89	16.14	0.85	10.02	1.36

5-3 续表

单位：万人

年份			乡村						
	港澳台商投资单位	其他	小计	乡镇企业	私营企业	个体	联营经济	股份制	其他经济
2000	0.03	1.32	76.17	62.97	3.56	9.64			
2001	0.03	0.74	76.26	63.11	3.46	9.69			
2002	0.04	0.62	76.32	60.55	4.85	10.92			
2003	0.08	3.48	77.02	58.35	5.89	12.78			
2004	0.09	4.06	78.06	58.59	5.97	12.39		0.86	0.25
2005	0.11	4.11	79.86	59.97	6.09	12.64		0.91	0.25
2006	0.25	4.16	81.71	61.39	6.21	12.90		0.96	0.25
2007	0.49	4.54	82.03	60.97	6.27	12.99		1.51	0.29
2008	0.58	5.08	83.29	61.49	6.47	13.38	0.09	1.55	0.31
2009	0.67	5.84	82.60	59.08	6.92	14.27	0.09	1.53	0.71
2010	1.82	6.63	83.44	59.67	6.99	14.42	0.09	1.55	0.72
2011	2.86	7.43	83.43	59.63	6.99	14.45	0.09	1.55	0.72
2012	3.09	7.03	83.76	58.86	5.83	14.69	0.09	2.56	1.73
2013	5.28	8.63	83.95	58.99	5.84	14.72	0.09	2.57	1.74
2014	5.95	9.11	83.08	58.08	5.78	14.57	0.39	2.54	1.72
2015	5.97	9.65	82.59	57.75	5.75	14.48	0.38	2.52	1.71
2016	4.22	9.88	81.12	54.2	5.78	14.55	0.37	2.52	3.7

5–4 各地区按行业分城镇非私营单位从业人员数

单位：人

年份 地区	合计	农、林、牧、渔业	采矿业	制造业	电力热力燃气及水生产和供应业	建筑业	批发和零售业
2010	271461	1456	117950	23105	7192	6196	16097
2011	288824	1449	129705	22221	7077	12757	15851
2012	289046	1332	124371	23638	7549	11990	17036
2013	379161	1357	151861	61714	9257	14904	20358
2014	377019	1375	144875	65696	9492	13749	19397
2015	372995	1335	145647	61888	8302	16201	16710
2016	355697	1266	141148	56052	8670	13706	13151
市直汇	69538	56	58822	3274			1588
城区	65889	18	139	3787	3355	10707	3725
沁水县	32638	246	19278	373	901	415	656
阳城县	46543	382	17891	5218	1847	715	2527
陵川县	13868	193	1749	502	686		630
泽州县	40051	197	14263	6579	620	71	1759
高平市	53122	174	28796	5936	801	105	1705
开发区	34048		210	30383	460	1693	561

5–4 续表1

单位：人

年份 地区	交通运输、仓储和邮政业	住宿和餐饮业	信息传输、软件和信息技术服务业	金融业	房地产业	租赁和商务服务业
2010	6690	2148	2365	9948	723	2575
2011	6558	1941	2376	10297	568	2689
2012	7229	1896	2268	10924	803	3008
2013	12637	3981	2830	11081	1565	5828
2014	13585	2644	2613	12070	3433	6714
2015	13159	2539	2584	13401	3337	6952
2016	11863	2177	2347	14591	2955	5952
市直汇	204			3855	1101	
城区	8271	776	1659	4971	902	2832
沁水县	818	96	70	833	47	157
阳城县	338	636	140	1482	225	1276
陵川县	375	96	71	997	14	293
泽州县	1253	316	137	892	25	650
高平市	604	99	156	1561	172	744
开发区		158	114		469	

5–4 续表2

单位：人

年份 地区	科学研究、技术服务业	水利、环境和公共设施管理业	居民服务、修理和其他服务业	教育	卫生和社会工作	文化、体育和娱乐业	公共管理、社会保障和社会组织
2010	1549	4333	403	27096	10460	2011	29164
2011	1562	4186	413	26798	10566	1915	29895
2012	1824	5253	227	26801	10526	1973	30398
2013	2160	5462	512	28849	10987	2004	31814
2014	2538	5657	386	27718	10727	2215	32135
2015	2374	5534	551	27448	11318	1899	31816
2016	2295	6606	503	26853	11701	1920	31941
市直汇	79	95		192			272
城区	1477	2898	217	6958	3973	1239	7985
沁水县	73	517		2916	913	130	4199
阳城县	92	1594	16	4194	1779	100	6091
陵川县	167	559	108	2392	1069	34	3933
泽州县	266	298	162	4857	2473	173	5060
高平市	141	645		5344	1494	244	4401
开发区							

5-5 按登记注册类型和行业分城镇非私营单位在岗职工人数(2016年底数)

单位:人

指　　标	合　计	国有单位	城镇集体单位	其他单位
总　计	334309	100149	11343	222817
按企、事业和机关分组				
企业	255741	24761	8387	222593
事业	53968	51028	2940	
机关	24376	24360	16	
民间非盈利组织	91			91
其他	133			133
按国民经济行业分组				
农、林、牧、渔业	1235	1098	81	56
农　业	64	64		
林　业	717	661		56
畜牧业	25	25		
渔　业	8	8		
农、林、牧、渔服务业	421	340	81	
采 矿 业	137651	3637		134014
煤炭开采和洗选业	133168	3637		129531
石油和天然气开采业	4483			4483
黑色金属矿采选业				
有色金属矿采选业				
非金属矿采选业				
开采辅助活动				
其他采矿业				
制 造 业	55013	1111	741	53161
农副食品加工业	200	87		113
食品制造业	149	56		93
酒、饮料和精制茶制造业	506			506
烟草制品业				
纺织业	1391		11	1380
纺织服装、服饰业	579		39	540
皮革、毛皮、羽毛及其制品和制鞋业				
木材加工和木、竹、藤、棕、草制品业				
家具制造业	5		5	
造纸和纸制品业				
印刷和记录媒介复制业	116	30	86	
文教、工美、体育和娱乐用品制造业	15		15	
石油加工、炼焦和核燃料加工业	247			247
化学原料和化学制品制造业	13128	662	6	12460
医药制造业	1000	190		810
化学纤维制造业				
橡胶和塑料制品业	541	16		525
非金属矿物制品业	1341	40	98	1203
黑色金属冶炼和压延加工业	338		236	102
有色金属冶炼和压延加工业				
金属制品业	1007			1007

5-5 续表1

单位:人

指　　标	合　计	国有单位	城镇集体单位	其他单位
通用设备制造业				
专用设备制造业	2515	19	204	2292
汽车制造业	2076			2076
铁路、船舶、航空航天和其他运输设备制造业	629			629
电气机械和器材制造业	554			554
计算机、通信和其他电子设备制造业	28226			28226
仪器仪表制造业	11	11		
其他制造业	41		41	
废弃资源综合利用业				
金属制品、机械和设备修理业	398			398
电力、热力、燃气及水生产和供应业	7932	3931		4001
电力、热力生产和供应业	6164	2618		3546
燃气生产和供应业	779	324		455
水的生产和供应业	989	989		
建 筑 业	10777	1106	1695	7976
房屋建筑业	2691	410	1571	710
土木工程建筑业	7811	680	124	7007
建筑安装业	179	16		163
建筑装饰和其他建筑业	96			96
批发和零售业	12015	4334	1655	6026
批发业	6784	3824	401	2559
零售业	5231	510	1254	3467
交通运输、仓储和邮政业	9940	4269	270	5401
铁路运输业	55			55
道路运输业	8373	2983	270	5120
水上运输业				
航空运输业				
管道运输业				
装卸搬运和运输代理业	226			226
仓储业	271	271		
邮政业	1015	1015		
住宿和餐饮业	2177	508	85	1584
住宿业	1285	508	43	734
餐饮业	892		42	850
信息传输、软件和信息技术服务业	1989	82		1907
电信、广播电视和卫星传输服务	1907			1907
互联网和相关服务	82	82		
软件和信息技术服务业				
金融业	9274	4440	3741	1093
货币金融服务业	7502	3312	3741	449
资本市场服务业				
保险业	1683	1039		644

5-5 续表2

单位：人

指　　标	合　计	国有单位	城镇集体单位	其他单位
其他金融业	89	89		
房地产业	2815	668		2147
房地产开发经营	1101	510		591
物业管理	1581	25		1556
房地产中介服务	29	29		
租赁和商务服务业	5275	2875	195	2205
租赁业	26	26		
商务服务业	5249	2849	195	2205
科学研究、技术服务业	2244	1723	80	441
研究和试验发展	154	154		
专业技术服务业	1956	1494	80	382
科技推广和应用服务业	134	75		59
水利、环境和公共设施管理业	5944	4143		1801
水利管理业	356	241		115
生态保护和环境治理业	136	41		95
公共设施管理业	5452	3861		1591
居民服务、修理和其他服务业	502	209	23	270
居民服务业	223	38	23	162
机动车、电子产品和日用产品修理业	55	55		
其他服务业	224	116		108
教育	26702	26611		91
初等教育	5944	5944		
中等教育	17784	17730		54
高等教育	989	989		
卫生和社会工作	11181	8329	2633	219
卫生	10861	8009	2633	219
社会工作	320	320		
文化、体育和娱乐业	1849	1281	144	424
新闻和出版业	319	174		145
广播、电视、电影和影视录音制作业	475	475		
文化艺术业	957	534	144	279
体育	91	91		
娱乐业	7	7		
公共管理、社会保障和社会组织	29794	29794		
中国共产党机关	796	796		
国家机构	27899	27899		
人民政协、民主党派	139	139		
社会保障	324	324		
群众社团、社会团体和其他成员组织	262	262		

5-6 各地区按行业分城镇非私营单位在岗职工人数

单位：人

年份 地区	合计	农、林、牧、渔业	采矿业	制造业	电力、热力、燃气及水生产和供应业	建筑业	批发和零售业
2010	265528	1430	117495	22737	7128	6196	15954
2011	279773	1432	128752	21905	7016	12757	14609
2012	280880	1302	123559	23311	7490	11764	16489
2013	362789	1329	149583	60743	9104	13348	18574
2014	356174	1344	139868	63490	9125	12902	17773
2015	347074	1302	138882	59959	7875	12060	15355
2016	334309	1235	137651	55013	7932	10777	12015
市直汇	64064	56	57160	3086			1588
城区	59038	18	134	3243	3355	7878	2857
沁水县	30283	241	18138	373	899	415	592
阳城县	44368	382	17639	5106	1778	712	2379
陵川县	12604	170	1749	502	663		630
泽州县	38827	197	14022	6515	507	67	1722
高平市	51352	171	28611	5844	399	105	1686
开发区	33773		198	30344	331	1600	561

5-6 续表1

单位：人

年份 地区	交通运输、仓储和邮政业	住宿和餐饮业	信息传输、软件和信息技术服务业	金融业	房地产业	租赁和商务服务业
2010	6637	2148	1727	7285	723	2490
2011	5972	1941	1767	7212	568	2434
2012	6712	1896	1777	7804	798	2847
2013	10084	3981	1677	7966	1550	5469
2014	10968	2644	1630	8474	2906	5867
2015	10779	2539	1782	9133	2927	6277
2016	9940	2177	1989	9274	2815	5275
市直汇	204			325	1101	
城区	6762	776	1329	4733	803	2773
沁水县	556	96	70	523	47	157
阳城县	338	636	140	895	220	1276
陵川县	298	96	71	494	14	288
泽州县	1188	316	137	788	25	182
高平市	594	99	128	1516	138	599
开发区		158	114		467	

5-6 续表2

单位：人

年份 地区	科学研究、技术服务业	水利、环境和公共设施管理业	居民服务、修理和其他服务业	教育	卫生和社会工作	文化、体育和娱乐业	公共管理、社会保障和社会组织
2010	1540	4319	403	26730	10220	1900	28466
2011	1546	4183	413	26540	10349	1874	28503
2012	1808	5239	227	26593	10217	1965	29082
2013	2073	5108	464	28595	10535	1956	30650
2014	2458	5634	384	27438	10151	2174	30944
2015	2316	5280	549	27092	10859	1768	30340
2016	2244	5944	502	26702	11181	1849	29794
市直汇	79	95		169			201
城区	1430	2896	216	6942	3934	1168	7791
沁水县	73	269		2864	776	130	4064
阳城县	92	1195	16	4194	1779	100	5491
陵川县	163	559	108	2392	837	34	3536
泽州县	266	285	162	4855	2462	173	4958
高平市	141	645		5286	1393	244	3753
开发区							

5-7 各地区按行业分国有单位在岗职工人数

单位：人

年份 地区	合计	农、林、牧、渔业	采矿业	制造业	电力热力燃气及水生产和供应业	建筑业	批发和零售业
2010	115725	1204	15909	1928	3703	680	9455
2011	110423	1206	11611	1673	3862	935	9336
2012	113808	1126	11732	1762	3922	980	11226
2013	103633	1156	3663	1069	3878	421	8157
2014	103740	1166	3696	1439	3885	476	7364
2015	103125	1160	4146	1104	3890	1094	6461
2016	100149	1098	3637	1111	3931	1106	4334
市直汇	2061						1582
城区	36343	18		157	2637	985	882
沁水县	11026	241	1624	6	239		239
阳城县	13018	382		681	172	16	329
陵川县	8376	170		21	341		184
泽州县	15756	116	2013	56	274		748
高平市	13569	171		190	268	105	370
开发区							

5-7 续表1

单位：人

年份 地区	交通运输、仓储和邮政业	住宿和餐饮业	信息传输、软件和信息技术服务业	金融业	房地产业	租赁和商务服务业
2010	4209	1579	877	3665	383	2046
2011	3631	1450	927	3426	358	1834
2012	3728	1382	860	3498	365	1862
2013	4165	1087	187	3588	726	1923
2014	4269	870	109	3910	719	2145
2015	4167	605	109	4337	689	2658
2016	4269	508	82	4440	668	2875
市直汇	58			51		
城区	3127	258	77	2401	493	2002
沁水县	221	96		243	24	79
阳城县	180			361	42	139
陵川县	223	96		200		168
泽州县	162	58		203	25	152
高平市	298		5	981	84	335
开发区						

5-7 续表2

单位：人

年份 地区	科学研究、技术服务业	水利、环境和公共设施管理业	居民服务、修理和其他服务业	教育	卫生和社会工作	文化、体育和娱乐业	公共管理、社会保障和社会组织
2010	1525	4319	207	26730	7338	1502	28466
2011	1523	4183	211	26540	7585	1629	28503
2012	1664	4684	197	26593	7452	1693	29082
2013	1667	4111	204	27817	7476	1692	30646
2014	1672	4575	203	27233	7466	1599	30944
2015	1705	4226	211	26874	8071	1278	30340
2016	1723	4143	209	26611	8329	1281	29794
市直汇				169			201
城区	1160	2896	193	6942	3553	771	7791
沁水县	73	269		2773	705	130	4064
阳城县	56	107	16	4194	752	100	5491
陵川县	163	291		2392	557	34	3536
泽州县	210	50		4855	1785	91	4958
高平市	61	530		5286	977	155	3753
开发区							

5-8 各地区按行业分城镇集体单位在岗职工人数

单位：人

年 份 地 区	合 计	农、林、牧、渔 业	采矿业	制造业	电力、热力、燃气及水生产和供应业	建筑业	批发和零售业
2010	18603	226	3583	1755		1423	4581
2011	16078	226	2821	1362		1344	3411
2012	15236	176	2091	911		1322	3242
2013	15194	173		1110		2927	3215
2014	14091	123		1013		2261	3191
2015	12482	86		812		2061	2018
2016	11343	81		741		1695	1655
市 直 汇							
城 区	3478			157		911	255
沁 水 县	929			9		415	76
阳 城 县	2617			388		289	348
陵 川 县	817						227
泽 州 县	2166	81		187			524
高 平 市	1256						225
开 发 区	80					80	

5-8 续表1

单位：人

年 份 地 区	交通运输、仓储和邮政业	住宿和餐饮业	信息传输、软件和信息技术服务业	金融业	房地产业	租赁和商务服务业
2010	348	138		3099		193
2011	356	161		3145		233
2012	362	122		3708		221
2013	352	378		3646		273
2014	340	151		3688	144	266
2015	307	142		3843	147	214
2016	270	85		3741		195
市 直 汇						
城 区	270	85		1513		40
沁 水 县				280		78
阳 城 县				534		31
陵 川 县				294		16
泽 州 县				585		30
高 平 市				535		
开 发 区						

5-8 续表2

单位：人

年 份 地 区	科学研究、技术服务业	水利、环境和公共设施管理业	居民服务、修理和其他服务业	教 育	卫生和社会工作	文化、体育和娱乐业	公共管理、社会保障和社会组织
2010			26		2882	349	
2011			32		2764	223	
2012	51		30		2765	235	
2013	45		28		2852	195	
2014	123		26		2564	201	
2015	118		26		2585	123	
2016	80		23		2633	144	
市 直 汇							
城 区			23		162	62	
沁 水 县					71		
阳 城 县					1027		
陵 川 县					280		
泽 州 县					677	82	
高 平 市	80				416		
开 发 区							

5-9 各地区按行业分其他单位在岗职工人数

单位:人

年份 地区	合计	农、林、牧、渔业	采矿业	制造业	电力热力燃气及水生产和供应业	建筑业	批发和零售业
2010	131200		98003	19054	3425	4093	1918
2011	153272		114320	18870	3154	10478	1862
2012	151836		109736	20638	3568	9462	2021
2013	243962		145920	58564	5226	10000	7202
2014	238343	55	136172	61038	5240	10165	7218
2015	231467	56	134736	58043	3985	8905	6876
2016	222817	56	134014	53161	4001	7976	6026
市直汇	62003	56	57160	3086			6
城区	19217		134	2929	718	5982	1720
沁水县	18328		16514	358	660		277
阳城县	28733		17639	4037	1606	407	1702
陵川县	3411		1749	481	322		219
泽州县	20905		12009	6272	233	67	450
高平市	36527		28611	5654	131		1091
开发区	33693		198	30344	331	1520	561

5-9 续表1

单位:人

年份 地区	交通运输、仓储和邮政业	住宿和餐饮业	信息传输、软件和信息技术服务业	金融业	房地产业	租赁和商务服务业
2010	2080	431	850	521	340	251
2011	1985	330	840	641	210	367
2012	2622	392	917	598	433	764
2013	5567	2516	1490	732	824	3273
2014	6359	1623	1521	876	2043	3456
2015	6305	1792	1673	953	2091	3405
2016	5401	1584	1907	1093	2147	2205
市直汇	146			274	1101	
城区	3365	433	1252	819	310	731
沁水县	335		70		23	
阳城县	158	636	140		178	1106
陵川县	75		71		14	104
泽州县	1026	258	137			
高平市	296	99	123		54	264
开发区		158	114		467	

5-9 续表2

单位:人

年份 地区	科学研究、技术服务业	水利、环境和公共设施管理业	居民服务、修理和其他服务业	教育	卫生和社会工作	文化、体育和娱乐业	公共管理、社会保障和社会组织
2010	15		170			49	
2011	23		170			22	
2012	93	555				37	
2013	361	997	232	778	207	69	4
2014	663	1059	155	205	121	374	
2015	493	1054	312	218	203	367	
2016	441	1801	270	91	219	424	
市直汇	79	95					
城区	270				219	335	
沁水县				91			
阳城县	36	1088					
陵川县		268	108				
泽州县	56	235	162				
高平市		115				89	
开发区							

5-10 城镇非私营单位在岗职工工资总额和指数

年份 地区	工资总额（万元）				指数（上年＝100）			
	合计	国有单位	城镇集体单位	其他单位	合计	国有单位	城镇集体单位	其他单位
1995	99082	82113	15727	1242	119.3	114.8	138.6	715.3
2000	146740	115710	15588	15441	111.6	113.0	101.2	113.4
2005	419758	176255	28594	214909	133.7	120.8	129.5	147.4
2006	504752	207790	32031	264930	120.3	117.9	112.0	123.3
2007	634691	259655	36008	339028	125.7	125.0	112.4	128.0
2008	767156	294369	49090	423697	120.9	113.4	136.3	125.0
2009	886389	310299	40812	535278	115.5	105.4	83.1	126.3
2010	1051231	356414	38557	656260	118.6	114.9	94.5	122.6
2011	1324789	381485	40960	902344	126.0	107.0	106.2	137.5
2012	1502841	423086	47048	1032707	113.4	110.9	114.9	114.5
2013	1964770	430512	50834	1483425	130.7	101.8	108.1	143.6
2014	1990524	481173	61589	1447761	101.3	111.8	121.2	97.6
2015	1898208	551472	58056	1288680	95.4	114.6	94.3	89.0
2016	1869757	576490	56425	1236842	98.5	104.5	97.2	96.0
市直汇	440466	10297		430169	95.7	102.9		95.6
城区	345242	213807	20286	111150	102.8	104.8	101.0	99.4
沁水县	169200	61032	5152	103017	102.9	100.1	99.8	104.9
阳城县	225368	70915	12111	142343	100.1	104.0	91.1	99.1
陵川县	63511	49039	2894	11579	104.3	106.4	99.4	97.4
泽州县	201650	98523	9517	93610	100.5	105.4	104.5	95.5
高平市	272404	72879	6338	193187	109.2	106.1	86.1	111.4
开发区	151915		128	151787	75.3		91.9	75.3

5-11 城镇非私营单位在岗职工平均工资及指数

年份 地区	平均货币工资（元）				指数（上年＝100）			
	合计	国有单位	城镇集体单位	其他单位	合计	国有单位	城镇集体单位	其他单位
1995	4466	4819	3198	5394	120.8	113.7	151.2	216.5
2000	7163	8166	5078	4759	113.3	114.3	104.1	115.2
2005	18736	15545	10268	25955	129.5	117.4	133.1	138.9
2006	21678	17947	12558	28937	115.7	115.5	122.3	111.5
2007	26393	17387	13972	34116	121.8	96.9	111.3	117.9
2008	30999	25133	18660	40722	117.5	144.6	133.6	119.4
2009	34200	27450	18620	43091	110.3	109.2	99.8	105.8
2010	40029	30978	20626	50925	117.0	112.9	110.8	118.2
2011	48701	34791	25573	61654	121.7	112.3	124.0	121.1
2012	54455	37547	31026	69716	111.8	107.9	121.3	113.1
2013	54885	41682	33649	61917	100.8	111.0	108.5	88.8
2014	55759	46628	43382	60426	101.6	111.9	128.9	97.6
2015	54721	53680	46523	55624	98.1	115.1	107.2	92.1
2016	55453	57757	49766	54721	101.3	107.6	107.0	98.4
市直汇	67624	47494		68317	98.2	106.1		98.0
城区	57873	59447	57499	55131	104.9	103.7	109.9	105.8
沁水县	55552	55232	54004	55823	103.7	107.3	106.3	101.4
阳城县	50811	54495	47811	49411	101.2	110.0	104.1	97.0
陵川县	50712	58533	35504	34762	107.0	108.8	108.1	99.1
泽州县	51590	62538	43555	44264	105.3	110.8	118.3	99.0
高平市	53123	54048	50991	52854	107.3	111.5	89.3	106.4
开发区	43796		15988	43860	85.6		91.9	85.6

5-12 各地区按行业分在岗职工工资总额

单位:万元

年份 地区	合计	农、林、牧、渔业	采矿业	制造业	电力、热力、燃气及水生产和供应业	建筑业	批发和零售业
2010	1051231	2816	616834	53676	31341	21996	38881
2011	1324789	3408	821303	62878	34202	49778	44018
2012	1502841	3420	902638	85111	42889	66670	51994
2013	1964770	4130	1065798	257136	54369	70264	68716
2014	1990524	4898	998015	274248	58711	66605	75951
2015	1898208	5988	842280	284320	58176	62004	54160
2016	1869757	6289	843400	231824	57319	57482	45648
市直汇	440466	233	407175	13813			7814
城区	345242	91	561	15457	26113	44608	12416
沁水县	169200	1334	100697	1351	5788	721	2272
阳城县	225368	1977	94085	16822	15477	2278	9689
陵川县	63511	772	6733	1545	1804		1281
泽州县	201650	985	66426	29330	4231	432	5340
高平市	272404	898	166795	19350	1760	287	4697
开发区	151915		929	134156	2146	9156	2140

5-12 续表1

单位:万元

年份 地区	交通运输、仓储和邮政业	住宿和餐饮业	信息传输、软件和信息技术服务业	金融业	房地产业	租赁和商务服务业
2010	15743	2300	7655	34433	2239	5542
2011	14076	2879	7960	42714	2053	7295
2012	20631	3664	10173	50636	3027	10147
2013	39701	9364	9538	57222	5271	16684
2014	47100	5780	9244	67300	13396	18424
2015	48418	5872	12231	73942	11497	20931
2016	47826	6331	14370	77115	12225	19133
市直汇	830			2240	5698	
城区	33976	1860	11613	45586	3292	8698
沁水县	2811	394	183	5326	147	703
阳城县	1273	1710	529	6827	610	4547
陵川县	1341	184	153	2861	18	1225
泽州县	5862	914	283	6733	180	938
高平市	1733	640	581	7542	550	3023
开发区		630	1028		1730	

5-12 续表2

单位:万元

年份 地区	科学研究、技术服务业	水利、环境和公共设施管理业	居民服务、修理和其他服务业	教育	卫生和社会工作	文化、体育和娱乐业	公共管理、社会保障和社会组织
2010	4610	5903	773	95655	23259	3971	83606
2011	5444	6231	849	99969	25569	4552	89611
2012	6182	9290	421	105824	28388	5016	96720
2013	9672	11023	1320	122409	35643	6399	120114
2014	10725	11126	1299	141110	41487	7796	137309
2015	14867	12901	1422	165333	53540	8275	162051
2016	14034	15307	2020	178006	58678	9085	173667
市直汇	309	291		1008			1055
城区	10112	7110	1059	43368	19000	6646	53677
沁水县	487	638		18439	4438	629	22844
阳城县	275	3217	100	26717	9003	286	29948
陵川县	1034	1712	450	17339	4614	137	20311
泽州县	1396	793	411	36069	13611	589	27128
高平市	422	1546		35067	8013	797	18703
开发区							

5-13 按行业分在岗职工平均工资(2016年)

单位:元

指　　标	合　计	国有单位	城镇集体单位	其他单位
全市平均	55453	57757	49766	54721
按执行会计标准类别分组				
企　业	54524	53737	51100	54737
事　业	58651	59388	45837	
机　关	58418	58411	68875	
民间非盈利组织	33418			33418
其　他	41500			41500
按国民经济行业分组				
农、林、牧、渔业	50881	50251	65889	41536
农　业	42734	42734		
林　业	48907	49529		41536
畜牧业	31280	31280		
渔　业	46625	46625		
农、林、牧、渔服务业	56750	54566	65889	
采矿业	60744	52815		60958
煤炭开采和洗选业	60265	52815		60473
石油和天然气开采业	75763			75763
黑色金属矿采选业				
有色金属矿采选业				
非金属矿采选业				
开采辅助活动				
其他采矿业				
制造业	41475	31704	18603	41980
农副食品加工业	15336	16646		14504
食品制造业	22340	10019		29495
酒、饮料和精制茶制造业	12390			12390
烟草制品业				
纺织业	25656		18182	25715
纺织服装、服饰业	28247		21718	28724
皮革、毛皮、羽毛及其制品和制鞋业				
木材加工和木、竹、藤、棕、草制品业				
家具制造业	37800		37800	
造纸和纸制品业				
印刷和记录媒介复制业	16328	22030	14140	
文教、工美、体育和娱乐用品制造业	19333		19333	
石油加工、炼焦和核燃料加工业	26651			26651
化学原料和化学制品制造业	41362	34903	25000	41723
医药制造业	54013	37362		57959
化学纤维制造业				
橡胶和塑料制品业	43385	27125		43879
非金属矿物制品业	22973	30000	10258	24089
黑色金属冶炼和压延加工业	30832		30791	30896
有色金属冶炼和压延加工业				
金属制品业	69726			69726

5-13　续表1

单位:元

指　　标	合　计	国有单位	城镇集体单位	其他单位
通用设备制造业				
专用设备制造业	44825	20579	15824	47603
汽车制造业	49988			49988
铁路、船舶、航空航天和其他运输设备制造业	50280			50280
电气机械和器材制造业	36687			36687
计算机、通信和其他电子设备制造业	42038			42038
仪器仪表制造业	16182	16182		
其他制造业	9500		9500	
废弃资源综合利用业				
金属制品、机械和设备修理业	49241			49241
电力、热力、燃气及水生产和供应业	73646	75834		71452
电力、热力生产和供应业	80472	89583		73591
燃气生产和供应业	61637	70129		55670
水的生产和供应业	41725	41725		
建 筑 业	51688	39355	27383	58312
房屋建筑业	28886	36192	26595	29799
土木工程建筑业	59686	42183	37435	61681
建筑安装业	52017			57061
建筑装饰和其他建筑业	16798			16798
批发和零售业	36989	42639	14279	38947
批发业	43725	45074	14665	46055
零售业	27888	23372	14157	33531
交通运输、仓储和邮政业	46934	46495	14537	48875
铁路运输业	66182			66182
道路运输业	47714	47899	14537	49347
水上运输业				
航空运输业				
管道运输业				
装卸搬运和运输代理业	33469			33469
仓储业	39240	39240		
邮政业	44248	44248		
住宿和餐饮业	29202	27043	22714	30257
住宿业	28014	27043	24023	28938
餐饮业	30930		21341	31397
信息传输、软件和信息技术服务业	72979	83810		72497
电信、广播电视和卫星传输服务	72497			72497
互联网和相关服务	83810	83810		
软件和信息技术服务业				
金 融 业	84398	79110	88629	90936
货币金融服务业	90273	89186	88629	112536
资本市场服务业				
保险业	56852	43389		75849

5-13 续表2

单位:元

指　　标	合　　计	国有单位	城镇集体单位	其他单位
其他金融业	57528	57528		
房地产业	43199	34264		45976
房地产开发经营	39003	28402		48444
物业管理	45498	72120		45078
房地产中介服务	65793	65793		
租赁和商务服务业	34209	35832	60168	30793
租赁业	40308	40308		
商务服务业	34180	35787	60168	30793
科学研究、技术服务业	61659	66913	20475	48756
研究和试验发展	69155	69155		
专业技术服务业	62405	67085	20475	53100
科技推广和应用服务业	41140	58827		16574
水利、环境和公共设施管理业	26318	26116		26761
水利管理业	41583	40717		43391
生态保护和环境治理业	38213	55707		30663
公共设施管理业	24997	24845		25346
居民服务、修理和其他服务业	38614	53756	15217	29588
居民服务业	27278	55632	15217	22833
机动车、电子产品和日用产品修理业	49745	49745		
其他服务业	47952	55043		40541
教育	66186	66297		33418
初等教育	64805	64805		
中等教育	68493	68649		17019
高等教育	57876	57876		
卫生和社会工作	53309	56081	45738	40390
卫生	53493	56442	45738	40390
社会工作	47129	47129		
文化、体育和娱乐业	49105	51604	24056	49929
新闻和出版业	58310	57632		59124
广播、电视、电影和影视录音制作业	55160	55160		
文化艺术业	42951	46804	24056	45151
体育	51396	51396		
娱乐业	31286	31286		
公共管理、社会保障和社会组织	58466	58466		
中国共产党机关	64310	64310		
国家机构	58141	58141		
人民政协、民主党派	78184	78184		
社会保障	58917	58917		
群众社团、社会团体和其他成员组织	52766	52766		

5-14 各地区按行业分在岗职工平均工资

单位:元

年 份 地 区	合 计	农、林、牧、渔 业	采矿业	制造业	电力热力燃气及水生产和供应业	建筑业	批发和零售业
2010	40029	19558	53837	23173	44965	35093	24386
2011	48701	23762	66281	28935	49568	47868	30056
2012	54455	26289	75668	36442	57639	55008	32062
2013	54885	30936	72842	42729	62121	52953	36861
2014	55759	36064	70235	44161	64510	50662	42555
2015	54721	45712	60846	47061	75095	49698	34339
2016	55453	50881	60744	41475	73646	51688	36989
市 直 汇	67624	41536	70003	45543			46099
城 区	57873	45550	41843	45303	77258	54149	42476
沁 水 县	55552	55336	55346	33617	63740	16532	33855
阳 城 县	50811	51751	53243	32958	90036	32546	40711
陵 川 县	50712	45382	39376	30777	33280		18142
泽 州 县	51590	50000	47040	45592	84792	61714	30707
高 平 市	53123	52835	58214	33687	44544	29286	28194
开 发 区	43796		47142	42909	63126	57987	38150

5-14 续表1

单位:元

年 份 地 区	交通运输、仓储和邮政业	住宿和餐饮业	信息传输、软件和信息技术服务业	金融业	房地产业	租赁和商务服务业
2010	23309	10722	44795	48320	31101	22758
2011	23805	14375	44996	59765	37199	29886
2012	31123	18954	58033	67076	38611	35741
2013	39401	24506	56674	71797	34904	31343
2014	43231	20754	56058	79986	46051	31837
2015	44869	23002	69102	83147	39131	34028
2016	46934	29202	72979	84398	43199	34209
市 直 汇	40701			71569	50651	
城 区	50224	24443	88375	96254	40792	29635
沁 水 县	50472	40990	26171	100871	31234	45083
阳 城 县	37648	27810	37786	77140	29048	34236
陵 川 县	44983	19125	21886	58022	13846	42818
泽 州 县	40792	28021	20628	85124	72120	50957
高 平 市	29318	60952	45764	54219	39884	42939
开 发 区		37272	92604		37198	

5-14 续表2

单位:元

年 份 地 区	科学研究、技术服务业	水利、环境和公共设施管理业	居民服务、修理和其他服务业	教 育	卫生和社会工作	文化、体育和娱乐业	公共管理、社会保障和社会组织
2010	30387	13830	19171	35643	23028	21188	29471
2011	35305	15127	21117	37639	24999	24240	31500
2012	34576	18540	18380	39845	27850	25550	33324
2013	46769	21487	28209	43318	33778	32763	39161
2014	44007	19939	33732	51519	41240	35664	44503
2015	64166	25201	29020	60874	49423	46515	54113
2016	61659	26318	38614	66186	53309	49105	58466
市 直 汇	39101	30663		59657			52493
城 区	68837	25724	49028	61972	49401	56949	69082
沁 水 县	66685	25213		64224	57188	48362	56420
阳 城 县	29870	26257	62188	63702	50862	28620	54600
陵 川 县	63018	30672	40541	70974	57105	40382	57702
泽 州 县	54101	28739	22833	74324	56173	34069	54638
高 平 市	29908	23972		65338	57896	32394	50359
开 发 区							

5-15 各地区按行业分国有单位在岗职工平均工资

单位:元

年份 地区	合计	农、林、牧、渔业	采矿业	制造业	电力热力燃气及水生产和供应业	建筑业	批发和零售业
2010	30978	20367	35103	16967	44905	11843	27932
2011	34791	22753	43996	23563	52222	18234	34326
2012	37547	26884	49318	31624	56619	22351	36147
2013	41682	31465	60637	37100	61209	25616	38453
2014	46628	35937	57526	35798	67185	32427	49315
2015	53680	44308	49228	38129	73665	38030	36533
2016	57757	50251	52815	31704	75834	39355	42639
市直汇	47494						46122
城区	59447	45550		14634	84299	40993	63214
沁水县	55232	55336	38735	12000	82790		30715
阳城县	54495	51751		34507	37570		17071
陵川县	58533	45382		23810	39317		18261
泽州县	62538	38905	63868	29179	83951		40529
高平市	54048	52835		37362	49464	29286	24841
开发区							

5-15 续表1

单位:元

年份 地区	交通运输、仓储和邮政业	住宿和餐饮业	信息传输、软件和信息技术服务业	金融业	房地产业	租赁和商务服务业
2010	24886	11386	51586	50623	23809	22988
2011	24170	14880	57836	69199	28458	27968
2012	28376	17875	67339	72571	30617	31276
2013	32798	21597	38321	76385	25346	37098
2014	36227	21857	45727	74985	31103	33122
2015	45035	24054	58046	78606	30174	39557
2016	46495	27043	83810	79110	34264	35832
市直汇	45190			35569		
城区	47244	26965	85342	94938	31405	29464
沁水县	55027	40990		74601	15000	36253
阳城县	37100			67565	35000	32109
陵川县	44417	19125		68308		55429
泽州县	61019	18446		77281	72120	49377
高平市	31825		59600	46352	45012	55099
开发区						

5-15 续表2

单位:元

年份 地区	科学研究、技术服务业	水利、环境和公共设施管理业	居民服务、修理和其他服务业	教育	卫生和社会工作	文化、体育和娱乐业	公共管理、社会保障和社会组织
2010	30449	13830	18437	35643	25416	22818	29471
2011	35477	15127	19005	37639	27348	25439	31500
2012	35014	17596	19653	39845	30464	26571	33324
2013	52531	19645	32173	43775	37163	34506	39162
2014	44674	18169	38629	51693	41288	37811	44503
2015	70558	24119	39294	61092	52576	50559	54113
2016	66913	26116	53756	66297	56081	51604	58466
市直汇				59657			52493
城区	70837	25724	53057	61972	50926	60518	69082
沁水县	66685	25213		65232	58243	48362	56420
阳城县	39071	57187	62188	63702	50370	28620	54600
陵川县	63018	27000		70974	65822	40382	57702
泽州县	62488	48160		74324	62114	42835	54638
高平市	42279	19758		65338	61148	32605	50359
开发区							

5–16 各地区按行业分城镇集体单位在岗职工平均工资

单位：元

年份 地区	合计	农、林、牧、渔业	采矿业	制造业	电力、热力、燃气及水生产和供应业	建筑业	批发和零售业
2010	20626	15432	18014	8853		11639	19682
2011	25573	29155	26199	12237		12815	22148
2012	31026	22489	34207	11089		15715	24419
2013	33649	27382		14556		22893	27606
2014	43382	34772		14758		30277	28495
2015	46523	64163		18479		32529	14005
2016	49766	65889		18603		27383	14279
市直汇							
城区	57499			16378		29913	25257
沁水县	54004			2222		16532	22026
阳城县	47811			21901		39300	13980
陵川县	35504						6925
泽州县	43555	65889		15775			6821
高平市	50991						25245
开发区	15988					15988	

5–16 续表1

单位：元

年份 地区	交通运输、仓储和邮政业	住宿和餐饮业	信息传输、软件和信息技术服务业	金融业	房地产业	租赁和商务服务业
2010	12485	7791		42974		22116
2011	13827	15566		48123		31671
2012	14740	16134		59687		35040
2013	16136	19272		63942		34886
2014	17114	20686		81351	39181	36125
2015	18094	21841		86374	40218	57748
2016	14537	22714		88629		60168
市直汇						
城区	14537	22714		99028		68075
沁水县				123270		54143
阳城县				83737		62548
陵川县				50942		68875
泽州县				87832		58182
高平市				66807		
开发区						

5–16 续表2

单位：元

年份 地区	科学研究、技术服务业	水利、环境和公共设施管理业	居民服务、修理和其他服务业	教育	卫生和社会工作	文化、体育和娱乐业	公共管理、社会保障和社会组织
2010			8115		17027	14719	
2011			10313		18660	15668	
2012	19333		9933		20833	18136	
2013	25313		11429		25505	18231	
2014	26032		12692		40927	18045	
2015	33575		16154		40340	17472	
2016	20475		15217		45738	24056	
市直汇							
城区			15217		29285	23667	
沁水县					46718		
阳城县					51226		
陵川县					40668		
泽州县					40852	24341	
高平市	20475				50118		
开发区							

5-17　各地区按行业分其他单位在岗职工平均工资

单位:元

年　份 地　区	合　计	农、林、牧、渔　业	采矿业	制造业	电力、热力、燃气及水生产和供应业	建筑业	批发和零售业
2010	50925		58189	25244	45030	46860	18753
2011	61654		69537	30699	46310	56944	23266
2012	69716		79332	38224	58717	63517	22967
2013	61917		73158	43410	62833	62107	39237
2014	60426	41474	70576	44862	62538	56137	41718
2015	55624	46661	61201	47620	76530	55019	38203
2016	54721	41536	60958	41980	71452	58312	38947
市直汇	68317	41536	70003	45543			39500
城　区	55131		41843	48602	52945	59680	34129
沁水县	55823		56951	34682	57164		40495
阳城县	49411		53243	33596	95869	29153	50661
陵川县	34762		39376	31081	23279		26698
泽州县	44264		44196	46642	85751	61714	42818
高平市	52854		58214	33557	34281		29959
开发区	43860		47142	42909	63126	60228	38150

5-17　续表1

单位:元

年　份 地　区	交通运输、仓储和邮政业	住宿和餐饮业	信息传输、软件和信息技术服务业	金融业	房地产业	租赁和商务服务业
2010	21788	9221	37834	64639	39389	21414
2011	24922	11682	31114	67546	52227	38088
2012	37284	23829	49029	77637	45504	46926
2013	45618	26590	58969	88864	43615	27695
2014	49135	20264	56797	96882	51757	30791
2015	46056	22735	69828	90875	41997	28481
2016	48875	30257	72497	90936	45976	30793
市直汇	38918			78576	50651	
城　区	55958	23236	88569	94943	55762	28534
沁水县	47431		26171		48174	
阳城县	38272	27810	37786		27560	33731
陵川县	46667		21886		13846	17961
泽州县	38222	30406	20628			
高平市	26786	60952	45197		31907	31962
开发区		37272	92604		37198	

5-17　续表2

单位:元

年　份 地　区	科学研究、技术服务业	水利、环境和公共设施管理业	居民服务、修理和其他服务业	教　育	卫生和社会工作	文化、体育和娱乐业	公共管理、社会保障和社会组织
2010	24133		21737			18163	
2011	24000		25558			22136	
2012	35189	26385				26000	
2013	22981	29236	26819	27155	24563	31174	28250
2014	45760	27732	30766	28478	45096	35896	
2015	49934	29600	21775	33867	39918	42116	
2016	48756	26761	29588	33418	40390	49929	
市直汇	39101	30663					
城　区	60635				40390	54687	
沁水县				33418			
阳城县	15556	23297					
陵川县		34589	40541				
泽州县	20059	24442	22833				
高平市		43391				32022	
开发区							

5-18 按登记注册类型分其他单位在岗职工平均工资

单位：元

年份 地区	合计	股份合作单位	联营单位	有限责任公司	股份有限公司	其他	港、澳、台商投资单位	外商投资单位
2000	4759	4079		4826	4794	5214	3992	4250
2005	25955	10683	5538	27216	16129		6218	33747
2006	28937	12896	17500	30077	18991	14500	7074	43202
2007	34116	11339	8974	35380	22654	15000	8208	48775
2008	40722	19458	7031	41932	26243	17121	9485	59730
2009	43091	22736	18000	44019	32338	16557	10152	55943
2010	50925	19269	17500	52016	34121	21033	12113	59750
2011	61654	17837	23600	63844	34394	25558	15596	34472
2012	69716	28338		73352	48292	39189	16924	37999
2013	61917	14664		60349	82860	27561	45708	56637
2014	60426	11980		58916	81362	29440	46455	54335
2015	55624	14400		52238	71119	31580	52805	58463
2016	54721	12973		53188	68390	33680	43674	58346
市直汇	68317			64361	73551			
城区	55131	26333		52087	70907		75248	
沁水县	55823			60153	68783	33418	56891	45077
阳城县	49411	11889		42554	53697	15556	124903	102129
陵川县	34762			34565		37469		
泽州县	44264			43906	46698	30283		
高平市	52854			53828	25737			
开发区	43860			52301	71689		42201	43095

5-19 各地区国有及国有控股企业就业人数和劳动报酬（2016年）

地区	就业人员（人）	女性	职工人数（人）	劳务派遣人员	其他从业人员	就业人员劳动报酬（万元）	职工工资总额（万元）	职工平均工资（元）
全市	**210909**	**56405**	**194795**	**7120**	**8994**	**1178917**	**1129024**	**57387**
市直汇	68964	19291	63584	162	5218	452511	437669	67693
城区	33424	10600	27526	4938	960	188405	167091	59172
沁水县	13928	3176	12745	472	711	85983	81895	64489
阳城县	21697	5458	20693	39	965	96193	93858	45246
陵川县	2189	352	2189			7892	7892	35375
泽州县	25692	5872	24621	948	123	119497	116074	46624
高平市	38114	9543	37295	342	477	200096	197980	53198
开发区	3972	894	3782	108	82	19534	19020	50490

5-20 各地区职业介绍工作情况(2016年)

单位:人

地区	本年末职业介绍机构个数(个)	本年末职业介绍机构人数	本年登记招聘人数	本年登记求职人数			
					女性	下岗职工	失业人员
市直	1	24	19831	7253	2095		682
城区	1	39	19891	21750	6960		472
沁水县	1	12	830	1121	521		533
阳城县	1	7	3215	2098	880	23	195
陵川县	1	13	5000	1234	862		174
泽州县	1	50	6425	5434	2088		1409
高平市	1	12	3511	2494	725		

5-20 续表

单位:人

地区		本年职业指导人数	本年介绍成功人数				
	获得职业资格人员			女性	下岗职工	失业人员	获得职业资格人员
市直		8446	8446	3802		68	
城区		4456	2433	1362		528	
沁水县	1	110	302	190			
阳城县	703	1376	1134	541	18	162	432
陵川县		1285	878	572		132	
泽州县		5981	5688	1820		1604	
高平市		2494	426	188			

5-21 各地区城镇登记失业人员

单位:人

地区	失业人员												
	2004年	2005年	2006年	2007年	2008年	2009年	2010年	2011年	2012年	2013年	2014年	2015年	2016年
全市	3361	3786	5792	6112	6285	6518	6719	6050	5287	4508	4885	6124	7015
城区	187	194	207	564	940	1762	950	816	948	2680	608	1177	1037
沁水县	249	255	282	266	351	94	389	388	417	597	455	347	314
阳城县	383	237	155	170	31	582	260	265	348	242	462	448	637
陵川县	1048	1042	1039	1080	1178	779	532	377	239	248	329	263	181
泽州县	262	338	421	540	766	1008	923	750	783	302	70	101	147
高平市	664	675	725	368	496	632	1235	698	513	439	638	792	947

5-22 各地区城镇登记失业率

单位:%

地区	失业率												
	2004年	2005年	2006年	2007年	2008年	2009年	2010年	2011年	2012年	2013年	2014年	2015年	2016年
全市	1.50	1.90	2.40	2.50	2.50	2.50	2.40	2.20	1.79	1.53	1.27	1.60	1.85
城区	1.70	1.90	2.00	1.80	1.90	1.90	2.00	1.70	1.70	1.84	0.89	1.72	1.50
沁水县	1.50	1.50	1.70	1.60	1.90	1.90	2.00	1.60	1.60	2.10	1.30	1.00	0.93
阳城县	1.20	1.00	1.00	0.50	0.90	0.90	1.00	0.70	1.00	0.70	1.01	0.94	1.35
陵川县	2.80	3.00	2.80	2.40	2.20	2.20	1.90	2.80	1.80	1.90	2.28	1.90	1.27
泽州县	2.10	2.60	2.80	2.30	1.90	1.90	2.10	2.00	1.50	1.00	0.15	0.22	0.34
高平市	0.90	1.00	1.10	1.00	1.00	1.00	2.90	1.70	1.20	1.05	1.22	1.48	1.74

5–23 城乡劳动力资源配置情况(2016年)

单位:万人

指　　标	城乡合计	城　镇	乡　村
一、年末劳动力资源总数	177.82	86.47	91.35
#当年新增加的劳动力资源	2.99	2.86	0.13
年末16岁以上全部人数	194.57	98.42	96.15
#不计入劳动力资源的人数	25.81	16.09	9.72
二、经济活动人口	157.21	76.09	81.12
从业人员	156.22	75.10	81.12
1.按就业身份分			
(1)全部职工	35.72	35.72	
(2)再就业和离退休人员	1.29	1.29	
(3)私营业主	2.99	2.30	0.69
(4)个体户主	11.12	7.73	3.39
(5)私营企业和个体从业人员	35.17	18.33	16.84
(6)乡镇企业从业人员	20.29	5.79	14.50
(7)农村从业人员	43.36		43.36
(8)其他	6.28	3.94	2.34
2.按经济类型分			
(1)国有经济	10.65	10.65	
(2)集体经济	63.29	9.09	54.20
(3)私营经济	18.67	12.89	5.78
(4)个体经济	30.69	16.14	14.55
(5)联营经济	1.22	0.85	0.37
(6)股份制经济	12.54	10.02	2.52
(7)外商投资经济	1.36	1.36	
(8)港澳台投资经济	4.22	4.22	
(9)其他经济	13.58	9.88	3.70
3.按国民经济行业分			
(1)农、林、牧渔业	43.57	0.21	43.36
(2)采矿业	24.23	16.28	7.95

5-23 续表

单位:万人

指标	城乡合计	城镇	乡村
(3)制造业	13.52	8.59	4.93
(4)电力、煤气及水的生产和供应业	1.79	1.50	0.29
(5)建筑业	11.37	4.28	7.09
(6)批发和零售业	16.18	12.12	4.06
(7)交通运输、仓储及邮政业	8.25	3.85	4.40
(8)住宿和餐饮业	6.39	3.29	3.10
(9)信息传输、计算机服务和软件业	2.58	1.63	0.95
(10)金融业	2.87	2.63	0.24
(11)房地产业	1.19	0.83	0.36
(12)租赁和商务服务业	3.41	2.98	0.43
(13)科学研究、技术服务和地质勘查业	0.95	0.70	0.25
(14)水利、环境和公共设施管理业	1.37	1.03	0.34
(15)居民服务和其他服务业	2.02	1.39	0.63
(16)教育	6.68	5.69	0.99
(17)卫生、社会保障和社会福利业	3.32	2.53	0.79
(18)文化、体育和娱乐业	1.59	1.27	0.32
(19)公共管理和社会组织	4.94	4.30	0.64
4.按三次产业分			
(1)第一产业	43.57	0.21	43.36
(2)第二产业	50.91	30.65	20.26
(3)第三产业	61.74	44.24	17.50
(二)失业人员	0.99	0.99	
三、非经济活动人口	**20.61**	**10.38**	**10.23**
# 16岁以上的在校学生	9.23	6.78	2.45
家务劳动者	8.83	1.98	6.85

主要统计指标解释

经济活动人口 指在16周岁及以上,有劳动能力,参加或要求参加社会经济活动的人口。包括就业人员和失业人员。

就业人员 指在16周岁及以上,从事一定社会劳动并取得劳动报酬或经营收入的人员。这一指标反映了一定时期内全部劳动力资源的实际利用情况,是研究我国基本国情国力的重要指标。

单位的就业人员 指在各级国家机关、政党机关、社会团体及企业、事业单位中工作,取得工资或其他形式的劳动报酬的全部人员。包括在岗职工、再就业的离退休人员、民办教师以及在各单位中工作的外方人员和港澳台方人员、兼职人员、借用的外单位人员和第二职业者。不包括离开本单位仍保留劳动关系的职工。各单位的就业人员反映了各单位实际参加生产或工作的全部劳动力。

城镇私营和个体就业人员 城镇私营就业人员指在工商管理部门注册登记,其经营地址设在县城关镇(含县城关镇)以上的私营企业就业人员,包括私营企业投资者和雇工。城镇个体就业人员指在工商管理部门注册登记,并持有城镇户口或在城镇长期居住,经批准从事个体工商经营的就业人员,包括个体经营者和在个体工商户劳动的家庭帮工和雇工。

城镇登记失业人员 指有非农业户口,在一定的劳动年龄内(16周岁至退休年龄),有劳动能力,无业而要求就业,并在当地就业服务机构进行求职登记的人员。

城镇登记失业率 城镇登记失业人员与城镇单位就业人员(扣除使用的农村劳动力、聘用的离退休人员、港澳台及外方人员)、城镇单位中的不在岗职工、城镇私营业主、个体户主、城镇私营企业和个体就业人员、城镇登记失业人员之和的比。

职工 指在国有、城镇集体、联营、股份制、外商和港、澳、台投资、其他单位及其附属机构工作,并由其支付工资的各类人员。不包括下列人员:(1)乡镇企业就业人员;(2)私营企业就业人员;(3)城镇个体劳动者;(4)离休、退休、退职人员;(5)再就业的离、退休人员;(6)民办教师;(7)在城镇单位中工作的外方及港、澳、台人员;(8)其他按有关规定不列入职工统计范围的人员。(1998年及以后的数据均为在岗职工数据,其他相关指标如职工工资总额,职工平均工资等指标也从1998年按此口径进行了相应调整)。

国有单位 指资产归国家所有的经济组织。包括按《中华人民共和国企业法人登记管理条例》规定登记注册的非公司制的经济组织,以及中央、地方各级国家机关、事业单位和社会团体。

集体单位 指生产资料归集体所有,并按《中华人民共和国企业法人登记管理条例》规定登记注册的经济组织。

其他单位 包括股份合作单位、联营单位、有限责任公司、股份有限公司、港澳台商投资单位以及外商投资单位等其他登记注册类型单位。

在岗职工 指在本单位工作并由单位支付工资的人员,以及有工作岗位,但由于学习、病伤产假等原因暂未工作,仍由单位支付工资的人员。

工资总额 指各单位在一定时期内直接支付给本单位全部职工的劳动报酬总额。工资总额的计算原则应以直接支付给职工的全部劳动报酬为根据。各单位支付给职工的劳动报酬以及其他根据有关规定支付的工资,不论是计入成本的还是不计入成本的,不论是按国家规定列入计征奖金税项目的,还是未列入计征奖金税项目的,不论是以货币形式支付的还是以实物形式支付的,均包括在工资总额内。

平均工资 指企业、事业、机关单位的职工在一定时期内平均每人所得的货币工资额。它表明一定时期职工工资收入的高低程度,是反映职工工资水平的主要指标。计算公式为:

$$平均工资=\frac{报告期实际支付的全部职工工资总额}{报告期全部职工平均人数}$$

平均工资指数 指报告期职工平均工资与基期职工平均工资的比率,是反映不同时期职工货币工资水平变动情况的相对数。计算公式为:

$$平均工资指数=\frac{报告期职工平均工资}{基期职工平均工资}\times100\%$$

平均实际工资指数 职工平均实际工资指扣除物价变动因素后的职工平均工资。职工平均实际工资指数是反映实际工资变动情况的相对数,表明职工实际工资水平提高或降低的程度。计算公式为:

$$平均实际工资指数=\frac{报告期职工平均工资指数}{报告期城镇居民消费价格指数}\times100\%$$

06 ▶固定资产投资

Investment In Fixed Assets

资料整理人员： 崔　靖

6-1 固定资产投资

指　　标	2015年	2016年	增速（%）
投资总额（万元）	11051476	11503657	4.1
按经济类型分			
内资企业	10428977	11081006	6.3
国有经济	2713192	2238254	-17.5
集体经济	2673921	1291932	-51.7
港澳台商投资经济	451549	347368	-23.1
外商投资经济	170950	70000	-59.1
个体经济		5283	
按城乡分			
城镇以上	11051476	11503657	4.1
#房地产开发	745974	803648	7.7
按资金来源分			
国家预算内资金	506323	383154	-24.3
国内贷款	331440	269588	-18.7
利用外资	1557	19000	1120.3
自筹资金	7215611	7450440	3.3
其他资金	847581	792423	-6.5
按构成分			
建筑工程	7305099	8574360	17.4
安装工程	1025006	472321	-53.9
设备工具器具购置	1806523	1542310	-14.6
其他费用	914848	914666	0.0
房屋建筑面积（平方米）			
施工面积	18886920	16973315	-10.1
#住宅	11317612	9967086	-11.9
竣工面积	8591670	7611045	-11.4
#住宅	4117496	3450028	-16.2

注:1.按资金来源分组为财务拨款数,各项相加不等于投资总额;
2.增长速度未扣除价格因素。

6-2 各地区固定资产投资

单位:万元

年份 地区	固定资产投资	#房地产开发
2003	823249	49088
2004	1078759	89442
2005	1308989	82252
2006	1647534	68756
2007	2154911	81196
2008	2675397	148040
2009	3666119	265430
2010	4326382	323666
2011	5041207	375014
2012	6549537	451819
2013	8376976	508188
2014	9747818	581820
2015	11051476	745974
2016	11503657	803648
跨县(市、区)	24387	
城区	3349222	406596
沁水县	1593121	41856
阳城县	1647973	54264
陵川县	416491	25515
泽州县	2260420	76736
高平市	1504814	108933
开发区	707229	89748

6-3 各地区固定资产投资建设总规模

单位:万元

年份 地区	建设总规模	在建总规模	在建净规模
2003	3091557	1787402	1304155
2004	3954863	1787403	2167460
2005	5006058	1787404	3218654
2006	6498765	1787405	4711360
2007	7468388	4320267	3148121
2008	8477709	5721583	2756126
2009	11623755	6520467	5103288
2010	14003232	8035856	5967376
2011	18251320	9796530	8454790
2012	21225225	12487024	8738201
2013	18675262	10741208	7934054
2014	25238450	17260637	7977813
2015	26577639	20063527	6514112
2016	28018747	20079096	7939651
跨县(市、区)	943318	840609	102709
城区	5578703	4586973	991730
沁水县	4533586	3082677	1450909
阳城县	4365301	2885911	1479390
陵川县	1079939	639260	440679
泽州县	5532233	3107680	2424553
高平市	3080918	2538152	542766
开发区	2904749	2397834	506915

6-4 各地区按经济类型分固定资产投资

单位:万元

年份 地区	总计	国有经济	集体经济	私营个体经济
2003	823249	384785	7628	4505
2004	1078759	569702	111143	5059
2005	1308989	439298	136199	84100
2006	1647534	631962	163931	61705
2007	2154911	757203	309655	156544
2008	2675397	1214920	425297	124304
2009	3666119	1848796	489317	165319
2010	4326382	1785557	535799	347219
2011	5041207	1488677	514487	530751
2012	6549537	1586914	885609	800651
2013	8376976	2345299	1665670	1177392
2014	9747818	2890826	1924433	1430655
2015	11051476	2713192	2673921	2280353
2016	11503657	2238254	1291932	2169243
跨县(市、区)	24387	24350		
城区	3349222	194891	317203	237867
沁水县	1593121	379838	18759	298129
阳城县	1647973	637495	431447	227223
陵川县	416491	110028	19190	113904
泽州县	2260420	328066	356520	1037642
高平市	1504814	452640	148813	203255
开发区	707229	110946		51223

6-4 续表

单位:万元

年份 地区	联营经济	股份制经济	外商投资经济	港澳台商投资经济	其他经济
2003	1987	75993	17522		330829
2004	8990	73200	4708	2161	303796
2005	100	84807	4752	48092	511641
2006	1000	125008	405	39377	624146
2007	800	176122	8184	133647	612756
2008	3709	254477	39353	125351	487986
2009	5300	210821	41510	50115	854941
2010	2950	378822	132827	56259	1086949
2011	5750	432613	90802	99728	2102507
2012	14702	510868	164829	91378	2494586
2013	12950	319192	224647	223206	2408620
2014	23934	243692	330138	322499	2581641
2015	14225	161002	170950	451549	2586284
2016		132383	70000	347368	5254477
跨县(市、区)					37
城区					2599261
沁水县		50789	63160		782446
阳城县		37648	3140		311020
陵川县					173369
泽州县		27330			510862
高平市		16616			683490
开发区			3700	347368	193992

6-5 按资金来源和构成分固定资产投资

年　份	按资金来源分				按构成分		
	国家预算内资　金	国内贷款	利用外资	自筹和其他资　金	建筑安装工程	设备工具器具购　置	其他费用
投资额(万元)							
1985	6841	2120		6865	8232	5176	2315
1990	18710	1692		8780	26200	10102	2742
1995	1675	31346		60298	68787	13293	11239
2000	13140	44137	234462	154073	177019	208064	81221
2001	7587	56347	72765	293310	190349	125320	112850
2002	24382	246296	51664	171922	246578	162707	123316
2003	37140	221680	1518	374665	401271	193655	90632
2004	40044	333032	10938	651564	574048	281687	98566
2005	52933	356953	645	688874	741302	429148	138539
2006	87918	427129	14169	1194000	949912	505784	191838
2007	133010	596172	130969	1494877	1239105	585907	329899
2008	161121	506033	56113	2069675	1749339	681684	244374
2009	244083	543013	39002	2712095	2223409	810489	632221
2010	282135	764410	138372	3496112	2651438	995627	679317
2011	262973	487748	103991	4080428	3119077	1333044	589086
2012	400284	321919	98969	5436250	4357683	1340968	850886
2013	348425	327092	215531	6121904	6172264	1548623	656089
2014	660095	246388	330000	6576906	6831107	1956263	960448
2015	506323	331440	1557	8063192	8330105	1806523	914848
2016	383154	269588	19000	8242863	9046681	1542310	914666
构成(%)							
1985	43.2	13.4		43.4	52.4	32.9	14.7
1990	64.1	5.8		30.1	67.1	25.9	7.0
1995	1.8	33.6		64.6	73.7	14.2	12.0
2000	3.0	9.0	53.0	35.0	38.0	44.6	17.4
2001	1.8	13.1	16.9	68.2	44.4	29.2	26.3
2002	4.9	49.8	10.5	34.8	46.3	30.5	23.2
2003	5.8	34.9	0.2	59.0	58.5	28.2	13.2
2004	3.9	32.2	1.1	62.9	60.2	29.5	10.3
2005	4.8	32.5	0.1	62.7	56.6	32.8	10.6
2006	5.1	24.8	0.8	69.3	57.7	30.7	11.6
2007	5.6	25.3	5.6	63.5	57.5	27.2	15.3
2008	5.8	18.1	2.0	74.1	65.4	25.5	9.1
2009	6.9	15.3	1.1	76.7	60.6	22.1	17.2
2010	6.0	16.3	3.0	74.7	61.3	23.0	15.7
2011	5.3	9.9	2.1	82.7	61.9	26.4	11.7
2012	6.4	5.1	1.6	86.9	66.5	20.5	13.0
2013	5.0	4.7	3.1	87.3	73.7	18.5	7.8
2014	8.4	3.2	4.2	84.2	70.1	20.1	9.9
2015	5.7	3.7	0.0	90.6	75.4	16.3	8.3
2016	4.3	3.0	0.2	92.5	78.6	13.4	8.0

6-6　各地区固定资产投资资金来源

单位:万元

年　份 地　区	本年资金来源 小　计	国家预算内 资　金	国内贷款	利用外资	自筹资金	其他资金
2001	406700	7412	48418	72765	182161	95224
2002	543585	24382	246296	51664	171922	49321
2003	674003	37140	221680	1518	305082	69583
2004	1035578	40044	333032	10938	538197	113367
2005	1218738	52933	356953	645	688874	119333
2006	1723216	87918	427129	14169	1086430	107570
2007	2355028	133010	596172	130969	1253626	241251
2008	2792942	161121	506033	56113	1820204	249471
2009	3538193	244083	543013	39002	2311061	401034
2010	4681029	282135	764410	138372	3077322	418790
2011	4935140	262973	487748	103991	3387058	693370
2012	6257422	400284	321919	98969	4890655	545595
2013	7012952	348425	327092	215531	5493042	628862
2014	7813389	660095	246388	330000	5976410	600496
2015	8902512	506323	331440	1557	7215611	847581
2016	8915558	383154	269588	19000	7450440	792423
跨县(市、区)	98661	86524			37	12100
城　　区	2078463	42948	23660		1546851	465004
沁 水 县	945531	76614	60842	19000	726843	62232
阳 城 县	1309311	69421	73356		1141552	24982
陵 川 县	271031	20705	40030		187694	21649
泽 州 县	2215484	47984	61900		2063907	41693
高 平 市	1297101	32657	9800		1140145	114499
开 发 区	699976	6301			643411	50264

6-7 各地区按主要行业分的固定资产投资

单位:万元

年 份 地 区	合计	农、林、牧、渔业	采矿业	制造业	电力、燃气及水的生产和供应业	建筑业	交通运输、仓储和邮政业
2011	5041207	147815	1716679	748317	424387		293810
2012	6549537	285185	2108115	1172585	309223	40193	388042
2013	8376976	611136	1812252	1730465	339897	10365	506338
2014	9747818	562498	2144713	1814741	456987	647	548584
2015	11051476	676469	1787242	2279765	404391	10292	646186
2016	11503657	1240213	787055	2030203	866221	1400	578401
跨县(市、区)	24387						24387
城　　区	3349222	356495		315435	13900	500	123862
沁 水 县	1593121	351967	278406	117824	192255	900	91263
阳 城 县	1647973	84981	136787	149377	261867		170833
陵 川 县	416491	117101	4795	55117	55292		12922
泽 州 县	2260420	208892	193897	721744	222762		40177
高 平 市	1504814	120777	173170	135560	120145		110851
开 发 区	707229			535146			4106

6-7 续表1

单位:万元

年 份 地 区	信息传输、计算机服务和软件业	批发和零售业	住宿和餐饮业	金融业	房地产业	租赁和商务服务业	科学研究、技术服务和地质勘查业
2011	26860	224970	81228	2648	808108	11167	2649
2012		158795	116343		1021591	71109	17696
2013	2350	84209	104670	13855	1702911	196481	28068
2014		85939	49390	10667	1797038	394724	46052
2015	24900	272926	93590		1966060	325843	70213
2016	39278	305014	136063	2600	2197082	688604	76507
跨县(市、区)							
城　　区	39278	115466	102502	2600	871706	670764	30489
沁 水 县		58158	4970		125868	17840	
阳 城 县		18723			293005		
陵 川 县		10312	18000		50880		
泽 州 县		71658	1033		396315		18265
高 平 市		24447	9558		360020		3560
开 发 区		6250			99288		24193

6-7 续表2

单位:万元

年 份 地 区	水利、环境和公共设施管理业	居民服务和其他服务业	教育	卫生、社会保障和社会福利业	文化、体育和娱乐业	公共管理和社会组织	国际组织
2011	383473	11038	81367	24172	31533	20986	
2012	575372	9930	97711	56950	53540	67157	
2013	759934	17470	174231	89103	125076	68165	
2014	1246959	54492	150638	91520	249232	42997	
2015	1675811	73244	191809	128400	346189	78146	
2016	1559153	113651	165584	142958	513399	60271	
跨县(市、区)							
城　　区	211121	78986	74625	62717	250305	28471	
沁 水 县	302793	1550	10913	21514	14980	1920	
阳 城 县	376878	7543	5887		141538	554	
陵 川 县	60789	12000		360	2920	16003	
泽 州 县	272335	9150	46103	26525	30664	900	
高 平 市	326137	732	12460	31842	72992	2563	
开 发 区	9100	3690	15596			9860	

6-8 固定资产投资完成情况(2016年)

单位:万元

指 标	总 计	中央	省属	地方
一、计划投资(万元)				
1.计划总投资	28018747	837272	4065119	23116356
#本年新开工项目	10993245	146638	870659	9975948
2.自开始建设累计完成投资	20079096	509879	1894878	17674339
二、自年初累计完成投资(万元)	11503657	149251	324125	11030281
#住宅	1480225		3500	1476725
1.按登记注册类型分				
内资企业	10277358	146111	324125	9807122
国有企业	2238254	54752	116184	2067318
集体企业	1291932			1291932
股份合作企业	25492			25492
联营企业				
国有联营企业				
集体联营企业				
国有与集体联营企业				
其他联营企业				
有限责任公司	969845	23375	186109	760361
国有独资公司	38399		5099	33300
其他有限责任公司	931446	23375	181010	727061
股份有限公司	132383	25289	21832	85262
私营企业	2163960	42695		2121265
其他企业	3455492			3455492
港、澳、台商投资企业	347368			347368
合资经营企业(港或澳、台资)				
合作经营企业(港或澳、台资)				
港、澳、台商独资经营企业	347368			347368
港、澳、台商投资股份有限公司				
外商投资企业	70000	3140		66860
中外合资经营企业	16938			16938
中外合作经营企业	44862	3140		41722
外资企业	3700			3700
外商投资股份有限公司				
个体经营	5283			5283
个体户	5283			5283
个人合伙				
2.按建设性质分				

6-8 续表1

单位:万元

指标	总计	中央	省属	地方
(1)新建	9367871	113831	265598	8988442
(2)扩建	838692		22650	816042
(3)改建和技术改造	321626	35420	35877	250329
(4)单纯建造生活设施	11050			11050
3.按构成分				
建筑工程	8574360	38504	163187	8372669
安装工程	472321	5471	24842	442008
设备工器具购置	1542310	84560	81125	1376625
其他费用	914666	20716	54971	838979
4.按国民经济行业分				
(一)农、林、牧、渔业	1240213			1240213
农业	722216			722216
林业	22479			22479
畜牧业	456025			456025
渔业	2910			2910
农、林、牧、渔服务业	36583			36583
(二)采矿业	787055	48664	101170	637221
煤炭开采和洗选业	668897	16900	78494	573503
石油和天然气开采业	106302	31764	22676	51862
黑色金属矿采选业				
有色金属矿采选业				
非金属矿采选业	11856			11856
其他采矿业				
(三)制造业	2030203	47937	102942	1879324
农副食品加工业	209049			209049
食品制造业	33171			33171
饮料制造业	32166			32166
烟草制品业				
纺织业	12544			12544
纺织服装、鞋、帽制造业	8750			8750
皮革、毛皮、羽毛(绒)及其制品业				
木材加工及木、竹、藤、棕、草制品业	20587			20587
家具制造业				
造纸及纸制品业	14419			14419
印刷业和记录媒介的复制				
文教体育用品制造业	6416			6416
石油加工、炼焦及核燃料加工业	8043		1109	6934
化学原料及化学制品制造业	179565	3825	101833	73907

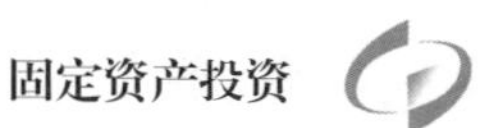

6-8 续表2

单位：万元

指 标	总 计	中央	省属	地方
医药制造业	35498			35498
化学纤维制造业				
橡胶和塑料制品业	17736			17736
非金属矿物制品业	503127			503127
黑色金属冶炼及压延加工业	199192			199192
有色金属冶炼及压延加工业	15763			15763
金属制品业	89674	4432		85242
通用设备制造业	42568	11660		30908
专用设备制造业	83033	24870		58163
汽车制造业	8337			8337
铁路船舶航空航天和其他运输设备制造业	12970			12970
电气机械和器材制造业	80649			80649
计算机、通信和其他电子设备制造业	349146			349146
仪器仪表制造业	3150	3150		
其他制造业	58772			58772
废弃资源综合利用业	5878			5878
金属制品、机械和设备修理业				
(四)电力、热力、燃气及水生产和供应业	866221	45835	49341	771045
电力、热力生产和供应业	515367	45835	41699	427833
燃气生产和供应业	223050		7642	215408
水的生产和供应业	127804			127804
(五)建筑业	1400			1400
房屋建筑业	500			500
土木工程建筑业				
建筑安装业				
建筑装饰和其他建筑业	900			900
(六)批发和零售业	305014		2243	302771
批发业	119939		2243	117696
零售业	185075			185075
(七)交通运输、仓储和邮政业	578401		51548	526853
铁路运输业	13983			13983
道路运输业	397665		49159	348506
水上运输业				
航空运输业				
管道运输业	5907		2389	3518
装卸搬运和运输代理业				
仓储业	160846			160846
邮政业				

6-8 续表3

单位:万元

指　　标	总　计	中央	省属	地方
(八)住宿和餐饮业	136063			136063
住宿业	49592			49592
餐饮业	86471			86471
(九)信息传输、软件和信息技术服务业	39278			39278
电信、广播电视和卫星传输服务				
互联网和相关服务	39278			39278
软件和信息技术服务业				
(十)金融业	2600			2600
货币金融服务				
资本市场服务	2600			2600
保险业				
其他金融业				
(十一)房地产业	2197082		3900	2193182
房地产业	2197082		3900	2193182
(十二)租赁和商务服务业	688604			688604
租赁业	21840			21840
商务服务业	666764			666764
(十三)科学研究和技术服务业	76507	4665		71842
研究和试验发展	4665	4665		
专业技术服务业	18301			18301
科技推广和应用服务业	53541			53541
(十四)环境和公共设施管理业	1559153	1300	1490	1556363
水利管理业	205042			205042
生态保护和环境治理业	50470		1490	48980
公共设施管理业	1303641	1300		1302341
(十五)居民服务、修理和其他服务业	113651			113651
居民服务业	71937			71937
机动车、电子产品和日用产品修理业	36621			36621
其他服务业	5093			5093
(十六)教育	165584	850	2286	162448
教育	165584	850	2286	162448
(十七)卫生和社会工作	142958		9205	133753
卫生	66518		5363	61155
社会工作	76440		3842	72598
(十八)文化、体育和娱乐业	513399			513399
新闻和出版业				
广播、电视、电影和影视录音制作业	10815			10815
文化艺术业	316154			316154
体育	88904			88904

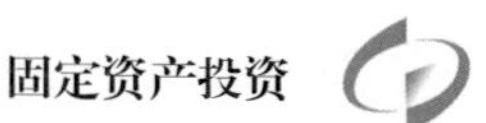

6-8 续表4

单位:万元

指　　标	总　计	中央	省属	地方
娱乐业	97526			97526
(十九)公共管理、社会保障和社会组织	60271			60271
中国共产党机关				
国家机构	39191			39191
人民政协、民主党派				
社会保障	2563			2563
群众团体、社会团体和其他成员组织	18517			18517
基层群众自治组织				
(二十)国际组织				
国际组织				
5.按控股情况分				
(1)国有控股	2843367	106556	306156	2430655
(2)集体控股	3937509			3937509
(3)私人控股	2604011	42695		2561316
(4)港澳台商控股	355118			355118
(5)外商控股	74607			74607
(6)其他	1689045		17969	1671076
三、新增固定资产(万元)	9815709	62967	97948	9654794
四、施工个数				
1.施工项目个数(个)	2821	21	60	2740
其中:本年新开工(个)	2528	18	41	2469
2.本年投产项目个数(个)	2447	16	35	2396
五、房屋建筑面积(平方米)				
1.施工面积	16973315	564	4800	16967951
其中:住宅	9967086		4630	9962456
2.竣工面积	7611045		4600	7606445
其中:住宅	3450028		4600	3445428
3.竣工房屋价值(万元)	2762032		2200	2759832
其中:住宅(万元)	1051453		2100	1049353
六、本年资金来源合计(万元)	9411596	146874	364736	8899986
1.上年末结余资金	496038	1159	31335	463544
2.本年资金来源小计	8915558	145715	333401	8436442
(1)国家预算资金	383154	850	88505	293799
(2)国内贷款	269588	37800	75830	155958
(3)债券	953			953
(4)利用外资	19000		19000	
(5)自筹资金	7450440	106965	118903	7224572
(6)其他资金来源	792423	100	31163	761160
七、各项应付款合计(万元)	3125734	4980	77877	3042877
其中:工程款	2112591	1340	55828	2055423

注: 2015年起施工项目个数、其中:本年新开工、本年投产项目个数不含房地产、单纯购置

6-9 各地区按项目规模分固定资产投资(2016年)

单位:万元

地区	总计	500万元-1亿元	1-5亿元	5-10亿元	10亿元以上
总计	11503657	8731975	1318275	516934	936473
跨县(市、区)	24387				24387
城区	3349222	2743595	449715	62522	93390
沁水县	1593121	1312678	55431	32788	192224
阳城县	1647973	1222702	277832	116257	31182
陵川县	416491	230901	120054	42695	22841
泽州县	2260420	1849390	145986	141281	123763
高平市	1504814	1201940	157913	81777	63184
开发区	707229	170769	111344	39614	385502

6-10 各地区能源工业投资

单位:万元

年份 地区	合计	煤炭开采及洗选业	石油及天然气开采业	石油及炼焦加工业	电力、热力及燃气的生产和供应业
2007	770578	381812	158	76341	312267
2008	1172145	755204	17447	115316	284178
2009	1446567	924381	123768	39527	358891
2010	1410889	788906	160050	7325	454608
2011	2144664	1301474	415205	3598	365378
2012	2154605	1623650	469714	9222	52019
2013	1982524	1419991	385931	43077	133525
2014	2250697	1727793	408770	28102	86032
2015	2168498	1488544	264413	11150	404391
2016	1649463	668897	106302	8043	866221
跨县(市、区)					
城区	13900				13900
沁水县	467951	172974	102722		192255
阳城县	401654	133207	3580	3000	261867
陵川县	55292				55292
泽州县	417351	189546		5043	222762
高平市	293315	173170			120145
开发区					

注:2011年之前为城镇固定资产投资。

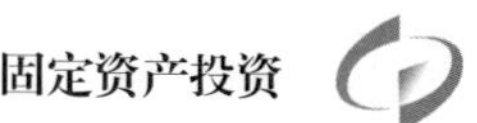

6-11 各地区施工、竣工房屋面积和价值

年 份 地 区	施工房屋建筑面积（平方米）	#住宅	竣工房屋建筑面积（平方米）	#住宅	竣工房屋价值（万元）	#住宅
2001	953605	654779	382665	258303	31614	21102
2002	1614446	925397	838267	418409	72407	35568
2003	1984942	1078857	1154614	576640	106579	46959
2004	2815152	1545607	1177967	682777	127082	51868
2005	3113797	1580449	1568319	723809	147139	61006
2006	5131454	3742504	1921206	931583	192319	94405
2007	3682871	2195477	1707504	1036525	207322	139026
2008	3930865	2952161	1893929	1243576	250586	129312
2009	6339859	4662172	2067214	1431898	597532	491435
2010	9776297	5482614	3493032	1625530	623781	319712
2011	9475779	5893441	3118285	1922472	704566	433863
2012	13583251	7896366	3850751	1819825	1139827	473910
2013	14115206	8697750	6464985	3402357	1614993	767693
2014	15707182	9512364	5881668	2832922	1629592	659079
2015	18886920	11317612	8591670	4117496	307986	217257
2016	16973315	9967086	7611045	3450028	2762032	1051453
跨县(市、区)						
城 区	8879555	4024841	4407531	1014239	1936523	387124
沁水县	948260	694328	542144	405135	123766	81691
阳城县	1967588	1532420	984362	745018	203763	181486
陵川县	555113	307437	200401	130619	57633	38976
泽州县	1736094	1252861	749997	532903	132702	96691
高平市	2029637	1404084	587468	482972	268089	225929
开发区	857068	751115	139142	139142	39556	39556

6-12 施工项目个数

年份 地区	施工项目 （个）	新开工项目 （个）	全部建成投产项目 （个）	项目建成投产率 （%）
2005	295	139	113	38.3
2006	363	247	153	42.1
2007	299	175	150	50.2
2008	367	230	253	68.9
2009	692	504	398	57.5
2010	1300	885	779	59.9
2011	932	584	481	51.6
2012	995	513	196	19.7
2013	1314	831	893	68.0
2014	1302	909	872	67.0
2015	1608	1307	1308	81.3
2016	2821	2528	2447	86.7
跨县(市、区)	3			
城　　区	652	622	614	94.2
沁水县	525	499	439	83.6
阳城县	413	323	288	69.7
陵川县	103	60	83	80.6
泽州县	651	604	608	93.4
高平市	428	379	375	87.6
开发区	46	41	40	87.0

注：2011年之前为城镇50万元以上投资的项目个数。

6-13 新增固定资产及交付使用率

年 份 地 区	固定资产投资额 （万元）	新增固定资产 （万元）	固定资产交付使用率 （%）
2005	1170405	526035	44.9
2006	1458587	508070	34.8
2007	1981615	1180651	59.6
2008	2392521	1281674	53.6
2009	3290945	2158427	65.6
2010	3893245	2174329	55.8
2011	5041207	2908026	57.7
2012	6549537	5019417	76.6
2013	8376976	6287670	75.1
2014	9747818	6358673	65.2
2015	11051476	9350740	84.6
2016	11503657	9815709	85.3
跨县(市、区)	24387		
城 区	3349222	2940425	87.8
沁 水 县	1593121	1377312	86.5
阳 城 县	1647973	1454042	88.2
陵 川 县	416491	365984	87.9
泽 州 县	2260420	1950834	86.3
高 平 市	1504814	1373126	91.2
开 发 区	707229	353986	50.1

注：2011年之前为城镇固定资产投资。

6–14 固定资产投资新增生产能力(2016年)

指 标	计量单位	建设规模	本年施工规 模	本年新开工能力	累计新增生产能力	本年新增
原煤开采	万吨/年	4250.0	3370.0	60.0	630.0	630.0
洗煤	万吨/年	360.0	360.0	360.0	240.0	240.0
天然气开采	亿立方米/年	39.7	3.6		2.7	
生铁	万吨/年	12.0	12.0	10.0	12.0	12.0
粗钢	万吨/年	10.0	10.0		10.0	10.0
钢材	万吨/年	11.5	11.5	11.5	11.5	11.5
铝加工材	吨/年	2.0	2.0	2.0	2.0	2.0
火力发电	万千瓦	5.6	4.6	4.6	3.2	3.2
风力发电	万千瓦	34.9	24.9	24.9	15.0	15.0
太阳能发电	万千瓦	9.2	9.2	9.2	8.9	8.9
其他发电	万千瓦	2.3	1.9	1.7	1.5	1.5
输电线路长度(110KV及以上)	公里	280.0	280.0	220.0	280.0	280.0
平板玻璃	万重量箱/年	0.2	0.2	0.2	0.2	0.2
新建铁路里程	公里	85.5				
新建公路	公里	283.8	283.8	172.1	150.7	150.7
其中:高速公路	公里	109.6	109.6	40.1		
改建公路	公里	98.7	98.7	80.0	86.4	86.4
其中:一级公路	公里	18.7	18.7		6.4	6.4
城市自来水供水能力	万吨/日	1.3	1.3	1.3		

主要统计指标解释

固定资产投资 是以货币形式表现的在一定时期内建造和购置固定资产的工作量以及与此有关的费用的总称。该指标是反映固定资产投资规模、结构和发展速度的综合性指标，又是观察工程进度和考核投资效果的重要依据。固定资产投资统计范围为城镇和农村各种登记注册类型的企业、事业、行政单位，以及城镇个体户进行的计划总投资500万元及500万元以上的建设项目。

房地产开发投资 指各种登记注册类型的房地产开发公司、商品房建设公司及其他房地产开发法人单位和附属于其他法人单位实际从事房地产开发或经营活动的单位统一开发的包括统代建、拆迁还建的住宅、厂房、仓库、饭店、宾馆、度假村、写字楼、办公楼等房屋建筑物和配套的服务设施，土地开发工程(如道路、给水、排水、供电、供热、通讯、平整场地等基础设施工程)的投资；不包括单纯的土地交易活动。

农村投资 包括在农村区域范围内进行固定资产投资活动的企业、事业、行政单位及农户投资。

建设总规模 是指在报告期内所有施工项目的计划总投资。这个指标和施工项目相对应。

在建总规模 是指在报告期末所有在建项目的计划总投资。

在建净规模 是指报告期末所有在建项目建成投产尚需的投资总量。

在建净规模 = 在建总规模 - 未投产项目(项末在建)累计完成投资。

固定资产投资的资金来源 根据固定资产投资的资金来源不同，分为国家预算内资金、国内贷款、利用外资、自筹资金和其他资金。

(1)国家预算内资金：分为财政拨款和财政安排的贷款两部分。包括中央财政的基本建设基金(分经营性基金和非经营性基金两部分)、专项支出(如煤代油专项等)、收回再贷、贴息资金，财政安排的挖潜改造和新产品试制支出、城建支出、商业部门简易建筑支出、不发达地区发展基金等资金中用于固定资产投资的资金；地方财政中由国家统筹安排的资金等。

(2)国内贷款：指报告期固定资产投资单位向银行及非银行金融机构借入的用于固定资产投资的各种国内借款，包括银行利用自有资金及吸收的存款发放的贷款、上级主管部门拨入的国内贷款、国家专项贷款(包括煤代油贷款、劳改煤矿专项贷款等)、地方财政专项资金安排的贷款、国内储备贷款、周转贷款等。

(3)利用外资：指报告期收到的用于固定资产建造和购置的国外资金(包括设备、材料、技术在内)。包括对外借款(外国政府、国际金融组织贷款、出口信贷、外国银行商业贷款、对外发行债券和股票)、外商直接投资及外商其他投资。不包括我国自有外汇资金(国家外汇、地方外汇、留成外汇、调剂外汇和中国银行自有资金发行的外汇贷款等)。计算利用外资时，需要折算成人民币，折算中所使用的外汇汇率按现汇计算，即按使用外汇时的汇率计算。

(4)自筹资金：指固定资产投资单位报告期收到的，由各地区、各部门及企、事业单位筹集用于固定资产投资的预算外资金，包括中央各部门、各级地方和企、事业单位的自筹资金。

(5)其他资金：指在报告期收到的除以上各种资金之外其他用于固定资产投资的资金，包括企业或金融机构通过发行各种债券筹集到的资金、群众集资、个人资金、无偿捐赠的资金及其他单位拨入的资金等。

固定资产投资按国民经济行业分 根据建设项目建成投产后的主要产品或主要用途及社会经济活动性质来确定国民经济行业。一般情况下，一个建设项目或一个企业、事业单位只能属于一种国民经济行业。

固定资产投资按建设性质分 根据整个建设项目情况来确定。建设项目的性质一般分为新建、扩建、改建和技术改造、迁建、恢复。房地产开发单位、农村投资、城镇工矿区私人建房投资不划分建设性质。

(1)新建：一般指从无到有开始建设的企业、事业和行政单位或建设项目。但如有的单位原有基础很小，经过建设后新增的固定资产价值超过该企、事业、行政单位原有固定资产价值(原值)三倍以上的也应作为新建。

(2)扩建：指在厂内或其他地点，为扩大原有产品的生产能力(或效益)或增加新的产品生产能力，而增建主要的生产车间(或主要工程)、分厂、独立的生产线。行政、事业单位在原单位增建业务用房(如学校增建教学用房、医院增建门诊部、病房等)也作为扩建。

现有企、事业单位为扩大原有主要产品生产能力或增加新的产品生产能力，增建一个或几个主要生产车间(或主要工程)、分厂，同时进行一些更新改造工程的，也应作为扩建。

(3)改建和技术改造：指现有企业、事业单位，对原有设施进行技术改造或更新(包括相应配套的辅助性生产、生活福利设施)的建设项目。现有企业、事业单位为适应市场变化的需要，而改变企业的主要产品种类(如军工企业转产民用品等)的建设项目，应作为改建。原有产品生产作业线由于各工序(车间)之间能力不平衡，为填平补齐充分发挥原有生产能力而增建不增加本企业主要产品设计能力的车间，也应作为改建。技术改造是指企业、事业单位在现有基础上，用先进的技术代替落后的技术，用先进的工艺和装备代替落后的工艺和装备，以改变企业落后的技术经济面貌，实现以内涵为主的扩大再生产，达到提高产品质量、促进产品更新换代、节约能源、降低消耗、扩大生产规模、全面提高社会经济效益的目的。技术改造具体包括以下内容：机器设备和工具的更新改造；生产工艺改革、节约能源和原材料的改造；厂房建筑和公共设施的改造；劳动条件和生产环境的改造等。

固定资产投资按构成分 固定资产投资活动按其工作内容和实现方式分为建筑安装工程，设备、工具、器具购置，其他费用三个部分。

（1）建筑安装工程（建筑安装工作量）：指各种房屋、建筑物的建造工程和各种设备、装置的安装工程。包括各种房屋建造工程；各种用途设备基础和各种工业窑炉的砌筑工程及金属结构工程；为施工而进行的各种准备工作和临时工程以及完工后的清理工作等；铁路、道路的铺设，矿井的开凿及石油管道的架设等；水利工程；防空地下建筑等特殊工程；列入房屋工程预算内的暖气、卫生、通风、照明、煤气等设备的价值及装设油饰工程；列入建筑工程预算内的各种管道（蒸汽、压缩空气、石油、给排水等管道）、电力、电讯电缆导线等的敷设工程；以及各种机械设备的安装工程；为测定安装工程质量，对设备进行的试运工作；房地产开发单位进行的商品房屋开发建设工程、土地开发工程。

在安装工程中，不包括被安装设备本身的价值。

（2）设备、工具、器具购置：指建设单位或企、事业单位购置或自制的，达到固定资产标准的设备、工具、器具的价值。新建单位及扩建单位的新建车间，按照设计或计划要求购置或自制的全部设备、工具、器具，不论是否达到固定资产标准均计入“设备、工具、器具购置”中。

（3）其他费用：指在固定资产建造和购置过程中发生的，除上述几项内容以外的各种应分摊计入固定资产的费用。

新增固定资产 指报告期内已经完成建造和购置过程，并已交付生产或使用单位的固定资产价值。该指标是表示固定资产投资成果的价值指标，也是反映建设进度，计算固定资产投资效果的重要指标。

固定资产交付使用率 指一定时期新增固定资产与同期完成投资额的比率。该指标是反映固定资产动用速度，衡量建设过程中宏观投资效果的综合指标。由于新增固定资产是较长时期内形成的结果，而投资额则是当年完成的，因此，该指标一般适宜于反映较长时期内固定资产的动用情况。

07

▶房地产

Real Estate

PAGE

113-136

资料整理人员： 牛宇阳

7-1 房地产开发企业(单位)主要指标

指标		2008年	2009年	2010年	2011年	2012年	2013年	2014年	2015年	2016年
企业个数	**(个)**	**81**	**87**	**89**	**96**	**104**	**111**	**125**	**117**	**123**
内资		81	87	88	95	103	110	124	116	122
#国有		8	8	8	8	6	6	6	6	6
集体		2	1							
港、澳、台投资										
外商投资				1	1	1	1	1	1	1
平均从业人数	**(人)**	**1921**	**1955**	**2362**	**2176**	**2780**	**3173**	**3533**	**3481**	**3571**
内资		1921	1955	2361	2156	2777	3170	3528	3474	3564
#国有		435	336	425	377	523	559	527	526	522
集体		52								
港、澳、台投资										
外商投资				1	20	3	3	5	7	7
土地开发及购置	**(平方米)**									
本年土地购置面积		299605	233877	227255	441528	557244	527184	395982	225686	227324
本年完成投资额	**(万元)**	**148040**	**265430**	**323666**	**375014**	**451819**	**508188**	**581820**	**745974**	**803648**
#住宅		109239	221029	270043	300284	348606	390098	440804	602771	589152
资金来源小计	**(万元)**	**160341**	**302157**	**398981**	**400232**	**355127**	**471643**	**551286**	**803872**	**716297**
#国内贷款		19710	52177	54123	33969	15110	13899	23283	31105	33860
利用外资										
自筹资金		76963	122036	185767	152183	166443	283110	260841	342965	289726
房屋建筑面积	**(平方米)**									
施工面积		1804470	2851180	4087667	4885229	5592482	5798175	6822345	8743187	8990483
竣工面积		261808	609578	694055	794057	1216852	925812	698060	1210506	837034
本年新开工面积		930476	1152295	1863770	1644334	1395677	1753166	1898568	3572963	1806952
#住宅		813290	1021807	1544642	1351453	1046802	1141735	1387360	2525924	1253082
商品房屋销售面积	**(平方米)**	**384161**	**606486**	**614319**	**1046391**	**715196**	**866170**	**753987**	**1524349**	**1305620**
#住宅		371145	578935	553126	986462	684584	785696	675654	1486707	1267851
商品房销售额	**(万元)**	**108568**	**166552**	**184448**	**365546**	**265905**	**383703**	**340809**	**623455**	**602788**
#住宅		99235	152937	152257	334749	249270	330816	291839	611177	581767
实收资本合计	**(万元)**	**79238**	**74529**	**130001**	**1313416**	**167449**	**210716**	**259097**	**282064**	**291812**
资产负债率	**(%)**	**76.8**	**87.1**	**87.5**	**89.6**	**91.7**	**92.8**	**91.3**	**93.3**	**95.3**
主营业务收入	**(万元)**	**88923**	**153263**	**174344**	**133822**	**150888**	**193838**	**311386**	**121235**	**238315**
#土地转让收入			425	1185	5	50	13		1907	

7–2 房地产开发企业(单位)个数

单位:个

年份 地区	企业个数	内资企业	国有	集体	港、澳、台投资企业	外商投资企业
2003	49	12	9	3	1	
2004	67	66	8	6	1	
2005	66	65	10	4	1	
2006	87	69	9	4		
2007	69	69	9	4		
2008	81	81	8	2		
2009	87	87	8	1		
2010	89	88	8			1
2011	96	95	8			1
2012	104	103	6			1
2013	111	110	6			1
2014	125	124	6			1
2015	117	116	6			1
2016	123	122	6			1
城　　区	56	56	3			
沁 水 县	5	5	1			
阳 城 县	20	20	1			
陵 川 县	9	9				
泽 州 县	9	9				
高 平 市	14	14	1			
开 发 区	10	9				1

7–3 房地产开发企业(单位)从业人员数

单位:人

年份 地区	企业人数	内资企业	国有	集体	港、澳、台投资企业	外商投资企业
2003	1286	616	412	204	20	
2004	1661	1640	489	111	21	
2005	1715	1694	518	102	21	
2006	1668	1668	449	228		
2007	1754	1754	451	111		
2008	1919	1919	441	52		
2009	1955	1955	336			
2010	2362	2361	425			1
2011	2176	2156	377			20
2012	2780	2777	523			3
2013	3173	3170	559			3
2014	3533	3528	527			5
2015	3481	3474	526			7
2016	3571	3564	522			7
城　　区	1911	1911	390			
沁 水 县	118	118	24			
阳 城 县	366	366	22			
陵 川 县	161	161				
泽 州 县	227	227				
高 平 市	397	397	86			
开 发 区	391	384				7

7-4 房地产开发企业(单位)土地开发及购置

单位:平方米

年份 地区	本年土地成交价款 (万元)	待开发 土地面积	本年购置 土地面积
2003			231606
2004			606871
2005	7361	278137	128382
2006	4049	292618	39768
2007	16010	294420	163844
2008	31882	284755	299605
2009	47951	283346	233877
2010	33222	227255	46546
2011	49661	171313	441528
2012	122558	337795	557244
2013	89832	607253	527184
2014	69590	534314	395982
2015	31695	535716	225686
2016	37918	486769	227324
城区	33358	362593	138382
沁水县	4560		88942
阳城县		64300	
陵川县			
泽州县		46076	
高平市			
开发区		13800	

7-5 房地产开发企业(单位)建设投资总规模及完成投资(2016年)

单位:万元

地区	计划总投资	自开始建设至本年底累计完成投资	本年完成投资
全市	4120797	2408238	803648
城区	2175226	1216761	406596
沁水县	136503	59840	41856
阳城县	219609	93212	54264
陵川县	310395	99002	25515
泽州县	279846	174300	76736
高平市	547957	419669	108933
开发区	451261	345454	89748

7–6　按用途分房地产开发企业(单位)投资完成额

单位:万元

年份 地区	本年完成投资额	住宅	别墅、高档公寓	办公楼	商业营业用房	其他
2003	49088	30096	2668	1378	8172	9442
2004	89442	69311	798	2262	3087	14782
2005	82252	62253		1520	6118	12361
2006	68756	59545	4195	188	3446	5577
2007	81196	65533	6872	206	4029	11428
2008	148040	109239		3760	8414	26627
2009	265430	221029		5817	27770	10814
2010	323666	270043	11248	3717	31802	18104
2011	375014	300284	12002	4454	44581	25695
2012	451819	348606	7532	4216	41719	57278
2013	508188	390098		1582	54270	62238
2014	581820	440804		15661	73123	52232
2015	745974	602771		10121	76348	56734
2016	803648	589152		13207	110020	91269
城　　区	406596	288995		7211	55403	54987
沁 水 县	41856	35206		12	4518	2120
阳 城 县	54264	44570		60	1381	8253
陵 川 县	25515	8985		684	15822	24
泽 州 县	76736	51482		5	8190	17059
高 平 市	108933	80390		5235	16274	7034
开 发 区	89748	79524			8432	1792

7–7　房地产开发企业(单位)资金来源

单位:万元

年份 地区	本年资金来源小计	国内贷款	利用外资	外商直接投资	自筹资金	其他资金来源
2003	674003	221680	1518	1364	305082	69583
2004	84098					
2005	83303	17455			22279	43569
2006	70439	19767			11104	39568
2007	67825	11700			18642	37483
2008	160341	19710			76963	63668
2009	302157	52177			122036	127944
2010	398981	54123			185767	159091
2011	400232	33969			152183	214080
2012	355127	15110			166443	173574
2013	471643	13899			283110	174634
2014	551286	23283			260841	267162
2015	803872	31105			342965	429802
2016	716297	33860			289726	392711
城　　区	350295	22860			115335	212100
沁 水 县	46819				6755	40064
阳 城 县	42317	3400			17289	21628
陵 川 县	30372				15855	14517
泽 州 县	63428	300			47388	15740
高 平 市	107726	7300			39765	60661
开 发 区	75340				47339	28001

7-8 房地产开发企业(单位)建设房屋建筑面积和造价

年 份 地 区	施工房屋面积 (平方米)	竣工房屋面积 (平方米)	房屋建筑面积 竣工率(%)	竣工房屋价值 (万元)	竣工房屋造价 (元/平方米)
2003	792863	359343	45.32	31697	882
2004	902857	290870	32.22	28362	975
2005	1052645	293450	27.88	32743	1116
2006	3023600	265830	8.79	36894	1388
2007	1013003	271015	26.75	43292	1597
2008	1804470	261808	14.51	27662	1057
2009	2851180	609578	21.38	129537	2125
2010	4087667	694055	16.98	128055	1845
2011	4885229	794057	16.25	217369	2737
2012	5592482	1216852	21.76	402218	3305
2013	5798175	925812	15.97	226088	2442
2014	6822345	698060	10.23	182019	2607
2015	8743187	1210506	13.85	307986	2544
2016	8990483	837034	9.31	220962	2640
城 区	4761223	474481	9.97	121047	2551
沁 水 县	385964	42978	11.14	11592	2697
阳 城 县	540630				
陵 川 县	296624	32115	10.83	7749	2413
泽 州 县	669374				
高 平 市	1479600	148318	10.02	41018	2766
开 发 区	857068	139142	16.23	39556	2843

7-9 按用途分房地产开发企业(单位)新开工房屋面积

单位:平方米

年 份 地 区	本年新开工 房屋面积	住宅	别墅、高档公寓	办公楼	商业营业用房	其他
2003	515965	481510	41260	4900	24455	5100
2004						
2005	619909	586377		9576	18740	5216
2006	2474363	2432314	22000	2217	22960	16872
2007	262354	240377			11976	10001
2008	930476	813290		31195	55740	30251
2009	1152295	1021807		5837	80880	43771
2010	1863770	1544642	180988	41325	154935	122868
2011	1644334	1351453		30000	136233	126648
2012	1395677	1046802			77087	271788
2013	1753166	1141735		6675	197291	407465
2014	1898568	1387360		44854	166151	300203
2015	3572963	2525924		71294	296061	679684
2016	1806952	1253082		5136	151894	396840
城 区	451384	237685			57640	156059
沁 水 县	267050	206469		765	22500	37316
阳 城 县	280435	231406			6508	42521
陵 川 县	4995	4056				939
泽 州 县	369830	224837		80	25219	119694
高 平 市	186690	126665		4291	22697	33037
开 发 区	246568	221964			17330	7274

7-10 商品房屋销售情况

年份 地区	房屋销售面积 （平方米）	住宅	商品房销售额 （万元）	住宅
2003	326017	305801	35524	32100
2004	290535	278725	37418	33852
2005	487800	471592	77942	71479
2006	319579	313073	64373	61865
2007	208227	203642	59085	54202
2008	384161	371145	108568	99235
2009	606486	578935	166552	152937
2010	614319	553126	184448	152257
2011	1046391	986462	365546	334749
2012	715196	684584	265905	249270
2013	866170	785696	383703	330816
2014	753987	675654	340809	291839
2015	1524349	1486707	623455	611177
2016	1305620	1267851	602788	581767
城区	610894	596339	300484	288948
沁水县	56178	42761	12320	10299
阳城县	72459	72459	31761	31761
陵川县	52468	51755	15106	14746
泽州县	163469	161382	77610	77090
高平市	149017	145064	73082	69525
开发区	201135	198091	92425	89398

7-11 按用途分商品房屋销售面积

单位：平方米

年份 地区	房屋销售面积	住宅	别墅、高档公寓	办公楼	商业营业用房	其他
2003	326017	305801		2800	17416	
2004	290535	278725		2376	9434	
2005	487800	471592			15901	307
2006	319579	313073	3000		3357	3149
2007	208227	203642	4565		4290	295
2008	384161	371145			8675	4341
2009	606486	578935		1065	18476	8010
2010	614319	553126		17824	34852	8517
2011	1046391	986462		22033	21146	16750
2012	715196	684584	5073	549	25669	4394
2013	866170	785696	3191		60685	19789
2014	753987	675654	3984	7706	30557	40070
2015	1524349	1486707	1492	4985	12041	20616
2016	1305620	1267851	3472		23020	14749
城区	610894	596339	3472		14486	69
沁水县	56178	42761			732	12685
阳城县	72459	72459				
陵川县	52468	51755			713	
泽州县	163469	161382			92	1995
高平市	149017	145064			3953	
开发区	201135	198091			3044	

7–12 按用途分商品房屋平均销售价格

单位:元/平方米

年份 地区	房屋销售价格	住宅	别墅、高档公寓	办公楼	商业营业用房	其他
2002	1200	1114		3986	3549	
2003	1090	1050		900	1821	
2004	1288	1215		1625	3371	
2005	1598	1516			4016	2508
2006	2014	1976	2500		4751	2899
2007	2838	2662	2970		11156	3288
2008	2826	2674			8505	4504
2009	2746	2642		4695	5637	3371
2010	3002	2753		5502	6147	1126
2011	3493	3393		5034	8386	1177
2012	3718	3641	10268	5483	6033	1932
2013	4430	4210	9477		7459	3852
2014	4520	4319		8848	7944	4462
2015	4090	4111	8753	8275	3453	1938
2016	4617	4589	8738		8148	1536
城　区	4919	4845	8738		7920	9130
沁水县	2193	2409		2978	1421	
阳城县	4383	4383				
陵川县	2879	2849		5049		
泽州县	4748	4777		13152	2000	
高平市	4904	4793		8998		
开发区	4595	4513		9944		

7-13　房地产开发企业(单位)资产负债

单位:万元

年份 地区	实收资本合计	资产总计	累计折旧	本年折旧	负债总计	所有者权益	资产负债率(%)
2002	17175	100662	841	296	82998	17664	82.45
2003	38878	135428	1224	323	101522	33906	74.96
2004	37117	202249	1574	520	145140	73884	71.76
2005	47025	227128	2179	634	170001	57127	74.85
2006	64223	298324	2306	749	224535	73789	75.27
2007	70935	353135	3102	898	273158	79977	77.35
2008	79238	444692	3734	880	341674	103018	76.83
2009	74529	763878	6134	1348	665368	98510	87.10
2010	130001	1176981	9091	2188	1029759	147222	87.49
2011	130813	1694775	11128	2237	1518247	176527	89.58
2012	167449	2134406	14508	2889	1957520	176886	91.71
2013	210716	2850098	13899	3693	2644779	205320	92.80
2014	259097	3242441	16870	4571	2960461	281980	91.30
2015	282064	3764710	27750	4714	3510904	253805	93.26
2016	291812	4394143	24879	4193	4188698	205445	95.32
城区	161766	2389673	15098	3192	2265239	124434	94.79
沁水县	5453	61582	261	53	56234	5348	91.32
阳城县	17102	378908	5438	382	368708	10201	97.31
陵川县	8140	79580	411	50	75625	3956	95.03
泽州县	22300	277829	1655	199	249921	27907	89.96
高平市	25604	525686	846	143	490774	34913	93.36
开发区	51447	680884	1170	173	682198	-1314	100.19

7-14 房地产开发企业(单位)经营情况

单位:万元

年份 地区	主营业务收入	土地转让收入	商品房屋销售收入	房屋出租收入	其他收入	主营业务税金及附加
2005	58252	230	58022		466	4043
2006	46103	2036	35109		8958	2805
2007	79872	2036	70522	79	7235	4913
2008	88923		86715	230	1978	4878
2009	153263	425	152226	272	340	9209
2010	174344	1185	172247	850	63	10914
2011	133822	5	132618	751	448	9019
2012	150888	50	147044	1559	2236	11496
2013	193838	13	192132	1497	197	15399
2014	311386		288245	2421	20720	21085
2015	121235	1907	117447	1351	530	9990
2016	238315		236926	441	948	17366
城　区	85814		85521	132	161	7638
沁水县	965		965			204
阳城县	14971		14716		255	1494
陵川县	28628		28504	125		2498
泽州县	19374		18945		429	354
高平市	25092		24805	185	103	1224
开发区	63471		63471			3955

7-15 按规模分房地产开发企业(单位)完成投资(2016年)

单位:万元

地区	1000–3000万元	3000–5000万元	5000万–1亿元	1–5亿元	5–10亿元	10亿元以上
总计	2967	223	30419	477159	189030	103606
城区	612	223	18880	240789	55702	90390
沁水县				26657	15199	
阳城县	2355		6835	38943	6131	
陵川县			2300	9755		13216
泽州县			2404	16449	57883	
高平市				74904	34029	
开发区				69662	20086	

7-16 房地产开发企业(单位)建设成套住宅竣工与销售情况

年份 地区	住宅竣工套数合计(套)		住宅销售套数合计(套)	
		别墅、高档公寓		别墅、高档公寓
2010	4975		4734	
2011	5833		8272	
2012	7970	336	5798	40
2013	6636	266	6958	36
2014	4602		6298	10
2015	8134		13143	5
2016	6348		11311	13
城区	3617		5364	13
沁水县	295		415	
阳城县			597	
陵川县	282		533	
泽州县			1331	
高平市	1044		1282	
开发区	1110		1789	

7-17 按登记注册类型分房地产开发企业情况（2016年）

单位：万元、平方米、套

分组指标	总计	内资	国有企业	集体企业	股份合作企业	其他有限责任公司	股份有限公司	私营独资企业	私营合伙企业	私营有限责任公司	私营股份有限公司	其他企业	外商投资企业	外资企业
企业（单位）个数（个）	123	122	6			21	1			94			1	1
计划总投资	4120797	4120797	60146			834507	14946			3211198				
自开始建设累计完成投资	2408238	2408238	52402			528002	10142			1817692				
本年完成投资	803648	803648	7625			134023	6100			655900				
#土地开发投资额	103359	103359				13227	231			89901				
按构成分														
建筑工程	572458	572458	4471			98093	4416			465478				
安装工程	108227	108227	1580			14332	150			92165				
设备工器具购置	2176	2176	304			121				1751				
其他费用	120787	120787	1270			21477	1534			96506				
#旧建筑物购置费	1532	1532								1532				
土地购置费	103359	103359				13227	231			89901				
按工程用途分														
商品住宅	589152	589152	5216			110131	5328			468477				
#90平方米以下	83168	83168	1830			26800				54538				
140平方米以上	86770	86770				12975	4625			69170				
别墅、高档公寓														
办公楼	13207	13207				2695				10512				
商业营业用房	110020	110020				14389	586			95045				
其他	91269	91269	2409			6808	186			81866				
本年新增固定资产	251504	251504	33000			64101				154403				
一、本年资金来源合计	1061702	1061702	10211			232038	10782			808671				
1.上年末结余资金	345405	345405	3711			109937	6501			225256				
2.本年资金来源小计	716297	716297	6500			122101	4281			583415				
（1）国内贷款	33860	33860					1400			32460				
银行贷款	31560	31560					1400			30160				
非银行金融机构贷款	2300	2300								2300				
（2）利用外资														
#外商直接投资														
（3）自筹资金	289726	289726	6500			41222				242004				
#自有资金	144012	144012	6500			13257				124255				
（4）其他资金来源	392711	392711				80879	2881			308951				
#定金及预收款	310873	310873				73663	1741			235469				
个人按揭贷款	67724	67724				6260	1140			60324				
二、本年各项应付款合计	224923	224923	1950			59910	306			162757				
#工程款	171136	171136				44046	306			126784				

7-17

分组指标	总计	内资			
			国有企业	集体企业	股份合作企业
待开发土地面积	486769	486769			
本年购置土地面积	227324	227324			
本年土地成交价款	37918	37918			
其中:拆迁补偿	3455	3455			
土地使用权出让金	34463	34463			
契税	1335	1335			
年初存货	1598875	1567330	79627		
流动资产合计	3898411	3891158	120444		
#存货	1883572	1881793	42475		
固定资产原价	77776	77774	1551		
累计折旧	24879	24879	552		
#本年折旧	4193	4193	39		
资产总计	4394143	4386888	126541		
负债合计	4188698	4185365	124383		
所有者权益合计	205445	201523	2158		
#实收资本	291812	275765	4621		
主营业务收入	238315	218385	22354		
#土地转让收入					
商品房屋销售收入	236926	216996	22304		
房屋出租收入	441	441	50		
其他收入	948	948			
主营业务成本	244229	214410	17900		
主营业务税金及附加	17366	15223	1287		
其他业务利润	1545	1545			
销售费用	8466	8466	405		
管理费用	24383	24266	1423		
#税金	1195	1195	2		
财务费用	20521	20544	1086		
#利息支出	18070	18070			
营业利润	-72185	-60060	253		
营业外收入	394	394	13		
营业外支出	2451	2451	161		
利润总额	-74242	-62117	105		
应交所得税	2863	2863	69		

续表1

单位：万元、平方米、套

其他有限责任公司	股份有限公司	私营独资企业	私营合伙企业	私营有限责任公司	私营股份有限公司	其他企业	外商投资企业	外资企业
112000				374769				
55942				171382				
2880				35038				
				3455				
2880				31583				
115				1220				
418242	104			1069357			31545	31545
1017692	14132			2738890			7254	7254
503071	66			1336180			1780	1780
7610	10287			58327			2	2
3528	2746			18053				
518				3635				
1265620	22243			2972483			7255	7255
1206213	20686			2834084			3333	3333
59408	1557			138400			3922	3922
59019	3749			208375			16047	16047
38322	42			157667			19930	19930
37871	42			156779			19930	19930
125				267				
327				621				
27134	10			169366			29819	29819
2416	3			11517			2143	2143
400				1145				
1571	86			6404				
4446				18397			116	116
457				736				
14526	1			4932			-23	-23
14504				3565			0.2	0.2
-8238	-58			-52017			-12125	-12125
38	0.4			343				
155				2136				
-8355	-58			-53810			-12125	-12125
777				2017				

7–17

分组指标	总 计	内 资	国有企业	集体企业	股份合作企业
应付职工薪酬	12873	12831	1452		
资产减值损失	624	624			
公允价值变动收益					
投资收益	3911	3911			
从业人数（人）	3571	3564	522		
房屋施工面积	8990483	8990483	178005		
住宅施工面积	6362726	6362726	133086		
办公楼施工面积	108272	108272			
商业营业用房施工面积	782208	782208	7199		
其他房屋施工面积	1737277	1737277	37720		
房屋竣工面积	837034	837034	117329		
住宅竣工面积	664510	664510	88691		
办公楼竣工面积					
商业营业用房竣工面积	21909	21909	5069		
其他房屋竣工面积	150615	150615	23569		
商品房销售面积	1305620	1252437	105848		
住宅销售面积	1267851	1217151	101895		
办公楼销售面积					
商业营业用房销售面积	23020	20537	3953		
其他房屋销售面积	14749	14749			
商品房销售额	602788	582835	56210		
住宅销售额	581767	564166	52653		
办公楼销售额					
商业营业用房销售额	18756	16404	3557		
其他房屋销售额	2265	2265			
商品住宅销售套数	11311	10844	930		
待售面积	528722	524569	44270		
住宅待售面积	388574	387301	43154		
办公楼待售面积	33915	33915			
商业营业用房待售面积	59794	58891	1116		
其他房屋待售面积	46439	44462			

续表2

单位:万元、平方米、套

其他有限责任公司	股份有限公司	私营独资企业	私营合伙企业	私营有限责任公司	私营股份有限公司	其他企业	外商投资企业	外资企业
3814				7553			42	42
624								
2862				1049				
620				2397			7	
1708025	33953			7070500				
1308996	25542			4895102				
38647				69625				
146337	6382			622290				
214045	2029			1483483				
256967				462738				
196287				379532				
2992				13848				
57688				69358				
78598	10880			1057111			53183	53183
77968	10880			1026408			50700	50700
561				16023			2483	2483
69				14680				
34813	4920			486892			19953	19953
34075	4920			472518			17601	17601
675				12172			2352	2352
63				2202				
623	80			9211			467	467
79478				400821			4153	4153
71362				272785			1273	1273
				33915				
7483				50292			903	903
633				43829			1977	1977

7-18　按隶属关系分房地产开发企业情况(2016年)

单位:万元、平方米、套

分组指标	总计	市	县	乡镇	村委会	其他
企业(单位)个数(个)	123	5	5		7	102
计划总投资	4120797	256718	76965		7989	3455967
自开始建设累计完成投资	2408238	206652	58602		7989	1915707
本年完成投资	803648	39675	13825		979	693276
# 土地开发投资额	103359		3512			93638
按构成分						
建筑工程	572458	24460	6859		979	491759
安装工程	108227	8784	1580			97768
设备工器具购置	2176		304			1872
其他费用	120787	6431	5082			101877
#旧建筑物购置费	1532					1532
土地购置费	103359		3512			93638
按工程用途分						
商品住宅	589152	30298	11116		964	500433
# 90平方米以下	83168		1830			64840
140平方米以上	86770	1768				77445
别墅、高档公寓						
办公楼	13207	1800				10512
商业营业用房	110020	7577				99282
其他	91269		2709		15	83049
本年新增固定资产	251504		33000			154403
一、本年资金来源合计	1061702	33934	16411		153	888546
1.上年末结余资金	345405	12908	3711			282580
2.本年资金来源小计	716297	21026	12700		153	605966
(1)国内贷款	33860					33860
银行贷款	31560					31560
非银行金融机构贷款	2300					2300
(2)利用外资						
#外商直接投资						
(3)自筹资金	289726	2900	12700			250870
#自有资金	144012		12700			125091
(4)其他资金来源	392711	18126			153	321236
#定金及预收款	310873	13117				244560
个人按揭贷款	67724	4206				63518
二、本年各项应付款合计	224923	9264	1950		979	183511
#工程款	171136	4415			979	139976

7-18 续表1

单位:万元、平方米、套

分组指标	总计	市	县	乡镇	村委会	其他
待开发土地面积	486769					374769
本年购置土地面积	227324					227324
本年土地成交价款	37918					37918
其中:拆迁补偿	3455					3455
土地使用权出让金	34463					34463
契税	1335					1335
年初存货	1598875	171573	67057		7383	1195999
流动资产合计	3898411	322805	95475		143255	2920533
#存货	1883572	223487	30349		10976	1446882
固定资产原价	77776	1190	883		4234	69402
累计折旧	24879	716	253		1840	21268
#本年折旧	4193	44	28		312	3713
资产总计	4394143	411027	100908		231309	3164361
负债合计	4188698	396198	98718		230794	3007275
所有者权益合计	205445	14829	2190		515	157085
#实收资本	291812	20256	4251		3613	241372
主营业务收入	238315	12100	19595		2949	178996
土地转让收入						
商品房屋销售收入	236926	12100	19545		2694	178108
房屋出租收入	441		50			267
其他收入	948				255	621
主营业务成本	244229	8006	15920		2139	200288
主营业务税金及附加	17366	678	1095		159	13682
其他业务利润	1545					1145
销售费用	8466	311	405		333	6885
管理费用	24383	2042	981		610	19002
#税金	1195	62	2		24	934
财务费用	20521	10671	988		304	4912
#利息支出	18070	10247			243	3566
营业利润	-72185	-9634	205		-411	-65277
营业外收入	394	28	13		2	343

7-18　续表2

单位:万元、平方米、套

分组指标	总计	市	县	乡镇	村委会	其他
营业外支出	2451	123	161		5	2138
利润总额	-74242	-9729	57		-414	-67072
应交所得税	2863	193			63	1987
应付职工薪酬	12873	3130	720		329	7817
资产减值损失	624	26				412
公允价值变动收益						
投资收益	3911					1049
从业人数（人）	3571	534	216		137	2554
房屋施工面积	8990483	395547	231268		30222	7476993
住宅施工面积	6362726	249100	176995		21919	5245808
办公楼施工面积	108272	34356				69625
商业营业用房施工面积	782208	80797	7199			665186
其他房屋施工面积	1737277	31294	47074		8303	1496374
房屋竣工面积	837034		117329			462738
住宅竣工面积	664510		88691			379532
办公楼竣工面积						
商业营业用房竣工面积	21909		5069			13848
其他房屋竣工面积	150615		23569			69358
商品房销售面积	1305620	45997	105848			1125664
住宅销售面积	1267851	45436	101895			1092478
办公楼销售面积						
商业营业用房销售面积	23020	561	3953			18506
其他房屋销售面积	14749					14680
商品房销售额	602788	17655	56210			513588
住宅销售额	581767	16980	52653			496862
办公楼销售额						
商业营业用房销售额	18756	675	3557			14524
其他房屋销售额	2265					2202
商品住宅销售套数	11311	400	930			9800
待售面积	528722	21139	44270			404974
住宅待售面积	388574	18532	43154			274058
办公楼待售面积	33915					33915
商业营业用房待售面积	59794	2607	1116			51195
其他房屋待售面积	46439					45806

7-19 按资质等级分房地产开发企业情况(2016年)

单位:万元、平方米、套

分组指标	总计	一级	二级	三级	四级	暂定
企业(单位)个数(个)	123	1	11	17	78	14
计划总投资	4120797	278911	719183	852841	2012879	219195
自开始建设累计完成投资	2408238	186325	496453	567230	1021513	117720
本年完成投资	803648	44720	135103	104668	444126	56034
#土地开发投资额	103359	2644	4500	11301	70691	7138
按构成分						
建筑工程	572458	40907	107348	57618	322034	32639
安装工程	108227		14873	34733	47291	11330
设备工器具购置	2176		304	716	929	227
其他费用	120787	3813	12578	11601	73872	11838
#旧建筑物购置费	1532					1532
土地购置费	103359	2644	4500	11301	70691	7138
按工程用途分						
商品住宅	589152	41045	118444	75366	299887	42990
# 90平方米以下	83168	16478	7731	13154	32767	13038
140平方米以上	86770	2505	16657	14165	45758	7685
别墅、高档公寓						
办公楼	13207				12312	
商业营业用房	110020	357	7319	12676	81168	4146
其他	91269	3318	9340	16626	50759	8898
本年新增固定资产	251504	63252	33000	58247	84126	12879
本年资金来源合计	1061702	99402	201120	207634	457461	70986
上年末结余资金	345405	46206	55129	129373	90737	23960
本年资金来源小计	716297	53196	145991	78261	366724	47026
国内贷款	33860		20360	2500	7300	3700
#银行贷款	31560		20360	2500	7300	1400
非银行金融机构贷款	2300					2300
利用外资						
#外商直接投资						
自筹资金	289726		32471	11112	222208	15833
#自有资金	144012		15436	9250	107146	6203
其他资金来源	392711	53196	93160	64649	137216	27493
#定金及预付款	310873	53196	87254	46301	89524	17601
个人按揭贷款	67724		5906	18348	33578	9892
本年各项应付款合计	224923	28975	10352	11847	147960	25789
#工程款	171136	25522	5503	9177	121827	9107

7-19 续表1

单位:万元、平方米、套

分组指标	总计	一级	二级	三级	四级	暂定
待开发土地面积	486769	112000	30623	110702	233444	
本年购置土地面积	227324		122870		48512	55942
本年土地成交价款	37918		30358		4680	2880
其中:拆迁补偿	3455		3455			
土地使用权出让金	34463		26903		4680	2880
契税	1335		1098		122	115
年初存货	1598875	123933	405435	372284	640515	52173
流动资产合计	3898411	249686	887914	954531	1689729	89485
#存货	1883572	125062	382855	444496	892736	29213
固定资产原价	77776	531	10350	4905	50897	10904
累计折旧	24879	241	6660	2855	12074	3023
#本年折旧	4193	32	485	325	3291	58
资产总计	4394143	283661	963178	979699	2012356	128003
负债合计	4188698	250439	962865	931340	1905876	112974
所有者权益合计	205445	33222	312	48359	106481	15030
#实收资本	291812	18000	43300	61203	137250	29691
主营业务收入	238315	24480	64050	16154	109335	24225
土地转让收入						
商品房屋销售收入	236926	24480	64050	16154	108018	24225
房屋出租收入	441				441	
其他收入	948				876	
主营业务成本	244229	17842	82724	12362	97973	33295
主营业务税金及附加	17366	1727	2500	1058	9618	2461
主营业务利润	1545	400	6	642	497	
销售费用	8466	426	1991	1139	4224	485
管理费用	24383	1028	5484	3972	13187	650
#税金	1195	172	185	121	707	12
财务费用	20521	3642	2140	899	13732	97
#利息支出	18070	4011	2328	278	11425	24
营业利润	-72185	2891	-29704	-2710	-29717	-12706
营业外收入	394	8	15	42	61	269

7–19　续表2

单位:万元、平方米、套

分组指标	总计	一级	二级	三级	四级	暂定
营业外支出	2451	22	1405	59	891	26
利润总额	-74242	2877	-31094	-2727	-30547	-12463
应交所得税	2863	619	250	54	1758	182
本年应付职工薪酬	12873	860	2250	1838	7246	558
资产减值损失	624	186			438	
公允价值变动收益						
投资收益	3911	2862	345	98	607	
从业人数（人）	3571	65	649	534	2111	168
房屋施工面积	8990483	780484	1745732	1844953	3943727	559031
住宅施工面积	6362726	623434	1262698	1412065	2560554	450154
办公楼施工面积	108272		1163	3733	99085	
商业营业用房施工面积	782208	13341	128385	109655	458948	41918
其他房屋施工面积	1737277	143709	353486	319500	825140	66959
房屋竣工面积	837034	252247	117329	185083	224236	58139
住宅竣工面积	664510	191955	88691	132536	207504	43824
办公楼竣工面积						
商业营业用房竣工面积	21909	2992	5069	11053	2233	562
其他房屋竣工面积	150615	57300	23569	41494	14499	13753
商品房销售面积	1305620	23893	385318	172805	561720	161884
住宅销售面积	1267851	23824	379779	170810	535687	157751
办公楼销售面积						
商业营业用房销售面积	23020		5539		13348	4133
其他房屋销售面积	14749	69		1995	12685	
商品房销售额	602788	14454	170240	94368	262097	61629
住宅销售额	581767	14391	164820	93969	251510	57077
办公楼销售额						
商业营业用房销售额	18756		5420		8784	4552
其他房屋销售额	2265	63		399	1803	
商品住宅销售套数	11311	147	3539	1459	4709	1457
待售面积	528722	58339	128127	109026	222715	10515
住宅待售面积	388574	52830	83417	56448	191659	4220
办公楼待售面积	33915		33915			
商业营业用房待售面积	59794	4876	10795	17700	24958	1465
其他房屋待售面积	46439	633		34878	6098	4830

主要统计指标解释

房地产开发投资 指各种登记注册类型的房地产开发公司、商品房建设公司及其他房地产开发法人单位和附属于其他法人单位实际从事房地产开发或经营活动的单位统一开发的包括统代建、拆迁还建的住宅、厂房、仓库、饭店、宾馆、度假村、写字楼、办公楼等房屋建筑物和配套的服务设施,土地开发工程(如道路、给水、排水、供电、供热、通讯、平整场地等基础设施工程)的投资;不包括单纯的土地交易活动。

建设总规模 是指在报告期内所有施工项目的计划总投资。这个指标和施工项目相对应。

在建总规模 是指在报告期末所有在建项目的计划总投资。

在建净规模 是指报告期末所有在建项目建成投产尚需的投资总量。

在建净规模 = 在建总规模 - 未投产项目(项末在建)累计完成投资。

施工项目 指报告期内进行过建筑或安装施工活动的项目。凡是报告期内施过工的建设项目,不论施工时间长短,均作为施工项目统计。施工项目个数可以反映一定时期固定资产投资的实际规模,与同期全部建成投产项目个数相比,可以从建设速度的角度反映固定资产投资的效果。根据建设项目施工活动的不同性质,施工项目又分为:本年正式施工项目、本年收尾项目和以前年度全部停缓建项目。

全部建成投产项目 工业项目指设计文件规定形成生产能力的主体工程及其相应配套的辅助设施全部建成,经负荷试运转,证明具备生产设计规定合格产品的条件,并经过验收鉴定合格或达到竣工验收标准,与生产性工程配套的生活福利设施可以满足近期正常生产的需要,正式移交生产的建设项目。非工业项目指设计文件规定的主体工程和相应的配套工程全部建成,能够发挥设计规定的全部效益,经验收鉴定合格或达到竣工验收标准,正式移交使用的建设项目。

房屋建筑面积 指房屋建筑物勒脚以上外墙外围的水平截面面积,包括房屋建筑物的有效面积和结构面积。该指标是从实物形态上反映建设规模和建设成果的重要指标之一,也是检查工程形象进度、计算工程造价、分析投资效果、研究施工任务和建筑材料之间平衡情况的重要依据。

施工面积 指报告期内施工的全部房屋建筑面积。包括本期新开工的面积和上期开工跨入本期继续施工的房屋面积,以及上期已停建在本期恢复施工的房屋面积。本期竣工和本期施工后又停缓建的房屋,其建筑面积仍计入本期房屋施工面积中。

竣工面积 指在报告期内房屋建筑按照设计要求已经全部完工,达到住人和使用条件,经验收鉴定合格(或达到竣工验收标准),正式移交使用单位的各栋房屋建筑面积的总和。

08

▶能　源

Energy

资料整理人员： 张大鹏　郭晶晶

8-1 主要能源生产量

年　　份	原煤（万吨）	天然气（万立方米）	水电（万千瓦时）	火电（万千瓦时）	焦炭（吨）
1985	2248		3439	18120	
1986	2327		2357	18833	
1987	2581		2111	20470	
1988	2823		2544	25717	
1989	3084		2874	29132	
1990	3099		4115	35727	
1991	3129		3271	36668	
1992	3271		6366	49545	
1993	3292		8176	61873	
1994	3226		9092	64323	
1995	3549		10492	75838	
1996	3986		12285	72696	32700
1997	3825		8216	101317	137000
1998	4021		11602	95664	119600
1999	2551		6578	66880	118360
2000	3807		7918	65596	120000
2001	3294		8306	406274	69628
2002	4902		7167	1022082	76131
2003	6561		12228	1220850	113989
2004	7536		10548	1343510	217998
2005	7628	912	9968	1334084	231043
2006	7667	9707	11364	1301036	375500
2007	7867	19660	10896	1460630	696110
2008	8611	55270	11723	1950054	799100
2009	8532	131633	6898	1986306	761400
2010	8434	215455	5661	2035428	841526
2011	9140	217000	7430	1984167	916700
2012	8433	250753	7622	2185019	904900
2013	7746	287609	8982	2319767	932767
2014	8130	301156	6667	2331187	536835
2015	8791	314529	7932	2258929	453878
2016	9021	324682	10842	2262970	332142

8-2 煤炭平衡表

单位:万吨

指 标	2008年	2009年	2010年	2011年	2012年	2013年	2014年	2015年	2016年
可供量	1273.9	1713.0	1962.4	3034.9	1803.9	2631.8	1575.7	3298.7	2453.5
生产量	8610.5	8531.9	8433.7	9140.4	8432.6	7855.8	8129.7	8791.1	9020.7
进口量									
出省量(-)	7338.3	6779.3	6293	5711.9	6536.9	5160.0	6479.3	5414.3	6946.0
年初年末库存差额	1.7	-39.6	-178.3	-393.6	-91.8	-64.0	-74.7	-78.1	-38.5
消费量		569.0	443.9	597.5	608.1	617.3	653.1	761.6	2453.5
在消费量中:									
1.农、林、牧、渔、水利业		2.6	22.3	6.3	4.9	4.9	4.7	4.7	4.7
2.工业		484.2	374.8	548.6	567.2	579.9	620.3	728.9	2378.8
3.建筑业		3.1	0.3	0.3	0.2	0.3	0.2	0.2	0.2
4.交通运输、仓储和邮政业		1.1	0.3			0.3	0.1	0.1	0.1
5.批发、零售业和住宿、餐饮业		6.6	2.5	2.5	1.6	1.3	1.3	1.3	1.3
6.其他		10.0	6.5	6.5	4.1	0.5	0.5	0.5	0.5
7.生活消费		61.3	37.6	33.4	30.1	30.1	26.0	26.0	68.5
在消费量中:									
(一)终端消费		569.0	443.9	597.5	608.1	617.3	653.1	761.6	905.2
#工业		484.2	374.8	548.6	567.2	579.9	620.3	728.9	830.0
(二)中间消费									
(用于加工转换)									
发电				772.3	856.5	894.9	879.8	808.1	822.9
供热				22.5	36.1	43.8	50.6	62.3	71.0
制气									
(三)洗选消耗									
平衡差额		1144.1		1518.5					

注:生产量为原煤产量。

8-3 电力平衡表

单位:万千瓦小时

指 标	2000年	2005年	2010年	2011年	2012年	2013年	2014年	2015年	2016年
可供量	253103	572863	1144365	1308030	1523057	1569151	1585947	1525755	1667214
生产量	73514	117726	134897	118012	122049	130911	137119	178460	210711
水 电	7918	9968	5661	7430	7622	8982	6313	7932	10842
火 电	65596	107758	129236	110582	114427	121929	130806	170528	199869
核 电									
购入量	179589	455137	1009468	1190018	1401008	1438240	1448829	1437683	1456504
消费量	253103	572862	1107555	1224963	1444232	1509361	1518832	1535647	1576688
在消费量中:									
1.农、林、牧、渔、水利业	13267	8268	13460	13198	12178	13379	14922	15516	16279
2.工业	198033	473546	952368	1058165	1268087	1322916	1327539	1341946	1370795
3.建筑业	4179	2837	8769	7966	8289	10307	11969	10678	9967
4.交通运输、仓储和邮政业	14946	38052	44624	44596	40493	34850	31022	27160	29124
5.批发、零售业和住宿、餐饮业	2523	5951	11528	13241	15258	18421	19412	20813	22351
6.其他	5751	17647	76806	87797	31360	37356	38610	41217	45091
7.生活消费	14404	26561	51439	60693	68567	72131	75359	78318	83081
在消费量中:									
(一)终端消费	224814	530335	1055044	1171310	1384583	1479199	1472715	1499895	1534903
#工业	198033	473546	952368	1058165	1268087	1322916	1327539	1341946	1370795
(二)输配电损失量	26781	42527	52511	53653	59649	30162	46115	35752	41785

注:1.此表为市供电公司提供,不包括省调电厂用电损失量。
2.生产量统计口径为省及以下口径。

8-4 按行业分能源消费量(2016年)

行 业	能源消费总量(吨标准煤)	煤炭消费量(吨)	焦炭消费量(吨)	原油消费量(吨)	汽油消费量(吨)
合 计	15070840	7721600	1570300		81800
农、林、牧、渔、水利业	99291	47000			9700
工业	13444323	7384400	1570300		6600
建筑业	45819	1700			1000
交通运输、仓储和邮政业	429621	1000			38800
批发、零售业和住宿、餐饮业	147665	12500			4200
其他行业	155221	5000			500
生活消费	748900	270000			4300

8-4 续表

行 业	煤油消费量(吨)	柴油消费量(吨)	燃料油消费量(吨)	天然气消费量(万立方米)	电力消费量(万千瓦小时)
合 计	100	75300	25900	132400	1800200
农、林、牧、渔、水利业		5000		100	16279
工业		17000	1000	100000	1594307
建筑业	100	3000		500	9967
交通运输、仓储和邮政业		42400	24900	16000	29124
批发、零售业和住宿、餐饮业		3100		5000	22351
其他行业		500		500	45091
生活消费		2100		10300	83081

注:分品种消费量为终端能源消费量,未包含加工转换投入量。

8–5 规模工业企业能源购进、消费与库存(2016年)

指 标	计量单位	企业单位数(个)	年初库存量	购进量
原煤	吨	113	1190219	16748562
# 无烟煤	吨	99	868043	13318954
炼焦烟煤	吨	1	14234	
一般烟煤	吨	22	307564	3421331
褐煤	吨	1	378	8277
洗精煤	吨	2	656	442395
其它洗煤	吨	3	55886	547517
煤制品	吨	6	1151	355480
焦炭	吨	13	25522	1579773
其它焦化产品	吨			
焦炉煤气	万立方米	1		
高炉煤气	万立方米	1		2834
转炉煤气	万立方米			
发生炉煤气	万立方米			
天然气(气态)	万立方米	12		83846
液化天然气(液态)	吨	1		1
煤层气(煤田)	万立方米	25		58664
原油	吨			
汽油	吨	120	45	4830
煤油	吨	6	1	16
柴油	吨	134	1457	17261
燃料油	吨	2	563	1225
液化石油气	吨			
炼厂干气	吨			
石脑油	吨			
润滑油	吨	6	19	972
石蜡	吨	1	41	39
溶剂油	吨			
石油焦	吨			
石油沥青	吨			
其它石油制品	吨	5		688
热力	百万千焦			
电力	万千瓦时	227		1196245
煤矸石用于燃料	吨	2	106960	400664
城市垃圾用于燃料	吨			
生物质废料用于燃料	吨			
余热余压	百万千焦	7		2453
其它工业废料用于燃料	吨	2	341	12500
其它燃料	吨标准煤			
能源合计	吨标准煤	227		

8–5 续表

指 标	计量单位	消费量					年 末 库存量
		合计	工业生 产消费	用 于 原材料	非工业 生产消费	运输工具 消 费	
原煤	吨	48031507	47980247	3888332	51260	350	1136508
# 无烟煤	吨	44619729	44568641	3888332	51089	350	858042
炼焦烟煤	吨						
一般烟煤	吨	3404507	3404363		144		277082
褐煤	吨	7271	7243		28		1384
洗精煤	吨	442613	442613				438
其它洗煤	吨	557064	554538	490695	2526		46339
煤制品	吨	354851	353919	345228	931		1780
焦炭	吨	1570326	1570105		221		28590
其它焦化产品	吨						
焦炉煤气	万立方米	1342	1342				
高炉煤气	万立方米	2834	2834				
转炉煤气	万立方米						
发生炉煤气	万立方米						
天然气(气态)	万立方米	83846	83829		17		
液化天然气(液态)	吨	1			1		
煤层气(煤田)	万立方米	62384	60753		1632		3
原油	吨						
汽油	吨	5257	3714		1543	1947	42
煤油	吨	17	16		1		1
柴油	吨	16971	15320		1651	2197	1615
燃料油	吨	1018	1018				771
液化石油气	吨						
炼厂干气	吨						
石脑油	吨						
润滑油	吨	966	966				24
石蜡	吨	66	66	66			14
溶剂油	吨						
石油焦	吨						
石油沥青	吨						
其它石油制品	吨	688	688				
热力	百万千焦						
电力	万千瓦时	1447488	1423370		24118	6135	
煤矸石用于燃料	吨	445294	445294				62329
城市垃圾用于燃料	吨						
生物质废料用于燃料	吨						
余热余压	百万千焦	3979600	3979600				
其它工业废料用于燃料	吨	12249	12249				
其它燃料	吨标准煤						
能源合计	吨标准煤	43672768	43572712		100056		

8-6 能源加工转换工业企业能源投入与产出(2016年)

指 标	计量单位	工业生产消费量	加 工转换投入		
				火力发电	供 热
原煤	吨	45584273	41625881	8184706	702024
# 无烟煤	吨	42334318	38618467	5182000	697316
炼焦烟煤	吨				
一般烟煤	吨	3249955	3007414	3002706	4708
褐煤	吨				
洗精煤	吨	442613	437268		
其它洗煤	吨	542684	51989	44241	7748
煤制品	吨	108043			
焦炭	吨	1321554			
其它焦化产品	吨				
焦炉煤气	万立方米	1341.99	1341.99	1341.99	
高炉煤气	万立方米	2834	2834	2834	
转炉煤气	万立方米				
发生炉煤气	万立方米				
天然气(气态)	万立方米	83692	83692		
液化天然气(液态)	吨				
煤层气(煤田)	万立方米	57420	53482	53482	
原油	吨				
汽油	吨	1008			
煤油	吨	10			
柴油	吨	10675			
燃料油	吨	901			
液化石油气	吨				
炼厂干气	吨				
石脑油	吨				
润滑油	吨	797			
石蜡	吨				
溶剂油	吨				
石油焦	吨				
石油沥青	吨				
其它石油制品	吨	537.84			
热力	百万千焦				
电力	万千瓦时	947863			
煤矸石用于燃料	吨	445294	445294	347634	97660
城市垃圾用于燃料	吨				
生物质废料用于燃料	吨				
余热余压	百万千焦	3979600	3979600	3979600	
其它工业废料用于燃料	吨	12249	12249	12249	
其它燃料	吨标准煤				
能源合计	吨标准煤	40541399	34203635	6781610	564664

8–6 续表

指 标	计量单位				能源加工转换产出	回收利用
		原煤入洗	炼 焦	天然气液化		
原煤	吨	32739150				
# 无烟煤	吨	32739150				
炼焦烟煤	吨					
一般烟煤	吨					
褐煤	吨					
洗精煤	吨		437268			
其它洗煤	吨				27027405	
煤制品	吨					
焦炭	吨				332142	
其它焦化产品	吨					
焦炉煤气	万立方米				1342	
高炉煤气	万立方米					314453
转炉煤气	万立方米					
发生炉煤气	万立方米					
天然气(气态)	万立方米			83692		
液化天然气(液态)	吨				531297	
煤层气(煤田)	万立方米					
原油	吨					
汽油	吨					
煤油	吨					
柴油	吨					
燃料油	吨					
液化石油气	吨					
炼厂干气	吨					
石脑油	吨					
润滑油	吨					
石蜡	吨					
溶剂油	吨					
石油焦	吨					
石油沥青	吨					
其它石油制品	吨					
热力	百万千焦				13047589	
电力	万千瓦时				2262970	
煤矸石用于燃料	吨					
城市垃圾用于燃料	吨					
生物质废料用于燃料	吨					
余热余压	百万千焦					5635947
其它工业废料用于燃料	吨					
其它燃料	吨标准煤					
能源合计	吨标准煤	25494780	390847	971733	28809814	596572

8-7 规模以上工业分行业产值能耗

指 标	2015年			2016年		
	综合能源消费量（吨标准煤）	工业总产值（万元）	产值单耗（吨标准煤/万元）	综合能源消费量（吨标准煤）	工业总产值（万元）	产值单耗（吨标准煤/万元）
工业合计	13762722	8730082	1.58	14166326	8338976	1.70
（一）采矿业	2542906	4063056	0.63	2445818	3984694	0.61
煤炭开采和洗选业	2403554	3558573	0.68	2297344	3521467	0.65
石油和天然气开采业	139352	504483	0.28	148474	463227	0.32
黑色金属矿采选业						
有色金属矿采选业						
非金属矿采选业						
开采辅助活动						
其他采矿业						
（二）制造业	6826210	3734947	1.83	7403273	3506776	2.11
农副食品加工业	7222	42287	0.17	5840	61335	0.10
食品制造业	963	8278	0.12	831	7183	0.12
饮料制造业	1604	43113	0.04	1394	42469	0.03
烟草制品业						
纺织业	7984	23948	0.33	7759	21709	0.36
纺织服装、鞋、帽制造业	942	7656	0.12	909	6429	0.14
皮革、毛皮、羽毛(绒)及其制品业						
木材加工及木、竹、藤、棕、草制品业						
家具制造业						
造纸及纸制品业						
印刷业和记录媒介的复制	69	4764	0.01	47	3709	0.01
文教体育用品制造业	146	1898	0.08	111	2020	0.05
石油加工、炼焦及核燃料加工业	62471	37393	1.67	56093	27002	2.08
化学原料及化学制品制造业	4627172	914425	5.06	4847381	749680	6.47
医药制造业	4180	53494	0.08	3071	49293	0.06
化学纤维制造业						
橡胶和塑料制品业	2167	20435	0.11	2304	20602	0.11
非金属矿物制品业	354316	122994	2.88	495038	146360	3.38
黑色金属冶炼及压延加工业	1684450	977861	1.72	1915443	1057913	1.81
有色金属冶炼及压延加工业						
金属制品业	3332	125816	0.03	2630	78441	0.03
通用设备制造业	761	4448	0.17	10	2323	0.00
专用设备制造业	6006	152747	0.04	5749	114583	0.05
交通运输设备制造业	11303	77790	0.15	12909	77307	0.17
电气机械及器材制造业	802	34835	0.02	1292	38616	0.03
通信设备、计算机及其他电子设备制造业	49867	1032801	0.05	44209	970525	0.05
仪器仪表及文化、办公用机械制造业						
金属制品、机械和设备修理业	452	47963	0.01	252	29278	0.01
工艺品及其他制造业						
废弃资源和废旧材料回收加工业						
（三）电力、燃气及水的生产和供应业	4393606	932079	4.71	4317234	847506	5.09
电力、热力的生产和供应业	4377856	783567	5.59	4305253	718180	5.99
燃气生产和供应业	12433	138946	0.09	8668	119582	0.07
水的生产和供应业	3317	9567	0.35	3313	9743	0.34

8-8 煤炭产品产销存（2016年）

单位：万吨

地区	年初库存量	本年生产量	本年销售量	省内地销	企业自用量	年末库存量
全市煤炭合计	246.50	8749.06	8474.60	2354.64	3106.58	310.20
一、省属企业	46.52	4599.29	4237.85	806.85	1846.91	126.01
晋煤集团	34.11	4467.57	4102.62	778.14	1846.21	117.80
沁城煤矿	10.31	65.42	71.03	1.40	0.05	4.66
晋普山	2.11	66.30	64.20	27.31	0.66	3.55
二、市及以下	199.98	4149.77	4236.75	1547.79	1259.67	184.20
城区						
沁水县	40.31	533.20	590.68	243.57	125.91	11.34
阳城县	34.77	1331.17	1361.53	602.52	552.28	39.19
陵川县	15.53	130.51	137.72	36.53	55.60	13.55
泽州县	17.64	460.73	435.30	60.02	294.16	19.87
高平市	77.01	919.64	970.56	401.56	-6.61	74.83
兰花集团	14.72	774.50	740.96	203.58	238.33	25.40
不分地区						

注：销售量为原煤和洗煤的销售量合计数。

8-9 焦炭产品产销存(2016年)

单位：万吨

地 区	年初库存量	本年收入量	本年销售量	年 末 库存量
全市煤炭合计	77567.76	332142.00	365721.68	43988.08
一、省属企业				
晋煤集团				
晋普山				
二、市及以下				
城 区				
沁水县	19850.76	63432.00	80074.68	3208.08
阳城县				
陵川县				
泽州县				
高平市	57717.00	268710.00	285647.00	40780.00
兰花集团				
不分地区				

8-10 全社会用电量(2016年)

单位:个、千伏安、万千瓦小时

指 标	用户户数	装接容量	用电量
全社会用电总计	**714074**	**8820208**	**1576688**
A、全行业用电合计	**65987**	**6924701**	**1493607**
第一产业	12124	146631	16279
第二产业	16625	5650759	1380762
第三产业	37238	1127311	96566
B、城乡居民生活用电合计	**648087**	**1895507**	**83081**
城镇居民	88311	632508	37877
乡村居民	559776	1262999	45204
全行业用电分类	**65987**	**6924701**	**1493607**
一、农、林、牧、渔业	**12124**	**146631**	**16279**
1.农业	5202	56239	6910
2.林业	171	2775	155
3.畜牧业	5332	31759	2512
4.渔业	35	416	49
5.农、林、牧、渔服务业	1384	55442	6653
#排灌	1246	48856	6020
二、工业	**14611**	**5406085**	**1370795**
1.轻工业	7788	243001	39481
2.重工业	6823	5163084	1331314
(一)采矿业	1580	1738517	305961
1.煤炭开采和洗选业	1090	1604390	277677
2.石油和天然气开采业	67	95747	26378
3.黑色金属矿采选业	21	1054	206
4.有色金属矿采选业			
5.非金属矿采选业	276	30570	1473
6.其他采矿业	126	6756	226
(二)制造业	12008	2370497	931554
1.食品、饮料和烟草制造业(轻)	6538	55282	4350
#农副食品加工业	5748	42195	3247
2.纺织业(轻)	169	8739	2347
3.服装鞋帽、皮革羽绒及其制品业	63	1802	145
4.木材加工及制品和家具制品业	494	5657	255
#轻工业	128	1473	40

8-10 续表1

单位:个、千伏安、万千瓦小时

指 标	用户户数	装接容量	用电量
5.造纸及纸制品业(轻)	35	2186	123
6.印刷业和记录媒介的复制(轻)	77	5396	299
7.文体用品制造业(轻)	3	1080	25
8.石油加工、炼焦及核燃料加工业	60	10362	1291
9.化学原料及化学制品制造业	560	1081242	563297
# 轻工业	18	427	78
# 氯碱	1	8	1
电石			
黄磷			
# 肥料制造	61	877256	487908
10.医药制造业(轻)	28	6319	731
11.化学纤维制造业(轻)	20	50867	6550
12.橡胶和塑料制品业	154	6752	916
# 轻工业	6	1082	326
13.非金属矿物制品业	1434	324394	61932
# 轻工业	5	7	61
# 水泥制造	228	138862	22460
14.黑色金属冶炼及压延加工业	67	316820	188654
# 铁合金冶炼	3	17	3
15.有色金属冶炼及压延加工业	227	91843	16682
# 铝冶炼			
16.金属制品业	691	96714	20950
# 轻工业	73	1983	254
17.通用及专用设备制造业	657	193625	42354
# 轻工业	3	325	14
18.交通运输、电气、电子设备制造业	108	18494	1290
# 轻工业	18	9954	470
# 交通运输设备制造业	25	528	42
19.工艺品及其他制造业(轻)	444	79515	18519
20.废弃资源和废旧材料回收加工业	179	13408	844
(三)电力、燃气及水的生产和供应业	1023	1297071	133280
1.电力、热力的生产和供应业	39	30756	42375
# 电厂生产全部耗用电量	35	30483	11766

8-10 续表2

单位:个、千伏安、万千瓦小时

指　　标	用户户数	装接容量	用电量
线路损失电量			30494
抽水蓄能抽水耗用电量			
2.燃气生产和供应业	451	1169404	77183
3.水的生产和供应业	533	96911	13722
# 轻工业	160	16564	5148
三、建筑业	**2014**	**244674**	**9967**
四、交通运输、仓储和邮政业	**733**	**423102**	**29124**
1.交通运输业	337	413436	28013
# 城市公共交通	15	6092	78
管道运输业	6	279	27
电气化铁路	9	362080	23604
2.仓储业	344	8565	868
3.邮政业	52	1101	243
五、信息传输、计算机服务和软件业	**6444**	**34518**	**7000**
1.电信和其他信息传输服务业	6300	33431	6804
2.计算机服务和软件业	144	1087	196
六、商业、住宿和餐饮业	**13305**	**242488**	**22351**
1.批发和零售业	11139	175981	15043
2.住宿和餐饮业	2166	66507	7308
七、金融、房地产、商务及居民服务业	**6727**	**145845**	**13052**
1.金融业	395	18745	1789
2.房地产业	153	16259	1934
3.租赁和商务服务业、居民服务和其它服务业	6179	110841	9328
八、公共事业及管理组织	**10029**	**281358**	**25039**
1.科学研究、技术服务和地质勘查业	151	7291	356
# 地质勘查业	6	78	5
2.水利、环境和公共设施管理业	1737	85135	8076
# 水利管理业	352	17870	3734
# 公共照明	679	26121	1347
3.教育、文化、体育和娱乐业	2339	85478	6932
# 教育	1861	55891	5455
4.卫生、社会保障和社会福利业	748	36414	3127
5.公共管理和社会组织、国际组织	5054	67040	6548

8-11 各地区电力消费量

单位:亿千瓦小时

地　　区	2007年	2008年	2009年	2010年	2011年	2012年	2013年	2014年	2015年	2016年
全　　市	95.60	107.59	119.52	126.04	136.52	163.04	170.79	172.59	174.24	180.02
城　　区	21.40	23.53	16.13	22.89	24.37	19.22	20.28	16.51	17.19	17.45
沁 水 县	6.89	9.43	9.64	11.30	12.74	15.27	17.34	18.63	19.51	20.88
阳 城 县	19.31	15.40	29.05	28.82	27.77	35.07	35.80	37.76	39.12	40.17
陵 川 县	2.40	3.26	3.01	3.40	4.50	4.21	4.14	3.89	3.96	3.96
泽 州 县	26.63	33.04	39.25	37.43	42.37	61.14	63.93	66.12	65.55	69.48
高 平 市	23.39	22.93	22.44	22.19	24.78	28.13	29.30	29.68	28.91	28.08

注:高平市用电量包括晋丰闻喜用电量。

8-12 各地区能源消耗指标(2016年)

地　　区	单位GDP 能耗(等价值) (吨标准煤/万元)	单位GDP 电耗(等价值) (千瓦时/万元)	单位工业增加值能耗 (规模以上,当量值) (吨标准煤/万元)
全　　市	-1.45	-0.52	-0.78
城　　区	-3.45	-3.29	-5.53
沁 水 县	-0.63	3.12	3.19
阳 城 县	-0.67	1.38	-0.81
陵 川 县	-5.87	-3.96	-21.61
泽 州 县	2.40	1.15	1.86
高 平 市	-3.84	-6.22	-0.35

主要统计指标解释

能源生产总量 指一定时期内，全市一次能源生产量的总和。该指标是观察全国能源生产水平、规模、构成和发展速度的总量指标。一次能源生产量包括原煤、原油、天然气、水电、核能及其他动力能（如风能、地热能等）发电量，不包括低热值燃料生产量、生物质能、太阳能等的利用和由一次能源加工转换而成的二次能源产量。

能源消费总量 指一定时期内，全市各行业和居民生活消费的各种能源的总和。该指标是观察能源消费水平、构成和增长速度的总量指标。能源消费总量包括原煤和原油及其制品、天然气、电力，不包括低热值燃料、生物质能和太阳能等的利用。能源消费总量分为终端能源消费量、能源加工转换损失量和能源损失量三部分。

（1）终端能源消费量：指一定时期内，全市生产和生活消费的各种能源在扣除了用于加工转换二次能源消费量和损失量以后的数量。

（2）能源加工转换损失量：指一定时期内，全市投入加工转换的各种能源数量之和与产出各种能源产品之和的差额。该指标是观察能源在加工转换过程中损失量变化的指标。

（3）能源损失量：指一定时期内，能源在输送、分配、储存过程中发生的损失和由客观原因造成的各种损失量，不包括各种气体能源放空、放散量。

能源生产弹性系数 是研究能源生产增长速度与国民经济增长速度之间关系的指标。计算公式：

$$能源生产弹性系数=\frac{能源生产总量年平均增长速度}{国民经济年平均增长速度}$$

国民经济年平均增长速度，可根据不同的目的或需要，用国民生产总值、国内生产总值等指标来计算，本年鉴是采用国内生产总值指标计算的。

电力生产弹性系数 是研究电力生产增长速度与国民经济增长速度之间关系的指标。一般来说，电力的发展应当快于国民经济的发展，也就是说电力应超前发展。计算公式为：

$$电力生产弹性系数=\frac{电力生产量年平均增长速度}{国民经济年平均增长速度}$$

能源消费弹性系数 反映能源消费增长速度与国民经济增长速度之间比例关系的指标。计算公式为：

$$能源消费弹性系数=\frac{能源消费量年平均增长速度}{国民经济年平均增长速度}$$

电力消费弹性系数 反映电力消费增长速度与国民经济增长速度之间比例关系的指标。计算公式为：

$$电力消费弹性系数=\frac{电力消费量年平均增长速度}{国民经济年平均增长速度}$$

能源加工转换效率 指一定时期内，能源经过加工、转换后，产出的各种能源产品的数量与同期内投入加工转换的各种能源数量的比率。该指标是观察能源加工转换装置和生产工艺先进与落后、管理水平高低等的重要指标。计算公式为：

$$能源加工转换效率=\frac{能源加工转换产出量}{能源加工转换投入量}$$

单位国内生产总值能耗 指一定时期内，一个国家或地区每生产一个单位的国内生产总值所消耗的能源。计算公式为：

$$单位国内生产总值能源=\frac{能源消耗总量}{国内生产总值}$$

单位国内生产总值电耗 指一定时期内，一个国家或地区每生产一个单位的国内生产总值所消耗的电力。计算公式为：

$$单位国内生产总值电耗=\frac{全社会用电量}{国内生产总值}$$

单位工业增加值能耗 指一定时期内，一个国家或地区每生产一个单位的工业增加值所消耗的能源。计算公式为：

$$单位工业增加值能耗=\frac{工业能源消费量}{工业增加值}$$

09 ▶财　政

Public Finance

PAGE 155-170

资料整理人员： 郭　瑞　安云芳

9-1 财税主要指标

单位:万元

指 标 地 区	2015年	2016年	增速(%)
一、财政总收入	1925250	1690127	-12.2
城 区	395922	256164	-35.3
沁水县	308653	243955	-21.0
阳城县	326943	295321	-9.7
陵川县	22128	25507	15.3
泽州县	302453	263789	-12.8
高平市	270468	246957	-8.7
开发区	166787	94910	-43.1
市 级	131896	263524	99.8
二、人均财政总收入(元)	8327	7292	-12.4
三、一般公共预算收入	939026	893229	-4.9
四、一般公共预算支出	1801145	1728079	-4.1
五、国税收入	871139	825183	-5.3
城 区	130469	149992	15.0
沁水县	188423	154893	-17.8
阳城县	210808	195093	-7.5
陵川县	8192	10856	32.5
泽州县	126420	137840	9.0
高平市	101777	106188	4.3
开发区	105050	70321	-33.1
市 级			
六、地税收入	748141	601366	-19.6
城 区	239770	176097	-26.6
沁水县	115717	99753	-13.8
阳城县	82045	65113	-20.6
陵川县	11755	11561	-1.7
泽州县	137118	104973	-23.4
高平市	107633	99835	-7.2
开发区	54103	44034	-18.6
市 级			

9-2 财政收支总额及增长速度

年 份	财政总收入（万元）	一般公共预算收入（万元）	一般公共预算支出（万元）	比上年增长(%)	
				一般公共预算收入	一般公共预算支出
1985	10927	10927	12764		
1990	20118	20118	23924	13.0	13.4
1995	58423	37421	53141	13.2	17.3
2000	115512	70794	99029	13.6	13.3
2001	139205	85943	124602	21.4	25.8
2005	616693	200454	313156	44.7	27.6
2006	790065	280487	392581	32.2	25.4
2007	965529	340783	540495	21.5	36.0
2008	1131565	418641	632928	22.9	17.1
2009	1361365	480742	764896	14.8	20.9
2010	1532288	554890	895069	15.4	17.0
2011	1818009	679222	1132373	22.4	26.5
2012	2134753	829056	1298261	22.1	14.6
2013	2232527	945755	1571345	14.1	21.0
2014	2073211	980305	1617219	3.7	2.9
2015	1925250	939026	1801145	-4.2	11.4
2016	1690127	893229	1728079	-4.9	-4.1

9-3 中央和地方财政主要收入项目(2016年)

单位：万元

指 标	财政总收入	中 央	省	地 方
税收收入	1349507	539119	257779	552609
增值税	575208	332777	61136	181295
消费税	18816	18816		
营业税	108127		36696	71431
企业所得税	255684	153420	30675	71589
个人所得税(款)	56842	34106	6821	15915
资源税	189564		122451	67113
城市维护建设税	43669			43669
房产税	25156			25156
印花税	8849			8849
城镇土地使用税	28797			28797
土地增值税	10508			10508
车船税(款)	12058			12058
耕地占用税(款)	4532			4532
契税(款)	11697			11697
烟叶税(款)				
非税收入	340620			340620
专项收入	63927			63927
行政事业性收费收入	25362			25362
罚没收入	21468			21468
国有资本经营收入	3707			3707
国有资源(资产)有偿使用收入	214024			214024
其他收入(款)	12132			12132

9-4 各地区公共财政预算收入分类完成情况(2016年)

单位:万元

地区	合计	增值税	营业税	企业所得税	个人所得税	资源税
总计	**893229**	**181295**	**71431**	**71589**	**15915**	**67113**
城区	88567	7776	6376	5453	1204	259
沁水县	117105	23442	7540	5613	1665	10105
阳城县	123548	29416	4908	16457	1352	5966
陵川县	14352	2327	2101	353	173	522
泽州县	123756	27748	6096	5181	1848	9160
高平市	126586	23933	8489	2624	1540	8901
开发区	28453	1928	985	1655	412	5
市级	270862	64725	34936	34253	7721	32195

9-4 续表1

单位:万元

地区	城市维护建设税	房产税	印花税	城镇土地使用税	土地增值税	车船税(款)
总计	**43669**	**25156**	**8849**	**28797**	**10508**	**12058**
城区	5000	2844	3919	8945	4527	5842
沁水县	8232	2446	771	1708	452	658
阳城县	3873	3401	864	912	475	1225
陵川县	458	318	142	419	539	393
泽州县	6219	3092	1174	5882	750	731
高平市	4341	4071	960	6876	2016	1362
开发区	3218	1887	1019	4055	1749	1847
市级	12328	7097				

9-4 续表2

单位：万元

地区	耕地占用税(款)	契税(款)	非税收入			
				专项收入		
					排污费收入	教育费附加收入
总计	**4532**	**11697**	**340620**	**63927**	**5519**	**25088**
城区	1011	6064	29347	5644	38	2113
沁水县	145	527	53801	9752	496	4649
阳城县	362	1032	53305	10884	505	4000
陵川县	409	194	6004	1252	180	421
泽州县	893	951	54031	10902	1190	3905
高平市	234	993	60246	6718	427	3436
开发区	1478	1936	6279	1992		1358
市级			77607	16783	2683	5206

9-4 续表3

单位：万元

地区							
	水资源费收入	行政事业性收费收入	罚没收入	国有资本经营收入	国有资源(资产)有偿使用收入	利息收入	其他收入
总计	**6141**	**25362**	**21468**	**3707**	**214024**	**8487**	**12132**
城区	1564	2450	1771		17911	678	1571
沁水县	340	1375	980		40505	549	1189
阳城县	1181	2547	2410	7	34660	1672	2797
陵川县	13	373	1948		2077	264	354
泽州县	746	4688	3209	2200	30706	1784	2326
高平市	206	1297	3329		48845	711	57
开发区		1700	46	1500	41	41	1000
市级	2091	10932	7775		39279	2788	2838

9-5 各地区公共财政预算支出分类完成情况(2016年)

单位:万元

地区	合计	一般公共服务	国防	公共安全	教育	科学技术	文化体育与传媒
总计	**1728079**	**149242**	**1642**	**99627**	**336436**	**9704**	**44247**
城区	167482	13285		4182	35333	571	3698
沁水县	181487	15801		9417	38288	655	3854
阳城县	240161	17791	265	11054	40272	2204	7239
陵川县	158780	10398		6699	33723	1598	2810
泽州县	279410	24895	247	14032	59519	547	7588
高平市	265293	16188		10864	47945	799	6182
开发区	20796	3461		531	5958	23	75
市级	414670	47423	1130	42848	75398	3307	12801

9-5 续表1

单位:万元

地区	社会保障和就业						医疗卫生与计划生育
		抚恤	社会福利	最低生活保障金支出	自然灾害生活救助	残疾人事业	
总计	**240737**	**18469**	**3190**	**25010**	**1690**	**6241**	**185193**
城区	17524	611	299	2949	64	375	13533
沁水县	28644	1426	308	2292	140	1469	15378
阳城县	48083	3883	98	3675	438	862	31995
陵川县	32130	2213	161	5043	665	762	19418
泽州县	39024	4593	1043	6098	170	1147	41043
高平市	49796	4375	167	4754	210	743	37714
开发区	1661	336	21	199	3	20	635
市级	23875	1032	1093			863	25477

9-5　续表2

单位：万元

地区	节能环保	城乡社区支出	农林水支出	农业	林业	水利	交通运输支出
总计	80389	142924	219137	81613	25291	27261	33365
城区	3673	20642	7753	2740	724	2256	978
沁水县	5345	8224	36185	13726	5933	4720	3508
阳城县	11321	6563	37776	13731	3632	3762	5048
陵川县	4268	2167	34634	5560	3392	4449	3626
泽州县	5297	4922	50762	22417	5492	5472	7459
高平市	3482	24266	35169	17428	4689	2466	2911
开发区	706	1615	257	41	22	50	
市级	46297	74525	16601	5970	1407	4086	9835

9-5　续表3

单位：万元

地区	资源勘探信息等支出	商业服务业等支出	金融支出	国土海洋气象等支出	住房保障支出	粮油物资储备支出	其他支出
总计	29792	9085	52	30701	95374	2752	17680
城区	2895	323		53	38751		4288
沁水县	3162	1288		3290	7044	227	1177
阳城县	4165	1106		6566	7863	140	710
陵川县	745	351		895	3831	239	1248
泽州县	3899	1485		7382	9461	332	1516
高平市	6154	2119	52	7249	7958	284	6161
开发区	1223	169		1614	2009		859
市级	7549	2244		3652	18457	1530	1721

9-6 分行业类型税收收入情况(2016年)

单位:万元

指 标	合 计	内 资 企 业					
		小 计	国有企业	集体企业	股份合作企 业	联营企业	股份公司
地税系统合计	601366	550725	24927	4636	45	3	470104
营业税	109241	103694	6704	2760	33		82464
企业所得税	100213	100180	2428	343			91424
个人所得税	56836	46330	4132	281		2	39138
资源税	189562	174489	3717	18			169997
固投税							
城维税	43677	35523	4313	404	1	1	28629
房产税	25157	21350	1125	408	8		17309
印花税	8848	7976	338	63	1		6778
土地税	28798	27260	1554	281	2		21544
地增税	10508	9893	366	6			5776
车船税	12057	12013					727
耕地占用税	4533	4514	145	14			1388
契税	11695	7498	105	58			4925
国税系统合计	828640	633642	69694	12731	151	12	499056
增值税	625721	535189	45348	1728	151	12	442640
消费税	19021	18995	18677	2			303
企业所得税	155486	76041	5349	10940			54524
车辆购置税	28404	3417	320	61			1589
个人所得税							

9-6 续表

单位:万元

指　　标			港澳台投资企业	外商投资企业	个体经营企业
	私营企业	其他企业			
地税系统合计	32885	18125	2158	33009	15474
营业税	10632	1101	80	747	4720
企业所得税	5267	718	17	16	
个人所得税	1636	1141	302	5419	4785
资源税	757			15073	
固投税					
城维税	1846	329	955	6644	555
房产税	1021	1479	522	2802	483
印花税	693	103	109	679	84
土地税	3045	834	160	1360	18
地增税	3745			251	364
车船税	1357	9929	8	11	25
耕地占用税	907	2060			19
契税	1979	431	5	7	4185
国税系统合计	50287	1711	53844	109374	31780
增值税	44109	1201	21615	62093	6824
消费税	13				26
营业税					
企业所得税	5222	6	32223	47222	
车辆购置税	943	504	6	59	24922
个人所得税					8

9–7 分行业国税主要税收收入情况(2016年)

单位:万元

指 标	合 计	免 抵 调 库	内 资 企 业				
			小 计	国有企业	集体企业	股份合作企 业	联营企业
增值税	625721		535189	45348	1728	151	12
采矿业	371276		339156	7960	1	64	
制造业	60274		52849	810	259	5	
# 饮料制造业	454		454				
食品制造业	474		256				
纺织业	862		862				
造纸及纸制品业	10		10		1		
纺织服装、鞋帽制造业	1372		1372	684			
家具制造业	12		12				
石油加工、冶炼及核燃料业	32		32				
化学原料及化学制品业	6065		6065	71	177		
医药制造业	2930		2930				
橡胶制品业	1187		1187		23		
非金属矿物制品业	14051		14006		32	5	
黑色金属冶炼及压延加工业	11709		11575		6		
有色金属冶炼及压延加工业	47		47				
通用设备制造业	5631		4769	9			
专用设备制造业	6939		983	6	5		
交通运输设备制造业	54		54				
电气机械设备制造业	1056		1031				
其他制造业	3943		3815	2	3		
电力、燃气及水的生产和供应业	70978		27513	23260	81		
批发和零售业	48707		45260	8585	320		
其他行业	309		304	1	4		
税款滞纳金、罚款收入							

9-7 续表

单位：万元

指 标				港澳台投资企业	外商投资企业	个体经营
	股份公司	私营企业	其 他			
增值税	442640	44109	1201	21615	62093	6824
采矿业	323721	7410			32113	7
制造业	40339	11434	2	5895	1144	386
# 饮料制造业	435	19				
食品制造业	253	3				218
纺织业	816	46				
造纸及纸制品业	5	4				
纺织服装、鞋帽制造业	507	181				
家具制造业	1	11				
石油加工、冶炼及核燃料业	31	1				
化学原料及化学制品业	5225	592				
医药制造业	2930					
橡胶制品业	1076	88				
非金属矿物制品业	13047	922			40	5
黑色金属冶炼及压延加工业	4097	7472		67	67	
有色金属冶炼及压延加工业	43	4				
通用设备制造业	4623	137			859	3
专用设备制造业	397	575		5826	130	
交通运输设备制造业	54					
电气机械设备制造业	947	84		2	23	
其他制造业	3109	699	2			128
电力、燃气及水的生产和供应业	3816	328	28	15721	27744	
批发和零售业	23339	12988	28	111	70	3266
其他行业	166	108	25			5
税款滞纳金、罚款收入						

9-8 分行业地税主要税种收入情况(2016年)

单位:万元

指 标	合 计	内资企业				
		小 计	国有企业	集体企业	股份合作企 业	联营企业
一、营业税	109241	103694	6704	2760	33	
建筑业	51131	48913	4605	423	3	
交通运输、仓储及邮政业	446	446	35	11		
信息传输、计算机服务和软件业	310	114	26			
住宿和餐饮业	1120	924	59	23		
金融业	18504	18492	8	2081	30	
房地产业	21824	21703	1527	23		
租赁和商务服务业	688	664	129	11		
居民服务和其他服务业	5868	3363	59	76		
教育	93	93		3		
卫生、社会保险和社会福利业	13	9				
文化、体育和娱乐业	130	111	10	23		
其他行业	9114	8862	246	86		
二、企业所得税	100213	100180	2428	343		
采矿业	50234	50219	244	10		
制造业	3722	3722		21		
电力、燃气及水的生产和供应业	135	135	1			
建筑业	13031	13020	583	176		
交通运输、仓储及邮政业	6913	6913	8	4		
信息传输、计算机服务和软件业	214	214	27			
批发和零售业	703	703	25	43		
住宿和餐饮业	77	77				
金融业	6083	6083				
房地产业	8722	8721	455	5		
租赁和商务服务业	1486	1486	250	3		
居民服务和其他服务业	7213	7207	261	71		
教育	91	91				
卫生、社会保险和社会福利业	2	2				
文化、体育和娱乐业	238	238		9		
其他行业	1349	1349	574	1		

9-8 续表

单位:万元

指 标				港澳台投资企业	外 商投资企业	个体经营
	股份公司	私营企业	其他企业			
一、营业税	82464	10632	1101	80	747	4720
建筑业	40180	3411	291	68	140	2010
交通运输、仓储及邮政业	395	5				
信息传输、计算机服务和软件业	61	27		6	188	2
住宿和餐饮业	616	224	2		60	136
金融业	16138	235			12	
房地产业	14778	5240	135	2	119	
租赁和商务服务业	432	58	34			24
居民服务和其他服务业	2037	790	401	4	15	2486
教育	32	29	29			
卫生、社会保险和社会福利业		1	8			4
文化、体育和娱乐业	42	32	4			19
其他行业	7753	580	197		213	39
二、企业所得税	91424	5267	718	17	16	
采矿业	49900	54	11		15	
制造业	3692	8	1			
电力、燃气及水的生产和供应业	134					
建筑业	10813	1210	238	10	1	
交通运输、仓储及邮政业	6876	25				
信息传输、计算机服务和软件业	182	5				
批发和零售业	496	136	3			
住宿和餐饮业	71	6				
金融业	6037	46				
房地产业	5066	3139	56	1		
租赁和商务服务业	1166	52	15			
居民服务和其他服务业	6212	409	254	6		
教育	80	2	9			
卫生、社会保险和社会福利业			2			
文化、体育和娱乐业	33	170	26			
其他行业	666	5	103			

主要统计指标解释

财政收入　指国家财政参与社会产品分配所取得的收入，是实现国家职能的财力保证。主要包括：

（1）各项税收：包括国内增值税、国内消费税、进口货物增值税和消费税、出口货物退增值税和消费税、营业税、企业所得税、个人所得税、资源税、城市维护建设税、房产税、印花税、城镇土地使用税、土地增值税、车船税、船舶吨税、车辆购置税、关税、耕地占用税、契税、烟叶税等。

（2）非税收入：包括专项收入、行政事业性收费、罚没收入和其他收入。

财政支出　指国家财政将筹集起来的资金进行分配使用，以满足经济建设和各项事业的需要。主要包括：

（1）一般公共服务：指政府提供基本公共管理与服务的支出，包括人大事务、政协事务、政府办公厅（室）及相关机构事务、发展与改革事务、统计信息事务、财政事务、税收事务、审计事务、海关事务、人力资源事务、纪检监察事务、人口与计划生育事务、商贸事务、知识产权事务、工商行政管理事务、国土资源事务、海洋管理事务、测绘事务、地震事务、气象事务、民族事务、宗教事务、港澳台侨事务、档案事务、共产党事务、民主党派事务及工商联事务、群众团体事务、彩票事务等。

（2）外交：指政府外交事务支出，包括外交行政管理、驻外机构、对外援助、国际组织、对外合作与交流、边界勘界联检等方面的支出。

（3）国防：指政府用于国防方面的支出，包括用于现役部队、预备役部队、民兵、国防科研事业、专项工程、国防动员等方面的支出。

（4）公共安全：指政府维护社会公共安全方面的支出，包括武装警察、公安、国家安全、检察、法院、司法行政、监狱、劳教、国家保密、缉私警察等。

（5）教育：指政府教育事务支出，包括教育行政管理、学前教育、小学教育、初中教育、普通高中教育、普通高等教育、初等职业教育、中专教育、技校教育、职业高中教育、高等职业教育、广播电视教育、留学生教育、特殊教育、干部继续教育、教育机关服务等。

（6）科学技术：指用于科学技术方面的支出，包括科学技术管理事务、基础研究、应用研究、技术研究与开发、科技条件与服务、社会科学、科学技术普及、科技交流与合作等。

（7）文化教育与传媒：指政府在文化、文物、体育、广播影视、新闻出版等方面的支出。

（8）社会保障和就业：指政府在社会保障与就业方面的支出，包括社会保障和就业管理事务、民政管理事务、财政对社会保险基金的补助、补充全国社会保障基金、行政事业单位离退休、企业改革补助、就业补助、抚恤、退役安置、社会福利、残疾人事业、城市居民最低生活保障、其他城镇社会救济、农村社会救济、自然灾害生活救助、红十字事务等。

（9）医疗卫生：指政府医疗卫生方面的支出，包括医疗卫生管理事务支出、医疗服务支出、医疗保障支出、疾病预防控制支出、卫生监督支出、妇幼保健支出、农村卫生支出等。

（10）环境保护：指政府环境保护支出，包括环境保护管理事务支出、环境监测与监察支出、污染治理支出、自然生态保护支出、天然林保护工程支出、退耕还林支出、风沙荒漠治理支出、退牧还草支出、已垦草原退耕还草、能源节约利用、污染减排、可再生能源和资源综合利用等支出。

（11）城乡社区事务：指政府城乡社区事务支出，包括城乡社区管理事务支出、城乡社区规划与管理支出、城乡社区公共设施支出、城乡社区住宅支出、城乡社区环境卫生支出、建设市场管理与监督支出等。

（12）农林水事务：指政府农林水事务支出，包括农业支出、林业支出、水利支出、扶贫支出、农业综合开发支出等。

（13）交通运输：指政府交通运输和邮政业方面的支出，包括公路运输支出、水路运输支出、铁路运输支出、民用航空运输支出、邮政业支出等。

（14）工业商业金融等事务：指政府对工业、商业及金融等方面的支出，包括采掘业支出、制造业支出、建筑业支出、工业和信息产业监管支出、国有资产监管支出、商业流通事务支出、金融业监管支出、旅游业管理与服务支出等。

中央财政收入和地方财政收入　指按现行分税制财政体制划分的中央本级收入和地方本级收入。属于中央财政的收入包括关税，进口货物增值税和消费税，出口货物退增值税和消费税，消费税，铁道部门、各银行总行、各保险公司总公司等集中交纳的营业税和城市维护建设税，增值税75%部分，纳入共享范围的企业所得税60%部分，未纳入共享范围的中央企业所得税、中央企业上交的利润，个人所得税60%部分，车辆购置税，船舶吨税，证券交易印花税97%部分，海洋石油资源税，中央非税收入等。属于地方财政的收入包括营业税（不含铁道部门、各银行总行、各保险公司总公司集中交纳的营业税），地方企业上交利润，城市维护建设税（不含铁道部门、各 银行总行、各保险公司总公司集中交纳的部分），房产税，城镇土地使用税，土地增值税，车船税，耕地占用税，契税，烟叶税，印花税，增值税25%部分，纳入共享范围的企业所得税40%部分，个人所得税40%部分，证券交易印花税3%部分，海洋石油资源税以外的其他资源税，地方非税收入等。

中央财政支出和地方财政支出 指根据政府在经济和社会活动中的不同职责，划分中央和地方政府的责权，按照政府的责权划分确定的支出。中央财政支出包括一般公共服务，外交支出，国防支出，公共安全支出，以及中央政府调整国民经济结构、协调地区发展、实施宏观调控的支出等。地方财政支出包括一般公共服务，公共安全支出，地方统筹的各项社会事业支出等。

10 物价 Price

PAGE
171-182

 **资料整理人员：** 李梅梅

10-1 各种价格指数

（上年=100）

年 份	居民消费价格指数	城市居民消费价格指数	农村居民消费价格指数	商品零售价格指数	工业生产者出厂价格指数	工业生产者购进价格指数
1985	113.7	113.7		110.6		
1990	102.1	102.1		101.7		
1995	116.6	116.6		114.5		
2000	102.2	102.2		94.7		
2005	102.2	102.2		100.0	121.9	112.7
2006	101.5	101.5		99.1	102.8	102.7
2007	104.2	104.2		104.1	104.6	112.6
2008	106.5	106.5		106.3	121.6	130.8
2009	100.3	100.3		99.1	102.6	94.4
2010	102.5	102.5		101.8	106.4	111.1
2011	104.9	104.9		104.4	107.5	107.1
2012	102.4	102.4		101.9	97.0	96.9
2013	103.4	103.4		101.1	92.5	95.1
2014	102.0	102.0		100.8	91.8	94.1
2015	100.8	100.8		99.0	93.7	92.6
2016	100.7	100.7		100.0	93.6	99.4

注：从2011年起，工业出厂价格和原材料、燃料、动力购进价格改称为：工业生产者出厂价格和工业生产者购进价格，下同。

10-2 各种价格定基指数

年 份	居民消费价格指数（1985=100）	城市居民消费价格指数	农村居民消费价格指数	商品零售价格指数（1985=100）	工业生产者出厂价格指数（2002=100）	工业生产者购进价格指数（2002=100）
1985						
1990	195.0	195.0		187.4		
1995	382.0	382.0		342.7		
2000	405.6	405.6		324.1		
2005	423.9	423.9		322.0	213.1	206.8
2006	430.3	430.3		319.1	267.0	239.5
2007	448.4	448.4		332.2	287.3	276.8
2008	477.5	477.5		353.1	210.9	230.9
2009	478.9	478.9		349.9	216.1	218.0
2010	490.9	490.9		356.2	230.2	242.0
2011	514.9	514.9		371.9	247.5	259.2
2012	527.3	527.3		379.0	240.1	251.3
2013	545.2	545.2		383.2	222.0	238.9
2014	556.0	556.0		386.3	203.7	224.8
2015	560.4	560.4		382.4	190.9	208.2
2016	564.3	564.3		382.4	178.6	207.0

10–3 居民消费价格分类指数

（上年 = 100）

项 目	2016年
居民消费价格总指数	100.7
一、食品烟酒	101.9
1.食品	101.9
(1)粮食	98.5
#大 米	100.4
面 粉	99.4
(2)薯类	116.3
(3)豆类	100.0
(4)食用油	103.9
(5)菜	106.4
(6)畜肉类	108.8
(7)禽肉类	99.8
(8)水产品	101.8
(9)蛋类	93.4
(10)奶类	99.1
(11)干鲜瓜果类	93.2
(12)糖果糕点类	98.8
(13)调味品	102.2
(14)其他食品类	102.9
2.茶及饮料	99.8
#茶 叶	100.0
3.烟酒	100.2
(1)烟草	102.5
(2)酒类	96.7
#白 酒	95.9
4.在外餐饮	102.6
#正 餐	103.2
二、衣着	100.8
1.服装	100.9
2.服装材料	92.8
3.其他衣着及配件	99.9
4.衣着加工服务费	108.0
5.鞋类	100.9
三、居住	100.4
1.租赁房房租	102.2
2.住房保养维修及管理	100.2

10-3 续表

（上年 = 100）

项　　　目	2016年
3.水电燃料	98.8
4.自有住房	101.1
四、生活用品及服务	**99.4**
1.家具及室内装饰品	100.4
2.家用器具	95.4
3.家用纺织品	100.8
4.家庭日用杂品	100.2
5.个人护理用品	102.5
6.家庭服务	100.0
五、交通和通信	**97.3**
1.交通	98.0
(1)交通工具	98.1
(2)交通工具用燃料	95.6
(3)交通工具使用和维修	99.4
(4)交通费	101.2
2.通信	96.1
(1)通信工具	87.4
(2)通信服务	99.5
(3)邮递服务	100.0
六、教育文化和娱乐	**99.7**
1.教育	101.0
(1)教育用品	100.7
(2)教育服务	101.0
2.文化娱乐	98.1
(1)文娱耐用消费品	94.5
(2)其他文娱用品	100.1
(3)文化娱乐服务	99.7
(4)旅游	98.2
七、医疗保健	**104.3**
1.药品及医疗器具	110.5
2.医疗服务	100.0
八、其他用品和服务	**100.9**
1.其他用品类	100.8
(1)首饰手表	102.0
(2)其他杂项用品	99.4
2.其他服务类	101.0
(1)旅馆住宿	93.2
(2)美容美发洗浴	100.0
(3)养老服务	100.0
(4)金融保险	102.7
(5)其他服务类	100.8

10–4 商品零售价格分类指数

（上年=100）

项 目	2016年
商品零售价格指数	100.0
一、食品	102.1
1.粮食	98.5
#大 米	100.4
面 粉	99.4
2.薯类	116.3
3.豆类	100.0
4.食用油	103.9
5.菜	106.4
6.畜肉类	108.8
#猪 肉	114.7
7.禽肉类	99.8
8.水产品	101.8
9.蛋类	93.4
10.奶类	99.1
11.干鲜瓜果类	93.2
12.糖果糕点类	98.8
13.调味品	102.2
14.其他食品类	102.9
15.在外餐饮	102.6
二、饮料、烟酒	100.2
1.茶及饮料	99.8
#茶 叶	100.0
2.烟草	102.5
3.酒类	96.7
三、服装、鞋帽	100.8
1.服装	100.9
2.鞋帽袜	100.8
3.其他衣着配件	99.2
四、纺织品	99.8
1.服装材料	92.8
2.床上用品	101.5
五、家用电器及音像器材	95.0
1.家庭设备	95.4
2.文娱用耐用消费品	93.3
3.专业音像器材	98.4

10-4 续表

（上年=100）

项　　　目	2016年
六、文化办公用品	96.1
七、日用品	99.8
1.日用百货	98.1
2.厨具餐具茶具	100.0
3.清洗用品	102.2
4.其他日用品	100.4
八、体育娱乐用品	100.3
1.体育户外用品	100.0
2.娱乐用品	100.4
九、交通、通信用品	96.8
1.交通运输机械	98.9
2.通信器材	89.9
十、家具	100.0
十一、化妆品	102.9
十二、金银饰品	102.4
十三、中西药品及医疗保健用品	110.5
1.医疗卫生器具	100.5
2.中药	103.2
3.西药	110.7
4.保健器具及用品	120.1
十四、书报杂志及电子出版物	100.1
1.教材及参考书	100.7
2.书报杂志	100.0
3.计算机办公软件	97.7
十五、燃料	97.2
1.煤炭及制品	99.3
2.石油及制品	96.7
十六、建筑材料及五金电料	100.3
1.建筑装璜材料	100.4
2.五金水暖	99.8

10-5 工业生产者出厂价格指数

（上年 = 100）

项　　目	2016年
总　指　数	93.6
#轻 工 业	97.4
以农产品为原料	97.4
以非农产品为原料	97.2
重 工 业	93.4
采　掘	91.7
原　料	96.1
加　工	88.3
#生 产 资 料	93.4
采　掘	91.7
原　料	96.1
加　工	88.2
生 活 资 料	98.1
食　品	98.1
衣　着	99.4
一般日用品	
耐用消费品	

10-5 续表

（上年=100）

项　　　目	2016年
按工业行业大类分	
煤炭开采和洗选业	99.1
石油和天然气开采业	91.7
农副食品加工业	90.0
食品制造业	99.4
酒、饮料和精制茶制造业	99.4
纺织业	95.8
纺织服装、服饰业	99.4
化学原料和化学制品制造业	79.0
医药制造业	99.2
橡胶和塑料制品业	93.0
非金属矿物制品业	100.5
黑色金属冶炼和压延加工业	95.3
金属制品业	99.4
专用设备制造业	95.4
汽车制造业	99.0
电气机械和器材制造业	100.3
计算机、通信和其他电子设备制造业	94.1
电力、热力生产和供应业	95.0
燃气生产和供应业	69.1
水的生产和供应业	100.4

10-6 工业生产者购进价格指数

（上年 = 100）

项 目	2016年
总 指 数	**99.4**
九大类原材料购进价格指数	
燃料、动力类	101.0
黑色金属材料类	96.9
#钢材	97.5
有色金属材料和电线类	101.8
化工原料类	92.0
木材及纸浆类	98.5
建筑材料及非金属类	103.1
其它工业原材料及半成品类	99.6
农副产品类	94.2
纺织原料类	98.5

10-6 续表

（上年 = 100）

项　　目	2016年
按工业行业大类分	
农业	94.0
畜牧业	96.2
煤炭开采和洗选业	102.1
石油和天然气开采业	99.2
黑色金属矿采选业	95.4
非金属矿采选业	98.6
农副食品加工业	101.9
纺织业	98.5
木材加工和木、竹、藤、棕、草制品业	98.5
石油加工、炼焦和核燃料加工业	95.6
化学原料和化学制品制造业	84.9
医药制造业	98.9
橡胶和塑料制品业	108.5
非金属矿物制品业	104.7
黑色金属冶炼和压延加工业	97.7
有色金属冶炼和压延加工业	101.8
金属制品业	102.1
通用设备制造业	86.9
电气机械和器材制造业	97.6
计算机、通信和其他电子设备制造业	101.1
电力、热力生产和供应业	99.5

主要统计指标解释

居民消费价格指数 是反映一定时期内城乡居民所购买的生活消费品价格和服务项目价格变动趋势和程度的相对数，是对城市居民消费价格指数和农村居民消费价格指数进行综合汇总计算的结果。该指数可以观察和分析消费品的零售价格和服务项目价格变动对城乡居民实际生活费支出的影响程度。

城市居民消费价格指数 是反映一定时期内城市居民家庭所购买的生活消费品价格和服务项目价格变动趋势和程度的相对数。该指数可以观察和分析消费品的零售价格和服务项目价格变动对城镇职工货币工资的影响，作为研究职工生活和确定工资政策的依据。

农村居民消费价格指数 是反映一定时期内农村居民家庭所购买的生活消费品价格和服务项目价格变动趋势和程度的相对数。该指数可以观察农村消费品的零售价格和服务项目价格变动对农村居民生活消费支出的影响，直接反映农村居民生活水平的实际变化情况，为分析和研究农村居民生活问题提供依据。

商品零售价格指数 是反映一定时期内城乡商品零售价格变动趋势和程度的相对数。商品零售价格的变动直接影响到城乡居民的生活支出和国家的财政收入，影响居民购买力和市场供需的平衡，影响到消费与积累的比例关系。因此，该指数可以从一个侧面对上述经济活动进行观察和分析。

工业生产者出厂价格指数 是反映一定时期内全部工业产品出厂价格总水平的变动趋势和程度的相对数，包括工业企业售给本企业以外所有单位的各种产品和直接售给居民用于生活消费的产品。该指数可以观察出厂价格变动对工业总产值及增加值的影响。

工业生产者购进价格指数 是反映工业企业作为生产投入，而从物资交易市场和能源、原材料生产企业购买原材料、燃料和动力产品时，所支付的价格水平变动趋势和程度的统计指标，是扣除工业企业物质消耗成本中的价格变动影响的重要依据。

目前，我国编制的工业生产者购进价格指数所调查的产品包括燃料动力、黑色金属、有色金属、化工、建材等九大类的近1800种产品。

11 ▶城市概况

General Survey of Cities

PAGE
183-188

资料整理人员： 崔 靖 牛宇阳

11-1 城市公用事业基本情况

指　　　标	2007年	2008年	2009年	2010年	2011年	2012年	2013年	2014年	2015年	2016年
城市及建筑物面积										
建成区绿化覆盖率(%)	45.3	45.8	45.8	45.8	46.4	45.8	45.8	45.8	45.8	45.8
年末实有住宅建筑面积(万平方米)	1585	1922	1975	2091	2168	2263	3209	2339	2540	2414
供水、供气及供热										
年供水总量(万吨)	1748	1806	1896	1964	1966	2146	2511	2964	3046	3098
#生活用水量	622	696	742	988	942	950	1055	1229	1394	1547
人均生活用水(吨)	19.4	21.1	22.5	29.9	26.6	26.3	28.7	25.2	28.5	31.4
用水普及率(%)	100.0	100.0	100.0	100.0	100.0	100.0	98.0	99.0	98.0	99.0
天然气供气量(万立方米)	1273	1560	1809	7196	16717	18054	15701	10792	11774	10988
#家庭用量	680	1300	738	897	6054	4974	3275	2091	2533	2995
液化石油气供气量(万吨)	2665	1358	1911	1763	1893	1095	1588	1540	1942	3540
#家庭用量	2149	1175	1613	1428	1550	780	1225	1140	1260	1350
用气普及率(%)	84.0	85.6	86.8	88.0	99.0	99.2	99.3	99.3	99.5	99.5
集中供热面积(万平方米)	660	953	972	1032	1184	1786	2020	2222	2359	2565
市政设施										
道路长度(公里)	121.8	122.8	165.0	165.0	185.0	205.0	210.1	217.0	218.5	220
每万人拥有道路长度(公里)	3.81	3.88	5.18	4.14	5.23	5.67	5.71	4.46	4.45	4.47
道路面积(万平方米)	280	283	379	379	500	529	549	572	577	584
人均拥有道路面积(平方米)	8.75	8.99	12.00	12.00	12.40	12.60	11.30	12.20	12.00	12.00
排水管道长度(公里)	240	244	244	327	327	347	354	363	367	367
排水管道密度(公里/平方公里)	1.68	1.71	1.71	2.29	2.29	2.43	2.48	2.55	2.57	2.57
城市桥梁(座)	19	20	22	22	22	23	24	28	31	39
城市路灯(盏)	11889	12573	12683	12683	13287	14553	14374	14615	16260	16260
公共交通										
公共交通运营车数(标台)	234	224	228	256	278	351	661	654	669	837
每万人拥有公交车辆(标台)	4.98	4.77	4.86	5.35	5.79	7.33	8.22	9.22	9.23	9.20
出租汽车数量(辆)	1403	1453	1453	1453	1453	1453	1978	1978	1978	1978
城市绿化										
园林绿地面积(公顷)	1385	1377	1467	1495	1494	1577	1633	1702	1806	1806
人均公共绿地面积(平方米)	11.1	15.5	15.5	15.5	15.5	15.5	15.5	15.5	15.5	15.5
公园个数(个)	16	16	16	16	16	16	18	19	20	21
公园面积(公顷)	309	354	354	354	403	556	557	561	577	585
环境卫生										
清扫保洁面积(万平方米)	376	382	382	382	382	515	616	614	618	670
清运生活垃圾(吨)	127800	127600	127800	130000	143400	145000	156339	174403	178022	178556

注:部分人均数据用城区当年年平均人口测算。

11-2 各地区城市市政设施(2016年)

地区	年末实有道路长度(公里)	年末实有道路面积(万平方米)	城市桥梁(座)	城市排水管道长度(公里)	城市污水日处理能力(万立方米)	城市路灯(盏)
市区	220.00	583.63	39	367.4	12.0	16260
沁水县	71.51	87.32	26	67.6	1.0	3172
阳城县	49.97	173.24		105.9	2.2	4809
高平市	150.40	229.00		136.0	1.5	15000
陵川县	39.93	75.10		84.5	0.6	1810

11-3 各地区城市供水情况(2016年)

地区	年末供水管道长度(公里)	全年供水总量(万立方米)			用水人口(万人)
			生活用水	生产用水	
市区	495.8	3098.2	1546.9	643.7	48.5
沁水县	39.8	220.0	102.0	95.0	5.0
阳城县	330.0	408.0	226.3	108.5	10.8
高平市	193.0	418.5	228.0	43.2	12.7
陵川县	179.5	165.7	93.5	20.3	5.5

11-4 各地区城市园林和面积(2016年)

地区	城市园林绿地面积(公顷)	公园个数(个)	公园面积(公顷)	年游人量(万人次)
市区	1806	21	585.0	
沁水县	550	10	42.8	
阳城县	1500	6	126.0	
高平市	1780	6	123.6	
陵川县	545	6	49.3	

11-5 各地区城市设施水平(2016年)

地　　区	人均住宅建筑面积（平方米）	城市用水普及率（%）	城市用气普及率（%）	人均拥有道路面积（平方米）
市　　区	33.8	99.0	99.5	12.0
沁 水 县	52.1	76.0	76.0	13.2
阳 城 县	37.0	98.0	98.0	15.7
高 平 市	29.0	99.5	96.0	18.0
陵 川 县	37.9	100.0	99.0	13.6

11-6 城市房屋概况(2016年)

指　　标	单位	数　　量
年末实有房屋建筑面积	万平方米	3390.0
#住　宅	万平方米	2413.8
#私有(自有)住宅	万平方米	2351.0
年末成套住宅套数	套	200794
年末成套住宅建筑面积	万平方米	2413.8
本年房屋减少建筑面积	万平方米	4.0
#住　宅	万平方米	1.6

主要统计指标解释

供水综合生产能力 指按供水设施取水、净化、送水、出厂输水干管等环节设计能力计算的综合生产能力。包括在原设计能力的基础上,经挖、革、改增加的生产能力。计算时,以四个环节中最薄弱的环节为主确定能力。

年末供水管道长度 指从送水泵至用户水表之间所有管道的长度。不包括新安装尚未使用的管道。

全年供水总量 指报告期供水企业(单位)供出的全部水量。包括有效供水量和漏损水量。

生活用水量 包括公共服务用水和居民家庭用水。公共服务用水指为城市社会公共生活服务的用水。包括行政事业单位、部队营区和公共设施服务、社会服务业、批发零售贸易业、旅馆饮食业以及其他公共服务业等单位的用水。居民家庭用水指城市范围内所有居民家庭的日常生活用水。包括城市居民、农民家庭、公共供水站用水。

用水普及率 指城市用水人口数与城市人口总数的比率。计算公式:

$$用水普及率=\frac{城市用水人口数}{城市人口总数}\times100\%$$

人工煤气生产能力 指报告期末人工煤气生产厂制气、净化、输送等环节的综合生产能力,不包括备用设备能力。一般按设计能力计算,如果实际生产能力大于设计能力时,应按实际测定的生产能力计算。测定时应以制气、净化、输送三个环节中最薄弱的环节为主。

供气管道长度 指报告期末从气源厂压缩机的出口或门站出口至各类用户引入管之间的全部已经通气投入使用的管道长度。不包括煤气生产厂、输配站、液化气储存站、灌瓶站、储配站、气化站、混气站、供应站等厂(站)内的管道。

全年供气总量 指全年燃气企业(单位)向用户供应的燃气数量。包括销售量和损失量。

用气普及率 指报告期末使用燃气的城市人口数与城市人口总数的比率。计算公式为:

$$用气普及率=\frac{城市用气人口数}{城市人口总数}\times100\%$$

城市供热能力 指供热企业(单位)向城市热用户输送热能的设计能力。

城市供热总量 指在报告期供热企业(单位)向城市热用户输送全部蒸汽和热水的总热量。

城市供热管道长度 指从各类热源到热用户建筑物接入口之间的全部蒸汽和热水的管道长度。不包括各类热源厂内部的管道长度。

年末道路长度 指年末道路长度和与道路相通的广场、桥梁、隧道的长度,按车行道中心线计算。在统计时只统计路面宽度在3.5米(含3.5米)以上的各种铺装道路,包括开放型工业区和住宅区道路在内。

城市桥梁 指为跨越天然或人工障碍物而修建的构筑物。包括跨河桥、立交桥、人行天桥以及人行地下通道等。包括永久性桥和半永久性桥。

城市排水管道长度 指所有排水总管、干管、支管、检查井及连接井进出口等长度之和。

城市污水日处理能力 指污水处理厂(或处理装置)每昼夜处理污水量的设计能力。

年末运营车数 指年末公交企业(单位)用于运营业务的全部车辆数。以企业(单位)固定资产台帐中已投入运营的车辆数为准。

城市园林绿地面积 指报告期末用作园林和绿化的各种绿地面积。包括公共绿地、居住区绿地、单位附属绿地、防护绿地、生产绿地、道路绿地和风景林地面积。

不包括:

1.屋顶绿化、垂直绿化、阳台绿化和室内绿化。

2.以物质生产为主的林地、耕地、牧草地、果园和竹园等。

3.城市总体规划中不列入绿地的水域。

公共绿地 指向公众开放的市级、区级、居住区级各类公园、街旁游园,包括其范围内的水域。其中居住区级公园应不小于1万平方米,街旁游园的宽度不小于8米,面积不小于400平方米。

清扫保洁面积 指报告期末对城市道路和公共场所(主要包括城市行车道、人行道、车行隧道、人行过街地下通道、道路附属绿地、地铁站、高架路、人行过街天桥、立交桥、广场、停车场及其他设施等)进行清扫保洁的面积。一天清扫多次的,按清扫保洁面积最大的一次计算。

市容环卫专用车辆 指用于环境卫生作业、监察的专用车辆和设备,包括用于道路清扫、冲洗、洒水、除雪、垃圾粪便清运、市容监察以及与其配套使用的车辆和设备。

每万人拥有公共交通车辆 指报告期末城区内每万人平均拥有的公共交通车辆标台数。计算公式:

$$每万人拥有公共交通车辆=\frac{公共交通运营车标台数}{城市人口总数}$$

12 ▶环境保护
Environment Protection

PAGE 189-200

资料整理人员： 姬鹏闯　郭　瑞　张　浩　茹建波

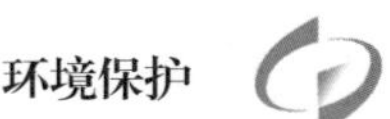

12-1 环境保护基本情况

指　　标	2008年	2009年	2010年	2011年	2012年	2013年	2014年	2015年	2016年
水资源									
水资源总量（万立方米）	131688	80161	80296	119353	102563	102563	101474	89940	157817
地表水	113153	59676	60429	99410	80170	80170	80866	72216	135620
地下水	89279	74574	63053	86373	85692	85692	72876	74290	80582
地表水与地下水资源重复量	70744	54089	43186	66430	63299	63299	52268	56566	58385
人均水资源量（立方米/人）	612	370	371	549	470	470	440	389	681
供水总量（万立方米）	37369	39117	41261	47641	48766	48305	46186	42985	43467
地表水	11571	11626	11957	15943	17225	19046	19309	18379	18730
地下水	18737	20097	21968	27660	28176	26781	24277	21382	20522
用水总量（万立方米）	37369	38616	40761	47112	48766	48305	46186	42985	43467
农业	15966	16491	16957	17538	17283	16172	18294	16345	18135
工业	16404	16925	17826	19339	20171	18620	16379	17065	16889
生活	4999	5200	5978	10236	11312	6787	11513	6582	8443
工业废水排放量(万吨)	5756	4759	5188	5600	5689	5701	5740	5609	4076
# 排入污水处理厂	1199	679	377	424	223	253	275	453	373
工业废水排放达标量(万吨)	5756	4759	5188	5600	5689	5448	5456	5156	4076
工业废水排放达标率(%)	100.0	100.0	100.0	100.0	100.0	100.0	100.0	100.0	100.0
噪　声									
城市环境噪声达标区面积(平方公里)	29.4	29.4	29.4		24.5	29.0	35.0		34.7

12-1 续表

指　　标	2008年	2009年	2010年	2011年	2012年	2013年	2014年	2015年	2016年
固体废物									
工业固体废物产生量（万吨）	1250	1467	1755	1618	1661	1787	1775	1694	1507
工业固体综合利用量（万吨）	778	1119	1320	1246	1287	1400	1400	1329	1050
大气环境									
工业废气排放量（亿标立方米）	1539	1687	61997	3777	3228	4260	4361	3724	2650
二氧化硫排放量（吨）	92900	86874	98125	94469	82579	82246	77983	74993	41874
# 排放达标量	92900	86874	98125	94469	82579	82246	77983	74993	41874
工业烟粉尘排放量（吨）	50800	34449	48202	72876	70116	67812	66631	71251	42183
# 排放达标量	50800	34449	48202	72876	70116	67812	66631	71251	42183
工业二氧化硫去除量（吨）	61000	53976	78767	82219	172551	152110	198517	166975	211480
工业烟粉尘去除量（吨）	1954800	1941817	1161946	3256389	318347	2850068	1668656	3539791	1412410
生态环境									
森林面积（公顷）	336000	336000	336330	336330	372000	360759	360759	360759	377056
森林覆盖率（%）	35.7	35.7	35.7	35.7	39.2	38.3	38.3	38.25	39.98
当年造林面积（公顷）	6843	5950	9780	13083	9973	7427	8548	5541	1773
自然灾害									
森林病虫鼠害发生面积（万亩）	30.45	41.38	38.26	37.50	34.30	36.37	36.57	33.52	21.73
森林病虫鼠害防治面积（万亩）	17.16	21.71	23.94	24.03	24.98	20.92	22.69	17.89	14
森林病虫鼠害防治率（%）	56.35	52.47	62.57	64.11	72.83	73.96	88.30	69.23	64.46

注:2011年以前,烟粉尘相关指标数据为烟尘相关指标数据。

12-2 空气质量指标(2016年)

单位:天

月 份	II级以上天数			III 1级天所占天数	III 2级天所占天数	IV 1级天所占天数	IV 2级天所占天数	V级天所占天数	VI级天所占天数	主要污染物“可吸入颗粒”所占天数	主要污染物“二氧化硫”所占天数	主要污染物“二氧化氮”所占天数
		I级天所占天数	II级天所占天数									
全年	236	68	168	78		25		24	2	83	16	1
1月	9		9	8		5		8		6	4	
2月	16	5	11	13						7	8	
3月	7		7	12		5		7		9	2	
4月	8		8	18		3		1		11		
5月	26	6	20	5						5	1	
6月	30	4	26							7		
7月	31	14	17							11		
8月	31	14	17							8		
9月	30	8	22							8		
10月	31	16	15							4		
11月	7		7	13		8		2		4		1
12月	10	1	9	9		4		6	2	3	1	

12-3 各地区供水用水情况(2016年)

单位:万立方米

地 区	供水总量					用水总量			
		地表水	地下水	其 他	损失水量		农 业	工 业	生 活
全 市	43467	18730	20522	4214		43467	18135	16889	8443
城 区	7460	1945	5115	400		7460	1225	1920	4316
沁水县	5313	2880	2213	220		5313	3111	1492	710
阳城县	8822	4000	3483	1339		8822	3816	4254	752
陵川县	1844	1403	405	36		1844	1049	278	517
泽州县	9942	4746	4533	663		9942	4674	4334	934
高平市	10086	3757	4773	1557		10086	4261	4610	1215

12-4 各地区土地利用情况(2016年)

单位:公顷

地 区	土地调查面 积								
		耕地	园地	林地	草地	城镇村及工矿用地	交通运输用地	水利及水利设施用地	其他用地
全 市	942487	204806	12456	403138	192083	51414	18799	12238	47553
城 区	14259	3510	284	1676	1362	6046	724	72	585
沁水县	265821	32682	1492	135826	73630	5508	3174	4471	9038
阳城县	191752	39039	3637	91139	28778	9623	4214	2582	12740
陵川县	170179	32293	1514	90155	30890	5672	2339	1221	6096
泽州县	202441	51061	938	63766	51905	14565	5654	2795	11756
高平市	98035	46220	4591	20576	5518	9999	2695	1097	7338

12-5 各地区造林面积(2016年)

单位:公顷

地区	造林总面积	按造林方式分	按经济成份分	按林种用途分
		#人工造林	#经济林	#防护林
全市	1773	1640	571	594
城区				
沁水县	719	586	133	166
阳城县	425	425	187	205
陵川县	287	287	67	133
泽州县	181	181	57	89
高平市	161	161	127	1

12-6 各地区森林病虫鼠害防治情况(2016年)

地区	合计			森林虫害		
	发生面积(万亩)	防治面积(万亩)	防治率(%)	发生面积(万亩)	防治面积(万亩)	防治率(%)
全市	21.73	14.01	64.46	21.45	13.73	63.99
城区						
沁水县	1.76	0.95	54.03	1.76	0.95	54.03
阳城县	5.08	5.00	98.49	5.08	5.00	98.50
陵川县	4.20	1.46	34.79	4.12	1.38	33.52
泽州县	9.41	5.31	95.64	9.41	5.31	95.64
高平市	1.29	1.29	100.00	1.09	1.09	100.00

12-7 各地区林业系统营林固定资产投资完成情况(2016年)

单位:万元

地区	本年完成投资	#国家投资	
			#国债资金
全市	91217	6229	
市直	27269	8	
城区	4483	17	
沁水县	12904	1907	
阳城县	7293	1235	
陵川县	7123	1472	
泽州县	27955	1008	
高平市	4190	583	

12-8 各地区林业系统营林固定资产投资资金来源

单位：万元

年份 地区	合计	上年底结余资金	国家预算内资金	# 国债资金	# 中央财政专项资金	国内贷款	利用外资	自筹资金	其他资金
2001	1297		1160	356	104			138	
2002	3321	80	2860	1303	1274		160	10	211
2003	4733		4368	1219	2865	100	135	131	
2004	4280	110	3979	536	2868		148	44	
2005	5277		5269	371	3767		8		
2006	6519		5452	436	3514			767	301
2007	9745		7546	224	3402	48		1918	233
2008	10238		8641	67	3814			516	1081
2009	16943		8969		3981			6819	1155
2010	14139		10233		4616			2940	966
2011	19669		9444		5905			10225	
2012	15862		8658		5484			7204	
2013	17527		10550		7202			6977	
2014	14787		8315		5583			6472	
2015	112651		6135		6135			45037	61479
2016	91217		6229		6229			20362	64625
市　　直	27269		8		8			7450	19811
城　　区	4483		17		17			4466	
沁 水 县	12904		1907		1907			2200	8797
阳 城 县	7293		1235		1235			646	5412
陵 川 县	7123		1472		1472			300	5351
泽 州 县	27955		1008		1008			5300	21647
高 平 市	4190		583		583				3607

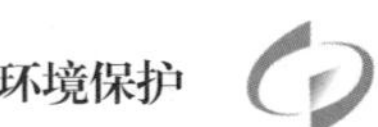

12-9 自然保护区及生态示范区工作情况(2016年)

指　　标	单　位	数　量
一、自然保护区个数	个	5
自然保护区面积	公顷	145932.9
# 国家级	公顷	19700.0
省级	公顷	126230.9
管理人员	人	250
# 技术人员	人	22
二、生态示范区个数	个	2
生态示范区面积	万公顷	44.3

12-10 自然保护区及生态示范区名录(2016年)

单位:公顷

名　　称	面　积	主要保护对象及建设内容
山西历山国家级自然保护区	14000	暖温性植被及猕猴、大鲵等珍稀动物
山西阳城蟒河猕猴国家级自然保护区	5700	猕猴及匙叶栎、山白树植物
山西省崦山自然保护区	8893	天然侧伯母树林生态系统及爬行类动物
山西省泽州猕猴自然保护区	93775	猕猴及森林生态系统
山西省南方红豆杉自然保护区	23563	以南方红豆杉为主的森林生系统及猕猴、金钱豹等野生动物

主要统计指标解释

水资源总量　指评价区内降水形成的地表和地下产水总量，即地表产流量与降水入渗补给地下水量之和，不包括过境水量。

地表水资源量　指评价区内河流、湖泊、冰川等地表水体中可以逐年更新的动态水量，即当地天然河川径流量。

地下水资源量　指评价区内降水和地表水对饱水岩土层的补给量，包括降水入渗补给量和河道、湖库、渠系、渠灌田间等地表水体的入渗补给量。

地表水与地下水资源重复量　指地表水和地下水相互转化的部分，即天然河川径流量中的地下水排泄量，和地下水补给量中来源于地表水的入渗补给量。

供水总量　指各种水源工程为用户提供的包括输水损失在内的毛供水量之和，不包括海水直接利用量。

地表水源供水量　指地表水体工程的取水量，按蓄、引、提、调四种形式统计。从水库、塘坝中引水或提水，均属蓄水工程供水量；从河道或湖泊中自流引水的，无论有闸或无闸，均属引水工程供水量；利用扬水站从河道或湖泊中直接取水的，属提水工程供水量；跨流域调水指水资源一级区或独立流域之间的跨流域调配水量，不包括在蓄、引、提水量中。

地下水源供水量　指水井工程的开采量，按浅层淡水、深层承压水和微咸水分别统计。城市地下水源供水量包括自来水厂的开采量和工矿企业自备井的开采量。

其他水源供水量　包括污水处理再利用、集雨工程、海水淡化等水源工程的供水量。

用水总量　指分配给各类用户的包括输水损失在内的毛用水量之和，不包括海水直接利用量。

农业用水　指农田灌溉用水、林果地灌溉用水、草地灌溉用水和鱼塘补水。

工业用水　指工矿企业在生产过程中用于制造、加工、冷却、空调、净化、洗涤等方面的用水，按新水取用量计，不包括企业内部的重复利用水量。

生活用水　包括城镇生活用水和农村生活用水。城镇生活用水由居民用水和公共用水（含第三产业及建筑业等用水）组成；农村生活用水除居民生活用水外，还包括牲畜用水在内。

生态用水　仅包括人为措施供给的城镇环境用水和部分河湖、湿地补水，而不包括降水、径流自然满足的水量。

工业废水排放量　指经过企业厂区所有排放口排到企业外部的工业废水量。包括生产废水、外排的直接冷却水、超标排放的矿井地下水和与工业废水混排的厂区生活污水，不包括外排的间接冷却水（清污不分流的间接冷却水应计算在内）。

直接排入海的　指经企业位于海边的排放口，直接排入海的废水量。直接排放指废水经过工厂的排污口直接排入海，而未经过城市下水道或其他中间体，也不受其他水体的影响。

工业废水排放达标量　指报告期内废水中各项污染物指标都达到国家或地方排放标准的外排工业废水量，包括未经处理外排达标的，经废水处理设施处理后达标排放的，以及经污水处理厂处理后达标排放的。

工业废水排放达标率　指工业废水排放达标量占工业废水排放量的百分率，计算公式为：

工业废水排放达标率=×100%

城镇生活污水排放量　指城镇居民每年排放的生活污水。用人均系数法测算。测算公式为：

城镇生活污水排放量＝城镇生活污水排放系数×市镇非农业人口×365

城镇生活污水中化学需氧量(COD)产生量　指城镇居民每年排放的生活污水中的COD的产生量。用人均系数法测算。测算公式为：

城镇生活污水中COD产生量＝城镇生活污水中COD产生系数×市镇非农业人口×365

化学需氧量(COD)　测量有机和无机物质化学分解所消耗氧的质量浓度的水污染指数。

工业废气排放量　指报告期内企业厂区内燃料燃烧和生产工艺过程中产生的各种排入大气的含有污染物的气体的总量，以标准状态（273K，101325Pa）计算。测算公式为：

工业废气排放量＝燃料燃烧过程中废气排放量＋生产工艺过程中废气排放量

生活及其他SO_2排放量　以生活及其他煤炭消费量和其含硫量为基础，根据以下公式计算：

生活及其他SO_2排放量＝生活及其他煤炭消费量×含硫量×0.8×2

工业SO_2排放量　指报告期内企业在燃料燃烧和生产工艺过程中排入大气的SO_2总量，计算公式为：

工业SO_2排放量＝燃料燃烧过程中SO_2排放量＋生产工艺过程中SO_2排放量

工业烟尘排放量　指企业厂区内燃料燃烧过程中产生的烟气中夹带的颗粒物排放量。

生活及其他烟尘排放量　指除工业生产活动以外的所有社会、经济活动及公共设施的经营活动中燃烧所排放的烟尘纯重量。以生活及其他煤炭消费量为基础进行测算。

工业粉尘排放量 指企业在生产工艺过程中排放的能在空气中悬浮一定时间的固体颗粒物排放量。如钢铁企业的耐火材料粉尘、焦化企业的筛焦系统粉尘、烧结机的粉尘、石灰窑的粉尘、建材企业的水泥粉尘等。不包括电厂排入大气的烟尘。

工业固体废物产生量 指报告期内企业在生产过程中产生的固体状、半固体状和高浓度液体状废弃物的总量,包括危险废物、冶炼废渣、粉煤灰、炉渣、煤矸石、尾矿、放射性废物和其他废物等;不包括矿山开采的剥离废石和掘进废石(煤矸石和呈酸性或碱性的废石除外)。酸性或碱性废石指采掘的废石其流经水、雨淋水的pH值小于4或pH值大于10.5者。

危险废物 指列入国家危险废物名录或根据国家规定的危险废物鉴别标准和鉴别方法认定的,具有爆炸性、易燃性、易氧化性、毒性、腐蚀性、易传染疾病等危险特性之一的废物。

工业固体废物综合利用量 指报告期内企业通过回收、加工、循环、交换等方式,从固体废物中提取或者使其转化为可以利用的资源、能源和其他原材料的固体废物量(包括当年利用往年的工业固体废物贮存量),如用作农业肥料、生产建筑材料、筑路等。综合利用量由原产生固体废物的单位统计。

工业固体废物综合利用率 指工业固体废物综合利用量占工业固体废物产生量(包括综合利用往年贮存量)的百分率。计算公式为:

$$\text{工业固体废物综合利用率}=\frac{\text{工业固体废物综合利用量}}{\text{工业固体废物产生量}+\text{综合利用往年贮存量}}\times100\%$$

工业固体废物贮存量 指报告期内企业以综合利用或处置为目的,将固体废物暂时贮存或堆存在专设的贮存设施或专设的集中堆存场所内的数量。专设的固体废物贮存场所或贮存设施必须有防扩散、防流失、防渗漏、防止污染大气、水体的措施。

工业固体废物处置量 指报告期内企业将固体废物焚烧或者最终置于符合环境保护规定要求的场所,并不再回取的工业固体废物量(包括当年处置往年的工业固体废物贮存量)。处置方式有填埋(其中危险废物应安全填埋)、焚烧、专业贮存场(库)封场处理、深层灌注、回填矿井及海洋处置(经海洋管理部门同意投海处置)等。

工业固体废物排放量 指报告期内企业将所产生的固体废物排到固体废物污染防治设施、场所以外的数量,不包括矿山开采的剥离废石和掘进废石(煤矸石和呈酸性或碱性的废石除外)。

"三废"综合利用产品产值 指报告期内利用"三废"作为主要原料生产的产品价值(现行价);已经销售或准备销售的应计算产品价值,留作生产自用的不应计算产品价值。

生活垃圾清运量 指报告期内收集和运送到垃圾处理厂(场)的生活垃圾数量。生活垃圾指城市日常生活或为城市日常生活提供服务的活动中产生的固体废物以及法律行政规定的视为城市生活垃圾的固体废物。包括:居民生活垃圾、商业垃圾、集市贸易市场垃圾、街道清扫垃圾、公共场所垃圾和机关、学校、厂矿等单位的生活垃圾。

生活垃圾无害化处理率 指报告期生活垃圾无害化处理量与生活垃圾产生量比率。在统计上,由于生活垃圾产生量不易取得,可用清运量代替。计算公式为:

$$\text{生活垃圾无害化处理率}=\frac{\text{生活垃圾无害化处理量}}{\text{生活垃圾产生量}}\times100\%$$

土地调查面积 指行政区域内的土地调查总面积,包括农用地、建设用地和未利用地。

农用地 指直接用于农业生产的土地,包括耕地、园地、林地、牧草地及其他农用地。

人工林面积 指由人工播种、植苗或扦插造林形成的生长稳定,(一般造林3-5年后或飞机播种5-7年后)每公顷保存株数大于或等于造林设计植树株数80%或郁闭度0.20以上(含0.20)的林分面积。

造林总面积 指报告期内在荒山、荒地、沙丘、退耕地等一切可以造林的土地上,采用人工播种、飞机播种、植苗造林、分植造林等方法新植成片乔木林和灌木林,经过检查验收符合《造林技术规程》要求的单位面积株数,并按《中华人民共和国森林法实施条例》规定,成活率达85%以上(含85%,年降雨量在400毫米以下且无浇灌条件的地区造林成活率达70%以上)的总面积。四旁植树如一侧在四行以上,连片面积0.066公顷(一亩)以上,应统计在造林面积内。造林面积,通常按所有制(国有、国有集体合作、集体和个人)、造林方式(人工、飞机播种)、主要林种用途(用材林、经济林、防护林、薪炭林、特种用途林)分组进行统计。

用材林 指以生产木材为主要目的的森林和林木,包括以生产竹材为主要目的的竹林。

速生丰产林 指在凡具备一定条件的宜林地,经过科学规划设计,相对集中连片,采取集约经营方式,以达到高速度、高质量、高标准地提供林木产品的基地上,选用生长快、成材早、材质好、经济价值高的速生优良树种,通过各项技术措施培育,以缩短林木生长周期,提高林木生长量和木材质量,并达到部颁标准(每亩年生长量0.6立方米以上)或省颁标准而营造的森林。

经济林 指以生产果品,食用油料、饮料、调料,工业原料和药材为主要目的的林木。经济林是人们为了取得林木的果实、叶片、皮层、胶液等产品作为工业原料或者供食用所营造的林木,如油茶、油桐、核桃、樟树、花椒、茶、桑、果等。

防护林 指以防护为主要目的的森林、林木和灌木丛。包括水源涵养林，水土保持林，防风固沙林，农田、牧场防护林，护岸林，护路林等。

薪炭林 指以生产燃料为主要目的的林木。

特种用途林 指以国防、环境保护、科学实验等为主要目的的森林和林木。包括国防林、实验林、母树林、环境保护林、风景林，名胜古迹和革命纪念地的林木，自然保护区的森林。

天然林保护工程 是我国林业的“天”字号工程、一号工程，也是投资最大的生态工程。具体包括三个层次：全面停止长江上游、黄河上中游地区天然林采伐；大幅度调减东北、内蒙古等重点国有林区的木材产量；同时保护好其他地区的天然林资源。主要解决这些区域天然林资源的休养生息和恢复发展问题。

退耕还林还草工程 是我国林业建设上涉及面最广、政策性最强、工序最复杂、群众参与度最高的生态建设工程。主要解决重点地区的水土流失问题。

野生动植物保护及自然保护区建设工程 野生动植物保护及自然保护区建设工程，是一个面向未来，着眼长远，具有多项战略意义的生态保护工程，也是呼应国际大气候、树立中国良好国际形象的“外交工程”。主要解决基因保存、生物多样性保护、自然保护、湿地保护等问题。

重点地区速生丰产用材林基地建设工程 重点地区以速生丰产用材林为主的林业产业基地建设工程，是我国林业产业体系建设的骨干工程，也是增强林业实力的“希望工程”。主要解决我国木材和林产品的供应问题。

湿地 指天然或人工、长久或暂时性的沼泽地、泥炭地或水域地带，包括静止或流动、淡水、半咸水、咸水体，低潮时水深不超过6米的水域以及海岸地带地区的珊瑚滩和海草床、滩涂、红树林、河口、河流、淡水沼泽、沼泽森林、湖泊、盐沼及盐湖。

红树林 指生长在热带、亚热带低能海岸潮间带上部，受周期性潮水浸淹，以红树植物为主体的常绿灌木或乔木组成的潮滩湿地木本生物群落。

自然保护区 指对有代表性的自然生态系统、珍稀濒危野生动植物物种的天然分布区、水源涵养区、有特殊意义的自然历史遗迹等保护对象所在的陆地、陆地水体或海域，依法划出一定面积进行特殊保护和管理的区域。以县及县以上各级人民政府正式批准建立的自然保护区为准(包括“六五”以前由部门或“革委会”批准且现仍存在的自然保护区)。风景名胜区、文物保护区不计在内。

生态示范区 指省级以上环境保护行政主管部门批准，以省、地、县政府为主按批准的生态示范区建设规划实施的行政区域。包括已经过国家或省级环境保护行政主管部门验收的和正在开展试点工作的。

滑坡 指斜坡上不稳定的岩土体在重力作用下沿一定软面(或滑动带)整体向下滑动的物理地质现象。地表水和地下水的作用以及人为的不合理工程活动对斜坡岩、土体稳定性的破坏，经常是促使滑坡发生的主要因素。在露天采矿、水利、铁路、公路等工程中，滑坡往往造成严重危害。

崩塌 指陡坡上大块的岩土体在重力作用下突然脱离母体崩落的物理地质现象。它可因多裂隙的岩体经强烈的物理风化、雨水渗入或地震而造成，往往毁坏建筑物，堵塞河道或交通路线。

泥石流 指山地突然爆发的包含大量泥沙、石块的特殊洪流，多见于半干旱山地高原地区。其形成条件是地形陡峻，松散堆积物丰富，有特大暴雨或大量冰融水的流出。

地面塌陷 指地表岩、土体在自然或人为因素作用下向下陷落，并在地面形成塌陷坑(洞)的一种动力地质现象。由于其发育的地质条件和作用因素的不同，地面塌陷可分为：岩溶塌陷、非岩溶塌陷。

环境污染与破坏事故 指由于违反环境保护法规的经济、社会活动与行为，以及意外因素的影响或不可抗拒的自然灾害等原因，致使环境受到污染，国家重点保护的野生动植物、自然保护区受到破坏，人体健康受到危害，社会经济和人民财产受到损失，造成不良社会影响的突发性事件。

环境污染治理投资 指在工业污染源治理和城市环境基础设施建设的资金投入中，用于形成固定资产的资金。包括工业新老污染源治理工程投资、建设项目“三同时”环保投资，以及城市环境基础设施建设所投入的资金。

营林固定资产投资 指在报告期内进行的营林基本建设和营林更新改造活动投资。

上年末结余资金 指在上年资金来源中没有形成固定资产投资额而结余的资金。包括尚未用到工程上去的材料价值、未开始安装的需要安装设备价值及结存的现金和银行存款等。

本年完成投资 指从本年1月1日起至本年最后一天止完成的全部投资额。本年完成投资是反映本年的实际投资规模，计算有关投资效果，进行年度国民经济平衡分析的重要指标。

13 ▶农村经济
Agricultural Economy

PAGE
201-234

资料整理人员： 裴浩霞 姬鹏闯

13-1 农村基层组织和农业基本情况

指标	1985年	1995年	2000年	2005年	2010年	2011年	2012年	2013年	2014年	2015年	2016年
乡镇数（个）	117	123	123	84	83	82	82	82	82	80	80
#镇数	30	34	34	48	48	48	48	48	48	48	48
村民委员会（个）	2407	2437	2442	2288	2286	2281	2280	2280	2282	2261	2248
乡村户数（万户）	41.5	47.0	48.3	49.3	52.6	53.9	56.0	57.1	58.7	59.3	59.6
乡村从业人员（万人）	62.3	73.0	76.2	79.9	83.4	83.4	83.8	84.0	83.1	82.6	82.2
男	33.8	39.1	41.3	43.2	44.6	44.6	44.7	44.9	44.3	44.2	44.0
女	28.5	33.9	34.9	36.6	38.8	38.8	39.1	39.1	38.8	38.4	38.2
按行业分乡村从业人员（万人）	62.3	73.0	76.2	79.9	83.4	83.4	83.8	84.0	83.1	82.6	82.2
农林牧渔业	29.7	37.2	43.1	44.2	44.8	44.4	44.1	43.9	42.7	43.0	43.4
工业	17.6	17.3	14.0	15.1	13.6	13.1	12.9	13.3	14.0	13.3	13.4
建筑业	3.2	3.6	3.9	4.5	6.7	7.2	7.4	7.3	7.0	7.3	7.1
交通运输业、仓储及邮电通信业	2.9	7.2	6.4	6.4	5.7	5.6	5.4	5.4	5.2	5.0	4.9
批发零售贸易业餐饮业	1.2	3.0	4.0	4.8	7.3	7.4	7.6	7.7	7.9	7.8	7.6
其他非农行业	7.7	4.7	4.7	4.9	5.5	5.8	6.3	5.7	5.4	6.2	5.9
农业机械总动力（万千瓦）	60.7	138.4	154.3	191.1	225.3	234.0	240.2	244.9	248.4	250.5	109.7
农用大中型拖拉机（台）	2364	1389	1113	1158	2255	2609	2924	3453	3901	4333	4419
农用大中型拖拉机动力（万千瓦）	7.5	4.2	3.3	3.8	8.5	9.9	11.4	13.4	15.5	17.1	17.4
小型拖拉机（台）	10699	14591	15300	41045	44993	45981	46848	47567	47871	48123	48231
小型拖拉机动力（万千瓦）	9.6	13.9	14.0	33.2	41.7	42.0	42.2	42.8	43.2	43.3	43.4
大中型拖拉机配套农具（台）	2175	1841	1504	2590	5964	6665	7137	8299	8983	9716	10183
小型拖拉机配套农具（台）	7667	20846	27800	55254	72017	92085	92853	94089	94403	94612	94744
农用排灌柴油机（台）	620	340	600	756	761	851	851	853	853	853	913
农用排灌柴油机动力（万千瓦）	0.7	0.4	0.6	0.8	1.5	1.6	1.6	1.6	1.6	1.6	1.9
有效灌溉面积（千公顷）	24.4	26.1	40.4	44.1	42.1	42.7	41.9	44.6	45.3	47.7	48.0
化肥施用量（万吨）	11.2	20.0	22.5	24.7	25.4	25.8	25.3	23.9	22.1	21.0	20.2
乡村办水电站个数（个）	50	35	24	21	26	26	26	23	23	24	24
乡村办水电站发电能力（万千瓦）	0.8	1.2	1.2	1.1	1.7	1.7	1.7	1.5	1.8	1.9	1.9
农村用电量（亿千瓦小时）	0.8	5.6	5.5	5.7	6.8	6.9	7.3	7.9	8.1	7.4	7.5
农作物总播种面积（千公顷）	225.2	240.4	255.1	214.0	218.2	216.6	210.5	208.7	190.2	189.2	180.3
粮食	194.5	209.5	211.8	198.1	207.5	205.8	199.6	197.3	178.2	178.1	169.0
谷物	170.8	168.1	158.4	152.3	160.6	159.7	155.3	156.4	146.9	144.4	140.7
#小麦	74.0	79.1	81.8	66.4	66.7	65.3	61.7	58.6	44.3	46.7	43.2
玉米	43.6	51.5	48.4	74.0	84.5	86.0	85.5	89.6	93.8	88.3	88.3
豆类	16.9	34.9	46.2	40.6	43.1	42.2	40.5	37.2	28.3	30.8	25.4
薯类	6.9	6.5	7.1	5.2	3.9	3.9	3.8	3.7	3.0	3.0	2.9
油料	11.2	15.1	15.1	7.4	3.9	3.4	3.0	3.0	2.4	2.1	2.1
棉花	4.6	6.2	3.5	0.8	0.3	0.4	0.3	0.3	0.2	0.1	0.1
麻类	0.22	0.10	0.35	0.01	0.02	0.01	0.01	0.01	0.005	0.001	0.003
蔬菜	8.6	8.4	8.3	5.9	5.3	5.9	6.3	6.5	7.1	6.8	6.6
果园面积（千公顷）	12.5	15.4	11.1	4.7	4.0	4.3	4.4	4.3	3.8	4.0	3.8

注:2000年及以后大中型拖拉机中不包括变形拖拉机。

13–2 主要农牧渔业生产情况

指 标	2007年	2008年	2009年	2010年	2011年	2012年	2013年	2014年	2015年	2016年
农产品产量(吨)										
粮食	781092	864531	700069	914645	920386	974459	904836	730049	962290	900509
谷物	675086	762863	628465	807584	811971	869637	818349	669440	892082	840166
#小麦	188206	241973	220294	246316	228613	271481	176517	167476	229971	184658
玉米	452880	491923	388064	531101	555444	568509	616085	474446	629147	624094
豆类	81803	79040	51636	86367	85521	81947	69404	45259	56661	47503
薯类	24203	22627	19968	20694	22894	22874	17083	15350	67734	64195
油料	7814	7058	4779	6532	6189	6097	5893	4094	4494	3932
#花生	657	688	541	570	552	607	586	474	465	467
油菜籽	1340	1609	1279	1590	1223	1196	1269	828	1160	1155
芝麻	336	329	396	448	579	502	582	340	452	214
棉花	372	406	184	228	351	299	265	193	133	106
麻类	55	68	10	12	7	3	4	3	2.5	4.4
蚕茧	4825	5272	4010	4925	5324	5680	5689	5442	4977	2434
#桑蚕茧	4825	5272	4010	4925	5324	5680	5689	5442	4977	2434
水果	61620	59619	57081	57441	64809	69305	61688	66580	76087	60445
蔬菜	276461	265800	257759	283781	319146	402156	428514	456340	438359	354674
农产品单位面积产量 (公斤/公顷)										
谷物	4340	4837	4004	5030	5084	5598	5233	4556	6177	5970
棉花	865	902	609	809	981	1027	1012	874	932	808
花生	1685	1859	1300	1960	1912	1993	1954	1728	1847	1835
油菜籽	1241	1518	1172	1124	1140	1515	1461	1595	1851	1813
芝麻	622	748	964	1325	1496	1469	1684	992	2291	1186
大牲畜年底头数(头)	28529	32889	19407	16343	25310	21259	17256	19773	17825	16383
#牛	26332	31206	18111	15460	24465	20757	16808	19306	17497	16207
马	482	390	354	264	295	177	155	190	104	69
驴	583	435	314	212	179	88	84	64	107	25
骡	1132	858	628	407	371	237	209	213	117	82
肉猪出栏头数 (头)	671667	990009	1076681	1183141	1444106	1564057	1654456	1853338	1992268	1881049
猪年底头数 (头)	445426	790941	714545	586956	899847	921706	959272	1065876	1156587	1029642
羊年底头数 (只)	304843	401605	340310	328335	492889	502234	491600	571505	666635	669534
山羊	198814	260915	186779	130113	289639	280997	276061	319149	339535	356448
绵羊	106029	140690	153531	198222	203250	221237	215539	252356	327100	313086
肉类产量	56427	83511	89287	100412	113548	131697	140277	158447	171922	165945
#猪牛羊肉	54630	79806	84517	94624	107749	125312	129427	145795	155656	147416
猪肉	50281	74251	79764	88478	100973	118647	122609	138513	147691	139693
牛肉	1693	2049	1747	1434	2178	1950	1572	1422	1657	1477
羊肉	2656	3506	3006	4712	4598	4715	5245	5860	6308	6246
奶类 (吨)	5096	5165	5175	3409	3489	3414	1028	538	555	564
#牛奶	5096	5165	5175	3409	3489	3414	1028	538	555	564
绵羊毛 (吨)	257	414	382	322	489	536	543	619	779	719
山羊毛 (吨)	87	122	56	72	86	89	97	108	118	161
羊绒 (吨)	29	58	20	20	27	27	27	31	35	36
禽蛋 (吨)	29631	39234	47530	35066	64595	68847	72894	81596	79347	83255
水产品产量 (吨)	1362	1190	1150	1235	1375	1639	1800	1700	1816	1900

注：畜牧业数字是根据省反馈06年和07年数字进行调整后的。

13-3 各地区农村基层组织情况(2016年)

地区	乡镇数(个)	镇数	村民委员会(个)	乡村户数(户)	乡村人口数(万人)	乡村从业人员(万人)
全市	80	48	2248	596162	162.2	82.3
城区	4	1	72	25149	6.1	3.1
沁水县	14	7	250	59470	15.9	8.7
阳城县	17	10	469	141447	31.7	16.4
陵川县	12	7	378	77214	22.9	10.9
泽州县	17	14	627	158527	44.1	21.5
高平市	16	9	445	131965	40.9	21.4
开发区			7	2390	0.6	0.3

注:乡村人口数是指户口在乡村的常住人口,包括后来的新建制镇人口,口径大于人口篇的乡村总人口。

13-4 各地区耕地面积(2016年底数)

地区	耕地面积(总资源)(千公顷)	占全市比重(%)
全市	204.8	100.00
城区	3.5	1.71
沁水县	32.7	15.97
阳城县	39.0	19.04
陵川县	32.3	15.77
泽州县	51.1	24.95
高平市	46.2	22.56

注:本表数字来源于土地部门。

13–5　农、林、牧、渔业总产值及指数

年份 地区	绝对数(万元)					指数(上年=100)				
	农林牧渔业总产值	农　业	林　业	牧　业	渔　业	农林牧渔业总产值	农　业	林　业	牧　业	渔　业
1985	41326	29468	3938	7913	7	77.8	68.6	96.6	108.2	64.3
1990	86806	59833	5674	21231	68	104.6	102.4	100.3	113.3	100.0
1995	98690	66495	4228	27862	105	110.3	110.9	100.9	110.6	118.0
2000	182925	125670	5367	51596	292	105.0	103.7	88.9	111.3	109.7
2001	152474	97916	3737	50587	234	84.3	78.2	64.7	103.1	89.0
2002	172114	112568	6831	52523	192	112.5	114.5	160.5	104.4	100.0
2003	205994	122808	7615	68913	192	109.8	99.1	106.8	116.9	106.6
2004	246484	142220	7138	90079	221	106.9	101.3	88.8	119.7	114.7
2005	274363	143799	6367	116153	597	107.5	97.2	89.4	124.7	259.5
2006	277893	172313	7476	91734	606	108.4	107.3	107.2	109.9	115.8
2007	322411	180409	9636	124154	995	108.0	102.2	130.2	115.3	111.7
2008	406580	201385	10756	185778	1006	118.7	106.6	110.1	138.2	87.7
2009	449810	205512	30734	199646	2871	102.6	83.7	171.7	117.2	96.4
2010	538198	272267	29022	221074	3080	116.2	127.1	112.3	105.5	107.3
2011	670478	294024	26795	331746	3500	118.4	106.3	108.9	133.9	102.0
2012	745728	348330	24128	353389	4180	110.2	116.2	86.0	107.0	119.2
2013	777963	349182	28486	379121	4500	104.0	104.2	114.6	103.3	98.0
2014	798268	340040	40843	394811	4352	100.7	105.3	139.1	94.5	102.4
2015	929345	428862	36071	440296	4812	105.9	107.0	102.6	105.3	103.5
2016	949614	362096	38326	523750	5073	101.4	92.1	103.3	108.9	100.8
城　区	15758	6978	3425	4389	134	101.6	97.9	104.5	105.9	100.8
沁水县	110720	49481	11005	46010	1741	100.2	93.8	113.9	104.9	100.8
阳城县	174731	71223	6177	92753	216	96.7	90.8	103.7	101.1	100.8
陵川县	93792	37729	4230	48331	951	100.8	90.8	103.5	110.0	100.8
泽州县	274512	96791	6856	163940	1749	103.0	91.3	103.8	111.5	100.8
高平市	280102	99893	6634	168327	283	104.6	95.6	103.9	111.0	100.8

注：本表绝对数按当年价格计算，指数按可比价格计算。2003年执行新国民经济行业分类标准，总产值包括农林牧渔服务业产值。

13-6 分产业农林牧渔业总产值(2016年)

单位:万元

指 标	按现行价格计算	按可比价格计算
农林牧渔业总产值	949613.6	936211.4
一、农业产值	362095.7	393060.6
1.谷物及其他作物	208096.3	253775.9
(1)谷 物	167861.2	199777.0
#小 麦	42101.9	46164.4
玉 米	109216.5	137300.7
(2)薯 类	11556.3	7158.5
(3)油 料	1871.2	1701.2
#花 生	303.4	280.0
油菜籽	519.7	462.0
(4)豆 类	22567.7	22089.0
#大 豆	22418.7	21946.8
(5)棉 花	50.3	49.8
(6)麻 类	1.6	1.5
(7)糖 类		
(8)烟 草		
(9)其他农作物	4188.1	3967.5
#饲料作物		
2.蔬菜、园艺作物	98285.8	93223.8
(1)蔬 菜(含菜用瓜)	81286.9	76992.5
(2)食用菌	15361.5	14745.5
(3)花 卉	1637.5	1462.7
(4)盆景园艺		
3.水果、坚果、饮料及香料作物	46548.0	38169.7
(1)水果、坚果(含果用瓜)	43818.0	34441.2
#苹 果	9289.6	6414.2
梨	7915.9	4166.3
4.中药材	9165.6	7891.2
二、林业产值	38326.0	37087.4
1. 林木的培育和种植	37636.8	36434.4
(1)育种育苗	14064.1	13881.4
(2)造 林	1524.8	1507.1
(3)抚育和管理	45.9	45.4
2.竹木采运	689.2	652.9

13-6 续表

单位:万元

指标	按现行价格计算	按可比价格计算
#村及村以下	291.6	276.2
3. 林产品		
三、牧业产值	**523749.6**	**480820.6**
1. 牲畜饲养	43783.0	41698.1
(1)牛的饲养	6835.4	6351.7
(2)羊的饲养	34916.9	32670.8
(3)其他牲畜饲养	41.3	40.4
(4)奶产品	135.4	129.7
#牛 奶	135.4	129.7
(5)毛绒产品	1854.1	1845.3
#羊 毛	1780.2	1771.8
羊 绒	73.9	73.5
(6)其他牲畜副产品		
2. 猪的饲养	366804.6	324605.8
3.家禽饲养	88027.5	92660.5
(1)肉 禽	25956.7	25893.6
(2)禽 蛋	62070.8	66208.8
4. 狩猎和捕捉动物		
5. 其他畜牧业	25134.6	21856.2
#蚕 茧	11566.3	9350.4
兔	530.3	515.1
四、渔业产值(淡水产品)	**5073.0**	**5035.2**
#养 殖	5073.0	5035.2
1.鱼 类	5073.0	5035.0
2.甲壳类		
3.贝 类		
4.其 他		
五、农林牧渔服务业	**20369.3**	**20207.6**

13-7 各地区按产业分农林牧渔业总产值(2016年)

单位:万元

指标	城区		沁水县		阳城县	
	按现行价格计算	按可比价格计算	按现行价格计算	按可比价格计算	按现行价格计算	按可比价格计算
农林牧渔业总产值	**15757.8**	**15511.8**	**110719.6**	**110453.7**	**174731.4**	**180711.1**
一、农业产值	**6978.1**	**7131.8**	**49481.1**	**52747.9**	**71223.1**	**78486.8**
1.谷物及其他作物	2325.9	2836.5	30746.5	35822.6	37871.9	46755.4
(1)谷物	1832.8	2061.1	26697.0	32544.2	34386.5	40348.1
#小麦	1353.3	1483.9	1903.0	2086.6	7778.0	8528.5
玉米	386.5	485.9	22196.9	27904.7	20573.0	25863.2
(2)薯类	96.5	59.4	1756.7	1088.3	823.0	509.5
(3)油料	8.2	8.2	528.7	487.3	779.9	685.1
#花生			259.4	239.4	41.9	38.7
油菜籽			19.3	17.2	334.6	297.4
(4)豆类	353.8	346.3	995.2	972.5	1082.2	1058.7
#大豆	349.1	341.8	936.4	916.7	1029.7	1008.0
(5)棉花			46.0	45.5	2.9	2.9
(6)麻类			1.6	1.5		
(7)糖类						
(8)烟草						
(9)其他农作物	34.7	33.1	721.4	682.6	797.3	756.6
#饲料作物						
2.蔬菜、园艺作物	4075.9	3828.5	11755.8	11386.8	15142.3	14446.0
(1)蔬菜(含菜用瓜)	3625.3	3398.0	10267.8	9946.3	9779.1	9366.5
(2)食用菌	380.5	365.4	1487.9	1440.8	4512.3	4333.1
(3)花卉	70.1	64.8			851.0	739.8
(4)盆景园艺						
3.水果、坚果、饮料及香料作物	570.4	461.5	5430.1	4183.4	17328.9	16514.7
(1)水果、坚果(含果用瓜)	565.3	421.3	3785.8	2548.3	2179.8	1471.6
#苹果	64.0	44.2	2387.6	1648.6	326.3	225.3
梨	100.7	53.0	892.9	469.9	94.8	49.9
4.中药材	6.0	5.3	1548.7	1355.1	880.0	770.6
二、林业产值	**3425.0**	**3279.0**	**11004.5**	**9664.8**	**6177.0**	**5956.6**
1. 林木的培育和种植	3425.0	3279.0	10836.8	9505.9	5947.3	5739.0
(1)育种育苗	308.0	304.0	7646.1	7546.8	1540.0	1520.0
(2)造林			618.3	611.2	365.5	361.3
(3)抚育和管理			5.4	5.4	8.1	8.0
2.竹木采运			167.7	158.9	229.7	217.6

13-7 续表1

单位:万元

指 标	陵川县		泽州县		高平市	
	按现行价格计算	按可比价格计算	按现行价格计算	按可比价格计算	按现行价格计算	按可比价格计算
农林牧渔业总产值	93791.5	93039.1	274511.8	266596.4	280101.6	267714.7
一、农业产值	37729.4	41549.7	96790.9	106044.2	99893.3	104522.6
1.谷物及其他作物	22766.4	28106.6	65723.9	78995.1	48661.7	58628.6
(1)谷 物	18293.3	22505.0	43625.9	49100.2	43025.7	53217.8
#小 麦	103.7	113.7	29128.4	31939.0	1835.7	2012.8
玉 米	16327.9	20526.5	10635.1	13369.8	39097.0	49150.5
(2)薯 类	3558.9	2223.2	2766.2	1705.3	2555.0	1572.7
(3)油 料	187.8	184.9	340.6	313.9	26.1	23.2
#花 生	1.9	1.7	0.2	0.2		
油菜籽			139.7	124.2	26.1	23.2
(4)豆 类	211.3	206.1	18092.5	17711.6	1832.7	1793.9
#大 豆	187.5	183.5	18091.6	17710.7	1824.4	1786.0
(5)棉 花			1.4	1.4		
(6)麻 类						
(7)糖 类						
(8)烟 草						
(9)其他农作物	515.2	487.1	897.4	852.0	1222.2	1156.2
#饲料作物						
2.蔬菜、园艺作物	8069.9	7645.6	18636.6	17509.0	40605.5	38459.5
(1)蔬 菜(含菜用瓜)	7048.9	6653.5	16519.2	15457.8	34046.7	32173.6
(2)食用菌	1021.0	992.7	1465.9	1402.2	6494.0	6212.1
(3)花 卉			651.5	649.8	64.9	58.3
(4)盆景园艺						
3.水果、坚果、饮料及香料作物	2737.2	2290.3	9954.4	7373.6	10527.1	7349.2
(1)水果、坚果(含果用瓜)	1316.1	873.3	7712.8	4528.5	8419.0	4985.4
#苹 果	1066.3	736.2	2582.6	1783.2	2862.8	1976.7
梨	190.1	100.0	2652.9	1396.3	3984.6	2097.1
4.中药材	4156.0	3507.1	2476.0	2166.4	99.0	85.3
二、林业产值	4229.7	4086.0	6855.6	6605.9	6634.3	6387.1
1. 林木的培育和种植	3937.9	3809.5	6855.6	6605.9	6634.3	6387.1
(1)育种育苗	1285.9	1269.2	1744.1	1721.4	1540.0	1520.0
(2)造 林	246.8	244.0	155.7	153.9	138.5	136.9
(3)抚育和管理	21.6	21.4	5.4	5.3	5.4	5.3
2.竹木采运	291.8	276.5				

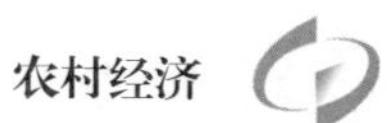

13-7 续表2

单位:万元

指 标	城 区		沁水县		阳城县	
	按现行价格计算	按可比价格计算	按现行价格计算	按可比价格计算	按现行价格计算	按可比价格计算
#村及村以下			167.7	158.9	85.7	81.2
3. 林产品						
三、牧业产值	**4389.0**	**4142.9**	**46009.5**	**43849.1**	**92752.8**	**91725.5**
1. 牲畜饲养	931.2	886.9	13460.6	12819.6	7591.4	7370.3
(1)牛的饲养	316.6	294.2	552.5	513.4	1484.9	1369.3
(2)羊的饲养	604.3	565.4	12505.2	11700.8	5931.3	5331.5
(3)其他牲畜饲养			14.6	14.3	4.3	4.2
(4)奶产品					3.1	3.0
#牛 奶					3.1	3.0
(5)毛绒产品	10.3	10.3	388.2	386.4	167.8	167.0
#羊 毛	10.3	10.3	346.0	344.4	155.1	154.4
羊 绒			42.2	42.0	12.7	12.6
(6)其他牲畜副产品						
2. 猪的饲养	2229.2	1972.8	10898.9	9477.3	47533.4	44573.7
3.家禽饲养	1174.1	1235.9	14891.3	15675.1	28077.2	30685.5
(1)肉 禽	178.8	178.4	11594.3	11566.1	6512.1	6494.4
(2)禽 蛋	995.3	1061.7	3297.0	3516.8	21565.1	22850.4
4. 狩猎和捕捉动物						
5. 其他畜牧业	54.4	47.3	6758.7	5877.1	9550.9	9096.1
#蚕 茧			4474.4	3655.7	6945.3	5579.5
兔			16.1	15.6	39.6	38.4
四、渔业产值	**133.5**	**132.5**	**1740.8**	**1727.9**	**216.3**	**214.7**
#养 殖	133.5	132.5	1740.8	1727.9	216.3	214.7
1.鱼 类	133.5	132.5	1740.8	1727.8	216.3	214.7
2.甲壳类						
3.贝 类						
4.其 他						
五、农林牧渔服务业	**832.3**	**825.7**	**2483.7**	**2464.0**	**4362.2**	**4327.6**

13-7 续表3

单位:万元

指　　标	陵川县		泽州县		高平市	
	按现行价格计算	按可比价格计算	按现行价格计算	按可比价格计算	按现行价格计算	按可比价格计算
#村及村以下	38.2	36.2				
3.林产品						
三、牧业产值	**48330.8**	**43929.3**	**163940.4**	**147075.6**	**168326.9**	**151599.3**
1.牲畜饲养	4264.6	3997.2	14146.9	13277.3	3632.9	3459.9
(1)牛的饲养	176.8	164.3	4078.8	3790.1	237.3	220.5
(2)羊的饲养	3945.4	3691.6	8885.9	8314.3	3278.0	3067.1
(3)其他牲畜饲养	20.6	20.2			1.7	1.7
(4)奶产品			115.2	110.4	17.0	16.3
#牛　奶			115.2	110.4	17.0	16.3
(5)毛绒产品	121.8	121.2	1067.0	1062.0	99.0	98.5
#羊　毛	109.1	108.6	1060.7	1055.7	99.0	98.5
羊　绒	12.7	12.6	6.3	6.3		
(6)其他牲畜副产品						
2.猪的饲养	33482.1	28913.7	126617.2	110101.9	146406.6	129563.4
3.家禽饲养	9575.0	10186.2	19848.0	20978.7	14606.5	15375.3
(1)肉　禽	2318.0	2312.4	2772.2	2765.5	2583.1	2576.9
(2)禽　蛋	7257.0	7740.8	17075.8	18214.2	12023.4	12825.0
4.狩猎和捕捉动物						
5.其他畜牧业	1009.1	832.2	3328.3	2717.7	3680.9	3200.8
#蚕　茧	42.3	34.6	47.0	38.4	51.7	42.2
兔	10.0	9.7	159.4	154.9	305.2	296.5
四、渔业产值	**950.5**	**943.4**	**1748.9**	**1735.8**	**283.0**	**280.9**
#养　殖	950.5	943.4	1748.9	1735.8	283.0	280.9
1.鱼　类	950.5	943.4	1748.9	1735.8	283.0	280.9
2.甲壳类						
3.贝　类						
4.其　他						
五、农林牧渔服务业	**2551.0**	**2530.8**	**5176.0**	**5134.9**	**4964.1**	**4924.7**

13-8 各地区农林牧渔业增加值(2016年)

单位:万元

地区	农业牧渔业增加值	农业	林业	牧业	渔业	农林牧渔服务业
全市	508346	208611	19145	268063	2750	9777
城区	7845	3978	1542	1870	56	400
沁水县	61164	28402	6108	24339	1123	1192
阳城县	98956	41025	2576	53148	114	2094
陵川县	50402	21808	1944	24987	439	1225
泽州县	142567	55461	3394	80331	897	2484
高平市	147413	57938	3583	83389	120	2383

13-8 续表1

单位:万元

地区	农业牧渔业中间消耗	农业	林业	牧业	渔业	农林牧渔服务业
全市	441267	153485	19181	255687	2323	10592
城区	7913	3001	1883	2519	77	433
沁水县	49556	21079	4897	21671	618	1292
阳城县	75776	30199	3601	39605	102	2268
陵川县	43390	15922	2286	23344	511	1327
泽州县	131945	41330	3462	83610	852	2692
高平市	132689	41955	3052	84938	163	2581

13-8　续表2

单位:万元

地　区	(一)中间物质消耗	农　业	林　业	牧　业	渔　业	农林牧渔服务业
全　市	**426164**	**145069**	**18893**	**253087**	**2019**	**7097**
城　区	6814	2241	1842	2381	59	290
沁水县	48431	20718	4820	21457	572	865
阳城县	72793	29099	3539	38555	80	1520
陵川县	42518	15622	2266	23279	463	889
泽州县	126986	38080	3398	83010	695	1804
高平市	128623	39309	3028	84405	152	1730

13-8　续表3

单位:万元

地　区	(二)生产服务性支出	农　业	林　业	牧　业	渔　业	农林牧渔服务业
全　市	**15104**	**8416**	**288**	**2600**	**304**	**3495**
城　区	1099	760	40	138	18	143
沁水县	1125	361	77	214	46	426
阳城县	2983	1100	62	1050	22	749
陵川县	871	300	20	65	49	438
泽州县	4959	3250	64	600	157	888
高平市	4066	2646	24	533	11	852

13-9 主要农业机械拥有量

年 份 地 区	农业机械总动力 （万千瓦）	农用大中型拖拉机		小型拖拉机	
		数 量 （台）	动 力 （万千瓦）	数 量 （台）	动 力 （万千瓦）
1985	60.7	2364	7.5	10699	9.6
1990	82.0	2548	8.8	18720	17.3
1995	138.4	1389	4.2	14591	13.9
2000	154.3	1113	3.3	15300	14.0
2001	162.5	993	3.1	20174	16.5
2002	163.6	890	2.8	21322	16.9
2003	171.5	744	2.4	21011	16.5
2004	190.2	1075	3.6	42496	33.9
2005	191.1	1158	3.8	41045	33.2
2006	194.4	1285	4.3	41003	33.2
2007	195.3	1400	4.9	41696	33.9
2008	202.0	1685	5.9	42871	39.9
2009	212.3	1963	7.7	44041	40.5
2010	225.3	2255	8.5	44993	41.7
2011	234.0	2609	9.9	45981	42.0
2012	240.2	2924	11.4	46848	42.2
2013	244.9	3453	13.4	47567	42.8
2014	248.4	3901	15.5	47871	43.2
2015	250.5	4333	17.1	48123	43.3
2016	109.7	4419	17.4	48231	43.4
城 区	3.8	237	0.7	96	0.1
沁 水 县	20.3	597	2.3	13692	13.0
阳 城 县	25.3	685	2.5	18898	13.8
陵 川 县	10.7	637	2.3	2792	2.3
泽 州 县	28.3	1410	5.9	6166	7.8
高 平 市	21.3	853	3.7	6587	6.3

注：2002年及以后大中型拖拉机中不包括变形拖拉机。

13-9 续表

年份 地区	大中型拖拉机配套农具（部）	小型拖拉机配套农具（部）	农用排灌柴油机	
			数量（台）	动力（万千瓦）
1985	2175	7667	620	0.7
1990	1947	15168	426	0.6
1995	1841	20846	340	0.4
2000	1504	27800	600	0.6
2001	1476	33608	471	0.5
2002	2074	30368	666	0.7
2003	2038	34842	710	0.8
2004	2370	45421	724	0.8
2005	2590	55254	756	0.8
2006	2748	56841	871	1.0
2007	2921	59099	700	0.6
2008	3562	62703	700	0.7
2009	4938	67771	747	1.5
2010	5964	72017	761	1.5
2011	6665	92085	851	1.6
2012	7137	92853	851	1.6
2013	8299	94089	853	1.6
2014	8983	94403	853	1.6
2015	9716	94612	853	1.6
2016	10183	94744	913	1.88
城　　区	252	272	57	0.11
沁 水 县	1615	25910	86	0.16
阳 城 县	1690	41520	38	0.08
陵 川 县	838	3813	52	0.12
泽 州 县	3482	13214	330	0.61
高 平 市	2306	10015	350	0.80

13-10 有效灌溉面积、农用化肥施用量、农村水电站及用电量

年份 地区	有效灌溉面积（公顷）	化肥施用量（吨）					乡村办水电站		农村用电量（万千瓦时）
			氮肥	磷肥	钾肥	复合肥	个数（个）	发电能力（万千瓦）	
1985	24367	112326	57232	37039	3928	14127	50	0.8	8402
1990	21500	166387	84221	65496	1897	14773	48	1.1	21935
1995	26050	199562	90834	75695	3183	29850	35	1.2	55587
2000	40410	224782	101602	81387	7954	33839	24	1.2	55037
2001	41490	214154	98572	77121	3935	34526	23	1.2	56868
2002	42100	219887	99235	78105	4086	38461	23	2.5	53327
2003	42940	228698	102225	80057	7959	38457	23	2.5	55660
2004	43400	237251	105950	80060	8662	42579	22	1.2	56080
2005	44070	247071	111279	83006	7852	44934	21	1.1	57117
2006	44670	248438	110698	81832	6288	49620	22	1.2	57932
2007	40750	251042	107622	81397	6490	55533	23	1.2	63334
2008	40990	253231	108665	81578	5655	57333	26	1.3	66351
2009	41090	251539	105518	80677	5459	59885	26	1.7	68782
2010	42050	253903	102197	80165	6495	65046	26	1.7	68438
2011	42720	258403	102768	80851	6847	67937	26	1.7	68912
2012	41900	252805	96462	75432	7605	73306	26	1.7	72877
2013	44644	239325	87657	69295	7761	74612	23	1.5	78703
2014	45280	221139	75725	60894	7782	76738	23	1.8	80751
2015	47707	210326	66156	54585	7084	82501	24	1.9	73585
2016	47980	201568	60143	48856	7477	85092	24	1.9	75165
城　区	2750	2001	413	473	132	983			4513
沁水县	9970	32547	12116	8652	678	11101	6	0.5	4200
阳城县	9910	35176	13191	8733	2061	11191	3	0.4	25235
陵川县	3090	34458	6345	4328	617	23168	4	0.5	5891
泽州县	11000	43964	14731	14795	1562	12876	11	0.6	17905
高平市	11260	53423	13346	11876	2428	25773			17421

13-11 各地区水利设施和除涝面积(2016年)

地区	水库数(座)	水库总库容量(万立方米)	防洪库容(万立方米)	兴利库容(万立方米)
全市	95	73135.0	17461.4	42084.9
城区	4	196.2	69.0	71.0
沁水县	4	41338.9	4337.4	31357.2
阳城县	21	4332.1	2174.5	1175.6
陵川县	22	6658.6	2577.9	2780.8
泽州县	24	17231.9	7202.6	5255.3
高平市	20	3377.2	1099.9	1445.0

13-12 受灾面积和成灾面积

单位:公顷

年份 地区	受灾面积	成灾面积	成灾面积占受灾面积比重(%)	旱灾	
				受灾面积	成灾面积
1985	149254	143853	96.4	116838	116423
1990	141067	93800	66.5	64333	44000
1995	208500	177230	85.0	178450	158760
2000	113314	71560	63.2	65390	35791
2005	62432	50690	81.2	54333	15533
2006	76008	59000	77.6	18620	15200
2007	141113	11289	8.0	103196	6766
2008	68100	60100	88.3	61900	51600
2009	171320	86586	50.5	171320	86586
2010	65789	34311	52.2	26087	13310
2011	109069	64563	59.2	77882	46175
2012	32682	15156	46.4	19600	7800
2013	87699	59366	67.7	62752	49391
2014	37295	22078	59.2	30826	18160
2015	10816	4677	43.2	5200	2600
2016	32443	16915	52.1		
城区	68	68	100.0		
沁水县	349	295	84.5		
阳城县	8093	5373	66.4		
陵川县	10933	5333	48.8		
泽州县	8129	3365	41.4		
高平市	4870	2480	50.9		
开发区	1	1	100.0		

13-13 农作物总播种面积

单位：千公顷

年份 地区	农作物总播种面积	粮食作物播种面积	谷物	小麦	玉米	豆类	薯类
1985	225.2	194.5	170.8	74.0	43.6	16.9	6.9
1990	244.1	215.8	183.8	82.4	52.5	25.8	6.2
1995	240.4	209.5	168.1	79.1	51.5	34.9	6.5
2000	255.1	211.8	158.4	81.8	48.4	46.2	7.1
2001	230.9	203.1	150.9	78.1	48.2	45.0	7.2
2002	226.1	199.5	149.3	73.9	51.0	43.0	7.1
2003	215.1	188.6	141.4	68.4	50.8	40.7	6.5
2004	206.6	187.2	147.3	60.9	73.0	36.2	3.7
2005	214.0	198.1	152.3	66.4	74.0	40.6	5.2
2006	216.6	202.6	153.8	66.1	75.7	44.0	4.8
2007	214.8	202.1	155.5	65.2	80.0	42.1	4.4
2008	215.6	204.0	157.7	63.1	85.3	42.4	3.9
2009	212.0	201.6	157.0	63.9	83.3	40.6	4.1
2010	218.2	207.5	160.6	66.7	84.5	43.1	3.9
2011	216.6	205.8	159.7	65.3	86.0	42.2	3.9
2012	210.5	199.6	155.3	61.7	85.5	40.5	3.8
2013	208.7	197.3	156.4	58.6	89.6	37.2	3.7
2014	190.2	178.2	146.9	44.3	93.8	28.3	3.0
2015	189.2	178.1	144.4	46.7	88.3	30.8	2.96
2016	180.3	169.0	140.7	43.2	88.3	25.4	2.87
城区	1.8	1.6	1.5	1.2	0.3	0.1	0.02
沁水县	27.6	25.4	23.8	2.4	19.8	1.2	0.43
阳城县	33.8	31.4	30.1	7.7	19.0	1.2	0.16
陵川县	22.5	20.3	18.8	0.1	17.3	0.2	1.29
泽州县	61.0	58.7	37.9	29.6	6.6	20.4	0.42
高平市	33.0	31.0	28.3	1.9	25.3	2.1	0.55
开发区	0.6	0.6	0.3	0.3	0.03	0.2	0.003

13-13 续表

单位:千公顷

年份 地区	油料	花生	油菜籽	棉花	麻类	蔬菜	果园面积
1985	11.2	0.5	0.6	4.6	0.2	8.6	12.5
1990	11.9	1.1	0.3	5.2	0.2	9.2	18.6
1995	15.1	1.2	0.2	6.2	0.1	8.6	15.4
2000	15.1	1.1	1.0	3.5	0.4	8.3	11.1
2001	12.9	1.1	1.2	2.5	0.4	7.8	9.6
2002	12.9	1.0	1.8	1.5	0.4	7.7	8.3
2003	12.4	0.9	2.0	1.3	0.2	8.2	6.4
2004	8.6	0.4	1.5	1.0		6.5	5.4
2005	7.4	0.4	1.4	0.8		5.9	4.7
2006	6.0	0.4	1.4	0.6		5.8	4.2
2007	4.9	0.4	1.1	0.4		5.7	3.9
2008	4.3	0.4	1.1	0.5		5.5	3.6
2009	3.6	0.4	1.1	0.3		5.2	3.8
2010	3.9	0.3	1.4	0.3		5.3	4.0
2011	3.4	0.3	1.1	0.4		5.9	4.3
2012	3.0	0.3	0.8	0.3		6.3	4.4
2013	3.0	0.3	0.9	0.3		6.5	4.3
2014	2.4	0.3	0.5	0.2		7.1	3.8
2015	2.1	0.3	0.6	0.1	0.001	6.8	4.0
2016	2.13	0.25	0.64	0.13	0.003	6.55	3.83
城　　区						0.26	0.05
沁 水 县	0.56	0.21	0.03	0.12	0.003	1.08	0.46
阳 城 县	0.84	0.04	0.37	0.01		0.99	0.34
陵 川 县	0.28					0.83	0.33
泽 州 县	0.37		0.16			1.68	0.67
高 平 市	0.08		0.08			1.71	1.98

13-14 主要农作物种植结构

单位：%

指　　标	1985年	1995年	2000年	2005年	2010年	2011年	2012年	2013年	2014年	2015年	2016年
农作物总播种面积	100.0	100.0	100.0	100.0	100.0	100.0	100.0	100.0	100.0	100.0	100.0
粮食作物	86.4	87.1	83.0	92.6	95.1	95.0	94.9	94.5	93.7	94.2	93.8
谷物	87.8	80.2	74.8	76.9	77.4	77.6	77.8	79.3	82.5	81.1	83.3
小麦	45.4	47.1	51.6	43.6	41.6	40.9	39.7	37.5	30.2	32.4	30.7
玉米	26.7	30.6	30.6	48.6	52.6	53.9	55.1	57.3	63.9	61.1	62.7
谷子	24.6	17.7	14.9	6.7	5.5	5.0	4.9	4.9	5.6	6.2	6.3
高粱	3.2	3.9	2.3	0.9	0.3	0.2	0.3	0.2	0.3	0.2	0.2
其他谷物		0.7	0.7	0.1	0.1	0.1	0.1	0.1	0.1	0.1	0.1
豆类	8.7	16.7	21.8	20.5	20.8	20.5	20.3	18.9	15.9	17.2	15.0
#大豆	100.0	80.3	85.5	88.9	88.8	87.9	92.4	92.7	97.3	98.7	99.2
杂豆		19.7	14.5	11.1	11.2	12.1	7.6	7.3	2.7	1.3	0.8
薯类	3.5	3.1	3.4	2.6	1.9	1.9	1.9	1.8	1.7	1.7	1.7
#马铃薯	59.2	62.0	61.8	63.3	74.2	74.3	72.7	68.9	68.2	61.9	58.5
油料作物	5.0	6.3	5.9	3.4	1.8	1.6	1.4	1.4	1.3	1.1	1.2
#花生	4.6	7.8	6.9	5.8	7.4	8.4	10.2	10.1	11.6	12.2	11.9
油菜籽	4.9	1.0	6.4	18.5	36.1	31.2	26.5	29.2	21.6	30.5	29.8
芝麻	18.2	15.7	12.3	6.5	8.6	11.3	11.5	11.6	14.2	9.6	8.5
向日葵	3.8	52.3	54.2	53.5	32.2	34.0	37.4	32.1	36.0	29.6	27.1
棉花	2.0	0.8	1.4	0.4	0.1	0.2	0.1	0.1	0.1	0.1	0.1
麻类	0.1		0.1								
大麻	100.0	100.0	100.0	100.0	100.0	100.0	100.0	100.0	100.0	100.0	100.0
药材	0.4	0.3	6.2	0.7	0.4	0.4	0.5	0.7	1.0	1.0	1.3
蔬菜、瓜果	3.8	3.6	3.4	2.8	2.5	2.8	3.1	3.2	3.9	3.7	3.7
#蔬菜	99.3	97.5	97.2	98.0	96.5	97.0	97.7	98.0	98.4	98.5	98.9
其他农作物		0.1	0.2	0.1				0.1			0.01

13-15 主要农产品产量

单位:吨

年份 地区	粮食	谷物	小麦	玉米	豆类	薯类
1985	434434	409219	211875	105434	10983	14232
1990	685540	629222	262183	222905	34672	21646
1995	649303	565412	174454	249508	57196	26695
2000	751277	633239	221209	301997	77608	40430
2001	533077	444404	166294	212895	59273	29400
2002	641378	544379	188938	277932	64382	32617
2003	724373	622721	260292	287226	68652	33000
2004	800301	707577	214972	445348	72042	20682
2005	790466	676188	194142	437430	86040	28238
2006	852991	735770	234335	458136	91007	26214
2007	781092	675086	188206	452880	81803	24203
2008	864531	762863	241973	491923	79040	22627
2009	700069	628465	220294	388064	51636	19968
2010	914645	807584	246316	531101	86367	20694
2011	920386	811971	228613	555444	85521	22894
2012	974459	869637	271481	568509	81947	22874
2013	904836	818349	176517	616085	69404	17083
2014	730049	669440	167476	474446	45259	15350
2015	962290	892082	229971	629147	56661	67734
2016	900509	840166	184658	624094	47503	64195
城区	7073	6788	4733	1990	196	444
沁水县	144848	140802	8346	126840	2092	9772
阳城县	165937	162754	34114	117560	2277	4531
陵川县	102127	97263	455	93302	443	22105
泽州县	236668	195709	127756	60772	38090	14348
高平市	241770	235323	8051	223412	3858	12947
开发区	2085	1527	1202	218	548	49

13-15　续表1

单位:吨

年份 地区	棉花	油料				麻类
			花生	油花籽	芝麻	
1985	1019	6407	545	282	1024	169
1990	2196	12096	1440	209	1773	127
1995	2647	16104	1699	111	1960	134
2000	1639	20914	1753	614	1708	450
2001	1441	12788	1507	850	915	227
2002	743	15315	1667	1624	1204	133
2003	722	16559	1375	2308	1120	193
2004	714	14321	738	1154	737	12
2005	525	11666	747	1543	533	11
2006	430	10075	603	1428	387	29
2007	372	7814	657	1340	336	55
2008	406	7058	688	1609	329	68
2009	184	4779	541	1279	396	10
2010	228	6532	570	1590	448	12
2011	351	6189	552	1223	579	7
2012	299	6097	607	1196	502	3
2013	265	5893	586	1269	582	4
2014	193	4094	474	828	340	3
2015	133	4494	465	1160	452	2.5
2016	106	3932	467	1155	214	4.4
城区		18				
沁水县	97	960	399	43	90	4.4
阳城县	6	1717	65	744	10	
陵川县		485	3			
泽州县	3	695	0.3	310	115	
高平市		58		58		

13-15 续表2

单位:吨

年份 地区	蚕茧	桑蚕茧	水果	苹果	梨	葡萄
1985	2062	2062	53551	14496	18694	24
1990	2825	2825	31911	9436	11292	26
1995	2844	2844	29450	12482	8916	56
2000	2636	2615	47836	29516	8472	161
2001	2660	2660	39220	26601	4480	124
2002	3002	3002	42911	27932	6003	171
2003	2927	2927	46585	27904	6863	198
2004	3419	3419	53592	26996	8853	220
2005	3771	3771	54901	22155	15699	189
2006	4300	4300	60670	32090	10941	264
2007	4825	4825	61620	28371	13540	230
2008	5272	5272	59619	27257	12677	231
2009	4010	4010	57081	25131	11930	324
2010	4925	4925	57441	22746	16658	551
2011	5324	5324	64809	27552	18744	799
2012	5680	5680	69305	31390	19482	612
2013	5689	5689	61688	26023	15429	560
2014	5442	5442	66580	25209	22484	543
2015	4977	4977	76087	26990	28029	741
2016	2434	2434	60445	22118	20831	870
城　区			896	152	265	5
沁水县	952	952	10302	5685	2350	7
阳城县	1453	1453	7762	777	249	85
陵川县	9	9	3178	2539	500	12
泽州县	10	10	18893	6149	6981	190
高平市	11	11	19414	6816	10486	571

13-16 主要农产品单位面积产量

单位:公斤/公顷

年份 地区	谷物	棉花	花生	油菜籽	芝麻
1985	2396	225	1065	510	495
1990	3422	420	1380	660	765
1995	3364	430	1440	740	827
2000	3997	472	1670	633	918
2001	2945	567	1437	685	631
2002	3646	482	1736	902	919
2003	4403	551	1545	1160	1000
2004	4804	707	1800	780	996
2005	4439	682	1737	1135	1110
2006	4785	768	1630	1058	1018
2007	4340	865	1685	1241	622
2008	4837	902	1859	1518	748
2009	4004	609	1300	1172	964
2010	5030	809	1960	1124	1325
2011	5084	981	1912	1223	1496
2012	5598	1027	1993	1515	1469
2013	5233	1012	1954	1461	1684
2014	4556	874	1728	1595	992
2015	6177	932	1847	1851	2291
2016	5970	808	1835	1813	1186
城　区	4624				1000
沁水县	5918	817	1848	1444	1267
阳城县	5413	782	1777	2026	951
陵川县	5165		1450		
泽州县	5163	638		1905	1152
高平市	8305			750	
开发区	4498				

13–17　牲畜饲养情况

单位:头、只

年份 地区	大牲畜年底头数	牛	马	驴	骡	肉猪出栏头数	猪年底头数	羊年底只数	山羊	绵羊
1985	151900	95800	15400	21300	19400	270200	326700	136200	60500	75700
1990	160027	110008	10360	18975	20684	283010	274200	189029	65117	123912
1995	167917	133253	7910	11435	15319	404309	353215	213108	77384	135724
2000	108147	89586	3446	5256	9859	412100	326557	341848	175323	166115
2001	82219	70406	2488	2928	6397	438369	343508	407469	210657	196812
2002	76187	65961	1970	2718	5536	456094	369595	493909	256312	237597
2003	77980	69462	1576	2276	4664	550021	406955	570260	318465	251795
2004	78374	70881	1379	2032	4082	678232	502855	610831	347069	263762
2005	80761	74957	1141	1483	3180	854717	557051	594559	360818	233741
2006	30802	28076	547	736	1443	627102	398072	299757	188320	111437
2007	28529	26332	482	583	1132	671667	445426	304843	198814	106029
2008	32889	31206	390	435	858	990009	790941	401605	260915	140690
2009	19407	18111	354	314	628	1076681	714545	340310	186779	153531
2010	16343	15460	264	212	407	1183141	586956	328335	130113	198222
2011	25310	24465	295	179	371	1444106	899847	492889	289639	203250
2012	21259	20757	177	88	237	1564057	921706	502234	280997	221237
2013	17256	16808	155	84	209	1654456	959272	491600	276061	215539
2014	19773	19306	190	64	213	1853338	1065876	571505	319149	252356
2015	17825	17497	104	107	117	1992268	1156587	666635	339535	327100
2016	16383	16207	69	25	82	1881049	1029642	669534	356448	313086
城　　区	370	370				8052	5609	9483	389	9094
沁 水 县	2188	2055	38	23	72	55892	47102	233907	192272	41635
阳 城 县	2446	2434	8		4	241900	170770	102015	60513	41502
陵 川 县	745	731	6	2	6	171703	118753	57285	35094	22191
泽 州 县	9880	9880				649319	358851	210625	67834	142791
高 平 市	754	737	17			750803	325807	56219	346	55873
开 发 区						3380	2750			

13-18 畜产品产量

年份 地区	肉类产量（吨）	猪牛羊肉				奶类（吨）	牛奶
			猪肉	牛肉	羊肉		
1985	18952	18463	15831	1407	1225	324	321
1990	24886	23703	19696	2638	1369	443	443
1995	36136	34386	27859	5266	1261	703	703
2000	39135	37069	30883	4230	1956	1486	1486
2001	39950	37963	32029	3829	2105	2211	2211
2002	41665	39390	33581	2963	2846	2724	2724
2003	49188	46781	40135	2819	3827	3927	3927
2004	59458	56664	49164	3274	4226	4665	4665
2005	74533	71537	62667	4062	4808	5384	5384
2006	52999	51137	46947	1631	2559	4358	4358
2007	56427	54630	50281	1693	2656	5096	5096
2008	83511	79806	74251	2049	3506	5165	5165
2009	89287	84517	79764	1747	3006	5175	5175
2010	100412	94624	88478	1434	4712	3409	3409
2011	113548	107749	100973	2178	4598	3489	3489
2012	131697	125312	118647	1950	4715	3414	3414
2013	140276	129427	122609	1572	5245	1028	1028
2014	158447	145795	138513	1422	5860	538	538
2015	171922	155656	147691	1657	6308	555	555
2016	165945	147416	139693	1477	6246	564	564
城　区	920	808	636	70	102		
沁水县	14716	6784	4471	119	2194		
阳城县	24519	19598	18205	323	1070	13	13
陵川县	15095	13612	12878	37	697		
泽州县	52331	50164	47687	879	1598	480	480
高平市	58080	56184	55560	49	575	71	71
开发区	284	266	256		10		

13-18 续表

单位:吨

年份 地区	绵羊毛	细羊毛	半细羊毛	山羊毛	羊绒	禽蛋	蜂蜜
1985	166.2	52.8	84.1	18.4	9.4	7156.6	550.5
1990	383.3	186.2	143.4	23.4	8.6	11575.2	782.3
1995	494.0	200.0	270.0	41.0	11.0	18578.0	851.0
2000	320.0	90.0	152.0	92.0	13.0	18356.0	858.0
2001	355.0	89.0	218.0	94.0	25.0	20077.0	641.0
2002	392.0	81.0	228.0	77.0	22.0	17839.0	532.0
2003	431.0	73.0	239.0	83.0	27.0	20489.0	557.0
2004	452.0	75.0	234.0	99.0	31.0	24364.0	705.0
2005	494.0	82.0	224.0	105.0	59.0	31499.0	987.0
2006	265.1	71.4	99.5	79.6	24.6	27000.0	928.0
2007	257.0	60.0	100.0	87.0	29.0	29631.0	1067.0
2008	414.0	36.0	101.0	122.0	58.0	39234.0	1270.0
2009	382.0			56.0	20.0	47530.0	1245.0
2010	321.5			71.8	20.0	35065.9	1336.2
2011	489.0	179.0	158.0	86.0	27.0	64596.0	1698.0
2012	536.0	140.0	237.0	88.5	26.7	68847.0	1906.0
2013	543.3	215.0	252.0	96.9	26.6	72894.0	2151.0
2014	618.9	241.7	291.3	107.8	30.9	81596.0	2049.8
2015	778.9	283.5	381.3	118.2	35.3	79347.3	1951.1
2016	718.7	234.0	467.1	160.6	35.6	83255.2	1960.3
城　　区	4.7	0.1	4.6	0.1		1292.6	
沁 水 县	82.8	11.0	60.4	101.6	20.4	4647.2	927.0
阳 城 县	62.6	25.4	36.0	17.3	6.3	28714.6	568.4
陵 川 县	42.6	0.9	36.7	12.0	3.0	9676.0	98.6
泽 州 县	479.5	196.6	282.9	29.1	5.9	22767.6	244.0
高 平 市	46.6		46.6	0.4		16122.7	122.3
开 发 区				0.1		34.5	

13-19 主要林产品、水产品产量

单位:吨

年份 地区	花椒	核桃	淡水产品		
				鱼类	其他
1985	84.0	1445.0	32.0	32.0	
1990	40.0	1054.0	112.0	112.0	
1995	54.0	1526.0	364.0	364.0	
2000	97.0	1848.0	327.0	324.0	3.0
2001	60.0	560.0	326.0	324.0	2.0
2002	97.0	877.0	361.0	361.0	
2003	103.0	1203.0	455.0	452.0	3.0
2004	166.0	2033.0	853.0	839.0	14.0
2005	239.0	1376.0	913.0	899.0	14.0
2006	264.0	558.0	1212.0	1211.0	1.0
2007	254.0	1724.0	1362.0	1352.0	10.0
2008	2181.0	327.0	1190.0	1178.0	12.0
2009	2435.0	755.0	1150.0	1140.0	10.0
2010	643.0	3389.0	1235.0	1219.0	16.0
2011	762.0	2820.0	1375.0	1363.0	12.0
2012	802.0	3009.0	1639.0	1623.0	16.0
2013	573.7	3378.3	1800.0	1784.0	16.0
2014	610.5	5511.0	1700.0	1700.0	
2015	651.9	10635.0	1816.0	1816.0	
2016	672.4	13335.2	1900	1900	
城　区	0.8	4.5	50	50	
沁水县	636.8	1053.5	652	652	
阳城县	34.8	7325.5	81	81	
陵川县		926.8	356	356	
泽州县		1432.3	655	655	
高平市		2592.6	106	106	
开发区					

13-20 主要农产品人均占有量

单位:公斤

年份 地区	粮食	棉花	油料	猪牛羊肉	水产品	牛奶
1985	239.2	0.56	3.5	10.2	0.02	0.18
1990	360.0	1.15	6.4	12.4	0.06	0.23
1995	320.2	1.31	7.9	17.0	0.18	0.35
2000	357.6	0.78	10.0	17.6	0.16	0.71
2001	253.3	0.68	6.1	18.0	0.15	1.05
2002	304.3	0.35	7.3	18.7	0.17	1.29
2003	342.5	0.34	7.8	22.1	0.22	1.86
2004	377.4	0.34	6.8	26.7	0.40	2.20
2005	372.8	0.25	5.5	33.7	0.43	2.54
2006	399.6	0.20	4.7	24.0	0.57	2.04
2007	363.7	0.17	3.6	25.4	0.63	2.37
2008	401.7	0.19	3.3	37.1	0.55	2.40
2009	323.3	0.08	2.2	39.0	0.53	2.39
2010	423.0	0.11	3.0	43.8	0.57	1.58
2011	424.4	0.16	2.9	49.7	0.63	1.61
2012	447.3	0.14	2.8	57.5	0.75	1.57
2013	413.6	0.12	2.7	59.2	0.82	0.47
2014	333.2	0.09	1.9	66.5	0.78	0.25
2015	439.0	0.06	2.1	71.0	0.83	0.25
2016	388.5	0.05	1.7	63.6	0.82	0.24
城区	18.6		0.04	2.2	0.10	
沁水县	671.8	0.45	4.5	31.5	3.02	
阳城县	423.6	0.02	4.4	50.0	0.21	0.03
陵川县	434.5		2.1	57.9	1.51	
泽州县	481.8	0.01	1.4	102.1	1.33	0.98
高平市	490.9		0.1	114.1	0.22	0.14

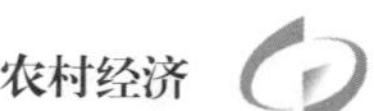

13-21 平均每一农林牧渔业从业人员主要农产品生产量

单位：公斤

年份 地区	粮食	棉花	油料	猪牛羊肉	水产品	牛奶
1985	1465.0	3.44	21.6	62.3	0.11	1.08
1990	1765.4	5.66	31.1	61.0	0.29	1.14
1995	1747.5	7.12	43.3	92.5	0.98	1.89
2000	1743.5	3.80	48.5	86.0	0.76	3.45
2001	1223.5	3.31	29.4	87.1	0.75	5.07
2002	1467.8	1.70	35.0	90.1	0.83	6.23
2003	1655.2	1.65	37.8	106.9	1.04	8.97
2004	1828.6	1.63	32.7	129.5	1.95	10.66
2005	1788.9	1.19	26.4	161.9	2.07	12.18
2006	1930.4	0.97	22.8	115.7	2.74	9.86
2007	1752.0	0.83	17.5	122.5	3.06	11.43
2008	1916.2	0.90	15.6	176.9	2.64	11.45
2009	1567.1	0.41	10.7	189.2	2.57	11.58
2010	2043.1	0.51	14.6	211.4	2.76	7.61
2011	2073.3	0.79	13.9	242.7	3.10	7.86
2012	2209.9	0.68	13.8	284.2	3.72	7.74
2013	2061.5	0.60	13.4	294.9	4.10	2.34
2014	1710.1	0.45	9.6	341.5	3.98	1.26
2015	2238.2	0.31	10.5	362.0	4.22	1.29
2016	2085.2	0.25	9.1	341.4	4.40	1.31
城　　区	781.8		2.0	89.3	5.53	
沁 水 县	2548.8	1.71	16.9	119.4	11.47	
阳 城 县	2049.7	0.07	21.2	242.1	1.00	0.16
陵 川 县	1851.9		8.8	246.8	6.46	
泽 州 县	2027.4	0.03	6.0	429.7	5.61	4.11
高 平 市	2158.1		0.5	501.5	0.95	0.63
开 发 区	1875.7			239.3		

13-22　乡镇企业主要经济指标

单位:万元

指　　标	2015年	2016年	增速(%)
乡镇企业增加值	3134243	3129097	-0.2
#集体企业	442473	397353	-10.2
私营企业	2691770	2731744	1.5
乡镇企业总产值	6793279	6682450	-1.6
#集体企业	779007	747174	-4.1
私营企业	6014272	5935276	-1.8
乡镇企业营业收入	8339437	8325617	-0.2
#集体企业	1046657	950033	-9.2
私营企业	7292780	7375584	1.1
乡镇企业利润总额	685038	723818	5.7
#集体企业	72384	66280	-8.4
私营企业	612654	657538	7.3
乡镇企业应交税金	372409	339884	-8.7
#集体企业	88409	57463	-35.0
私营企业	284000	282421	-0.6

13-23 分县(市、区)民营经济主要指标

单位:万元

地　　区	2015年	2016年	增速(%)
增 加 值	6094129	5981525	-1.8
城　区	652813	621424	-4.8
沁水县	620232	623242	0.5
阳城县	1212010	1112758	-8.2
陵川县	226073	211829	-6.3
泽州县	1761655	1804097	2.4
高平市	1251480	1253642	0.2
开发区	369866	354533	-4.1
工业总产值	10763859	10402880	-3.4
城　区	59613	48125	-19.3
沁水县	1045473	1024026	-2.1
阳城县	2193239	2079994	-5.2
陵川县	346804	325849	-6.0
泽州县	3662937	3780495	3.2
高平市	2287401	2047604	-10.5
开发区	1168392	1096787	-6.1
营业收入	16453646	16375839	-0.5
城　区	1954167	1862535	-4.7
沁水县	1225991	1233747	0.6
阳城县	2604915	2503897	-3.9
陵川县	584936	553696	-5.3
泽州县	4602186	4103944	-10.8
高平市	4066530	4713976	15.9
开发区	1414921	1404044	-0.8

主要统计指标解释

农林牧渔业总产值 指以货币表现的农、林、牧、渔业全部产品和对农林牧渔业生产活动进行的各种支持性服务活动的价值总量,它反映一定时期内农林牧渔业生产总规模和总成果。1957年以前的农林牧渔业总产值中包括了厩肥和农民自给性手工业(如农民自制衣服、鞋、袜,自己从事粮食初步加工等)。1958年及以后,林业中增加了村及村以下竹木采伐产值;牧业中取消了厩肥产值;副业中取消了农民自给性手工业产值,增加了村及村以下办的工业产值;渔业中增加了海洋捕捞水产品产值。1980年及以后,在副业中增加了农民家庭兼营工业商品部分的产值。从1984年起村及村以下工业产值划归工业。从1993年起取消副业,将野生动物的捕猎划入牧业,野生植物采集和农民家庭兼营商品性工业划归农业。从2003年起,执行新的国民经济行业分类标准,农林牧渔业总产值中包括了农林牧渔服务业产值。林业中增加了森林采运业产值。农业中取消了家庭兼营商品性工业产值,将野生林产品的采集划归林业。第一次农业普查以后,由于畜牧业产品年报数据与普查数据之间存在一定的差距,国家统计局农调总队对畜牧业年报数据与普查数据进行衔接,对畜牧业产值进行相应调整。

农林牧渔业总产值的计算方法通常是按农、林、牧、渔业产品及其副产品的产量分别乘以各自单位产品价格求得;少数生产周期较长,当年没有产品或产品产量不易统计的,则采用间接方法匡算其产值;然后将四业产品产值及农林牧渔服务业产值相加即为农林牧渔业总产值。

粮食产量 指全社会的产量。包括国有经济经营的、集体统一经营的和农民家庭经营的粮食产量,还包括工矿企业办的农场和其他生产单位的产量。粮食除包括稻谷、小麦、玉米、高粱、谷子及其他杂粮外,还包括薯类和豆类。其产量计算方法,豆类按去豆荚后的干豆计算;薯类(包括甘薯和马铃薯,不包括芋头和木薯)1963年以前按每4公斤鲜薯折1公斤粮食计算,从1964年开始改为按5公斤鲜薯折1公斤粮食计算。城市郊区作为蔬菜的薯类(如马铃薯等)按鲜品计算,并且不作粮食统计。其他粮食一律按脱粒后的原粮计算。1989年以前全国粮食产量数据主要靠全面报表取得,1989年开始使用抽样调查数据。

棉花产量 指全社会的产量。包括春播棉和夏播棉。产量按皮棉计算。不包括木棉。

油料产量 指全部油料作物的生产量。包括花生、油菜籽、芝麻、向日葵籽、胡麻籽(亚麻籽)和其他油料。不包括大豆、木本油料和野生油料。花生以带壳干花生计算。

水产品产量 指人工养殖的水产品和天然生长的水产品的捕捞量。包括海水的鱼类、虾蟹类、贝类和藻类以及内陆水域的鱼类、虾蟹类和贝类,不包括淡水生植物。水产品产量是通过各级水产和统计部门逐级上报取得数据。1995年及以前,贝类中牡蛎按鲜肉计算;蚶、蛤、蛏按5斤鲜品折1斤计算。1996年以后则统一按鲜品计算。

猪、牛、羊肉产量 指当年出栏并已屠宰、除去头蹄下水后带骨肉(即胴体重)的重量。包括全社会范围内的产量。1996年前为各级逐级上报数据。1996年第一次农业普查以后,由于畜牧业产品年报数据与普查数据之间存在一定的差距,国家统计局农调总队对畜牧业年报数据与普查数据进行衔接。1999年以后,国家统计局在部分地区开展了猪、牛、羊、禽等主要畜禽品种的抽样调查,并用抽样数据作为国家定案数据使用。未开展抽样调查的地区和品种,仍使用各级统计部门逐级上报数据。

期初(末)畜禽存栏头(只)数 指报告期初(末)农村各种合作经济组织和国营农场、农民个人、机关、团体、学校、工矿企业、部队等单位以及城镇居民饲养的大牲畜、猪、羊、家禽等畜禽的存栏数。数据上报方式及数据调整情况同猪、牛、羊肉产量。

农作物播种面积 指实际播种或移植有农作物的面积。凡是实际种植有农作物的面积,不论种植在耕地上还是种植在非耕地上,均包括在农作物播种面积中。在播种季节基本结束后,因遭灾而重新改种和补种的农作物面积,也包括在内。它是反映我国耕地面积利用情况的一个重要指标。目前,农作物播种面积主要包括粮食、棉花、油料、糖料、麻类、烟叶、蔬菜和瓜类、药材和其他农作物九大类。

有效灌溉面积 指具有一定的水源,地块比较平整,灌溉工程或设备已经配套,在一般年景下,当年能够进行正常灌溉的耕地面积。在一般情况下,有效灌溉面积应等于灌溉工程或设备已经配备,能够进行正常灌溉的水田和水浇地面积之和。它是反映我国耕地抗旱能力的一个重要指标。

农用化肥施用量 指本年内实际用于农业生产的化肥数量,包括氮肥、磷肥、钾肥和复合肥。化肥施用量要求按折纯量计算数量。折纯量是指把氮肥、磷肥、钾肥分别按含氮、含五氧化二磷、含氧化钾的百分之百成份进行折算后的数量。复合肥按其所含主要成分折算。公式为:

折纯量=实物量×某种化肥有效成份含量的百分比

农业机械总动力 指主要用于农、林、牧、渔业的各种动力机械的动力总和。包括耕作机械、排灌机械、收获机械、农用运输机械、植物保护机械、牧业机械、林业机械、渔业机械和

其他农业机械〔内燃机按引擎马力折成瓦(特)计算、电动机按功率折成瓦(特)计算〕。不包括专门用于乡、镇、村、组办工业、基本建设、非农业运输、科学试验和教学等非农业生产方面用的动力机械与作业机械。这个指标的统计数据主要来源于农机部门。

14 ▶工　业

Industry

PAGE 235-328

资料整理人员： 姬艳芳　张　丽

14-1 规模工业总产值及主营业务收入(2016年)

单位:千元

地　　区	工业总产值	主营业务收入
总　　计	84186593	94507144
市 直 汇	17429510	27797004
城　　区	3213669	3211846
沁 水 县	9020540	9329059
阳 城 县	12720636	12396174
陵 川 县	868253	904542
泽 州 县	17840662	18528024
高 平 市	11371373	11372343
开 发 区	11721950	10968152

注:本表按当年价格计算。

14-2 规模工业企业

指　　标	企业单位数（个）	亏损企业	工业总产值（当年价）
总　　计	241	96	84186593
一、按登记注册类型分			
内资企业	226	93	65214344
国有企业	5	5	867638
中央企业			
地方企业	5	5	867638
集体企业	1	1	36395
股份合作企业			
联营企业			
国有联营企业			
集体联营企业			
国有与集体联营企业			
其他联营企业			
有限责任公司	119	45	34333055
国有独资公司	1		26721
其他有限责任公司	118	45	34306334
股份有限公司	14	3	14131626
私营企业	87	39	15845630
私营独资企业	1	1	49233
私营合伙企业			
私营有限责任公司	82	36	15538234
私营股份有限公司	4	2	258163
其他企业			
港、澳、台商投资企业	5	2	12348330
合资经营企业(港或澳、台资)	3	1	2753369
合作经营企业(港或澳、台资)			
港澳台商独资经营企业	2	1	9594961
港澳台商投资股份有限公司			
其他港澳台投资			
外商投资企业	10	1	6623919
中外合资经营企业	4		1389806
中外合作经营企业	2		4323730
外资企业	3	1	762083
外商投资股份有限公司			
其他外商投资	1		148300
二、按经济组织类型分组			
独资企业	12	9	11310310
国有企业	5	5	867638
集体企业	1	1	36395
私营独资企业	1	1	49233
港澳台商独资经营企业	2	1	9594961
外资企业	3	1	762083
合作、合伙企业	3		4472030
股份合作企业			

主要指标(2016年)

单位:千元

工业销售产值(当年价)	出口交货值	年初存货	产成品
82433246	5318497	9135525	3570343
64243940	427341	7387863	2949962
861680		93525	49460
861680		93525	49460
29375	17016	18409	10338
33914725	123465	4271879	1584567
26721		972	
33888004	123465	4270907	1584567
13859977	25965	539142	301697
15578183	260895	2464908	1003900
34329		15203	15203
15253210	260895	2340472	918555
290644		109233	70142
11719844	4791966	1248578	573117
2752219		90082	6255
8967625	4791966	1158496	566862
6469462	99190	499084	47264
1319374		134164	27133
4271399		335676	15807
730389	99190	29244	4324
148300			
10623398	4908172	1314877	646187
861680		93525	49460
29375	17016	18409	10338
34329		15203	15203
8967625	4791966	1158496	566862
730389	99190	29244	4324
4419699		335676	15807

14-2

指 标	企业单位数（个）	亏损企业	工业总产值（当年价）
国有联营企业			
集体联营企业			
国有与集体联营企业			
其他联营企业			
私营合伙企业			
合作经营企业(港或澳、台资)			
中外合作经营企业	2		4323730
其他企业(内资)			
其他港澳台商投资企业			
其他外商投资企业	1		148300
股份有限公司	18	5	14389789
股份有限公司(内资)	14	3	14131626
私营股份有限公司	4	2	258163
港澳台商投资股份有限公司			
外商投资股份有限公司			
有限责任公司	208	82	54014464
国有独资公司	1		26721
私营有限责任公司	82	36	15538234
合资经营企业(港或澳、台资)	3	1	2753369
中外合资经营企业	4		1389806
其他有限责任公司	118	45	34306334
三、在总计中:亏损企业	**96**	**96**	**13595212**
在总计中:国有控股企业	113	44	50841702
在总计中:农村工业	9	3	1337114
在总计中:轻工业	28	10	2310604
重工业	213	86	81875989
在总计中:大型企业	18	2	49471106
中型企业	109	48	25082372
小型企业	114	46	9633115
四、按分县(市、区)分组			
市直	3		17429510
城区	22	10	3213669
沁水县	37	13	9020540
阳城县	57	22	12720636
陵川县	11	6	868253
泽州县	45	15	17840662
高平市	51	27	11371373
开发区	15	3	11721950

续表1

单位:千元

工业销售产值（当年价）	出口交货值	年初存货	产成品
4271399		335676	15807
148300			
14150621	25965	648375	371839
13859977	25965	539142	301697
290644		109233	70142
53239528	384360	6836597	2536510
26721		972	
15253210	260895	2340472	918555
2752219		90082	6255
1319374		134164	27133
33888004	123465	4270907	1584567
13693439	174026	2581525	1240758
50204107	35733	4788659	1676091
1295335	17016	119344	55925
2200167	36529	455803	233981
80233079	5281968	8679722	3336362
48097344	4814136	4524057	1591193
24857947	453893	3007955	1230251
9477955	50468	1603513	748899
16679120	22170	907982	469170
3212911		842046	409732
8928525	34461	1150559	260623
12304295	30579	1133948	300360
882300	29657	247214	160557
17769661	29316	1913705	702881
11623687	132440	1530742	610254
11032747	5039874	1409329	656766

14-2

指 标	企业单位数（个）	亏损企业	工业总产值（当年价）
五、按行业分组			
煤炭开采和洗选业	80	34	36100063
石油和天然气开采业	14	4	4179984
黑色金属矿采选业			
有色金属矿采选业			
非金属矿采选业			
开采辅助活动			
其他采矿业			
农副食品加工业	7	3	614536
食品制造业	3		111407
酒、饮料和精制茶制造业	2		424693
烟草制品业			
纺织业	2	1	217085
纺织服装、服饰业	2	1	64289
皮革、毛皮、羽毛及其制品和制鞋业			
木材加工和木、竹、藤、棕、草制品业			
家具制造业			
造纸和纸制品业			
印刷和记录媒介复制业	1	1	30140
文教、工美、体育和娱乐用品制造业	1		20201
石油加工、炼焦和核燃料加工业	2	2	270019
化学原料和化学制品制造业	18	7	7512035
医药制造业	4	1	492932
化学纤维制造业			
橡胶和塑料制品业	4	1	206017
非金属矿物制品业	27	14	1572180
黑色金属冶炼和压延加工业	18	7	10638290
有色金属冶炼和压延加工业			
金属制品业	5	2	810416
通用设备制造业	1		23232
专用设备制造业	11	3	1239783
汽车制造业	3	1	754533
铁路、船舶、航空航天和其他运输设备制造业			
电气机械和器材制造业	7	4	452867
计算机、通信和其他电子设备制造业	2	1	9705252
仪器仪表制造业			
其他制造业			
废弃资源综合利用业			
金属制品、机械和设备修理业	6	1	273767
电力、热力生产和供应业	15	6	7221450
燃气生产和供应业	5	1	1153990
水的生产和供应业	1	1	97432

续表2

单位：千元

工业销售产值（当年价）	出口交货值	年初存货	产成品
35184160	22170	2498170	1105694
4123788		737425	40140
567579		102280	64922
109776		16383	284
409927		43685	11426
188614	13563	63396	28743
59078		49197	28777
30140		8626	50
17106		20410	14766
302277		85966	63004
7538336	6691	789921	397983
504054		70681	35232
198293		90996	72638
1394877	3795	271323	191819
10662635	213233	1347034	366594
898555	109902	185410	63271
23232		8276	6049
1284451		661029	290458
716091	57987	142398	73115
449932		265181	137527
9047562	4891156	1165846	569415
273767		43537	8167
7207843		443256	
1153990		14260	269
87183		10839	

14-2

指　　标	资产总计	流动资产合　计	应收帐款
总　　计	331564188	133784615	19449186
一、按登记注册类型分			
内资企业	295088898	117480493	15907692
国有企业	3957908	1322141	39319
中央企业			
地方企业	3957908	1322141	39319
集体企业	39755	24186	4491
股份合作企业			
联营企业			
国有联营企业			
集体联营企业			
国有与集体联营企业			
其他联营企业			
有限责任公司	222976887	91310369	11751423
国有独资公司	107441	22495	830
其他有限责任公司	222869446	91287874	11750593
股份有限公司	46770803	15224894	2402989
私营企业	21343545	9598903	1709470
私营独资企业	44487	43669	9200
私营合伙企业			
私营有限责任公司	20460364	9158533	1668245
私营股份有限公司	838694	396701	32025
其他企业			
港、澳、台商投资企业	14079245	7218023	2810792
合资经营企业(港或澳、台资)	4288803	916896	327595
合作经营企业(港或澳、台资)			
港澳台商独资经营企业	9790442	6301127	2483197
港澳台商投资股份有限公司			
其他港澳台投资			
外商投资企业	22396045	9086099	730702
中外合资经营企业	10383561	3595929	49615
中外合作经营企业	7562476	3985017	439930
外资企业	2981276	1394240	131191
外商投资股份有限公司			
其他外商投资	1468732	110913	109966
二、按经济组织类型分组			
独资企业	16813868	9085363	2667398
国有企业	3957908	1322141	39319
集体企业	39755	24186	4491
私营独资企业	44487	43669	9200
港澳台商独资经营企业	9790442	6301127	2483197
外资企业	2981276	1394240	131191
合作、合伙企业	9031208	4095930	549896
股份合作企业			

续表3

单位:千元

存 货	产成品	固定资产合计	固定资产原价
8681841	3092991	97404886	155949497
7049312	2792534	81822924	122124288
65619	21778	2454265	3353318
65619	21778	2454265	3353318
18341	5797	15359	38338
3564899	1274417	54239409	79415018
1298		82910	93658
3563601	1274417	54156499	79321360
650976	339596	15668055	24726306
2749477	1150946	9445836	14591308
20383	20383	818	3390
2619392	1051659	9230792	14199341
109702	78904	214226	388577
1045034	275893	6585348	11775996
147999	6516	3290898	6145607
897035	269377	3294450	5630389
587495	24564	8996614	22049213
130005	13183	3034108	2041501
422110	3536	3076295	16346083
35380	7845	1537529	2244598
		1348682	1417031
1036758	325180	7302421	11270033
65619	21778	2454265	3353318
18341	5797	15359	38338
20383	20383	818	3390
897035	269377	3294450	5630389
35380	7845	1537529	2244598
422110	3536	4424977	17763114

14-2

指　　标	资产总计	流动资产合　计	应收帐款
国有联营企业			
集体联营企业			
国有与集体联营企业			
其他联营企业			
私营合伙企业			
合作经营企业(港或澳、台资)			
中外合作经营企业	7562476	3985017	439930
其他企业(内资)			
其他港澳台商投资企业			
其他外商投资企业	1468732	110913	109966
股份有限公司	47609497	15621595	2435014
股份有限公司(内资)	46770803	15224894	2402989
私营股份有限公司	838694	396701	32025
港澳台商投资股份有限公司			
外商投资股份有限公司			
有限责任公司	258109615	104981727	13796878
国有独资公司	107441	22495	830
私营有限责任公司	20460364	9158533	1668245
合资经营企业(港或澳、台资)	4288803	916896	327595
中外合资经营企业	10383561	3595929	49615
其他有限责任公司	222869446	91287874	11750593
三、在总计中:亏损企业	**60791569**	**19677526**	**1465235**
在总计中:国有控股企业	270002065	106351572	14567184
在总计中:农村工业	4255471	1036462	51334
在总计中:轻工业	4255204	1896247	312768
重工业	327308984	131888368	19136418
在总计中:大型企业	203027167	92045643	14071450
中型企业	99327595	31701182	3298685
小型企业	29209426	10037790	2079051
四、按分县(市、区)分组			
市　　直	134519397	61240027	8136378
城　　区	14434546	7360057	2209354
沁 水 县	51014438	15782859	2321229
阳 城 县	40807856	13857682	1102033
陵 川 县	2815305	1095040	142676
泽 州 县	30268209	11237405	1734931
高 平 市	41333540	13348837	668549
开 发 区	16370897	9862708	3134036

续表4

单位:千元

存 货	产成品	固定资产合 计	固定资产原 价
422110	3536	3076295	16346083
		1348682	1417031
760678	418500	15882281	25114883
650976	339596	15668055	24726306
109702	78904	214226	388577
6462295	2345775	69795207	101801467
1298		82910	93658
2619392	1051659	9230792	14199341
147999	6516	3290898	6145607
130005	13183	3034108	2041501
3563601	1274417	54156499	79321360
2448775	1166916	28057206	36218487
4391248	1445756	72354950	120143973
135559	54769	1612546	2269063
477045	252542	1608874	2035488
8204796	2840449	95796012	153914009
3873220	1007988	44354971	76170244
3061690	1217828	37630459	60857335
1746931	867175	15419456	18921918
792747	276351	19091725	38499085
861249	465776	4532050	5805160
704722	223908	19026195	19629200
1322765	340947	17941890	35235732
201106	143692	1222137	1627351
2141219	686940	14123166	23475396
1468203	561885	16429368	23844649
1189830	393492	5038355	7832924

14–2

指标	资产总计	流动资产合计	应收帐款
五、按行业分组			
煤炭开采和洗选业	223656753	89589081	9196234
石油和天然气开采业	26361320	8369723	1934639
黑色金属矿采选业			
有色金属矿采选业			
非金属矿采选业			
开采辅助活动			
其他采矿业			
农副食品加工业	534850	231143	27860
食品制造业	164068	75445	18746
酒、饮料和精制茶制造业	494678	149149	32022
烟草制品业			
纺织业	301972	223161	6372
纺织服装、服饰业	206435	100179	32284
皮革、毛皮、羽毛及其制品和制鞋业			
木材加工和木、竹、藤、棕、草制品业			
家具制造业			
造纸和纸制品业			
印刷和记录媒介复制业	31368	18825	5323
文教、工美、体育和娱乐用品制造业	134220	68304	4053
石油加工、炼焦和核燃料加工业	768893	328622	32646
化学原料和化学制品制造业	17237569	6689392	340899
医药制造业	1050652	473966	121606
化学纤维制造业			
橡胶和塑料制品业	379811	308981	132721
非金属矿物制品业	4525567	1462091	139544
黑色金属冶炼和压延加工业	10025564	4412039	791025
有色金属冶炼和压延加工业			
金属制品业	1627070	811065	464925
通用设备制造业	60018	57659	10019
专用设备制造业	8821970	5325428	1702666
汽车制造业	1351320	626728	242403
铁路、船舶、航空航天和其他运输设备制造业			
电气机械和器材制造业	2106586	1028838	285304
计算机、通信和其他电子设备制造业	9865821	6240664	2475158
仪器仪表制造业			
其他制造业			
废弃资源综合利用业			
金属制品、机械和设备修理业	420440	363464	195890
电力、热力生产和供应业	18523002	5502659	920169
燃气生产和供应业	2738344	1286348	337001
水的生产和供应业	175897	41661	–323

续表5

单位:千元

存 货	产成品	固定资产合计	固定资产原价
2244135	760971	53461717	80641606
347571	66024	7657892	9091996
89220	49928	247141	300620
28740	15348	62814	74126
59579	13817	319904	378360
56599	25090	78424	192164
60354	35423	104785	62477
9797	3342	7851	39553
16645	12530	1293	5314
63706	38665	279320	547323
802849	395549	8056194	12867815
65562	30127	427962	535198
122613	104492	50077	94465
329665	226207	2469115	3229130
1463414	341629	4710467	8560119
184140	123566	511533	550639
6494	5731	2359	2601
651677	294496	1686866	2134937
186205	91841	559721	680878
270314	162338	574987	720654
911459	277188	3489707	5942275
60555	17865	40224	69667
626840		11541097	27855599
14174	824	944997	1157824
9534		118439	214157

14-2

指　　　标		
	累计折旧	本年折旧
总　　　计	**71906325**	**6512096**
一、按登记注册类型分		
内资企业	51327342	4689824
国有企业	974569	120906
中央企业		
地方企业	974569	120906
集体企业	23505	1410
股份合作企业		
联营企业		
国有联营企业		
集体联营企业		
国有与集体联营企业		
其他联营企业		
有限责任公司	31285139	2904183
国有独资公司	10748	3844
其他有限责任公司	31274391	2900339
股份有限公司	13390314	843657
私营企业	5653815	819668
私营独资企业	2572	228
私营合伙企业		
私营有限责任公司	5476892	802121
私营股份有限公司	174351	17319
其他企业		
港、澳、台商投资企业	5308550	971685
合资经营企业(港或澳、台资)	2972612	341938
合作经营企业(港或澳、台资)		
港澳台商独资经营企业	2335938	629747
港澳台商投资股份有限公司		
其他港澳台投资		
外商投资企业	15270433	850587
中外合资经营企业	1225228	134185
中外合作经营企业	13269788	562759
外资企业	707068	132145
外商投资股份有限公司		
其他外商投资	68349	21498
二、按经济组织类型分组		
独资企业	4043652	884436
国有企业	974569	120906
集体企业	23505	1410
私营独资企业	2572	228
港澳台商独资经营企业	2335938	629747
外资企业	707068	132145
合作、合伙企业	13338137	584257
股份合作企业		

续表6

单位:千元

负债合计	流动负债合计	应付帐款	非流动负债合计	所有者权益合计
227369973	**170740893**	**26325692**	**56187972**	**104099938**
212986487	158914964	21585276	53630417	82008138
2788186	1795599	159649	992587	1169722
2788186	1795599	159649	992587	1169722
24510	24510	13477		15245
175965456	131750085	15515998	43970741	47011423
26703	12591	641	14112	80738
175938753	131737494	15515357	43956629	46930685
21749561	14750130	3828987	6999429	25021242
12458774	10594640	2067165	1667660	8790506
51221	51221	17736		−6734
11909323	10114836	1946711	1598013	8456777
498230	428583	102718	69647	340463
5099332	5016991	3011357	82340	8979910
2182472	2149182	533750	33289	2106330
2916860	2867809	2477607	49051	6873580
9284154	6808938	1729059	2475215	13111890
4443083	3390708	235641	1052374	5940477
1921467	1899090	573310	22377	5641009
2210299	809835	214087	1400464	770977
709305	709305	706021		759427
7991076	5548974	2882556	2442102	8822790
2788186	1795599	159649	992587	1169722
24510	24510	13477		15245
51221	51221	17736		−6734
2916860	2867809	2477607	49051	6873580
2210299	809835	214087	1400464	770977
2630772	2608395	1279331	22377	6400436

14-2

指 标	累计折旧	本年折旧
国有联营企业		
集体联营企业		
国有与集体联营企业		
其他联营企业		
私营合伙企业		
合作经营企业(港或澳、台资)		
中外合作经营企业	13269788	562759
其他企业(内资)		
其他港澳台商投资企业		
其他外商投资企业	68349	21498
股份有限公司	13564665	860976
股份有限公司(内资)	13390314	843657
私营股份有限公司	174351	17319
港澳台商投资股份有限公司		
外商投资股份有限公司		
有限责任公司	40959871	4182427
国有独资公司	10748	3844
私营有限责任公司	5476892	802121
合资经营企业(港或澳、台资)	2972612	341938
中外合资经营企业	1225228	134185
其他有限责任公司	31274391	2900339
三、在总计中:亏损企业	**11596401**	**1634756**
在总计中:国有控股企业	57871494	4276384
在总计中:农村工业	671068	113497
在总计中:轻工业	599127	81129
重工业	71307198	6430967
在总计中:大型企业	39607326	3160690
中型企业	26707324	2500897
小型企业	5591675	850509
四、按分县(市、区)分组		
市 直	22543776	1005921
城 区	1629482	214570
沁 水 县	4985987	797257
阳 城 县	20103040	1457237
陵 川 县	569801	100711
泽 州 县	9864903	1116448
高 平 市	9414769	1029661
开 发 区	2794567	790291

续表7

单位:千元

负债合计	流动负债合计		非流动负债合计	所有者权益合计
		应付帐款		
1921467	1899090	573310	22377	5641009
709305	709305	706021		759427
22247791	15178713	3931705	7069076	25361705
21749561	14750130	3828987	6999429	25021242
498230	428583	102718	69647	340463
194500334	147404811	18232100	46654417	63515007
26703	12591	641	14112	80738
11909323	10114836	1946711	1598013	8456777
2182472	2149182	533750	33289	2106330
4443083	3390708	235641	1052374	5940477
175938753	131737494	15515357	43956629	46930685
54586959	42363387	6699922	12058704	6175853
195318700	144138462	19555356	51063262	74683361
2861042	2853865	183253	7176	1394427
2540949	2305242	288951	139693	1714251
224829024	168435651	26036741	56048279	102385687
134836935	97674024	12900869	37162908	68190232
70771878	57456818	8785244	13062987	28555707
21761160	15610051	4639579	5962077	7353999
94901013	65488894	5084407	29412119	39618384
9911150	7472977	2511614	2438171	4523395
32156217	23378921	4803771	8752934	18858216
27556280	21156692	3960136	6191091	13157314
1435320	1115900	106448	319420	1379983
17684009	13066940	2415739	4541563	12584197
36095061	31455752	4442174	4506571	5238478
7630923	7604817	3001403	26103	8739971

14-2

指 标		
	累计折旧	本年折旧
五、按行业分组		
煤炭开采和洗选业	38607447	2810236
石油和天然气开采业	1973843	418687
黑色金属矿采选业		
有色金属矿采选业		
非金属矿采选业		
开采辅助活动		
其他采矿业		
农副食品加工业	77333	15228
食品制造业	11312	2428
酒、饮料和精制茶制造业	72479	11344
烟草制品业		
纺织业	122615	5023
纺织服装、服饰业	36100	4148
皮革、毛皮、羽毛及其制品和制鞋业		
木材加工和木、竹、藤、棕、草制品业		
家具制造业		
造纸和纸制品业		
印刷和记录媒介复制业	31702	6399
文教、工美、体育和娱乐用品制造业	4020	459
石油加工、炼焦和核燃料加工业	268004	20677
化学原料和化学制品制造业	5523101	577867
医药制造业	128363	27161
化学纤维制造业		
橡胶和塑料制品业	44576	4910
非金属矿物制品业	774647	144413
黑色金属冶炼和压延加工业	3916571	480580
有色金属冶炼和压延加工业		
金属制品业	107410	42867
通用设备制造业	802	255
专用设备制造业	451715	84761
汽车制造业	193656	44769
铁路、船舶、航空航天和其他运输设备制造业		
电气机械和器材制造业	145667	36929
计算机、通信和其他电子设备制造业	2452566	678381
仪器仪表制造业		
其他制造业		
废弃资源综合利用业		
金属制品、机械和设备修理业	39022	3600
电力、热力生产和供应业	16605508	1037161
燃气生产和供应业	212827	48000
水的生产和供应业	105039	5813

续表8

单位:千元

负债合计	流动负债合计	应付帐款	非流动负债合计	所有者权益合计
159172167	116871459	12689263	42185436	64484583
16284674	10820488	2875319	5464185	10076644
294627	252002	50610	34814	240223
81477	69477	21726	3000	82590
138487	124791	20642	13696	356191
120706	41504	1407		181265
149581	146958	6887	2623	56853
21676	21676	10916		9692
108317	57205	1486	51112	25903
744822	731396	116446	13426	24071
16150512	15037629	1749335	1046305	1087056
597375	591419	113500	5956	453276
202781	202756	97048	25	177030
3539062	2312528	365037	1063296	892246
4294012	4124653	746849	169358	5731550
866135	805835	421339	60300	760934
32615	32615	2840		27403
6623804	4892483	1611643	1731319	2198166
880674	873074	59913	7600	470645
1836572	1698764	276768	137807	270013
3169964	3169964	2354823		6695856
262413	260238	185397	2175	158027
10142333	6292381	2244042	3849951	8380668
1545453	1226920	301020	318532	1192890
109734	82678	1436	27056	66163

14-2

指 标	实收资本		
		国家资本	集体资本
总 计	48128111	26169567	1769304
一、按登记注册类型分			
内资企业	36637689	21750489	1769304
国有企业	947636	947636	
中央企业			
地方企业	947636	947636	
集体企业	20476		20476
股份合作企业			
联营企业			
国有联营企业			
集体联营企业			
国有与集体联营企业			
其他联营企业			
有限责任公司	23292041	15489114	1352804
国有独资公司	52000	52000	
其他有限责任公司	23240041	15437114	1352804
股份有限公司	7256782	5293439	334683
私营企业	5120754	20300	61341
私营独资企业	5000		
私营合伙企业			
私营有限责任公司	4891754		61341
私营股份有限公司	224000	20300	
其他企业			
港、澳、台商投资企业	6033371	1002223	
合资经营企业(港或澳、台资)	1517333	797538	
合作经营企业(港或澳、台资)			
港澳台商独资经营企业	4516038	204685	
港澳台商投资股份有限公司			
其他港澳台投资			
外商投资企业	5457051	3416855	
中外合资经营企业	849100	158828	
中外合作经营企业	3701625	3258027	
外资企业	216582		
外商投资股份有限公司			
其他外商投资	689744		
二、按经济组织类型分组			
独资企业	5705732	1152321	20476
国有企业	947636	947636	
集体企业	20476		20476
私营独资企业	5000		
港澳台商独资经营企业	4516038	204685	
外资企业	216582		
合作、合伙企业	4391369	3258027	
股份合作企业			

续表9

单位：千元

				营业收入
法人资本	个人资本	港澳台资本	外商资本	
9144233	4442850	4570327	2031829	99022189
8767270	4350626			80673847
				936854
				936854
				29375
5814430	635693			49972320
				45487
5814430	635693			49926833
928930	699730			13984765
2023910	3015203			15750533
	5000			34329
1967410	2863003			15397308
56500	147200			318896
60000	92224	4380686	498237	11726797
60000	92224	69333	498237	2752902
		4311353		8973895
316963		189641	1533592	6621545
99600			590672	1428602
217363			226235	4312372
		189641	26941	729946
			689744	150625
	5000	4500994	26941	10704399
				936854
				29375
	5000			34329
		4311353		8973895
		189641	26941	729946
217363			915979	4462997

14–2

指 标	实收资本		
		国家资本	集体资本
国有联营企业			
集体联营企业			
国有与集体联营企业			
其他联营企业			
私营合伙企业			
合作经营企业(港或澳、台资)			
中外合作经营企业	3701625	3258027	
其他企业(内资)			
其他港澳台商投资企业			
其他外商投资企业	689744		
股份有限公司	7480782	5313739	334683
股份有限公司(内资)	7256782	5293439	334683
私营股份有限公司	224000	20300	
港澳台商投资股份有限公司			
外商投资股份有限公司			
有限责任公司	30550228	16445480	1414145
国有独资公司	52000	52000	
私营有限责任公司	4891754		61341
合资经营企业(港或澳、台资)	1517333	797538	
中外合资经营企业	849100	158828	
其他有限责任公司	23240041	15437114	1352804
三、在总计中:亏损企业	**13423124**	**7347394**	**584569**
在总计中:国有控股企业	33539255	25737788	948305
在总计中:农村工业	488253	13656	466777
在总计中:轻工业	961109	172098	250480
重工业	47167002	25997469	1518824
在总计中:大型企业	19924114	9721364	70933
中型企业	20374031	13390732	1163714
小型企业	7829966	3057471	534657
四、按分县(市、区)分组			
市 直	5691935	4549535	
城 区	2826582	2374151	11570
沁 水 县	10734546	7063112	83000
阳 城 县	7791108	5262837	909226
陵 川 县	1041772	510160	22650
泽 州 县	6848826	2555964	277618
高 平 市	7170048	3121562	260940
开 发 区	6023294	732246	204300

续表10

单位:千元

法人资本	个人资本	港澳台资本	外商资本	营业收入
217363			226235	4312372
			689744	150625
985430	846930			14303661
928930	699730			13984765
56500	147200			318896
7941440	3590920	69333	1088909	69551132
				45487
1967410	2863003			15397308
60000	92224	69333	498237	2752902
99600			590672	1428602
5814430	635693			49926833
3710813	1450707	189641	140000	13819923
5429872	1100218		323072	66299944
	7820			1328961
408061	130470			2303506
8736172	4312380	4570327	2031829	96718683
3996219	1054010	4311353	770235	63920095
3435472	2167531	189641	26941	25267135
1712542	1221309	69333	1234653	9834959
515340	627060			31224042
241595	199266			3595076
2038390	145700		1404344	9438488
821730	269480		527835	12525494
10000	498962			908236
2574110	1441134			18591370
2698222	1089324			11656861
244846	171924	4570327	99650	11082622

14–2

指　　标	实收资本		
		国家资本	集体资本
五、按行业分组			
煤炭开采和洗选业	16050696	8527832	857504
石油和天然气开采业	7164686	6070942	33000
黑色金属矿采选业			
有色金属矿采选业			
非金属矿采选业			
开采辅助活动			
其他采矿业			
农副食品加工业	231940		
食品制造业	12520		
酒、饮料和精制茶制造业	64000	2000	46180
烟草制品业			
纺织业	5000		
纺织服装、服饰业	76546		
皮革、毛皮、羽毛及其制品和制鞋业			
木材加工和木、竹、藤、棕、草制品业			
家具制造业			
造纸和纸制品业			
印刷和记录媒介复制业	15000		
文教、工美、体育和娱乐用品制造业	30000		
石油加工、炼焦和核燃料加工业	260000		
化学原料和化学制品制造业	5034865	3214339	371364
医药制造业	303005	97000	84300
化学纤维制造业			
橡胶和塑料制品业	54240	40140	
非金属矿物制品业	1368117	350000	12480
黑色金属冶炼和压延加工业	2732134		70476
有色金属冶炼和压延加工业			
金属制品业	582721	230721	
通用设备制造业	23680		
专用设备制造业	1770930	1513477	
汽车制造业	190000	20000	
铁路、船舶、航空航天和其他运输设备制造业			
电气机械和器材制造业	486376	10000	145000
计算机、通信和其他电子设备制造业	4500994		
仪器仪表制造业			
其他制造业			
废弃资源综合利用业			
金属制品、机械和设备修理业	75050	59600	
电力、热力生产和供应业	6216842	5372942	149000
燃气生产和供应业	838831	620636	
水的生产和供应业	39938	39938	

续表 11

单位:千元

法人资本	个人资本	港澳台资本	外商资本	营业收入
4819572	1075553		770235	50075432
180000	51000		829744	4504672
193290	38650			587947
11520	1000			127958
	15820			409930
	5000			212827
71546	5000			76447
	15000			26801
	30000			22353
143800	116200			288624
1378010	71152			8277458
121705				504241
11300	2800			273479
543638	461999			1275107
980542	1681116			10692962
250000	102000			924795
23680				23232
101480	112960		43013	1485900
	170000			752757
101000	230376			542587
		4500994		9046365
10050			5400	273767
203100	165000		326800	7300719
	92224	69333	56637	1223982
				91847

14-2

指 标	主营业务收入	营业成本	主营业务成本
总 计	94507144	79583799	75969139
一、按登记注册类型分			
内资企业	76307578	64912981	61309392
国有企业	841948	844385	796909
中央企业			
地方企业	841948	844385	796909
集体企业	29375	25575	25575
股份合作企业			
联营企业			
国有联营企业			
集体联营企业			
国有与集体联营企业			
其他联营企业			
有限责任公司	46128625	39623545	36522398
国有独资公司	29088	25971	20378
其他有限责任公司	46099537	39597574	36502020
股份有限公司	13605097	9825647	9386568
私营企业	15702533	14593829	14577942
私营独资企业	34329	29643	29643
私营合伙企业			
私营有限责任公司	15349308	14295662	14279775
私营股份有限公司	318896	268524	268524
其他企业			
港、澳、台商投资企业	11612065	10304191	10301261
合资经营企业(港或澳、台资)	2745439	2106528	2103598
合作经营企业(港或澳、台资)			
港澳台商独资经营企业	8866626	8197663	8197663
港澳台商投资股份有限公司			
其他港澳台投资			
外商投资企业	6587501	4366627	4358486
中外合资经营企业	1425682	764690	764602
中外合作经营企业	4285532	2791697	2783644
外资企业	727987	700951	700951
外商投资股份有限公司			
其他外商投资	148300	109289	109289
二、按经济组织类型分组			
独资企业	10500265	9798217	9750741
国有企业	841948	844385	796909
集体企业	29375	25575	25575
私营独资企业	34329	29643	29643
港澳台商独资经营企业	8866626	8197663	8197663
外资企业	727987	700951	700951
合作、合伙企业	4433832	2900986	2892933
股份合作企业			

续表12

单位:千元

营业税金及附加	主营业务税金及附加	其他业务收入	其他业务利润	销售费用
2903290	2873334	4515045	327691	1673897
2525469	2495513	4366269	302028	1609250
38516	38022	94906	45392	9153
38516	38022	94906	45392	9153
				3430
1816492	1787998	3843695	151178	795945
343	343	16399	10807	8116
1816149	1787655	3827296	140371	787829
640728	640716	379668	78044	524901
29733	28777	48000	27414	275821
				5896
29169	28213	48000	27414	257965
564	564			11960
106537	106537	114732	4551	24462
21166	21166	7463	4551	11274
85371	85371	107269		13188
271284	271284	34044	21112	40185
114548	114548	2920		18369
153792	153792	26840	18787	18377
2520	2520	1959		3439
424	424	2325	2325	
126407	125913	204134	45392	35106
38516	38022	94906	45392	9153
				3430
				5896
85371	85371	107269		13188
2520	2520	1959		3439
154216	154216	29165	21112	18377

14-2

指 标	主营业务收入	营业成本	主营业务成本
国有联营企业			
集体联营企业			
国有与集体联营企业			
其他联营企业			
私营合伙企业			
合作经营企业(港或澳、台资)			
中外合作经营企业	4285532	2791697	2783644
其他企业(内资)			
其他港澳台商投资企业			
其他外商投资企业	148300	109289	109289
股份有限公司	13923993	10094171	9655092
股份有限公司(内资)	13605097	9825647	9386568
私营股份有限公司	318896	268524	268524
港澳台商投资股份有限公司			
外商投资股份有限公司			
有限责任公司	65649054	56790425	53670373
国有独资公司	29088	25971	20378
私营有限责任公司	15349308	14295662	14279775
合资经营企业(港或澳、台资)	2745439	2106528	2103598
中外合资经营企业	1425682	764690	764602
其他有限责任公司	46099537	39597574	36502020
三、在总计中:亏损企业	**13452245**	**12665033**	**12389630**
在总计中:国有控股企业	61970803	51420487	47828951
在总计中:农村工业	1328961	841378	841378
在总计中:轻工业	2278568	1843837	1816733
重工业	92228576	77739962	74152406
在总计中:大型企业	59949137	52317504	49215966
中型企业	24908811	18901508	18530889
小型企业	9649196	8364787	8222284
四、按分县(市、区)分组			
市 直	27797004	25388815	22465409
城 区	3211846	2957510	2757418
沁 水 县	9329059	6735367	6546152
阳 城 县	12396174	8369900	8292439
陵 川 县	904542	790161	785359
泽 州 县	18528024	16398923	16379174
高 平 市	11372343	9052894	8853659
开 发 区	10968152	9890229	9889529

续表13

单位：千元

营业税金及附加	主营业务税金及附加	其他业务收入	其他业务利润	销售费用
153792	153792	26840	18787	18377
424	424	2325	2325	
641292	641280	379668	78044	536861
640728	640716	379668	78044	524901
564	564			11960
1981375	1951925	3902078	183143	1083553
343	343	16399	10807	8116
29169	28213	48000	27414	257965
21166	21166	7463	4551	11274
114548	114548	2920		18369
1816149	1787655	3827296	140371	787829
313815	302642	367678	70328	418955
2383962	2355103	4329141	286006	1233686
78689	78689			53384
10566	9745	24938	272	272272
2892724	2863589	4490107	327419	1401625
1965952	1957616	3970958	202606	896764
876346	856724	358324	96180	536520
60992	58994	185763	28905	240613
1086178	1086178	3427038	59103	262344
26412	24672	383230	172952	209610
417041	408665	109429	-286	82982
494914	492263	129320	38348	107570
23884	23884	3694	601	17867
233406	232338	63346	38775	471565
522548	506542	284518	13658	382787
98907	98792	114470	4540	139172

14–2

指　　标	主营业务收入	营业成本	主营业务成本
五、按行业分组			
煤炭开采和洗选业	46384298	36452095	33411134
石油和天然气开采业	4474592	3865623	3700396
黑色金属矿采选业			
有色金属矿采选业			
非金属矿采选业			
开采辅助活动			
其他采矿业			
农副食品加工业	587473	581500	581036
食品制造业	127958	105303	105303
酒、饮料和精制茶制造业	409930	362755	362755
烟草制品业			
纺织业	211987	182570	182091
纺织服装、服饰业	76369	59360	59270
皮革、毛皮、羽毛及其制品和制鞋业			
木材加工和木、竹、藤、棕、草制品业			
家具制造业			
造纸和纸制品业			
印刷和记录媒介复制业	26801	28561	28561
文教、工美、体育和娱乐用品制造业	22353	11434	11434
石油加工、炼焦和核燃料加工业	288624	295882	295882
化学原料和化学制品制造业	8147853	7853623	7753610
医药制造业	487760	212897	194038
化学纤维制造业			
橡胶和塑料制品业	208768	227846	172763
非金属矿物制品业	1274674	1147374	1147347
黑色金属冶炼和压延加工业	10685640	10159706	10159706
有色金属冶炼和压延加工业			
金属制品业	846711	723862	653293
通用设备制造业	23232	13340	13340
专用设备制造业	1328777	1117020	1087439
汽车制造业	751897	598883	598556
铁路、船舶、航空航天和其他运输设备制造业			
电气机械和器材制造业	495292	490821	446522
计算机、通信和其他电子设备制造业	8937591	8399149	8399149
仪器仪表制造业			
其他制造业			
废弃资源综合利用业			
金属制品、机械和设备修理业	266160	242091	235696
电力、热力生产和供应业	7211062	5450191	5411361
燃气生产和供应业	1146560	914189	877945
水的生产和供应业	84782	87724	80512

续表14

单位:千元

营业税金及附加	主营业务税金及附加	其他业务收入	其他业务利润	销售费用
2591994	2577182	3691134	84591	525916
71831	63000	30080	–267	37621
544	544	474	10	8611
155	155			8440
413	413			14283
941	941	840	361	8804
325	325	78	–13	6519
106	106			
266	266			6506
208	208			3168
19273	16943	129605	22454	500748
6387	6060	16481	61	213684
1178	627	64711	28	6694
5516	5516	433	129	35511
10232	10232	7322	7143	131308
8419	7225	78084	94	10439
109	109			2633
12229	11273	157123	124733	22234
8716	8716	860	231	26538
2321	2321	47295	2518	11302
85591	85591	108774		12909
1546	1546	7607	1216	73
70156	69695	89657	43371	423
4340	4340	77422	41178	79533
494		7065	–147	

14-2

指　　标	管理费用	税　金
总　　计	7956080	199256
一、按登记注册类型分		
内资企业	7272552	168895
国有企业	180928	8374
中央企业		
地方企业	180928	8374
集体企业	1517	8
股份合作企业		
联营企业		
国有联营企业		
集体联营企业		
国有与集体联营企业		
其他联营企业		
有限责任公司	5019877	104743
国有独资公司	1418	46
其他有限责任公司	5018459	104697
股份有限公司	1632045	28612
私营企业	438185	27158
私营独资企业	805	38
私营合伙企业		
私营有限责任公司	417292	25092
私营股份有限公司	20088	2028
其他企业		
港、澳、台商投资企业	339860	21040
合资经营企业(港或澳、台资)	47851	2667
合作经营企业(港或澳、台资)		
港澳台商独资经营企业	292009	18373
港澳台商投资股份有限公司		
其他港澳台投资		
外商投资企业	343668	9321
中外合资经营企业	183930	6889
中外合作经营企业	86080	2123
外资企业	52987	309
外商投资股份有限公司		
其他外商投资	20671	
二、按经济组织类型分组		
独资企业	528246	27102
国有企业	180928	8374
集体企业	1517	8
私营独资企业	805	38
港澳台商独资经营企业	292009	18373
外资企业	52987	309
合作、合伙企业	106751	2123
股份合作企业		

续表15

单位：千元

财务费用	利息收入	利息支出	营业利润
6415087	625545	6703254	4333137
6253490	480989	6471467	1965790
44249	36672	49569	-180378
44249	36672	49569	-180378
-128	1		-1019
5514230	406785	5601112	714224
-43	44		9635
5514273	406741	5601112	704589
335159	32052	478338	1365864
359980	5479	342448	67099
1113	1	1114	-3129
334561	3603	315020	75197
24306	1875	26314	-4969
-64437	38371	63907	1017870
63378	240	44861	501973
-127815	38131	19046	515897
226034	106185	167880	1349477
153015	67081	143027	148160
-25463	27862	2399	1309510
98490	11242	22454	-128442
-8			20249
15909	86047	92183	202929
44249	36672	49569	-180378
-128	1		-1019
1113	1	1114	-3129
-127815	38131	19046	515897
98490	11242	22454	-128442
-25471	27862	2399	1329759

14–2

指 标	管理费用	税 金
国有联营企业		
集体联营企业		
国有与集体联营企业		
其他联营企业		
私营合伙企业		
合作经营企业(港或澳、台资)		
中外合作经营企业	86080	2123
其他企业(内资)		
其他港澳台商投资企业		
其他外商投资企业	20671	
股份有限公司	1652133	30640
股份有限公司(内资)	1632045	28612
私营股份有限公司	20088	2028
港澳台商投资股份有限公司		
外商投资股份有限公司		
有限责任公司	5668950	139391
国有独资公司	1418	46
私营有限责任公司	417292	25092
合资经营企业(港或澳、台资)	47851	2667
中外合资经营企业	183930	6889
其他有限责任公司	5018459	104697
三、在总计中:亏损企业	**1749915**	**58530**
在总计中:国有控股企业	6276313	135709
在总计中:农村工业	242450	2378
在总计中:轻工业	143598	6615
重工业	7812482	192641
在总计中:大型企业	4529383	103019
中型企业	2846574	80004
小型企业	580123	16233
四、按分县(市、区)分组		
市 直	2530036	37889
城 区	325042	14770
沁 水 县	1024617	25405
阳 城 县	1096413	14314
陵 川 县	88322	2446
泽 州 县	981082	40870
高 平 市	1437026	42045
开 发 区	473542	21517

续表16

单位:千元

财务费用	利息收入	利息支出	营业利润
-25463	27862	2399	1309510
-8			20249
359465	33927	504652	1360895
335159	32052	478338	1365864
24306	1875	26314	-4969
6065184	477709	6104020	1439554
-43	44		9635
334561	3603	315020	75197
63378	240	44861	501973
153015	67081	143027	148160
5514273	406741	5601112	704589
1719935	116607	1577463	-3042136
5677915	486115	5977081	3182201
105594	112	106185	8338
29423	3290	32606	-252
6385664	622255	6670648	4333389
3942599	487679	4430384	3970657
1998635	147342	1843059	239203
473853	-9476	429811	123277
3080401	317545	3412798	2524254
195794	10615	191950	34868
924296	110752	765815	238829
831710	64625	877023	1654058
20506	54	21146	-34744
430036	49246	400528	81867
989971	46085	950685	-728382
-57627	26623	83309	562387

14-2

指　　　　　标	管理费用	税　　金
五、按行业分组		
煤炭开采和洗选业	5657495	99415
石油和天然气开采业	327433	13351
黑色金属矿采选业		
有色金属矿采选业		
非金属矿采选业		
开采辅助活动		
其他采矿业		
农副食品加工业	14210	433
食品制造业	3414	39
酒、饮料和精制茶制造业	5870	216
烟草制品业		
纺织业	24322	308
纺织服装、服饰业	10409	757
皮革、毛皮、羽毛及其制品和制鞋业		
木材加工和木、竹、藤、棕、草制品业		
家具制造业		
造纸和纸制品业		
印刷和记录媒介复制业	2479	13
文教、工美、体育和娱乐用品制造业	3630	12
石油加工、炼焦和核燃料加工业	40457	1827
化学原料和化学制品制造业	479286	16639
医药制造业	48858	901
化学纤维制造业		
橡胶和塑料制品业	22686	238
非金属矿物制品业	117194	4353
黑色金属冶炼和压延加工业	186338	17226
有色金属冶炼和压延加工业		
金属制品业	97779	741
通用设备制造业	1045	18
专用设备制造业	164678	5142
汽车制造业	45835	1361
铁路、船舶、航空航天和其他运输设备制造业		
电气机械和器材制造业	33362	2700
计算机、通信和其他电子设备制造业	314273	18324
仪器仪表制造业		
其他制造业		
废弃资源综合利用业		
金属制品、机械和设备修理业	16543	34
电力、热力生产和供应业	260520	10969
燃气生产和供应业	63319	2127
水的生产和供应业	14645	2112

续表 17

单位:千元

财务费用			营业利润
	利息收入	利息支出	
4980459	520618	5228838	3502662
306002	-4247	232947	-103731
6841	11	6784	-23919
3917		3888	6727
4795	215	5010	21811
-1083	873	1147	-2728
998	4	1002	-1166
665		665	-5010
1902	1180	3223	-347
34052	693	19762	-84603
448408	31758	450333	-1036088
5138	957	6286	12347
2644	49	2675	12152
103276	357	102366	-128517
94150	2486	80545	112107
17183	1273	22507	65979
1371		1371	4734
158990	2369	147578	82190
33829	202	33360	42986
58696	318	58617	-55469
-108244	40325	33206	345105
3004	34	3017	13043
233010	21174	246255	1405231
25045	4885	11872	158697
39	11		-11056

14-2

指 标	资产减值损失	公允价值变动收益	投资收益	营业外收入
总 计	70759	-13043	3925944	1616606
一、按登记注册类型分				
内资企业	70853	-13313	3948892	1344106
国有企业				44857
中央企业				
地方企业				44857
集体企业				47
股份合作企业				
联营企业				
国有联营企业				
集体联营企业				
国有与集体联营企业				
其他联营企业				
有限责任公司	27679	-13313	3553036	798084
国有独资公司	47			375
其他有限责任公司	27632	-13313	3553036	797709
股份有限公司	42978		382560	436628
私营企业	196		13296	64490
私营独资企业				700
私营合伙企业				
私营有限责任公司	196		11716	57872
私营股份有限公司			1580	5918
其他企业				
港、澳、台商投资企业		270	1416	36007
合资经营企业(港或澳、台资)			-732	7128
合作经营企业(港或澳、台资)				
港澳台商独资经营企业		270	2148	28879
港澳台商投资股份有限公司				
其他港澳台投资				
外商投资企业	-94		-24364	236493
中外合资经营企业	-94		-45985	29924
中外合作经营企业			21621	28053
外资企业				150425
外商投资股份有限公司				
其他外商投资				28091
二、按经济组织类型分组				
独资企业		270	2148	224908
国有企业				44857
集体企业				47
私营独资企业				700
港澳台商独资经营企业		270	2148	28879
外资企业				150425
合作、合伙企业			21621	56144
股份合作企业				

续表18

单位:千元

政府补助	营业外支出	利润总额	所得税费用
1188968	320711	5629025	1431497
1020854	286864	3023027	728703
3353	18045	-153566	
3353	18045	-153566	
		-972	
668352	175333	1336973	356832
359	1073	8937	2235
667993	174260	1328036	354597
306888	75932	1726560	312287
42261	17554	114032	59584
700		-2429	
39989	17002	116064	59584
1572	552	397	
1015	14766	1039110	308363
1015	1652	507448	140432
	13114	531662	167931
167099	19081	1566888	394431
18893	10470	167614	31053
6529	2415	1335147	356144
119820	416	21567	7234
21857	5780	42560	
123873	31575	396262	175165
3353	18045	-153566	
		-972	
700		-2429	
	13114	531662	167931
119820	416	21567	7234
28386	8195	1377707	356144

14-2

指标	资产减值损失	公允价值变动收益	投资收益	营业外收入
国有联营企业				
集体联营企业				
国有与集体联营企业				
其他联营企业				
私营合伙企业				
合作经营企业(港或澳、台资)				
中外合作经营企业			21621	28053
其他企业(内资)				
其他港澳台商投资企业				
其他外商投资企业				28091
股份有限公司	42978		384140	442546
股份有限公司(内资)	42978		382560	436628
私营股份有限公司			1580	5918
港澳台商投资股份有限公司				
外商投资股份有限公司				
有限责任公司	27781	-13313	3518035	893008
国有独资公司	47			375
私营有限责任公司	196		11716	57872
合资经营企业(港或澳、台资)			-732	7128
中外合资经营企业	-94		-45985	29924
其他有限责任公司	27632	-13313	3553036	797709
三、在总计中:亏损企业	**57197**	**171**	**62662**	**158351**
在总计中:国有控股企业	69914	-13313	3957887	1271560
在总计中:农村工业	-876			4402
在总计中:轻工业	5108		1056	20295
重工业	65651	-13043	3924888	1596311
在总计中:大型企业	4861	-13214	3720843	733990
中型企业	61747	171	193266	734736
小型企业	4151		11835	147880
四、按分县(市、区)分组				
市直	5709	-13484	3667179	133343
城区	7449		161612	33312
沁水县	924		-14423	1095534
阳城县	302		28367	78199
陵川县	2271		36	15206
泽州县	50825	171	56169	91348
高平市	5093		5096	104703
开发区	-1814	270	21908	64961

续表19

单位:千元

政府补助	营业外支出	利润总额	所得税费用
6529	2415	1335147	356144
21857	5780	42560	
308460	76484	1726957	312287
306888	75932	1726560	312287
1572	552	397	
728249	204457	2128099	587901
359	1073	8937	2235
39989	17002	116064	59584
1015	1652	507448	140432
18893	10470	167614	31053
667993	174260	1328036	354597
57729	86156	-2969946	-5210
974785	252606	4201154	967316
4116	1001	11740	4579
13278	1339	18703	11352
1175690	319372	5610322	1420145
584111	145400	4559246	815029
513218	147850	826091	449918
91639	27461	243688	166550
73001	89170	2568427	245580
26849	16281	51899	6667
961181	67263	1267100	201906
19857	23674	1708577	534938
10735	13363	-32901	8351
24902	24077	149138	128052
60306	71647	-695325	77533
12137	15236	612110	228470

14-2

指　　　标	资产减值损　失	公允价值变动收益	投资收益	营业外收入
五、按行业分组				
煤炭开采和洗选业	47378	-13313	3695909	377981
石油和天然气开采业	8		118	941813
黑色金属矿采选业				
有色金属矿采选业				
非金属矿采选业				
开采辅助活动				
其他采矿业				
农副食品加工业	196		36	7763
食品制造业				1293
酒、饮料和精制茶制造业				
烟草制品业				
纺织业				3562
纺织服装、服饰业				802
皮革、毛皮、羽毛及其制品和制鞋业				
木材加工和木、竹、藤、棕、草制品业				
家具制造业				
造纸和纸制品业				
印刷和记录媒介复制业				300
文教、工美、体育和娱乐用品制造业			1038	512
石油加工、炼焦和核燃料加工业			542	4572
化学原料和化学制品制造业	12468		270	48397
医药制造业	4912		-18	4527
化学纤维制造业				
橡胶和塑料制品业	278			
非金属矿物制品业	2279		6500	20247
黑色金属冶炼和压延加工业			880	11766
有色金属冶炼和压延加工业				
金属制品业	1125			7178
通用设备制造业				
专用设备制造业	1007		72453	19828
汽车制造业			4030	4183
铁路、船舶、航空航天和其他运输设备制造业				
电气机械和器材制造业	1572		16	273
计算机、通信和其他电子设备制造业		270	2148	30355
仪器仪表制造业				
其他制造业				
废弃资源综合利用业				
金属制品、机械和设备修理业	971		3504	273
电力、热力生产和供应业	-54		118758	117351
燃气生产和供应业	-1381		19760	12921
水的生产和供应业				709

续表20

单位:千元

政府补助	营业外支出	利润总额	所得税费用
195443	226067	3654573	669411
804759	25723	812359	85485
7462	284	-16440	10
156	91	7929	896
		21811	3965
554	173	661	
581	200	-564	35
300	6	-4716	
512	83	82	
1010	597	-80628	
21755	7825	-995514	10829
3560	316	16558	268
	23	12129	1286
11647	4646	-112918	378
9086	8246	115627	36977
6233	183	72973	14940
		4734	
15513	2526	99492	4449
603	133	47036	13857
7	844	-56042	-1
	13075	362385	167931
191	130	13185	3761
101768	19215	1503367	379108
7828	10304	161314	37912
	21	-10368	

14-2

指 标	亏损企业亏损总额	利税总额
总 计	2969946	13491248
一、按登记注册类型分		
内资企业	2675736	9647176
国有企业	153566	-48655
中央企业		
地方企业	153566	-48655
集体企业	972	-1228
股份合作企业		
联营企业		
国有联营企业		
集体联营企业		
国有与集体联营企业		
其他联营企业		
有限责任公司	2176235	5727833
国有独资公司		9280
其他有限责任公司	2176235	5718553
股份有限公司	142068	3379310
私营企业	202895	589916
私营独资企业	2429	-3479
私营合伙企业		
私营有限责任公司	197116	584957
私营股份有限公司	3350	8438
其他企业		
港、澳、台商投资企业	81929	1356052
合资经营企业(港或澳、台资)	38925	682125
合作经营企业(港或澳、台资)		
港澳台商独资经营企业	43004	673927
港澳台商投资股份有限公司		
其他港澳台投资		
外商投资企业	212281	2488020
中外合资经营企业		463262
中外合作经营企业		1941815
外资企业	212281	32786
外商投资股份有限公司		
其他外商投资		50157
二、按经济组织类型分组		
独资企业	412252	653351
国有企业	153566	-48655
集体企业	972	-1228
私营独资企业	2429	-3479
港澳台商独资经营企业	43004	673927
外资企业	212281	32786
合作、合伙企业		1991972
股份合作企业		

续表21

单位:千元

应交税金及附加	本年应付职工薪酬	本年应交增值税	从业人员年平均人数(人)
9492976	15782232	4958933	200349
7521747	12038309	4098680	160538
113285	241904	66395	4483
113285	241904	66395	4483
-248	5450	-256	177
4852435	7271632	2574368	93265
2624	3239		113
4849811	7268393	2574368	93152
1993649	3746319	1012022	36106
562626	773004	446151	26507
-1012	360	-1050	12
553569	752245	439724	25874
10069	20399	7477	621
646345	2730137	210405	27635
317776	71984	153511	509
328569	2658153	56894	27126
1324884	1013786	649848	12176
333590	293968	181100	6014
964935	380897	452876	2881
18762	329243	8699	3176
7597	9678	7173	105
459356	3235110	130682	34974
113285	241904	66395	4483
-248	5450	-256	177
-1012	360	-1050	12
328569	2658153	56894	27126
18762	329243	8699	3176
972532	390575	460049	2986

14-2

指 标	亏损企业亏损总额	利税总额
国有联营企业		
集体联营企业		
国有与集体联营企业		
其他联营企业		
私营合伙企业		
合作经营企业(港或澳、台资)		
中外合作经营企业		1941815
其他企业(内资)		
其他港澳台商投资企业		
其他外商投资企业		50157
股份有限公司	145418	3387748
股份有限公司(内资)	142068	3379310
私营股份有限公司	3350	8438
港澳台商投资股份有限公司		
外商投资股份有限公司		
有限责任公司	2412276	7458177
国有独资公司		9280
私营有限责任公司	197116	584957
合资经营企业(港或澳、台资)	38925	682125
中外合资经营企业		463262
其他有限责任公司	2176235	5718553
三、在总计中:亏损企业	**2969946**	**-2361511**
在总计中:国有控股企业	2294443	10382961
在总计中:农村工业	11793	212667
在总计中:轻工业	61886	82805
重工业	2908060	13408443
在总计中:大型企业	734744	9752545
中型企业	1673694	3294759
小型企业	561508	443944
四、按分县(市、区)分组		
市 直		5278669
城 区	187390	193625
沁 水 县	430104	2343494
阳 城 县	352984	3209437
陵 川 县	67074	43815
泽 州 县	423263	1115655
高 平 市	1286870	471625
开 发 区	222261	834928

续表22

单位:千元

应交税金及附加	本年应付职工薪酬	本年应交增值税	从业人员年平均人数(人)
964935	380897	452876	2881
7597	9678	7173	105
2003718	3766718	1019499	36727
1993649	3746319	1012022	36106
10069	20399	7477	621
6057370	8389829	3348703	125662
2624	3239		113
553569	752245	439724	25874
317776	71984	153511	509
333590	293968	181100	6014
4849811	7268393	2574368	93152
661755	2379543	294620	47180
7284832	10964286	3797845	123900
207884	212633	122238	3933
82069	277663	53536	6921
9410907	15504569	4905397	193428
6111347	10870155	3227347	109596
2998590	4313884	1592322	75889
383039	598193	139264	14864
2993711	4993987	1624064	41304
163163	512994	115314	7454
1303705	1338267	659353	20697
2050112	1649531	1005946	26613
87513	114120	52832	2959
1135439	1569730	733111	32002
1286528	2517281	644402	36748
472805	3086322	123911	32572

14-2

指标	亏损企业亏损总额	利税总额
五、按行业分组		
煤炭开采和洗选业	1019984	10059565
石油和天然气开采业	156663	991994
黑色金属矿采选业		
有色金属矿采选业		
非金属矿采选业		
开采辅助活动		
其他采矿业		
农副食品加工业	22646	-26476
食品制造业		9964
酒、饮料和精制茶制造业		28638
烟草制品业		
纺织业	1546	9806
纺织服装、服饰业	705	4631
皮革、毛皮、羽毛及其制品和制鞋业		
木材加工和木、竹、藤、棕、草制品业		
家具制造业		
造纸和纸制品业		
印刷和记录媒介复制业	4716	-3808
文教、工美、体育和娱乐用品制造业		2579
石油加工、炼焦和核燃料加工业	80628	-76947
化学原料和化学制品制造业	1043097	-1128012
医药制造业	9844	55221
化学纤维制造业		
橡胶和塑料制品业	68	21780
非金属矿物制品业	120737	-64450
黑色金属冶炼和压延加工业	42116	540899
有色金属冶炼和压延加工业		
金属制品业	20075	109302
通用设备制造业		5033
专用设备制造业	5744	189079
汽车制造业	12950	66403
铁路、船舶、航空航天和其他运输设备制造业		
电气机械和器材制造业	61781	-42683
计算机、通信和其他电子设备制造业	212281	506650
仪器仪表制造业		
其他制造业		
废弃资源综合利用业		
金属制品、机械和设备修理业	2837	25874
电力、热力生产和供应业	137120	2027879
燃气生产和供应业	4040	185293
水的生产和供应业	10368	-6966

续表23

单位:千元

应交税金及附加	本年应付职工薪酬	本年应交增值税	从业人员年平均人数(人)
7173818	10021408	3812998	112209
278471	371697	107804	5097
-9593	26862	-10580	1010
2970	10984	1880	462
11008	10733	6414	636
9453	58568	8204	1509
5987	18991	4870	556
921	2410	802	98
2509	5811	2231	195
5508	18011	3473	554
-105030	600161	-151771	12016
39832	64921	32276	974
11175	41408	8473	1039
53199	111332	42952	5139
479475	446381	415040	14854
52010	94648	27910	1438
317	1340	190	65
99178	274673	77358	3432
34585	70646	10651	1751
16058	33098	11038	960
330520	2850545	58674	29200
16484	39512	11143	557
914589	469679	454356	4991
64018	77373	19639	954
5514	61040	2908	653

14-3 按行业分规模以上工业增加值

单位:亿元

行业	2000年	2001年	2002年	2003年	2004年	2005年
总计	**24.52**	**32.51**	**51.31**	**69.35**	**106.91**	**158.25**
煤炭开采和洗选业	15.18	17.90	27.00	38.71	72.82	119.98
石油和天然气开采业						
黑色金属矿采选业						
非金属矿采选业						0.02
农副食品加工业	0.05	0.09	0.02	0.13	0.10	0.14
食品制造业	0.01	0.01	0.07	0.03	0.03	0.02
饮料制造业	0.70	0.59	0.60	0.62	0.46	0.48
纺织业	0.72	0.45	0.45	0.53	0.60	0.62
纺织服装、鞋、帽制造业	0.06	0.04	0.05	0.06	0.01	0.02
造纸及纸制品业	0.01	0.02	0.01			
印刷业和记录媒介的复制						
文教体育用品制造业			0.02	0.04	0.04	0.04
石油加工、炼焦及核燃料加工业	0.04	0.04	0.08	0.30	0.62	0.47
化学原料及化学制品制造业	1.20	1.17	1.83	2.10	4.72	4.97
医药制造业	0.06	0.10	0.07	0.03	0.09	0.12
橡胶制品业						
塑料制品业	0.01				0.08	0.08
非金属矿物制品业	0.76	1.12	1.06	1.08	1.42	1.34
黑色金属冶炼及压延加工业	2.36	1.46	0.80	1.27	1.72	5.75
有色金属冶炼及压延加工业	0.25	0.33	0.12	0.30	0.03	0.02
金属制品业	0.39	0.45	0.52	0.28	0.36	0.93
通用设备制造业	0.25	0.29	0.35	0.41	0.59	0.86
专用设备制造业	0.32	0.24	0.11	0.42	0.29	0.36
交通运输设备制造业	0.20	0.11	0.12	0.17	0.22	0.14
电气机械及器材制造业	0.08	0.12	0.17	0.07	0.05	0.03
通信设备、计算机及其他电子设备					0.14	0.25
仪器仪表及文化、办公用机械制造	0.39	0.39	0.12			
工艺品及其他制造业						
电力、热力的生产和供应业	1.40	7.52	17.61	22.62	22.26	21.35
燃气生产和供应业					0.01	0.02
水的生产和供应业	0.10	0.09	0.14	0.20	0.23	0.24

注:2000年-2011年规模以上工业增加值按2002年国民经济行业分类标准测算。

14-3 续表1

单位:亿元

行　　业	2006年	2007年	2008年	2009年	2010年	2011年
总　　计	179.41	214.22	314.90	361.03	437.74	555.86
煤炭开采和洗选业	139.85	156.60	260.88	301.55	356.85	453.36
石油和天然气开采业		0.33	5.05	3.77	9.55	15.40
黑色金属矿采选业						
非金属矿采选业						
农副食品加工业	0.26	0.13	0.18	0.50	0.66	1.06
食品制造业	0.01	0.25	0.16	0.15	0.28	0.28
饮料制造业	0.60	0.76	0.65	0.65	0.73	0.63
纺织业	0.69	0.50	0.55	0.47	0.78	0.71
纺织服装、鞋、帽制造业	0.02	0.02	0.20	0.11	0.39	0.88
造纸及纸制品业			0.03	0.01	0.01	
印刷业和记录媒介的复制		0.03	0.02	0.05	0.08	0.11
文教体育用品制造业	0.04	0.05	0.03	0.01	0.04	0.05
石油加工、炼焦及核燃料加工业	0.69	1.71	2.37	1.33	2.07	2.04
化学原料及化学制品制造业	5.01	13.51	13.67	6.22	7.22	15.57
医药制造业	0.16	0.06	0.23	0.48	0.38	0.63
橡胶制品业	0.02	0.12	0.04	0.05	0.10	0.07
塑料制品业	0.13	0.11	0.23	0.17	0.37	0.16
非金属矿物制品业	1.64	2.62	2.10	3.42	3.11	2.47
黑色金属冶炼及压延加工业	4.25	5.17	7.67	5.96	17.46	23.21
有色金属冶炼及压延加工业				0.07	0.41	
金属制品业	1.04	0.02	0.14	0.96	1.00	1.14
通用设备制造业	0.66	3.02	1.15	1.26	1.68	0.96
专用设备制造业	0.59	1.18	1.49	3.13	2.84	4.11
交通运输设备制造业	0.34	0.61	0.60	0.81	1.71	1.51
电气机械及器材制造业	0.04	0.04	0.15	0.32	0.39	0.46
通信设备、计算机及其他电子设备	0.63	1.05	1.94	5.47	10.68	19.54
仪器仪表及文化、办公用机械制造				0.13	0.10	
工艺品及其他制造业				0.03	0.09	
电力、热力的生产和供应业	22.52	26.00	19.60	23.64	18.28	11.06
燃气生产和供应业	0.03	0.07	0.02	0.05	0.08	0.10
水的生产和供应业	0.20	0.25	0.13	0.25	0.41	0.35

14-3 续表2

单位:亿元

行业	2012年	2013年	2014年	2015年	2016年
总计	528.10	488.36	406.78	377.46	361.71
煤炭开采和洗选业	384.87	339.47	251.85	212.59	221.58
石油和天然气开采业	17.75	21.48	19.64	31.76	22.66
黑色金属矿采选业					
有色金属矿采选业					
非金属矿采选业					
开采辅助活动	0.98				
其他采矿业					
农副食品加工业	0.81	0.70	0.30	0.42	1.10
食品制造业	0.26	0.29	0.27	0.15	0.26
酒、饮料和精制茶制造业	1.65	1.23	0.65	0.49	0.39
烟草制品业					
纺织业	0.51	0.61	0.82	0.80	0.72
纺织服装、服饰业	0.15	0.13	0.23	0.26	0.25
皮革、毛皮、羽毛及其制品和制鞋业					
木材加工和木、竹、藤、棕、草制品业					
家具制造业					
造纸和纸制品业					
印刷和记录媒介复制业	0.22	0.20	0.15	0.14	0.10
文教、工美、体育和娱乐用品制造业	0.15	0.08	0.07	0.05	0.03
石油加工、炼焦和核燃料加工业	0.87	0.15	0.10	0.05	0.52
化学原料和化学制品制造业	26.98	22.57	22.18	16.01	9.25
医药制造业	0.86	1.14	1.59	1.84	1.62
化学纤维制造业					
橡胶和塑料制品业	0.33	0.67	0.87	0.92	0.80
非金属矿物制品业	2.58	2.00	3.17	2.26	4.41
黑色金属冶炼和压延加工业	26.26	23.06	20.14	14.56	17.02
有色金属冶炼和压延加工业					
金属制品业	1.31	1.74	2.14	3.42	2.81
通用设备制造业	0.24	0.07	0.18	0.07	0.05
专用设备制造业	4.90	3.45	3.79	4.08	3.62
汽车制造业	1.30	1.64	1.63	1.82	1.85
铁路、船舶、航空航天和其他运输设备制造业					
电气机械和器材制造业	0.81	0.98	0.71	0.79	0.47
计算机、通信和其他电子设备制造业	27.35	24.05	30.59	35.82	32.15
仪器仪表制造业					
其他制造业					
废弃资源综合利用业					
金属制品、机械和设备修理业	1.00	1.99	1.81	1.65	0.67
电力、热力生产和供应业	25.12	38.55	41.75	44.79	35.96
燃气生产和供应业	0.49	1.66	1.61	2.18	2.90
水的生产和供应业	0.35	0.46	0.54	0.53	0.52

注:2012年开始按2011年国民经济行业分类标准测算。

14-4 按行业分规模以上工业增加值速度

单位：%

行 业	2004年	2005年	2006年	2007年	2008年	2009年	2010年	2011年
总 计	**24.1**	**19.2**	**15.1**	**24.1**	**14.3**	**9.8**	**19.3**	**18.0**
煤炭开采和洗选业	24.0	22.1	11.4	26.4	13.3	3.7	18.5	17.2
石油和天然气开采业			746.7	364.7	-72.6	540.7	45.1	18.2
黑色金属矿采选业								
非金属矿采选业			-7.7					
农副食品加工业	-4.6	35.9	33.6	0.8	-8.1	-9.4	121.0	25.8
食品制造业	-13.9	15.0	-29.8	-94.3	-22.4	-3.2	30.4	3.4
饮料制造业	45.8	-48.9	18.3	19.2	-13.1	13.4	-2.9	12.9
纺织业	9.0	-21.2	4.5	12.0	-7.5	-0.3	16.0	2.8
纺织服装、鞋、帽制造业	36.6	15.0	-0.4	21.7	1.2	-1.0	21.2	-63.9
造纸及纸制品业						-14.7	-13.4	
印刷业和记录媒介的复制	161.7	-8.4	162.2	-100.0	-1.6	6.3	-5.2	24.9
文教体育用品制造业	-7.2	27.2	-6.1	27.3	-27.0	-56.3	237.2	5.7
石油加工、炼焦及核燃料加工业	106.6	-3.5	-3.1	121.5	19.5	-11.1	17.8	11.7
化学原料及化学制品制造业	47.1	51.3	54.1	32.4	22.4	2.1	-3.3	15.4
医药制造业	91.9	69.1	25.9	-2.6	2.3	-3.3	42.9	-8.1
橡胶制品业				-100.0	-13.9	16.8	-12.6	-15.8
塑料制品业	210.0	9.0	75.9	-33.2	-10.9	4.6	13.3	2.0
非金属矿物制品业	10.3	4.8	13.7	31.8	-4.5	12.1	13.2	3.4
黑色金属冶炼及压延加工业	22.1	156.3	77.7	13.7	-11.2	109.7	1.7	21.6
有色金属冶炼及压延加工业	-49.4	46.8	-39.6				180.4	
金属制品业	-12.3	23.2	9.8	64.6	8.6	12.9	19.4	24.3
通用设备制造业	67.0	27.9	21.2	-68.6	-3.4	-6.6	-7.2	46.6
专用设备制造业	21.6	-58.5	178.1	-27.1	11.6	13.8	172.4	5.7
交通运输设备制造业	-12.2	2.1	-19.2	-100.0	29.8	24.6	137.7	18.8
电气机械及器材制造业	-44.1	-35.2	-27.2	-40.5	28.8	297.3	45.4	11.7
通信设备、计算机及其他电子设备		205.9	130.1	-100.0	123.8	124.1	131.8	46.6
仪器仪表及文化、办公用机械制造	57.4	-29.1	-18.2					325.2
工艺品及其他制造业	24.6	18.7	33.0	11.8	23.3	6.5	3.8	-25.0
电力、热力的生产和供应业	20.0	-2.7	-0.4	13.7	32.6	2.4	2.1	-4.3
燃气生产和供应业	-1.4	-48.4	16.6	290.0	4.9	27.9	32.7	50.9
水的生产和供应业	-8.3	17.3	5.8	1.7	-0.2	5.6	-5.2	32.7

注：2004年-2011年规模以上工业增加值速度按2002年国民经济行业分类标准测算。

14-4 续表

单位:%

行　　业	2012年	2013年	2014年	2015年	2016年
总　　计	14.6	12.0	5.0	0.8	2.5
煤炭开采和洗选业	13.6	13.9	2.8	0.3	2.4
石油与天然气开采业	21.5	18.3	31.3	6.7	0.7
农副食品加工业	-3.1	-17.0	-44.7	45.0	67.2
食品制造业	23.9	-11.4	-15.2	-29.2	-7.7
酒、饮料和精制茶制造业	52.7	-30.5	-42.7	-18.5	3.8
纺织业	6.0	16.1	0.6	13.2	-6.7
纺织服装、服饰业	-18.1	0.5	-9.0	8.3	-16.5
印刷和记录媒介复制业	-4.2	0.8	-17.2	-2.3	-22.1
文教、工美、体育和娱乐用品制造业	-23.3	1066.1	-55.6	4.4	10.3
石油加工、炼焦及核燃料加工业	40.1	8.6	-65.1	-68.5	-72.2
化学原料及化学制品制造业	22.2	3.6	-4.6	-2.7	-1.9
医药制造业	36.8	94.8	0.03	-2.9	-2.5
橡胶和塑料制品业	-5.8	24.8	-4.9	-5.8	-58.0
非金属矿物制品业	28.2	-19.8	32.5	-8.2	20.5
黑色金属冶炼及压延加工业	14.6	-2.1	7.5	-4.6	14.4
金属制品业	582.0	21.4	103.5	-14.4	-21.6
通用设备制造业	142.4	-71.0	27.0	-39.3	-37.7
专用设备制造业	38.6	-23.8	-25.6	-16.9	-13.6
汽车制造业	-10.0	-10.9	-13.0	2.0	2.0
铁路、船舶、航空航天和其他运输设备制造业	24.0	36.8			
电气机械及器材制造业	7.7	24.5	-11.2	-6.9	15.4
计算机、通信和其他电子设备制造业	-30.2	125.8	33.4	19.1	9.5
其他制造业	8.0	32.1			
金属制品、机械和设备修理业	41.4	23.9	-5.6	-17.8	0.3
电力、热力的生产和供应业	15.3	3.6	0.6	1.1	-1.9
燃气生产和供应业	4.0	41.9	20.6	17.9	24.6
水的生产和供应业	-0.6	20.4	19.1	19.7	-0.6

注:2012年开始按2011年国民经济行业分类标准测算。

14-5 按行业分规模工业企业主要经济效益指标(2016年)

行　　　业	总资产贡献率(%)	资产负债率(%)	流动资产周转率(次/年)	工业成本费用利润率(%)	产品销售率(%)
总　　　计					
煤炭开采和洗选业	6.6	71.2	0.6	7.7	97.5
石油和天然气开采业	4.7	61.8	0.5	17.9	98.7
黑色金属矿采选业					
有色金属矿采选业					
非金属矿采选业					
开采辅助活动					
其他采矿业					
农副食品加工业	-3.7	55.1	2.5	-2.7	92.4
食品制造业	8.4	49.7	1.7	6.6	98.5
酒、饮料和精制茶制造业	6.8	28.0	2.8	5.6	96.5
烟草制品业					
纺织业	3.3	40.0	1.0	0.3	86.9
纺织服装、服饰业	2.7	72.5	0.8	-0.7	91.9
皮革、毛皮、羽毛及其制品和制鞋业					
木材加工和木、竹、藤、棕、草制品业					
家具制造业					
造纸和纸制品业					
印刷和记录媒介复制业	-10.0	69.1	1.4	-14.9	100.0
文教、工美、体育和娱乐用品制造业	3.4	80.7	0.3	0.4	84.7
石油加工、炼焦和核燃料加工业	-7.5	96.9	0.9	-21.6	112.0
化学原料和化学制品制造业	-4.1	93.7	1.2	-10.7	100.4
医药制造业	5.8	56.9	1.1	3.5	102.3
化学纤维制造业					
橡胶和塑料制品业	6.4	53.4	0.9	4.7	96.3
非金属矿物制品业	0.8	78.2	0.9	-8.1	88.7
黑色金属冶炼和压延加工业	6.2	42.8	2.4	1.1	100.2
有色金属冶炼和压延加工业					
金属制品业	8.0	53.2	1.1	8.6	110.9
通用设备制造业	10.7	54.3	0.4	25.7	100.0
专用设备制造业	3.8	75.1	0.3	6.8	103.6
汽车制造业	7.4	65.2	1.2	6.7	94.9
铁路、船舶、航空航天和其他运输设备制造业					
电气机械和器材制造业	0.7	87.2	0.5	-9.4	99.4
计算机、通信和其他电子设备制造业	5.1	32.1	1.5	4.2	93.2
仪器仪表制造业					
其他制造业					
废弃资源综合利用业					
金属制品、机械和设备修理业	6.9	62.4	0.8	5.0	100.0
电力、热力生产和供应业	12.2	54.8	1.3	25.3	99.8
燃气生产和供应业	7.0	56.4	1.0	14.9	100.0
水的生产和供应业	-4.0	62.4	2.2	-10.1	89.5

14-6 规模工业企业主要指标

单位:万元

年 份 地 区	企业单位数 (个)	工 业 总产值	工 业 增加值	资 产 总 计	流动资产 合 计
1985	714	96789	48354	129647	36253
1990	740	182739	62899	274892	112214
1995	752	455711	189319	821513	326535
2000	209	585879	245174	1540390	639248
2001	211	718838	325108	3032252	768957
2002	203	1025160	513051	3605340	779777
2003	202	1355965	693464	3798258	899366
2004	241	2093545	1069054	4766679	1395536
2005	230	2869484	1582515	5730094	1882840
2006	217	3210726	1794137	7354480	2298462
2007	245	4054884	2142172	8891324	2610663
2008	255	6031476	3149034	10804453	3556719
2009	322	7133453	3160292	14005444	4843295
2010	284	8511244	4377365	16327976	6541655
2011	217	10857710	5558609	19548026	8730781
2012	241	11176321	5281050	25985809	10889849
2013	251	10178786	4883560	28045363	10460594
2014	244	9252056	4067802	29087271	11682644
2015	251	8730082	3774578	29875828	11118604
2016	241	8418659		33156419	13378462
市直汇	3	1742951		13451940	6124003
城 区	22	321367		1443455	736006
沁水县	37	902054		5101444	1578286
阳城县	57	1272064		4080786	1385768
陵川县	11	86825		281531	109504
泽州县	45	1784066		3026821	1123741
高平市	51	1137137		4133354	1334884
开发区	15	1172195		1637090	986271

注:1985年-1995年资料为乡及乡以上口径。

14-6 续表1

单位:万元

年 份 地 区	固定资产 原 价	负债合计	流动负债 合 计	所有者权益 合 计
1985	131059			
1990	228256			
1995	581086			313443
2000	1051078	1076315	574588	464075
2001	2128472	2076225	754337	956027
2002	2801832	2517680	943807	1087660
2003	3045309	2551635	1068206	1246622
2004	3380580	3091596	1612625	1674705
2005	4039968	3734933	2062989	1914643
2006	4861090	4667239	2901807	2419703
2007	5712893	5588582	3435117	3302742
2008	6702674	6622789	4195764	4181664
2009	8629977	8309944	5722624	5695500
2010	9087624	9346654	6208209	6981322
2011	9945187	11263125	7161651	8281691
2012	11847617	15852321	10570532	10119323
2013	13501704	17643496	11305379	10401195
2014	13682900	18967681	12695917	10105342
2015	14821158	19342146	14112897	10533680
2016	15594950	22736997	17074089	10409994
市直汇	3849909	9490101	6548889	3961838
城 区	580516	991115	747298	452340
沁水县	1962920	3215622	2337892	1885822
阳城县	3523573	2755628	2115669	1315731
陵川县	162735	143532	111590	137998
泽州县	2347540	1768401	1306694	1258420
高平市	2384465	3609506	3145575	523848
开发区	783292	763092	760482	873997

14-6 续表2

单位:万元

年份 地区	主营业务收入	主营业务成本	主营业务税金及附加	利润总额	本年应交增值税	全部从业人员年平均人数(人)
1985	87924		4452	11936		118728
1990	176163	143947	8096	8515		143498
1995	400549		9685	21687		162526
2000	573780	432737	10738	21965	39434	122986
2001	709259	508285	11697	25136	61089	123031
2002	1066485	651951	15049	91567	104703	132039
2003	1441460	919517	19102	165230	131327	134933
2004	2185768	1424553	28227	311232	184428	164554
2005	3238905	2219280	43535	424709	246196	161501
2006	3762042	2610971	44379	474705	263340	173448
2007	4625725	3315444	48029	566828	313980	16346
2008	6896371	4788733	56341	1199003	452525	177948
2009	7237466	5120074	57650	1142917	578220	200704
2010	9929890	7275051	82444	1481625	678899	197080
2011	12376437	8894651	113587	1987388	839506	184265
2012	13320956	10059328	110476	1795147	844664	209425
2013	12026123	9481207	101732	1044251	712467	213082
2014	10944875	8800804	106789	560197	579913	215014
2015	9775269	7837508	257268	506429	499473	209475
2016	9450714	7596914	287333	562903	495893	200349
市 直 汇	2779700	2246541	108618	256843	162406	41304
城 区	321185	275742	2467	5190	11531	7454
沁 水 县	932906	654615	40867	126710	65935	20697
阳 城 县	1239617	829244	49226	170858	100595	26613
陵 川 县	90454	78536	2388	-3290	5283	2959
泽 州 县	1852802	1637917	23234	14914	73311	32002
高 平 市	1137234	885366	50654	-69533	64440	36748
开 发 区	1096815	988953	9879	61211	12391	32572

14–7 规模工业企业主要经济效益指标(2016年)

地 区	总资产贡献率(%)	资产负债率(%)	流动资产周转率(次/年)	工业成本费用利润率(%)	产品销售率(%)
全 市	5.9	68.6	0.7	5.9	97.9
市直汇	6.2	70.6	0.5	8.2	95.7
城 区	2.6	68.7	0.5	1.4	100.0
沁水县	5.9	63.0	0.6	14.5	99.0
阳城县	9.9	67.5	0.9	16.4	96.7
陵川县	2.3	51.0	0.8	–3.6	101.6
泽州县	4.9	58.4	1.7	0.8	99.6
高平市	3.3	87.3	0.9	–5.9	102.2
开发区	5.5	46.6	1.1	5.9	94.1

14–8 国有控股工业企业主要经济效益指标(2016年)

地 区	总资产贡献率(%)	资产负债率(%)	流动资产周转率(次/年)	工业成本费用利润率(%)	产品销售率(%)
全 市	5.9	72.3	0.6	6.5	98.8
市直汇	6.2	70.6	0.5	8.2	95.7
城 区	2.9	68.3	0.4	2.7	100.1
沁水县	6.7	69.5	0.6	17.3	99.2
阳城县	9.0	70.0	0.9	16.8	99.6
陵川县	4.0	42.5	1.5	–3.8	103.9
泽州县	4.0	62.9	1.2	–0.2	99.6
高平市	3.6	91.0	0.8	–6.9	102.5
开发区	5.3	76.1	0.3	17.1	96.1

14-9 按行业分国有控股工业企业主要指标(2016年)

单位:千元

行 业	企业单位数(个)	工业总产值	工业销售产值	资产总计	流动资产合计	固定资产原价
总 计	113	50841702	50204107	270002065	106351572	120143973
煤炭开采和洗选业	58	31148124	30430656	202978240	80558367	73008602
石油和天然气开采业	7	2657423	2602517	20713129	6631824	4274667
黑色金属矿采选业						
有色金属矿采选业						
非金属矿采选业						
开采辅助活动						
其他采矿业						
农副食品加工业						
食品制造业						
酒、饮料和精制茶制造业						
烟草制品业						
纺织业	1	198721	186347	271340	205941	179139
纺织服装、服饰业	1	51423	46418	75561	56066	47699
皮革、毛皮、羽毛及其制品和制鞋业						
木材加工和木、竹、藤、棕、草制品业						
家具制造业						
造纸和纸制品业						
印刷和记录媒介复制业						
文教、工美、体育和娱乐用品制造业						
石油加工、炼焦和核燃料加工业						
化学原料和化学制品制造业	11	6793068	6859857	16055734	6075078	12361415
医药制造业	2	333336	344995	674498	384764	260314
化学纤维制造业						
橡胶和塑料制品业	2	160454	154696	320724	264503	72205
非金属矿物制品业	1	156926	162826	487837	93913	493341
黑色金属冶炼和压延加工业						
有色金属冶炼和压延加工业						
金属制品业	2	380254	456806	1046651	501314	272622
通用设备制造业						
专用设备制造业	6	926360	945797	8042835	4798952	1783184
汽车制造业	1	174711	176146	324973	138060	244030
铁路、船舶、航空航天和其他运输设备制造业						
电气机械和器材制造业	2	112072	112072	486998	406625	107767
计算机、通信和其他电子设备制造业						
仪器仪表制造业						
其他制造业						
废弃资源综合利用业						
金属制品、机械和设备修理业	5	244270	244270	358733	310700	51469
电力、热力生产和供应业	9	6804760	6791153	16111573	4834608	26305398
燃气生产和供应业	4	602368	602368	1877342	1049196	467964
水的生产和供应业	1	97432	87183	175897	41661	214157

14-9 续表1

单位：千元

行 业	负债合计	流动负债合计	所有者权益合计	主营业务收入	主营业务成本
总 计	**195318700**	**144138462**	**74683361**	**61970803**	**47828951**
煤炭开采和洗选业	148801718	107634417	54176520	41272160	30480477
石油和天然气开采业	12830328	9034890	7882801	2946829	2410656
黑色金属矿采选业					
有色金属矿采选业					
非金属矿采选业					
开采辅助活动					
其他采矿业					
农副食品加工业					
食品制造业					
酒、饮料和精制茶制造业					
烟草制品业					
纺织业	99606	20404	171734	192270	161571
纺织服装、服饰业	67843	66720	7717	46439	35703
皮革、毛皮、羽毛及其制品和制鞋业					
木材加工和木、竹、藤、棕、草制品业					
家具制造业					
造纸和纸制品业					
印刷和记录媒介复制业					
文教、工美、体育和娱乐用品制造业					
石油加工、炼焦和核燃料加工业					
化学原料和化学制品制造业	15148690	14165817	907044	7467896	7168756
医药制造业	345855	340999	328643	328878	106173
化学纤维制造业					
橡胶和塑料制品业	160666	160641	160058	165244	131370
非金属矿物制品业	256313	255913	231523	163835	148058
黑色金属冶炼和压延加工业					
有色金属冶炼和压延加工业					
金属制品业	674737	614737	371914	378722	290260
通用设备制造业					
专用设备制造业	6195450	4478204	1847385	971260	792663
汽车制造业	470334	462734	-145361	176146	168479
铁路、船舶、航空航天和其他运输设备制造业					
电气机械和器材制造业	478091	478091	8907	178765	165148
计算机、通信和其他电子设备制造业					
仪器仪表制造业					
其他制造业					
废弃资源综合利用业					
金属制品、机械和设备修理业	217705	217705	141028	236663	209771
电力、热力生产和供应业	8357069	5332284	7754504	6766016	5058699
燃气生产和供应业	1104561	792228	772781	594898	420655
水的生产和供应业	109734	82678	66163	84782	80512

14-9 续表2

单位:千元

行　　业	主营业务税金及附加	利润总额	本年应交增值税	利税总额	全部从业人员年平均人数（人）
总　　计	2355103	4201154	3797845	10382961	123900
煤炭开采和洗选业	2187310	2946262	3213769	8362153	96856
石油和天然气开采业	59255	616388	96654	781128	4045
黑色金属矿采选业					
有色金属矿采选业					
非金属矿采选业					
开采辅助活动					
其他采矿业					
农副食品加工业					
食品制造业					
酒、饮料和精制茶制造业					
烟草制品业					
纺织业	934	2207	8111	11252	1371
纺织服装、服饰业	269	-705	2240	1804	402
皮革、毛皮、羽毛及其制品和制鞋业					
木材加工和木、竹、藤、棕、草制品业					
家具制造业					
造纸和纸制品业					
印刷和记录媒介复制业					
文教、工美、体育和娱乐用品制造业					
石油加工、炼焦和核燃料加工业					
化学原料和化学制品制造业	16114	-1010881	-129691	-1122128	10620
医药制造业	2534	8428	17530	28819	638
化学纤维制造业					
橡胶和塑料制品业	543	11898	7116	20108	753
非金属矿物制品业	445	-22111	7752	-13914	326
黑色金属冶炼和压延加工业					
有色金属冶炼和压延加工业					
金属制品业	3586	9753	11232	25765	547
通用设备制造业					
专用设备制造业	9543	88798	62017	160358	1728
汽车制造业		-12950	2673	-10277	500
铁路、船舶、航空航天和其他运输设备制造业					
电气机械和器材制造业	1907	-10560	7339	-1314	294
计算机、通信和其他电子设备制造业					
仪器仪表制造业					
其他制造业					
废弃资源综合利用业					
金属制品、机械和设备修理业	1475	16022	9827	27324	503
电力、热力生产和供应业	68386	1466212	458729	1993647	3820
燃气生产和供应业	2802	102761	19639	125202	844
水的生产和供应业		-10368	2908	-6966	653

14–10 按行业分国有控股工业企业主要经济效益指标(2016年)

行业	总资产贡献率(%)	资产负债率(%)	流动资产周转率(次/年)	工业成本费用利润率(%)	产品销售率(%)
总计	5.9	72.3	0.6	6.5	98.8
煤炭开采和洗选业	6.3	73.3	0.6	6.8	97.7
石油和天然气开采业	4.9	61.9	0.5	20.3	97.9
黑色金属矿采选业					
有色金属矿采选业					
非金属矿采选业					
开采辅助活动					
其他采矿业					
农副食品加工业					
食品制造业					
酒、饮料和精制茶制造业					
烟草制品业					
纺织业	4.0	36.7	0.9	1.1	93.8
纺织服装、服饰业	3.0	89.8	0.8	–1.5	90.3
皮革、毛皮、羽毛及其制品和制鞋业					
木材加工和木、竹、藤、棕、草制品业					
家具制造业					
造纸和纸制品业					
印刷和记录媒介复制业					
文教、工美、体育和娱乐用品制造业					
石油加工、炼焦和核燃料加工业					
化学原料和化学制品制造业	–4.6	94.4	1.3	–11.7	101.0
医药制造业	4.5	51.3	0.9	2.6	103.5
化学纤维制造业					
橡胶和塑料制品业	6.9	50.1	0.9	5.5	96.4
非金属矿物制品业	–1.4	52.5	1.7	–11.7	103.8
黑色金属冶炼和压延加工业					
有色金属冶炼和压延加工业					
金属制品业	3.6	64.5	0.9	2.2	120.1
通用设备制造业					
专用设备制造业	3.7	77.0	0.2	8.0	102.1
汽车制造业	–1.8	144.7	1.3	–6.8	100.8
铁路、船舶、航空航天和其他运输设备制造业					
电气机械和器材制造业	2.1	98.2	0.6	–4.6	100.0
计算机、通信和其他电子设备制造业					
仪器仪表制造业					
其他制造业					
废弃资源综合利用业					
金属制品、机械和设备修理业	7.6	60.7	0.8	7.0	100.0
电力、热力生产和供应业	13.6	51.9	1.4	26.7	99.8
燃气生产和供应业	7.0	58.8	0.6	17.5	100.0
水的生产和供应业	–4.0	62.4	2.2	–10.1	89.5

14-11 国有控股工业企业主要指标

单位:万元

年份 地区	企业单位数（个）	工业总产值	工业销售产值	资产总计	流动资产合计
1985	118	65202		102431	26654
1990	127	111214		202159	75721
1995	130	250223		574243	204511
2000	80	286305	285323	1178039	457982
2001	81	432664	436137	2605474	582128
2002	69	690139	696905	3143183	583240
2003	63	947876	946228	3200676	607226
2004	70	1472717	1453636	3862871	952282
2005	67	1980737	1960934	4685611	1382290
2006	50	2125162	2094361	5675488	1644781
2007	77	2552235	2383831	6462635	1618053
2008	58	3680115	3439786	7787223	2275240
2009	67	4326379	4323588	10081371	3172544
2010	77	5276279	5082715	12193424	4584997
2011	81	7041305	7020062	15228604	6519520
2012	112	7089746	7066279	20091769	7852482
2013	119	6388851	6346703	22248454	7907974
2014	105	5594026	5537767	22726862	8758402
2015	111	5382741	5264054	23578020	8364916
2016	113	5084170	5020411	27000207	10635157
市直汇	3	1742951	1667912	13451940	6124003
城区	14	270538	270914	1343278	698476
沁水县	15	514872	510671	3167829	865026
阳城县	20	851308	847808	3033766	934232
陵川县	5	44037	45735	160429	31061
泽州县	20	697421	694797	1894596	643649
高平市	31	888677	911143	3573827	1076228
开发区	5	74367	71432	374542	262482

14-11 续表1

单位:万元

年 份 地 区	固定资产 原 价	负债合计	流动负债 合 计	所有者权益 合 计
1985	108941			
1990	182904			
1995	452481			226580
2000	867026	846948	385141	331092
2001	1884758	1815118	543791	790357
2002	2530565	2235729	722320	907455
2003	2742540	2162631	754007	1038045
2004	2990869	2515711	1155690	1346897
2005	3615568	3107097	1590024	1497996
2006	4114993	3635584	2107008	1771822
2007	4639878	4071633	2273458	2391002
2008	5411835	5008316	2897156	2778906
2009	6790971	6202906	3949770	3878465
2010	7194888	7181731	4468104	5011693
2011	8024034	9093785	5232064	6132306
2012	9438763	12533713	7598291	7544156
2013	10564334	14483822	8639369	7764631
2014	10380454	15400582	9557930	7326271
2015	11288897	16026258	11206793	7551761
2016	12014397	19531870	14413846	7468336
市直汇	3849909	9490101	6548889	3961838
城区	504771	917859	678078	425419
沁水县	1138501	2201183	1584487	966647
阳城县	2884879	2124548	1596921	909218
陵川县	124112	68252	68092	92176
泽州县	1388698	1192017	802409	702578
高平市	2081430	3252869	2851818	320958
开发区	42098	285041	283152	89502

14-11 续表2

单位:万元

年份 地区	主营业务 收入	主营业务 成本	主营业务 税金及附加	利润总额	本年应交 增值税	全部从业人员 年平均人数 (人)
1985	59568	42721	2528	8485		66700
1990	115897	98376	4960	2826		83429
1995	244120		4484	14720		85866
2000	322284	237144	5686	12943	25867	77983
2001	454087	316080	7352	14489	45864	76341
2002	731360	431818	8944	50629	79192	75697
2003	1045067	666904	12293	108595	100313	78021
2004	1569152	1022094	20671	215805	138458	106163
2005	2356227	1607075	33428	308391	189755	103265
2006	2685575	1861286	34756	346500	193845	106842
2007	3143400	2261374	35174	373024	219831	8895
2008	4584091	3344511	37975	664435	289921	98733
2009	4480920	3021970	38185	786541	416723	108987
2010	6856071	5067949	63121	986740	487221	111916
2011	8704053	6158041	92995	1440543	634672	118999
2012	9257032	6780134	94192	1300105	635297	132211
2013	8395614	6390582	85417	791351	532898	134614
2014	7356899	5685969	90020	436265	449384	130562
2015	6519318	5005986	212718	354807	380571	127072
2016	6197080	4782895	235510	420115	379785	123900
市直汇	2779700	2246541	108618	256843	162406	41304
城区	273708	228562	2258	8398	10212	5686
沁水县	542275	376248	24711	90633	40025	10262
阳城县	839063	569373	26870	118951	64031	15025
陵川县	45836	35970	2316	-1700	4676	1615
泽州县	762776	616441	21432	-1110	34510	17474
高平市	880775	659561	48959	-63228	61417	31472
开发区	72948	50199	347	11329	2506	1062

14-12 按行业分私营工业企业主要指标(2016年)

单位:千元

行业	企业单位数(个)	工业总产值	工业销售产值	资产总计	流动资产合计	固定资产原价
总计	87	15845630	15578183	21343545	9598903	14591308
煤炭开采和洗选业	10	625533	605388	972337	865662	136964
石油和天然气开采业	2	225416	227029	677315	173443	574579
黑色金属矿采选业						
有色金属矿采选业						
非金属矿采选业						
开采辅助活动						
其他采矿业						
农副食品加工业	7	614536	567579	534850	231143	300620
食品制造业	2	71827	71827	120208	45588	60674
酒、饮料和精制茶制造业	1	107662	107662	69505	30744	42296
烟草制品业						
纺织业						
纺织服装、服饰业	1	12866	12660	130874	44113	14778
皮革、毛皮、羽毛及其制品和制鞋业						
木材加工和木、竹、藤、棕、草制品业						
家具制造业						
造纸和纸制品业						
印刷和记录媒介复制业	1	30140	30140	31368	18825	39553
文教、工美、体育和娱乐用品制造业	1	20201	17106	134220	68304	5314
石油加工、炼焦和核燃料加工业	1	196784	220181	516990	239254	285538
化学原料和化学制品制造业	6	672686	631346	1137705	591242	474805
医药制造业	1	32700	31020	60930	23631	30336
化学纤维制造业						
橡胶和塑料制品业	2	45563	43597	59087	44478	22260
非金属矿物制品业	21	1192449	1004966	3223352	1091134	2106645
黑色金属冶炼和压延加工业	17	10601895	10633260	9985809	4387853	8521781
有色金属冶炼和压延加工业						
金属制品业	1	90887	81972	144844	67273	27678
通用设备制造业	1	23232	23232	60018	57659	2601
专用设备制造业	3	193331	218336	607738	389188	299707
汽车制造业	2	579822	539945	1026347	488668	436848
铁路、船舶、航空航天和其他运输设备制造业						
电气机械和器材制造业	3	212027	214864	761179	384436	384993
计算机、通信和其他电子设备制造业						
仪器仪表制造业						
其他制造业						
废弃资源综合利用业						
金属制品、机械和设备修理业	1	29497	29497	61707	52764	18198
电力、热力生产和供应业	3	266576	266576	1027162	303501	805140
燃气生产和供应业						
水的生产和供应业						

14-12 续表1

单位:千元

行　　业	负债合计	流动负债合　计	所有者权益合　计	主营业务收　入	主营业务成　本
总　　计	12458774	10594640	8790506	15702533	14577942
煤炭开采和洗选业	848920	848911	123417	718824	659887
石油和天然气开采业	505717	333066	171598	227080	198987
黑色金属矿采选业					
有色金属矿采选业					
非金属矿采选业					
开采辅助活动					
其他采矿业					
农副食品加工业	294627	252002	240223	587473	581036
食品制造业	45821	33821	74386	90009	74921
酒、饮料和精制茶制造业	36147	28691	33358	107662	92589
烟草制品业					
纺织业					
纺织服装、服饰业	81738	80238	49136	29930	23567
皮革、毛皮、羽毛及其制品和制鞋业					
木材加工和木、竹、藤、棕、草制品业					
家具制造业					
造纸和纸制品业					
印刷和记录媒介复制业	21676	21676	9692	26801	28561
文教、工美、体育和娱乐用品制造业	108317	57205	25903	22353	11434
石油加工、炼焦和核燃料加工业	303756	290330	213234	225070	197936
化学原料和化学制品制造业	996161	866765	141543	632408	563439
医药制造业	28180	27080	32749	31141	21015
化学纤维制造业					
橡胶和塑料制品业	42115	42115	16972	43524	41393
非金属矿物制品业	2575250	1460154	553844	884825	784167
黑色金属冶炼和压延加工业	4269502	4100143	5716305	10656265	10134131
有色金属冶炼和压延加工业					
金属制品业	87912	87612	56931	108188	93363
通用设备制造业	32615	32615	27403	23232	13340
专用设备制造业	307034	299855	300704	237688	190125
汽车制造业	410340	410340	616006	575751	430077
铁路、船舶、航空航天和其他运输设备制造业					
电气机械和器材制造业	669176	533426	92003	178237	157878
计算机、通信和其他电子设备制造业					
仪器仪表制造业					
其他制造业					
废弃资源综合利用业					
金属制品、机械和设备修理业	44708	42533	16999	29497	25925
电力、热力生产和供应业	749062	746062	278100	266575	254171
燃气生产和供应业					
水的生产和供应业					

14-12 续表2

单位：千元

行　　业	主营业务税金及附加	利润总额	本年应交增值税	利税总额	全部从业人员年平均人数（人）
总　　计	28777	114032	446151	589916	26507
煤炭开采和洗选业	166	-3293	-70	-3197	569
石油和天然气开采业	844	662	-1347	159	173
黑色金属矿采选业					
有色金属矿采选业					
非金属矿采选业					
开采辅助活动					
其他采矿业					
农副食品加工业	544	-16440	-10580	-26476	1010
食品制造业	33	7180	752	7965	187
酒、饮料和精制茶制造业	67	5949	1294	7310	138
烟草制品业					
纺织业					
纺织服装、服饰业	56	141	2630	2827	154
皮革、毛皮、羽毛及其制品和制鞋业					
木材加工和木、竹、藤、棕、草制品业					
家具制造业					
造纸和纸制品业					
印刷和记录媒介复制业	106	-4716	802	-3808	98
文教、工美、体育和娱乐用品制造业	266	82	2231	2579	195
石油加工、炼焦和核燃料加工业	208	-2164	3473	1517	296
化学原料和化学制品制造业	525	4221	-27154	-22408	1259
医药制造业	354	2606	1012	3972	106
化学纤维制造业					
橡胶和塑料制品业	84	231	1357	1672	286
非金属矿物制品业	4522	-44970	29821	-10627	3794
黑色金属冶炼和压延加工业	10232	116599	415296	542127	14677
有色金属冶炼和压延加工业					
金属制品业	159	-190		-31	200
通用设备制造业	109	4734	190	5033	65
专用设备制造业	378	10471	5725	17530	832
汽车制造业	8716	59986	7978	76680	1251
铁路、船舶、航空航天和其他运输设备制造业					
电气机械和器材制造业	250	-36258	1941	-34067	314
计算机、通信和其他电子设备制造业					
仪器仪表制造业					
其他制造业					
废弃资源综合利用业					
金属制品、机械和设备修理业	71	-2837	1316	-1450	54
电力、热力生产和供应业	1087	12038	9484	22609	849
燃气生产和供应业					
水的生产和供应业					

14-13 按行业分私营工业企业主要经济效益指标(2016年)

行业	总资产贡献率(%)	资产负债率(%)	流动资产周转率(次/年)	工业成本费用利润率(%)	产品销售率(%)
总计	4.3	58.4	1.6	0.7	98.3
煤炭开采和洗选业	0.1	87.3	0.8	-0.5	96.8
石油和天然气开采业	0.4	74.7	1.3	0.3	100.7
黑色金属矿采选业					
有色金属矿采选业					
非金属矿采选业					
开采辅助活动					
其他采矿业					
农副食品加工业	-3.7	55.1	2.5	-2.7	92.4
食品制造业	9.3	38.1	2.0	8.6	100.0
酒、饮料和精制茶制造业	12.3	52.0	3.5	5.9	100.0
烟草制品业					
纺织业					
纺织服装、服饰业	2.6	62.5	0.7	0.5	98.4
皮革、毛皮、羽毛及其制品和制鞋业					
木材加工和木、竹、藤、棕、草制品业					
家具制造业					
造纸和纸制品业					
印刷和记录媒介复制业	-10.0	69.1	1.4	-14.9	100.0
文教、工美、体育和娱乐用品制造业	3.4	80.7	0.3	0.4	84.7
石油加工、炼焦和核燃料加工业	4.0	58.8	0.9	-0.9	111.9
化学原料和化学制品制造业	0.5	87.6	1.1	0.7	93.9
医药制造业	8.4	46.3	1.3	9.3	94.9
化学纤维制造业					
橡胶和塑料制品业	3.8	71.3	1.0	0.5	95.7
非金属矿物制品业	2.3	79.9	0.8	-4.8	84.3
黑色金属冶炼和压延加工业	6.2	42.8	2.4	1.1	100.3
有色金属冶炼和压延加工业					
金属制品业	6.8	60.7	1.6	-0.2	90.2
通用设备制造业	10.7	54.3	0.4	25.7	100.0
专用设备制造业	4.0	50.5	0.6	4.5	112.9
汽车制造业	10.3	40.0	1.2	11.6	93.1
铁路、船舶、航空航天和其他运输设备制造业					
电气机械和器材制造业	0.8	87.9	0.5	-16.9	101.3
计算机、通信和其他电子设备制造业					
仪器仪表制造业					
其他制造业					
废弃资源综合利用业					
金属制品、机械和设备修理业	2.4	72.5	0.6	-8.8	100.0
电力、热力生产和供应业	3.8	72.9	1.0	4.0	100.0
燃气生产和供应业					
水的生产和供应业					

14-14 私营工业企业主要指标

单位:万元

年份 地区	企业单位数（个）	工业总产值	工业销售产值	资产总计	流动资产合计
2000	7	17800	16143	25691	10742
2005	29	315137	318214	144217	75943
2006	32	192668	192822	182742	86088
2007	32	193754	182011	162618	88989
2008	49	295308	292639	238076	133451
2009	99	1067723	1069153	778728	428402
2010	95	1352628	1299133	1134487	531007
2011	66	1753002	1684838	1301857	660862
2012	78	2055294	2035391	1672990	831217
2013	92	2015481	1969564	2069516	977353
2014	103	1873678	1850714	2377235	1105276
2015	104	1503685	1493825	2315461	1012865
2016	87	1584563	1557818	2134355	959890
城区	6	44673	43699	87905	30964
沁水县	11	73826	71138	116908	47353
阳城县	24	149303	130175	330031	153715
陵川县	4	36735	36578	84927	70779
泽州县	25	1086646	1082169	1132225	480091
高平市	15	181058	183213	366272	164009
开发区	2	12323	10846	16086	12979

14-14 续表1

单位:万元

年份 地区	固定资产原价	负债合计	流动负债合计	所有者权益合计	主营业务收入
2000	16414	7176	6705	18515	12414
2005	61344	88008	78253	56209	319505
2006	98520	123824	104738	58918	195383
2007	75041	110507	88862	52111	196163
2008	102917	152711	130734	85365	298086
2009	342082	456002	412886	322726	1072712
2010	637840	566933	503381	567554	1306980
2011	757493	681191	635700	620164	1688545
2012	980975	918944	816223	753802	2034549
2013	1196093	1111464	887148	957384	1995011
2014	1421364	1349473	1115703	1013524	1863939
2015	1536532	1343373	1131796	972087	1512270
2016	1459131	1245877	1059464	879051	1570253
城区	63857	54843	54433	33062	40362
沁水县	59336	85162	82331	31746	71457
阳城县	164521	245749	184476	74856	128306
陵川县	19421	41547	37981	43380	38702
泽州县	958841	576384	504285	555842	1090027
高平市	189452	234309	188074	131964	189155
开发区	3703	7884	7884	8202	12246

14-14 续表2

单位:万元

年 份 地 区	主营业务 成 本	主营业务 税金及附加	利润总额	本年应交 增 值 税	利税总额	全部从业人员年 平均人数(人)
2000	10472	156	325	599	1080	1317
2005	298960	1088	2872	6228	10188	6388
2006	167585	653	7897	9288	17838	9704
2007	170037	616	4511	9346	14473	36293
2008	252437	1098	17155	11450	29704	10342
2009	1003246	3573	15744	22054	41370	26223
2010	1167182	2739	71928	30238	104905	25218
2011	1559136	2216	58319	75096	135631	21007
2012	1883827	2480	66231	85286	153996	23036
2013	1882797	2638	15048	86189	104016	27673
2014	1751208	2945	-3761	66907	66218	29125
2015	1433306	2315	-38029	37010	1450	29183
2016	1457794	2878	11403	44615	58992	26507
城 区	40038	148	-1385	982	-256	1322
沁 水 县	65300	111	1517	333	1960	1442
阳 城 县	116667	513	-1669	1645	489	3980
陵 川 县	37506	51	-1554	731	-773	1105
泽 州 县	1021476	1801	16024	38801	56721	14528
高 平 市	168606	203	-3163	2039	-921	3699
开 发 区	8202	51	1633	86	1771	431

14-15 私营工业企业主要经济效益指标(2016年)

地 区	总资产贡献率 (%)	资产负债率 (%)	流动资产 周转率 (次/年)	工 业 成 本 费用利润率 (%)	产品销售率 (%)
全 市	**4.3**	**58.4**	**1.6**	**0.7**	**98.3**
城 区	0.5	62.4	1.4	-3.1	97.8
沁 水 县	2.6	72.9	1.5	2.1	96.4
阳 城 县	1.8	74.5	0.8	-1.3	87.2
陵 川 县	0.2	48.9	0.6	-3.8	99.6
泽 州 县	6.3	50.9	2.3	1.5	99.6
高 平 市	2.6	64.0	1.2	-1.6	101.2
开 发 区	11.1	49.0	1.0	15.3	88.0

14-16 按行业分“三资”工业企业主要指标(2016年)

单位:千元

行 业	企业单位数(个)	工业总产值	工业销售产值	资产总计
总 计	15	18972249	18189306	36475290
煤炭开采和洗选业	2	2583828	2477961	12189899
石油和天然气开采业	4	1045766	1043439	4736797
专用设备制造业	2	122178	105118	254441
计算机、通信和其他电子设备制造业	2	9705252	9047562	9865821
金属制品、机械和设备修理业	1	40938	40938	87997
电力、热力生产和供应业	3	4922665	4922666	8479333
燃气生产和供应业	1	551622	551622	861002

14-16 续表1

单位:千元

行 业	流动资产合 计	固定资产原 价	负债合计	流动负债合 计
总 计	16304122	33825209	14383486	11825929
煤炭开采和洗选业	4908378	3878179	4724485	3853532
石油和天然气开采业	1508143	3982786	2853672	1404157
专用设备制造业	212205	47914	173045	172645
计算机、通信和其他电子设备制造业	6240664	5942275	3169964	3169964
金属制品、机械和设备修理业	55872	31725	21672	21672
电力、热力生产和供应业	3141708	19252470	2999756	2769267
燃气生产和供应业	237152	689860	440892	434692

14-16 续表2

单位:千元

行 业	所有者权益合计	主营业务收 入	主营业务成 本	主 营 业 务税金及附加
总 计	22091800	18199566	14659747	377821
煤炭开采和洗选业	7465414	2581590	1293464	229416
石油和天然气开采业	1883124	1050009	857074	2214
专用设备制造业	81396	122014	102400	1005
计算机、通信和其他电子设备制造业	6695856	8937591	8399149	85591
金属制品、机械和设备修理业	66325	40854	36864	622
电力、热力生产和供应业	5479576	4915846	3513506	57435
燃气生产和供应业	420109	551662	457290	1538

14-16 续表3

单位:千元

行业	利润总额	本年应交增值税	利税总额	全部从业人员年平均人数(人)
总计	**2605998**	**860253**	**3844072**	**39811**
煤炭开采和洗选业	643690	383972	1257078	8107
石油和天然气开采业	193915	6517	202646	771
专用设备制造业	2180	8337	11522	665
计算机、通信和其他电子设备制造业	362385	58674	506650	29200
金属制品、机械和设备修理业	3010	1980	5612	82
电力、热力生产和供应业	1342265	400773	1800473	876
燃气生产和供应业	58553		60091	110

14-17 按行业分"三资"工业企业主要经济效益指标(2016年)

行业	总资产贡献率(%)	资产负债率(%)	流动资产周转率(次/年)	工业成本费用利润率(%)	产品销售率(%)
总计	**10.8**	**39.4**	**1.1**	**16.7**	**95.9**
煤炭开采和洗选业	10.8	38.8	0.5	37.6	95.9
石油和天然气开采业	4.4	60.2	0.7	18.9	99.8
专用设备制造业	5.2	68.0	0.6	1.8	86.0
计算机、通信和其他电子设备制造业	5.1	32.1	1.5	4.2	93.2
金属制品、机械和设备修理业	6.4	24.6	0.7	7.4	100.0
电力、热力生产和供应业	21.6	35.4	1.6	37.6	100.0
燃气生产和供应业	7.0	51.2	2.3	11.8	100.0

14-18 “三资”工业企业主要指标

单位:万元

年份 地区	企业单位数 (个)	工业 总产值	工业 销售产值	资产 总计	流动资产 合计
2000	3	1391	1266	4088	1346
2005	5	343180	342219	987620	122679
2006	6	468720	462916	1218491	199512
2007	9	556630	546669	1374063	287695
2008	11	768950	764020	1466573	377250
2009	14	951223	928198	1739748	566280
2010	16	1212236	1116032	2089719	872646
2011	13	1703109	1695620	2747619	1107537
2012	16	2111233	2121787	3895941	1771001
2013	17	2009507	1871756	3487780	1272250
2014	17	2058082	2006090	3822078	1632960
2015	14	2024917	1998866	3704145	1555146
2016	15	1897225	1818931	3647529	1630412
市直汇					
城区					
沁水县	7	241295	235709	1498939	498491
阳城县	3	618024	612791	1050464	462920
陵川县					
泽州县					
高平市					
开发区	5	1037905	970430	1098126	669002

14-18 续表1

单位：万元

年 份 地 区	固定资产 原 价	负债合计	流动负债 合 计	所有者权益 合 计	主营业务 收 入
2000	2359	2406	1839	1682	584
2005	1275432	558667	49519	428953	342088
2006	1453155	687928	207254	531107	462887
2007	1561011	734887	318953	639176	557120
2008	1669841	660199	372946	806375	769807
2009	1803604	734189	520273	1005558	892764
2010	1892186	904552	722436	1185167	1161826
2011	2496788	1298443	984233	1448981	1665407
2012	2791956	2026308	1688138	1869633	2131077
2013	3117767	1624086	1284265	1863694	1886880
2014	3262707	1790077	1523317	2032001	2021719
2015	3327091	1499947	1339625	2204198	1912243
2016	3382521	1438349	1182593	2209180	1819957
市直汇					
城 区					
沁水县	601099	721109	470960	777830	245307
阳城县	2113418	338850	333903	711614	613523
陵川县					
泽州县					
高平市					
开发区	668005	378390	377730	719736	961127

14–18 续表2

单位：万元

年　份 地　区	主营业务 成　本	主营业务 税金及附加	利润总额	本年应交 增 值 税	全部从业人员年 平均人数(人)
2000	498		–69	29	250
2005	264540		45563	39682	1501
2006	312538	1190	81663	56739	8213
2007	371403	1689	139674	62046	1123
2008	551755	2508	166372	69271	13101
2009	571303	3132	254356	80496	18953
2010	795535	3461	292437	92100	29199
2011	1233359	10699	301694	87635	28625
2012	1612698	11695	433886	113165	42829
2013	1422626	14940	345426	111019	42574
2014	1564490	14366	268814	80518	47897
2015	1473667	30484	366791	108441	43873
2016	1465975	37782	260600	86025	39811
市 直 汇					
城　　区					
沁 水 县	160622	11675	35991	18762	6750
阳 城 县	409468	17294	182297	60563	3086
陵 川 县					
泽 州 县					
高 平 市					
开 发 区	895884	8813	42312	6701	29975

14-19 按行业分大中型工业企业主要指标(2016年)

单位:千元

行 业	企业单位数(个)	工业总产值	工业销售产值	资产总计	流动资产合 计	固定资产原 价
总 计	127	74553478	72955291	302354762	123746825	137027579
煤炭开采和洗选业	67	35226942	34336268	220612132	88363927	80270047
石油和天然气开采业	4	2545430	2541399	18504902	6119084	4192278
黑色金属矿采选业						
有色金属矿采选业						
非金属矿采选业						
开采辅助活动						
其他采矿业						
农副食品加工业	1	234434	195623	128526	47606	74569
食品制造业	1	39580	37949	43860	29857	13452
酒、饮料和精制茶制造业	1	317031	302265	425173	118405	336064
烟草制品业						
纺织业	1	198721	186347	271340	205941	179139
纺织服装、服饰业	1	51423	46418	75561	56066	47699
皮革、毛皮、羽毛及其制品和制鞋业						
木材加工和木、竹、藤、棕、草制品业						
家具制造业						
造纸和纸制品业						
印刷和记录媒介复制业						
文教、工美、体育和娱乐用品制造业						
石油加工、炼焦和核燃料加工业	1	196784	220181	516990	239254	285538
化学原料和化学制品制造业	10	6980606	7007418	16381207	6087478	12581183
医药制造业	1	297787	306803	456251	345411	96657
化学纤维制造业						
橡胶和塑料制品业	1	126248	121281	287462	240361	57375
非金属矿物制品业	5	358569	300707	864117	266251	710902
黑色金属冶炼和压延加工业	13	10426255	10457227	9802384	4322787	8420431
有色金属冶炼和压延加工业						
金属制品业	2	685266	695174	994309	597953	445720
通用设备制造业						
专用设备制造业	4	993555	1031765	8067514	4729590	1957777
汽车制造业	3	754533	716091	1351320	626728	680878
铁路、船舶、航空航天和其他运输设备制造业						
电气机械和器材制造业						
计算机、通信和其他电子设备制造业	2	9705252	9047562	9865821	6240664	5942275
仪器仪表制造业						
其他制造业						
废弃资源综合利用业						
金属制品、机械和设备修理业						
电力、热力生产和供应业	6	4768439	4768439	11808437	4054762	20183368
燃气生产和供应业	2	549191	549191	1721559	1013039	338070
水的生产和供应业	1	97432	87183	175897	41661	214157

14-19 续表1

单位:千元

行 业	负债合计	流动负债合 计	所有者权益合 计	主营业务收 入	主营业务成 本
总 计	205608813	155130842	96745939	84857948	67746855
煤炭开采和洗选业	156661600	115277651	63950529	45414491	32562911
石油和天然气开采业	10488708	6967814	8016194	2846232	2122677
黑色金属矿采选业					
有色金属矿采选业					
非金属矿采选业					
开采辅助活动					
其他采矿业					
农副食品加工业	130255	108002	-1729	195623	197171
食品制造业	35656	35656	8204	37949	30382
酒、饮料和精制茶制造业	102340	96100	322833	302268	270166
烟草制品业					
纺织业	99606	20404	171734	192270	161571
纺织服装、服饰业	67843	66720	7717	46439	35703
皮革、毛皮、羽毛及其制品和制鞋业					
木材加工和木、竹、藤、棕、草制品业					
家具制造业					
造纸和纸制品业					
印刷和记录媒介复制业					
文教、工美、体育和娱乐用品制造业					
石油加工、炼焦和核燃料加工业	303756	290330	213234	225070	197936
化学原料和化学制品制造业	15408126	14368153	973081	7615457	7310932
医药制造业	252255	250755	203996	290395	81615
化学纤维制造业					
橡胶和塑料制品业	148933	148933	138529	121281	93729
非金属矿物制品业	442038	441638	422077	287424	258684
黑色金属冶炼和压延加工业	4186664	4017957	5615718	10474436	9958168
有色金属冶炼和压延加工业					
金属制品业	463367	403367	530942	693811	519438
通用设备制造业					
专用设备制造业	6118843	4399532	1948671	1051183	874342
汽车制造业	880674	873074	470645	751897	598556
铁路、船舶、航空航天和其他运输设备制造业					
电气机械和器材制造业					
计算机、通信和其他电子设备制造业	3169964	3169964	6695856	8937591	8399149
仪器仪表制造业					
其他制造业					
废弃资源综合利用业					
金属制品、机械和设备修理业					
电力、热力生产和供应业	5495681	3355729	6312756	4749888	3612151
燃气生产和供应业	1042770	756385	678789	539461	381062
水的生产和供应业	109734	82678	66163	84782	80512

14-19 续表2

单位:千元

行　　业	主营业务税金及附加	利润总额	本年应交增值税	利税总额	全部从业人员年平均人数（人）
总　　计	**2814340**	**5385337**	**4819669**	**13047304**	**185485**
煤炭开采和洗选业	2559825	3684967	3808858	10068462	111208
石油和天然气开采业	59688	908183	183714	1159933	3690
黑色金属矿采选业					
有色金属矿采选业					
非金属矿采选业					
开采辅助活动					
其他采矿业					
农副食品加工业		-5978	-3768	-9746	472
食品制造业	122	749	1128	1999	275
酒、饮料和精制茶制造业	346	15862	5120	21328	498
烟草制品业					
纺织业	934	2207	8111	11252	1371
纺织服装、服饰业	269	-705	2240	1804	402
皮革、毛皮、羽毛及其制品和制鞋业					
木材加工和木、竹、藤、棕、草制品业					
家具制造业					
造纸和纸制品业					
印刷和记录媒介复制业					
文教、工美、体育和娱乐用品制造业					
石油加工、炼焦和核燃料加工业	208	-2164	3473	1517	296
化学原料和化学制品制造业	15270	-1021235	-167583	-1171218	10995
医药制造业	1794	18272	14131	34524	436
化学纤维制造业					
橡胶和塑料制品业	292	9807	3709	14359	556
非金属矿物制品业	3106	-23380	10310	-9964	1709
黑色金属冶炼和压延加工业	9834	118815	411155	539804	14125
有色金属冶炼和压延加工业					
金属制品业	7066	92952	30670	130688	945
通用设备制造业					
专用设备制造业	9873	79055	60313	150197	2432
汽车制造业	8716	47036	10651	66403	1751
铁路、船舶、航空航天和其他运输设备制造业					
电气机械和器材制造业					
计算机、通信和其他电子设备制造业	85591	362385	58674	506650	29200
仪器仪表制造业					
其他制造业					
废弃资源综合利用业					
金属制品、机械和设备修理业					
电力、热力生产和供应业	49130	1017374	356220	1422864	3786
燃气生产和供应业	2276	91503	19635	113414	685
水的生产和供应业		-10368	2908	-6966	653

14-20 按行业分大中型工业企业主要经济效益指标(2016年)

行业	总资产贡献率(%)	资产负债率(%)	流动资产周转率(次/年)	工业成本费用利润率(%)	产品销售率(%)
总计	6.2	68.0	0.7	6.3	97.9
煤炭开采和洗选业	6.7	71.0	0.6	7.9	97.5
石油和天然气开采业	7.2	56.7	0.5	32.8	99.8
黑色金属矿采选业					
有色金属矿采选业					
非金属矿采选业					
开采辅助活动					
其他采矿业					
农副食品加工业	-7.4	101.4	4.1	-2.9	83.4
食品制造业	6.1	81.3	1.3	2.0	95.9
酒、饮料和精制茶制造业	5.9	24.1	2.6	5.5	95.3
烟草制品业					
纺织业	4.0	36.7	0.9	1.1	93.8
纺织服装、服饰业	3.0	89.8	0.8	-1.5	90.3
皮革、毛皮、羽毛及其制品和制鞋业					
木材加工和木、竹、藤、棕、草制品业					
家具制造业					
造纸和纸制品业					
印刷和记录媒介复制业					
文教、工美、体育和娱乐用品制造业					
石油加工、炼焦和核燃料加工业	4.0	58.8	0.9	-0.9	111.9
化学原料和化学制品制造业	-4.7	94.1	1.3	-11.6	100.4
医药制造业	7.4	55.3	0.9	6.5	103.0
化学纤维制造业					
橡胶和塑料制品业	5.7	51.8	0.8	5.6	96.1
非金属矿物制品业	0.1	51.2	1.1	-7.5	83.9
黑色金属冶炼和压延加工业	6.3	42.7	2.4	1.2	100.3
有色金属冶炼和压延加工业					
金属制品业	14.2	46.6	1.2	15.6	101.5
通用设备制造业					
专用设备制造业	3.6	75.9	0.3	6.6	103.9
汽车制造业	7.4	65.2	1.2	6.7	94.9
铁路、船舶、航空航天和其他运输设备制造业					
电气机械和器材制造业					
计算机、通信和其他电子设备制造业	5.1	32.1	1.5	4.2	93.2
仪器仪表制造业					
其他制造业					
废弃资源综合利用业					
金属制品、机械和设备修理业					
电力、热力生产和供应业	12.9	46.5	1.2	25.9	100.0
燃气生产和供应业	7.0	60.6	0.6	17.4	100.0
水的生产和供应业	-4.0	62.4	2.2	-10.1	89.5

14-21 大中型工业企业主要指标

单位：万元

年 份 地 区	企业单位数（个）	工 业 总产值	工 业 销售产值	资 产 总 计	流动资产 合 计
1985	12	32310		58045	12494
1990	8	44143		109731	39472
1995	13	163629		366354	114840
2000	10	208392	207771	920727	346528
2001	12	337761	338800	2339091	468467
2002	11	572312	578496	2867918	468056
2003	41	1093553	1091450	3347004	704595
2004	63	1772235	1749111	4160786	1120620
2005	73	2556624	2529136	5169506	1617118
2006	77	2915764	2874225	6834403	2065266
2007	97	3608000	3427227	7701845	2223892
2008	117	5346475	5068331	9700977	3161415
2009	118	6416168	6390181	12804518	4369910
2010	106	7773528	7387954	14890508	5915754
2011	109	9983599	9853228	18283271	8173691
2012	118	10239015	10187254	23369530	10082711
2013	113	9104514	8891558	24074524	9312922
2014	115	8256177	8138981	26042980	10712217
2015	110	7664560	7512287	25929671	9792949
2016	127	7455348	7295529	30235476	12374683
市直汇	3	1742951	1667912	13451940	6124003
城 区	9	248282	249021	1282057	632069
沁水县	18	714841	709812	4493584	1462864
阳城县	27	891362	864776	3024622	1102067
陵川县	4	56628	59508	190968	69633
泽州县	29	1701233	1695730	2831805	1048279
高平市	30	1027964	1042260	3775118	1185446
开发区	7	1072086	1006509	1185383	750321

注：1985年—1995年资料为乡及乡以上口径。

14-21 续表1

单位:万元

年 份 地 区	固定资产 原 价	负债合计	流动负债 合 计	所有者权益 合 计
1985	64170			
1990	106531			
1995	315769			150447
2000	693109	670218	270433	250509
2001	1702042	1627828	419479	711263
2002	2339680	2042430	597484	825487
2003	2778433	2238840	837411	1108164
2004	3068161	2690424	1340778	1470099
2005	3788031	3370280	1834801	1718707
2006	4614489	4292857	2601335	2273464
2007	4951034	4709003	2911744	2992842
2008	5986670	5859962	3843983	3841015
2009	8072475	7529958	5028717	5274560
2010	8477704	8286204	5376085	6604304
2011	9344974	10423621	6425686	7857191
2012	10937383	13995653	9109601	9362376
2013	11889990	14664902	9485137	9409619
2014	12429830	16808992	11220348	9223030
2015	12702982	16335320	11728333	9594351
2016	13702758	20560881	15513084	9674594
市 直 汇	3849909	9490101	6548889	3961838
城 区	504949	841811	612391	440246
沁 水 县	1498267	2788787	2094488	1704797
阳 城 县	2671233	2004726	1636329	1019896
陵 川 县	118979	55360	55250	135608
泽 州 县	2225520	1622376	1226477	1209429
高 平 市	2195396	3340088	2921740	435030
开 发 区	638505	417632	417520	767751

14-21 续表2

单位:万元

年 份 地 区	主营业务 收 入	主营业务 成 本	主营业务 税金及附加	利润总额	本年应交 增值税	全部从业人员年 平均人数(人)
1985	30617	21624	1024	4389		28415
1990	55104	49872	2443	-2247		31123
1995	160053		3258	12261		43017
2000	251981	189523	4272	10493	19424	51612
2001	363558	258574	5389	10203	36994	51437
2002	618236	367978	6887	42478	67841	52654
2003	1197780	751344	14883	146654	111675	91012
2004	1875283	1197676	24394	280160	161822	126211
2005	2925747	1984513	39949	401540	223800	128998
2006	3473915	2389870	41340	459994	244106	142648
2007	4187411	2973941	43641	553949	283949	133546
2008	6217227	4251705	52239	1158412	407281	152985
2009	6581070	4605570	51867	1113270	537559	164841
2010	9195047	6677310	74808	1461536	639150	167838
2011	11514457	8307478	107724	1880646	790054	167524
2012	12409905	9258492	107678	1805323	820660	193472
2013	10946628	8545090	97933	1085877	682481	190192
2014	9886994	7892316	103169	557842	550634	196659
2015	8683038	6925597	252188	500484	478628	185163
2016	8485795	6774686	281434	538534	481967	185485
市直汇	2779700	2246541	108618	256843	162406	41304
城区	245146	200725	2038	13992	10810	5639
沁水县	747615	480598	40509	132977	71288	18809
阳城县	870266	543070	45486	127452	87618	22166
陵川县	59696	49945	2063	-739	4707	1972
泽州县	1768410	1567465	23098	13570	70175	30075
高平市	1019017	776088	50395	-59202	64999	34039
开发区	995944	910254	9229	53641	9965	31481

14-22 大中型工业企业主要经济效益指标(2016年)

地 区	总资产贡献率(%)	资产负债率(%)	流动资产周转率(次/年)	工业成本费用利润率(%)	产品销售率(%)
全 市	6.2	68.0	0.7	6.3	97.9
市 直 汇	6.2	70.6	0.5	8.2	95.7
城 区	3.3	65.7	0.4	5.0	100.3
沁 水 县	6.9	62.1	0.5	19.5	99.3
阳 城 县	10.6	66.3	0.8	17.9	97.0
陵 川 县	3.7	29.0	0.9	-1.3	105.1
泽 州 县	4.8	57.3	1.7	0.8	99.7
高 平 市	3.7	88.5	0.9	-5.7	101.4
开 发 区	6.2	35.2	1.3	5.7	93.9

14-23 主要工业

年 份 地 区	原 煤 (万吨)		洗 煤 (万吨)	煤层气 (万立方米)	发电量 (万千瓦 小时)		水 泥 (万吨)	生 铁 (万吨)	粗 钢 (吨)	钢 材 (吨)
		市级以下				火 电 (万千瓦 小时)				
1985	*2248	*1568	43		*56209	*53232	*23	*50	15094	14912
1990	*3099	*1992	111		*70145	*65274	*40	*67	25310	12859
1995	*3549	*2401	23		*120281	*75838	*71	*407	25986	20450
2000	*3807	*2571	79		*102872	*96770	*90	*306	57066	*58218
2001	*3294	*2150	88		*477745	*467645	*90	*305	740	*740
2002	*4902	*3326	135		*1032403	*1020244	*99	*225	1100	
2003	*6561	*4586	882		*1241060	*1230623	*106	*233		
2004	*7499	*4968	1082		*1380079	*1360814	*129	*276		
2005	*7628	*4534	1451		*1349664	*1343097	*114	*308	244605	209720
2006	*7667	*4575	1340		*1330324	*1319775	*124	*170	573868	355004
2007	*7867	*4554	1768		*1471526	*1460630	*151	*149	647732	*522320
2008	*8611	*4872	1831	11449	*1961777	*1950055	98	87	567438	*424606
2009	*8532	*4164	2233	47403	*1993299	1984320	125	256	1921242	*1230234
2010	*8434	*4468	2157	152199	*2040874	2035428	143	226	1687000	*1514093
2011	*9140	*4982	2176	185721	*1991597	1914672	139	278	2210111	*2049763
2012	*8433	*4167	2309	250753	*2192641	2185019	233	334	2742588	2690670
2013	*8143	*3694	2741	*287609	*2328749	2319767	236	346	2779553	2734153
2014	*7954		2470	*301156	*2337500	2331187	253	372	3036814	2989566
2015	*8791	*3892	2806	*314529	*2266861	2258929	224	364	3057850	3012365
2016	*9021	*4422	*2703	*324682	*2296021	2262970	193	417	3578485	3542132
市直汇			1292	45988						
城 区	3	3			64245	64245	20	2		
沁水县	3962	533	228	255248	136732	136732		7		
阳城县	1421	1421	586	18146	1847928	1847928	37			
陵川县	144	144	53		3251	3251	68	5		
泽州县	1264	1110	284		191045	191045	43	367	3578485	3542132
高平市	2226	1211	260		19769	19769	25	35		

注:1.标注*号的为全社会产量;2.由于统计口径发生变化,部分指标市直汇和开发区不再单另统计;3、水电和太阳能发电共计33051万千瓦小时未分县,直接加入累计;4、煤层气全市与分县区5299.7万立方米差额为开发区生产量。

产品产量

钢 筋（吨）	焦 炭（吨）	软饮料（吨）	啤 酒（千升）	纱（吨）	布（万米）	丝（吨）	合成氨（吨）	农用氮、磷、钾化学肥料（折纯）（吨）	氮肥（折含N100%）（吨）	尿 素（吨）
			425	2460	1168	269	*37663	32890	31069	
				2624	1318	355	71855	57200	50288	
		3462		2570	1058	460	94233	66968		
	120000	19102	20000	3330	1189	348	233162	148843	147394	
	69628	19810	30000	3061	1192	312	291303	173973	173973	
	76131	18385	21346	3076	1282	169	342845	219538	217841	145074
	113989	22988	27314	3795	1166	120	444435	255571	254906	180915
	217998	44417	13831	4090	782	101	664905	460889	460889	392662
209720	231043	41317	13057	4083	800	123	1066301	880357	880357	616626
355004	375451	56461	14733	4166	809	94	1567212	1160566	1160566	1160566
*522320	696110	62700	19266	4544	736		2040538	1572215	1572215	1572215
*424607	799079	63100	20109	3752	539		2520387	1910624	1910624	1910624
*1230234	761429	73494	12413	3492	647	171	2773229	2101073	2101073	2101073
*1514093	841526	83931	8911	3714	736	115	2328459	1720598	1720598	1720598
*2049763	916743	90305	4363	3846	706		2672083	2017365	2017365	2017365
2690670	904900	97560	726	3394	669		3049832	2359324	2359324	2359324
2734153		93629		3762	777		3407134	2706365	2706365	2706365
2989566	536835	77583		4362	914		3303708	2613779	2613779	2613779
3012365		64430		4532	977		3287814	2618347	2618347	2618347
3542132		64860		4438	892		3330825	2594928	2594928	2594928
							484838	367932	367932	367932
				4438	892		263119	203499	203499	203499
3542132		17835					1588012	1251872	1251872	1251872
		47025					994856	771625	771625	771625

14-24 规模以上工业主要产品生产能力(2016年)

产品名称	单位	年末生产能力
原煤	万吨	10110
焦炭	万吨	89
农用氮、磷、钾化学肥料总计(折纯)	万吨	283
水泥	万吨	525
硅酸盐水泥熟料	万吨	440
生铁	万吨	613
粗钢	万吨	480
钢材	万吨	480
气流纺锭	头	1800
棉纺锭	锭	33688
棉布织机	台	276
发电设备容量总计	万千瓦	459
其中:火电设备容量	万千瓦	459

主要统计指标解释

工业 指从事自然资源的开采，对采掘品和农产品进行加工和再加工的物质生产部门。具体包括：(1)对自然资源的开采，如采矿、晒盐等(但不包括禽兽捕猎和水产捕捞)；(2)对农副产品的加工、再加工，如粮油加工、食品加工、缫丝、纺织、制革等；(3)对采掘品的加工、再加工，如炼铁、炼钢、化工生产、石油加工、机器制造、木材加工等，以及电力、自来水、煤气的生产和供应等；(4)对工业品的修理、翻新，如机器设备的修理、交通运输工具(如汽车)的修理等。

工业统计调查单位为独立核算法人工业企业。

独立核算法人工业企业指从事工业生产经营活动的单位。独立核算法人工业企业应同时具备以下条件：①依法成立，有自己的名称、组织机构和场所，能够承担民事责任；②独立拥有和使用资产，承担负债，有权与其他单位签订合同；③独立核算盈亏，并能够编制资产负债表。

本年鉴中涉及的企业登记注册类型：

国有及国有控股企业 指国有企业加上国有控股企业。国有企业(即原全民所有制工业或国营工业)指企业全部资产归国家所有，并按《中华人民共和国企业法人登记管理条例》规定登记注册的非公司制的经济组织。包括国有企业、国有独资公司和国有联营企业。1957年以前的公私合营和私营工业，后均改造为国营工业，1992年改为国有工业，这部分工业的资料不单独分列时，均包括在国有企业内。国有控股企业是对混合所有制经济的企业进行的“国有控股”分类。它是指这些企业的全部资产中国有资产(股份)相对其他所有者中的任何一个所有者占资(股)最多的企业。该分组反映了国有经济控股情况。

集体企业 指企业资产归集体所有，并按《中华人民共和国企业法人登记管理条例》规定登记注册的经济组织。是社会主义公有制经济的组成部分。包括城乡所有使用集体投资举办的企业，以及部分个人通过集资自愿放弃所有权并依法经工商行政管理机关认定为集体所有制的企业。

股份合作企业 指以合作制为基础，由企业职工共同出资入股，吸收一定比例的社会资产投资组建，实行自主经营，自负盈亏，共同劳动，民主管理，按劳分配与按股分红相结合的一种集体经济组织。

联营企业 指两个及两个以上相同或不同所有制性质的企业法人或事业单位法人，按自愿、平等、互利的原则，共同投资组成的经济组织。联营企业包括：

国有联营企业指国有企业与国有企业间的联营；

集体联营企业指集体企业与集体企业间的联营；

国有与集体联营企业指国有企业与集体企业间的联营。

有限责任公司 指根据《中华人民共和国公司登记管理条例》规定登记注册，由两个以上，五十个以下的股东共同出资，每个股东以其所认缴的出资额对公司承担有限责任，公司以其全部资产对其债务承担责任的经济组织。

有限责任公司包括国有独资公司以及其他有限责任公司。

股份有限公司 指根据《中华人民共和国企业法人登记管理条例》规定登记注册，其全部注册资本由等额股份构成并通过发行股票筹集资本，股东以其认购的股份对公司承担有限责任，公司以其全部资产对其债务承担责任的经济组织。

私营企业 指由自然人投资设立或由自然人控股，以雇佣劳动为基础的营利性经济组织。包括按照《公司法》、《合伙企业法》、《私营企业暂行条例》规定登记注册的私营有限责任公司、私营股份有限公司、私营合伙企业和私营独资企业。

港、澳、台商投资企业 指企业注册登记类型中的港、澳、台资合资、合作、独资经营企业和股份有限公司之和。

外商投资企业 指企业注册登记类型中的中外合资、合作经营企业、外资企业和外商投资股份有限公司之和。

“三资”企业系指港、澳、台商投资企业和外资企业的简称。

轻工业 指主要提供生活消费品和制作手工工具的工业。按其所使用的原料不同，可分为两大类：(1)以农产品为原料的轻工业，是指直接或间接以农产品为基本原料的轻工业。主要包括食品制造、饮料制造、烟草加工、纺织、缝纫、皮革和毛皮制作、造纸以及印刷等工业；(2)以非农产品为原料的轻工业，是指以工业品为原料的轻工业。主要包括文教体育用品、化学药品制造、合成纤维制造、日用化学制品、日用玻璃制品、日用金属制品、手工工具制造、医疗器械制造、文化和办公用机械制造等工业。

重工业 为国民经济各部门提供物质技术基础的主要生产资料的工业。按其生产性质和产品用途，可以分为下列三类：(1)采掘(伐)工业，是指对自然资源的开采，包括石油开采、煤炭开采、金属矿开采、非金属矿开采等工业；(2)原材料工业，指向国民经济各部门提供基本材料、动力和燃料的工业。包括金属冶炼及加工、炼焦及焦炭、化学、化工原料、水泥、人造板以及电力、石油和煤炭加工等工业；(3)加工工业，是指对工业原材料进行再加工制造的工业。包括装备国民经济各部门的机械设备制造工业、金属结构、水泥制品等工业，以及为农业提供的生产资料如化肥、农药等工业。

根据上述划分原则，修理业中以重工业产品为修理作业对象的划为重工业，反之划为轻工业。

工业总产值

(1)定义：

工业总产值是以货币形式表现的，工业企业在一定时期内生产的工业最终产品或提供工业性劳务活动的总价值量。它反映一定时间内工业生产的总规模和总水平。

(2)计算原则：

工业生产的原则，即凡是企业在报告期生产的经检验合格的产品，不管是否在报告期销售，均包括在内。

最终产品的原则，即凡是计入工业总产值的产品，必须是本企业生产的经检验合格的，不需要再进行任何加工的最终产品。如果企业有中间产品(半成品)对外销售，则对外销售的中间产品应视为企业的最终产品。

工厂法原则，即工业总产值是以工业企业作为基本计算(核算)单位，即按企业的最终产品计算工业总产值。按这种方法计算的工业总产值，不允许同一产品价值在企业内部重复计算，不能把企业内部各个车间(分厂)生产的成果相加，但允许企业间的重复计算。

(3)内容及计算方法：

1995年全国工业普查对工业总产值(原规定)的内容及计算原则和方法做了某些修订，修订后的工业总产值(新规定)包括三项内容：即本期生产成品价值、对外加工费收入、在制品半成品期末期初差额价值三部分。

本期生产成品价值：指企业本期生产，并在报告期内不再进行加工，经检验、包装入库的全部工业成品(半成品)价值合计，包括企业生产的自制设备及提供给本企业在建工程、其他非工业部门和福利部门等单位使用的成品价值。本期生产成品价值为按自备原材料生产的产品的数量乘以本期不含增值税(销项税额)的产品实际销售平均单价计算；会计核算中按成本价格转帐的自制设备和自产自用的成品，按成本价格计算生产成品价值。生产成品价值中不包括用定货者来料加工的成品(半成品)价值。

对外加工费收入：指企业在报告期内完成的对外承接的工业品加工(包括用定货者来料加工产品)的加工费收入和对外工业修理作业所取得的加工费收入。对外加工费收入按不含增值税(销项税额)的价格计算，可根据会计“产品销售收入”科目的有关资料取得。

对于本企业对内非工业部门提供的加工修理、设备安装的劳务收入，如果企业会计核算基础较好，能取得这部分资料，而且这部分价值所占比重较大，应包括在对外加工费收入中。

自制半成品在制品期末期初差额价值：指企业报告期在制品期末减期初的差额价值，本指标一般可以从会计核算资料中取得。如果会计产品成本核算中不计算半成品、在制品的成本，则总产值中也不包括这部分价值，反之则包括。

(4)工业总产值统计范围变化和计算方法修订情况：

1984年以前工业总产值不包括村办工业，村办工业总产值划归农业。1984年以后工业总产值包括村办工业。

1995年工业普查对工业总产值计算方法做了修订，即从1995年始按新修订(新规定)方法计算工业总产值。新规定与原规定的区别如下：

全价与加工费的计算原则不同：新规定为凡自备原材料，不论其生产繁简程度如何，一律按全价计算工业总产值；凡来料加工，允许按加工费计算工业总产值。原规定则视生产加工的繁简程度不同，规定哪些行业按全价，哪些行业按加工费计算工业总产值。

自制半成品、在产品期末期初差额价值的计算原则不同：新规定要求，凡会计产品成本核算时计算了成本的差额价值，总产值中就应包括，否则可不包括；原规定则按生产周期六个月的界限区分，凡生产周期六个月以上的企业，总产值计算中应包括这部分差额价值，否则可不包括。

计算价格不同：新规定按不含增值税(销项税额)的价格计算；原规定则按含增值税(销项税额)的价格计算。

工业增加值 指工业企业在报告期内以货币表现的工业

生产活动的最终成果。

工业增加值有两种计算方法：一是生产法，即工业总产出减去工业中间投入加上应交增值税；二是收入法，即从收入的角度出发，根据生产要素在生产过程中应得到的收入份额计算，具体构成项目有固定资产折旧、劳动者报酬、生产税净额、营业盈余，这种方法也称要素分配法。本年鉴中的工业增加值是以生产法计算的。

生产法工业增加值的计算方法为：

工业增加值=工业总产出-工业中间投入+应交增值税

（1）工业总产出：指工业企业在一定时期内工业生产活动的总成果。工业总产出包括：成品生产价值，对外加工费收入，自制半成品、在产品期末期初差额价值。1995年后用新规定计算的工业总产值代替。

（2）工业中间投入：指工业企业在工业生产活动中消耗的外购物质产品和对外支付的服务费用。服务费用包括支付给物质生产部门（工业、农业、批发零售贸易业、建筑业、运输邮电业）的服务费用和支付给非物质生产部门（如保险、金融、文化教育、科学研究、医疗卫生、行政管理等）的服务费用。工业中间投入的确定须遵循以下原则：必须从外部购入的，并已计入工业总产出的产品和服务价值；必须是本期投入生产，并一次性消耗掉（包括本期摊销的低值易耗品等）的产品和服务价值。

工业中间投入包括直接材料费用、制造费用中的工业中间投入、管理费用中的工业中间投入、销售费用中的工业中间投入和利息支出五部分。

资产总计　指企业拥有或控制的能以货币计量的经济资源，包括各种财产、债权和其他权利。资产按流动性分为流动资产、长期投资、固定资产、无形资产、递延资产和其他资产。该指标根据企业会计“资产负债表”中“资产总计”项目的期末数增列。

流动资产　指企业可以在一年内或者超过一年的一个生产周期内变现或者耗用的资产，包括现金及各种存款、短期投资，应收及预付款项、存货等。

流动资产平均余额　指企业在报告期内全部流动资产的平均余额。

固定资产原价　指企业在建造、购置、安装、改建、扩建、技术改造某项固定资产时所支出的全部货币总额。它一般包括买价、包装费、运杂费和安装费等。

固定资产净值年平均余额　指固定资产净值在报告期内余额的平均数。计算公式为：

$$固定资产净值年平均余额=\frac{1至12月各月月初、月末固定资产净值之和}{24}$$

该指标根据“资产负债表”中“固定资产原价”、“累计折旧”指标的期初、期末数计算填列。

固定资产净值指固定资产原价减去历年已提折旧额后的净额。计算公式为：

固定资产净值=固定资产原价-累计折旧

负债合计　指企业所承担的能以货币计量，将以资产或劳务偿付的债务，偿还形式包括货币、资产或提供劳务。负债一般按偿还期长短分为流动负债和长期负债。根据会计“资产负债表”中“负债合计”的年末数填列。

所有者权益　指企业投资人对企业净资产的所有权。企业净资产等于企业全部资产减去全部负债后的余额，包括企业投资人对企业的最初投入的实际到位的资产及资本公积金、盈余公积金和未分配利润。所有者权益合计数小于零，表示企业资不抵债。

主营业务收入　指会计“利润表”中对应指标的本年累计数。未执行2001年《企业会计制度》的企业，用“产品销售收入”的本期累计数代替。

主营业务成本　指会计“利润表”中对应指标的本年累计数。未执行2001年《企业会计制度》的企业，用“产品销售成本”的本期累计数代替。

主营业务税金及附加　指会计“利润表”中对应指标的本年累计数。未执行2001年《企业会计制度》的企业，用“产品销售税金及附加”的本期累计数代替。

利润总额　指企业生产经营活动的最终成果，是企业在一定时期内实现的盈亏相抵后的利润总额（亏损以“-”号表示），它等于营业利润加上补贴收入加上投资收益加上营业外净收入再加上以前年度损益调整。

本年应交增值税　指企业在报告期内应交纳的增值税额。它等于本年销项税额加上出口退税加上进项税额转出数减去本年进项税额。小规模纳税企业直接按全年计税销售额乘以征收率计算取得。

从业人员平均人数　是指报告期内每天拥有的从业人员人数。其计算公式为：

$$季平均人数=\frac{季内各月平均人数之和}{3}$$

$$月平均人数=\frac{报告月内每天实有人数之和}{报告月日历日数}$$

$$年平均人数=\frac{年内各月平均人数之和}{12}$$

总资产贡献率 反映企业全部资产的获利能力，是企业经营业绩和管理水平的集中体现，是评价和考核企业盈利能力的核心指标。计算公式为：

$$总资产贡献率(\%)=\frac{利润总额+税金总额+利息支出}{平均资金总额}\times100\%$$

公式中：税金总额为产品销售税金及附加与应交增值税之和；平均资产总额为期初期末资产之和的算术平均值。

资产负债率 该指标既反映企业经营风险的大小，也反映企业利用债权人提供的资金从事经营活动的能力。计算公式为：

$$资产负债率(\%)=\frac{负债总额}{资产总额}\times100\%$$

资产与负债均为报告期期末数。

流动资产周转次数 指一定时期内流动资产完成的周转次数，反映投入工业企业流动资金的周转速度。计算公式为：

$$流动资产周转次数=\frac{产品销售收入}{全部流动资产平均余额}$$

公式中：全部流动资产平均余额为期初和期末的流动资产之和的算术平均值。

成本费用利润率 反映企业投入的生产成本及费用的经济效益，同时也反映企业降低成本所取得的经济效益。计算公式为：

$$成本费用利润率(\%)=\frac{利润总额}{成本费用总额}\times100\%$$

公式中：成本费用总额为产品销售成本、销售费用、管理费用、财务费用之和。

全员劳动生产率 该指标反映企业的生产效率和劳动投入的经济效益。计算公式为：

$$全员劳动生产率(元/人)=\frac{工业增加值}{全部从业人员平均人数}\times100\%$$

产品销售率 该指标反映工业产品已实现销售的程度，是分析工业产销衔接情况，研究工业产品满足社会需求的指标。计算公式为：

$$产品销售率(\%)=\frac{工业销售产值}{工业总产值（现价）}\times100\%$$

15 ▶建筑业 Construction

资料整理人员： 靳晓伟

15-1 建筑业企业概况

年份	总计	国有企业	集体企业	其他
企业单位数(个)				
1985	4		4	
1990	7	3	4	
1995	9	4	5	
2000	42	6	25	11
2005	61	9	11	41
2010	71	8	8	55
2011	71	8	8	55
2012	87	8	9	70
2013	94	3	11	80
2014	106	2	12	92
2015	109	3	12	94
2016	113	3	7	103
从业人员(人)				
1985	1288		1288	
1990	5695	4250	1445	
1995	6550	4280	2270	
2000	10296	3522	5189	1585
2005	20177	2777	2410	14990
2010	21388	3905	1542	14941
2011	21139	1035	1461	18643
2012	26440	1531	1348	23561
2013	26660	399	1867	24394
2014	34033	3059	1474	29500
2015	29385	3445	1153	24787
2016	25206	984	765	23457
建筑业总产值(万元)				
1985	616		616	
1990	7247	5913	1334	
1995	10232	8345	189	
2000	33821	15339	15568	2914
2005	174146	32226	13132	128788
2010	357185	89926	10542	256718
2011	453719	89770	13542	350408
2012	574046	85713	10003	478330
2013	710280	40315	29404	640561
2014	733952	42150	25505	666297
2015	596481	47797	21907	526778
2016	561178.4	52535.6	8870.0	499772.8

注：1995年有关数据为推算数。

15–2 建筑业企业主要经济指标

指标及年份	单位	2007年	2008年	2009年	2010年	2011年	2012年	2013年	2014年	2015年	2016年
企业单位数	个	57	67	71	71	71	87	94	106	109	113
从业人员	人	19316	19251	20343	21388	21139	26169	26660	34033	29385	25206
固定资产原价	万元	80091	75808	93311	100248	114878	149148	163763	168238	168914	175888
固定资产净价	万元	73932				71934	88854	119370	168188	168864	
自有机械设备年末总台数	台	8772	7058	6867	7500	14915	8762	8431	17517	7901	8664
自有机械设备年末净值	万元	14774	16453	18758	20420	26040	36002	38315	38430	35635	39243
建筑业总产值	万元	202146	235148	246355	357185	453719	574046	710280	733952	596481	561178
建筑业增加值	万元										
#本年固定资产折旧	万元	6159	6611	5603	6339	7293	10235	9531	8340	12452	8383
应付工资	万元	28088	34759	35822	44196	79316	121158	130493	131952	119342	109041
应付福利费	万元	3498	2777	3009	4384						
主营业务税金及附加	万元	4837	6566	8129	9613	12712	14120	17421	20389	16320	6645
管理费用中的税金	万元	600	1031	1187	892	1724	1323	1651	1583	1459	908
营业利润	万元	3757		15457	16180	14422	19102	25864	63420	16928	15254
房屋建筑施工面积	平方米	1342822	1627091	1854559	1916607	2120490	2881940	3696183	3544441	3538554	3763205
房屋建筑竣工面积	平方米	426169	901618	1441789	1318823	1018767	1186141	1336993	1339343	1130384	1159941
利润总额	万元	3339		13145	15905	16298	19397	26899	64529	17135	18161
税金总额	万元	6227									
劳动生产率											
按总产值计算	元/人	104652	109846	103389	151549	214636	21936	223590	211776	192271	183152
按增加值计算	元/人										
技术装备率	元/人	7649	8547	9221	9548	12318	13616	14372	11292	12127	15569
动力装备率	千瓦/人	10	7	6	7	8	6	7	6	8	11
房屋建筑面积竣工率	%	31.7	55.4	77.7	68.8	48	41	36.2	37.8	31.9	30.8
产值利润率	%	1.7		5.3	4.5	3.6	3.4	3.8	8.8	2.9	3.2
产值利税率	%	3.1									

注：部分数据无法查询和计算。

15-3　建筑业房屋建筑面积

单位：平方米

年　份 地　区	房屋建筑面积		国　有	
	施工面积	竣工面积	施工面积	竣工面积
1985	58335	39997		
1989	153392	124933		
1990	316925	135900	209045	81635
1991	303905	152103	167627	38753
1992	259140	125250	154438	59162
1993	265500	128000		
1994	228100	118100		
1995	236200	64100		
1996	1850496	1679865		
1997	692219	329328		
1998	595374	325119		
1999	651669	348507		
2000	602537	278790	187112	81882
2001	543424	369341	259788	133869
2002				
2003				
2004	1088784	649025	424980	258552
2005	1451365	739179	568648	351132
2006	1113887	702210	451203	391140
2007	1342822	426169	260547	101328
2008	1627091	901618	336018	127551
2009	1854559	1441789	394434	315193
2010	1916607	1318823	340001	280022
2011	2120490	1018767	270072	156684
2012	2881940	118614	374917	149307
2013	3696183	1336993	463705	186459
2014	3544441	1339343	726908	301507
2015	3538554	1130384		
2016	3763205	1159941	566201	88474
城　　区	2068686	546954		
沁　水　县	70881	59401		
阳　城　县	178750	84982		
陵　川　县	20042	9135		
泽　州　县	504600	149620		
高　平　市	579820	128801		
开　发　区	340426	181048		

15-4 建筑业企业(总承包和

指　　标	企业个数(个)	有工作量的企业个数	一、建筑业合同情况 签订的合同额	上年结转合同额	本年新签合同额
总　　计	113	103	1193933	667546	526387
#国有及国有控股企业	22	20	642223	284636	357587
一、按登记注册类型分					
内资企业	113	103	1193933	667546	526387
国有企业	3	3	89522	39090	50432
集体企业	7	6	15870	8864	7006
股份合作企业					
联营企业					
国有联营企业					
集体联营企业					
国有与集体联营企业					
其他联营企业					
有限责任公司	26	23	564923	254321	310602
国有独资公司	1	1	250		250
其他有限责任公司	25	22	564673	254321	310352
股份有限公司					
私营企业	77	71	523618	365271	158347
私营独资企业					
私营合伙企业					
私营有限责任公司	77	71	523618	365271	158347
私营股份有限公司					
其他企业					
港、澳、台商投资企业					
合资经营企业(港或澳、台资)					
合作经营企业(港或澳、台资)					
港、澳、台商独资经营企业					
港、澳、台商投资股份有限公司					
外商投资企业					
中外合资经营企业					
中外合作经营企业					
外资企业					
外商投资股份有限公司					

专业承包）生产情况（2016年）

单位：万元

二、承包工程完成情况				三、建筑业总产值						四、竣工产值
直接从建设单位承揽工程完成的产值	自行完成施工产值	分包出去工程产值	从建设单位以外承揽工程完成的产值	合计	装饰装修产值	在外省完成的产值	按构成分：建筑工程产值	安装工程产值	其他产值	
560930	558529	2401	2649	561178	9621	4796	458193	53288	49697	450348
363764	363764			363764	2233	4796	294957	26271	42536	292135
560930	558529	2401	2649	561178	9621	4796	458193	53288	49697	450348
52536	52536			52536	401		49947	2589		28039
8870	8870			8870			6760	1549	561	12100
328348	328348		3	328351	1970	4796	261511	24260	42580	271420
1130	1130			1130			1130			1130
327218	327218		3	327221	1970	4796	260381	24260	42580	270290
171176	168775	2401	2646	171421	7250		139975	24890	6556	138789
171176	168775	2401	2646	171421	7250		139975	24890	6556	138789

15-4

指　　标	企业个数（个）	其中:有工作量的企业个数	一、建筑业合同情况 签订的合同额	上年结转合同额	本年新签合同额
二、按国民经济行业分					
房屋和土木工程建筑业	113	103	1193933	667546	526387
房屋工程建筑	50	47	594547	407881	186666
土木工程建筑	34	30	567129	256034	311095
铁路道路隧道和桥梁工程	8	8	122745	67376	55369
水利和港口工程建筑	2	2	1889	304	1585
工矿工程建筑	11	7	433626	187273	246353
架线和管道工程建筑	13	13	8869	1081	7788
其他土木工程建筑					
建筑安装业	9	9	22190	1331	20859
建筑装饰业	9	7	1021	121	900
其他建筑业	11	10	9046	2179	6867
工程准备	8	8	7245	1892	5353
提供工程设备服务					
其他未列明的建筑活动	3	2	1801	287	1514
三、按隶属关系分					
中　央	1	1	250		250
地　方	112	102	1193683	667546	526137
省	9	7	514705	245366	269339
市	9	9	122165	39270	82895
县(市、区)及以下	94	86	556813	382910	173903
四、按企业资质等级分					
施工总承包	74	70	1148720	661648	487072
特　级					
一　级	5	5	824574	510697	313877
二　级	14	13	213132	107827	105305
三级及以下	55	52	111014	43124	67890
专业承包	39	33	45213	5898	39315
一　级	2	1	5600		5600
二　级	6	5	8639	1675	6964
三级及以下	31	27	30974	4223	26751
五、按县(市、区)分					
城　区	48	44	776672	429261	347411
沁水县	12	12	21268	3232	18036
阳城县	13	11	24223	16664	7559
陵川县	2	2	6826	2246	4580
泽州县	7	7	106014	92573	13442
高平市	15	15	103774	52720	51054
开发区	16	12	155156	70850	84307
六、按营业状态分					
营业	112	102	1193933	667546	526387
停业(歇业)					
筹建					
当年关闭					
当年破产					
其他	1	1			
七、按控股情况分					
国有控股	22	20	642223	284636	357587
集体控股	10	9	24128	13720	10408
私人控股	81	74	527582	369190	158392
港澳台商控股					
外商控股					
其他					

续表1

单位:万元

二、承包工程完成情况				三、建筑业总产值						四、竣工产值
直接从建设单位承揽工程完成的产值			从建设单位以外承揽工程完成的产值	合计			按构成分			
	自行完成施工产值	分包出去工程产值			装饰装修产值	在外省完成的产值	建筑工程产值	安装工程产值	其他产值	
560930	558529	2401	2649	561178	9621	4796	458193	53288	49697	450348
212050	209650	2400	2400	212050	4852		185021	22986	4043	161255
317198	317197	1	1	317198	1832	4796	263075	12329	41794	262476
56342	56342			56342		1145	54611	1731		70589
2308	2308			2308			1983	325		2308
209214	209213	1	1	209214	1832	3651	200071	8170	973	141301
49334	49334			49334			6410	2103	40821	48278
21290	21290			21290			2953	16690	1646	20241
2995	2995		3	2998	2936		2907	30	62	638
7397	7397		245	7642			4237	1253	2152	5738
6008	6008			6008			2885	971	2152	4104
1389	1389		245	1634			1352	282		1634
1130	1130			1130			1130			1130
559800	557399	2401	2649	560048	9621	4796	457063	53288	49697	449218
234962	234962			234962	1832	4796	216633	15835	2494	188905
121868	121868			121868	401		72475	9353	40040	99871
202970	200569	2401	2649	203218	7388		167955	28100	7163	160442
526696	524296	2400	2400	526696	8652	4796	435136	44926	46634	427144
302402	302402			302402	4197	4796	279206	23170	26	255226
132105	132105			132105	2096		81052	9023	42030	105270
92189	89789	2400	2400	92189	2359		74878	12733	4578	66648
34234	34233	1	249	34482	969		23057	8362	3063	23204
5600	5600			5600			5600			
8050	8050		4	8054	162		3381	4542	131	7620
20584	20583	1	246	20828	808		14076	3820	2932	15584
378568	376167	2401	2649	378817	5485	3652	295992	41696	41130	250682
19136	19136			19136			13601	975	4560	15688
11925	11925			11925	208		9096	2401	429	13575
5456	5456			5456			3947		1509	5895
25613	25613			25613	2232		18323	5714	1576	31201
42624	42624			42624	1695		40737	1888		26908
77608	77608			77608		1145	76497	615	495	106399
560155	557754	2401	2649	560403	9621	4796	458193	52513	49697	450348
775	775			775				775		
363764	363764			363764	2233	4796	294957	26271	42536	292135
15125	15125			15124	92		12994	1570	560	17725
182041	179640	2401	2649	182290	7296		150242	25447	6601	140488

15–4

指　　标	五、房屋建筑施工面积（平方米）	本年新开工面积	实行投标承包面积	本年新开工	六、年末自有施工机械设备 净　值	总台数（台）	总功率（千瓦）
总　　计	**3763205**	**895370**	**1819551**		**39243**	**8664**	**279978**
#国有及国有控股企业	930276	253157	681624		15876	1835	155481
一、按登记注册类型分							
内资企业	3763205	895370	1819551		39243	8664	279978
国有企业	566201	142434	566201		1478	324	7245
集体企业	115540	19447	107988		1310	588	10918
股份合作企业							
联营企业							
国有联营企业							
集体联营企业							
国有与集体联营企业							
其他联营企业							
有限责任公司	877620	176657	188833		16025	1594	152625
国有独资公司	6000				460	30	100
其他有限责任公司	871620	176657	188833		15565	1564	152525
股份有限公司							
私营企业	2203844	556832	956529		20430	6158	109190
私营独资企业							
私营合伙企业							
私营有限责任公司	2203844	556832	956529		20430	6158	109190
私营股份有限公司							
其他企业							
港、澳、台商投资企业							
合资经营企业（港或澳、台资）							
合作经营企业（港或澳、台资）							
港、澳、台商独资经营企业							
港、澳、台商投资股份有限公司							
外商投资企业							
中外合资经营企业							
中外合作经营企业							
外资企业							
外商投资股份有限公司							

续表2

单位:万元

七、从业人员情况		八、主要建筑材料消耗量						企业总产值	房屋建筑竣工面积（平方米）	竣工房屋价值
计算劳动生产率的平均人数（人）	年末从业人数（人）	钢材（吨）	木材（立方米）	水泥（吨）	平板玻璃		铝材（吨）			
					重量箱	平方米				
30640	25206	158592	413289	377427	38488	199927	1547	573683	1159941	138043
14338	13278	89161	85758	252768	27743	105758	1115	368507	146958	27881
30640	25206	158592	413289	377427	38488	199927	1547	573683	1159941	138043
2234	984	26789	27145	141989	17784	71136	15	52536	88474	16013
970	765	3551	505	9834	267	4638	1	10396	93115	9015
13385	13559	76807	348733	116491	10159	35425	1100	333095	108498	14015
53	60	300	100	3000	50	10000	1000	1130	6000	1130
13332	13499	76507	348633	113491	10109	25425	100	331965	102498	12885
14051	9898	51445	36906	109113	10278	88728	431	177656	869854	99000
14051	9898	51445	36906	109113	10278	88728	431	177656	869854	99000

15–4

指　　标	五、房屋建筑施工面积（平方米）	本年新开工面积	实行投标承包面积	本年新开工	六、年末自有施工机械设备 净值	总台数（台）	总功率（千瓦）
二、按国民经济行业分							
房屋和土木工程建筑业	3763205	895370	1819551		39243	8664	279978
房屋工程建筑	3292470	669545	1648075		20792	6717	119383
土木工程建筑	352810	110458	110423		16381	1562	152384
铁路道路隧道和桥梁工程					2542	160	5928
水利和港口工程建筑					36	3	240
工矿工程建筑	352810	110458	110423		13525	1382	145985
架线和管道工程建筑					277	17	231
其他土木工程建筑							
建筑安装业	35625	33067	1053		861	249	2509
建筑装饰业					225	66	360
其他建筑业	82300	82300	60000		984	70	5342
工程准备	60000	60000	60000		979	66	5192
提供工程设备服务							
其他未列明的建筑活动	22300	22300			5	4	150
三、按隶属关系分							
中　央	6000				460	30	100
地　方	3757205	895370	1819551		38783	8634	279878
省	357775	110423	115423		9339	975	16844
市	566501	142734	566201		6021	824	138156
县(市、区)及以下	2832929	642213	1137927		23423	6835	124878
四、按企业资质等级分							
施工总承包	3641245	785621	1819551		36132	8287	271453
特　级							
一　级	1201293	145673	472190		16332	2672	203934
二　级	1382835	274742	1019379		7959	2819	36930
三级及以下	1057117	365206	327982		11841	2796	30589
专业承包	121960	109749			3111	377	8525
一　级					425	1	85
二　级	54314	54314			34	41	50
三级及以下	67646	55435			2652	335	8390
五、按县(市、区)分							
城　区	2068686	367531	735349		15105	2492	76964
沁水县	70881	60552	70881		3232	278	8871
阳城县	178750	19936	169348		1697	631	14219
陵川县	20042	19051			1587	209	3610
泽州县	504600	82148	361767		2301	570	9105
高平市	579820	150200	417206		9403	3821	34283
开发区	340426	195952	65000		5918	663	132926
六、按营业状态分							
营业	3763205	895370	1819551		39243	8664	279978
停业(歇业)							
筹建							
当年关闭							
当年破产							
其他							
七、按控股情况分							
国有控股	930276	253157	681624		15876	1835	155481
集体控股	251950	85381	181398		1607	645	14022
私人控股	2580979	556832	956529		21760	6184	110475
港澳台商控股							
外商控股							
其他							

续表3

单位:万元

七、从业人员情况		八、主要建筑材料消耗量						企业总产值	房屋建筑竣工面积（平方米）	竣工房屋价值
计算劳动生产率的平均人数（人）	年末从业人数（人）	钢材（吨）	木材（立方米）	水泥（吨）	平板玻璃		铝材（吨）			
					重量箱	平方米				
30640	25206	158592	413289	377427	38488	199927	1547	573683	1159941	138043
15506	10245	112022	354842	298123	28679	175405	1537	217670	1055157	124390
13359	13202	40877	58428	78424	9809	24522	10	320357	52484	10739
1800	1720	9231		40039				56961		
110	81	64		562				2308		
10054	10198	27742	58413	37641	9809	24522		211755	52484	10739
1395	1203	3840	15	182			10	49334		
883	851	2869	9	800				23132	30200	1671
252	255							3075		
640	653	2824	10	80				9449	22100	1243
552	565	20	10	80				7815		
88	88	2804						1634	22100	1243
53	60	300	100	3000	50	10000	1000	1130	6000	1130
30587	25146	158292	413189	374427	38438	19927	547	572553	1153941	136913
9767	9998	61969	58413	107169	9809	24522		238121	51290	10499
4280	3039	26889	27245	142089	17884	71236	115	123452	89668	16252
16540	12109	69434	327531	125169	10745	94169	432	210980	1012983	110162
28017	22845	150993	413274	372802	38488	199927	1537	537120	1062041	133365
12970	13419	39962	60215	113269	9979	63462	9	305561	426090	60141
5257	3986	42778	29705	182542	18358	91950	50	134007	351459	45483
9790	5440	68253	323354	76991	10151	44515	1478	97552	284492	27741
2623	2361	7599	15	4625			10	36563	97900	4678
254	158							5600		
690	699	5019						9896	52300	2914
1679	1504	2580	15	4625			10	21067	45600	1763
18065	16226	87013	380800	227912	27799	127139	125	386275	546954	69475
1572	1551	8503	849	10499	580	11741	12	19138	59401	7730
829	796	1036	151	13306	302	2491	8	13449	84982	7631
3557	329	1765	5905	4886	273	2642	116	5456	9135	1790
1275	1279	8970	10730	6917	357	12154		27455	149620	22387
2603	2052	10065	2218	38673	1358	25991	286	43305	128801	16841
2739	2973	41240	12636	75234	7819	17769	1000	78605	181048	12189
30606	25172	158592	413289	377427	38488	199927	1547	572908	1159941	138043
34	34							775		
14338	13278	89161	85758	252768	27743	105758	1115	368507	146958	27881
1342	1125	5783	549	13546	467	5441	1	16650	143129	11162
14960	10803	63648	326982	111113	10278	88728	431	188526	869854	99000

15–5 建筑业企业(总承包和

指 标	一、年初存货	二、年末资产负债				
		流动资产合计	固定资产合计	固定资产原价	本年折旧	在建工程
总 计	108856	1111373	110310	175888	8383	3719
#国有及国有控股企业	25102	630644	48313	84076	2752	693
一、按登记注册类型分						
内资企业	108856	1111373	110310	175888	8383	3719
国有企业	2689	126940	7795	12912	324	500
集体企业	5652	31112	4946	7430	153	
股份合作企业						
联营企业						
国有联营企业						
集体联营企业						
国有与集体联营企业						
其他联营企业						
有限责任公司	49855	567782	43955	78279	2718	217
国有独资公司	305	1227				
其他有限责任公司	49550	566555	43955	78279	2718	217
股份有限公司						
私营企业	50660	385539	53614	77267	5188	3002
私营独资企业						
私营合伙企业						
私营有限责任公司	50660	385539	53614	77267	5188	3002
私营股份有限公司						
其他企业						
港、澳、台商投资企业						
合资经营企业(港或澳、台资)						
合作经营企业(港或澳、台资)						
港、澳、台商独资经营企业						
港、澳、台商投资股份有限公司						
外商投资企业						
中外合资经营企业						
中外合作经营企业						
外资企业						
外商投资股份有限公司						

专业承包）财务情况（2016年）

单位：万元

资产合计	负债合计	所有者权益合计	实收资本						
				国家资本	集体资本	法人资本	个人资本	港澳台资本	外商资本
1305773	**949847**	**355926**	**233879**	**97823**	**16358**	**45922**	**73777**		
745426	574789	170637	107243	96823	926	8511	984		
1305773	949847	355926	233879	97823	16358	45922	73776		
143835	139592	4243	5474	5474					
37212	26800	10412	7973	1000	6320	653			
670503	463176	207327	129241	91349	1691	11716	24485		
1260	741	519	60	60					
669243	462435	206808	129181	91289	1691	11716	24485		
454223	320279	133944	91191	8347	33553	49291			
454223	320279	133944	91191	8347	33553	49291			

15–5

指　　标	一、年初存货	二、年末资产负债				
		流动资产合计	固定资产合计	固定资产原价	本年折旧	在建工程
二、按国民经济行业分						
房屋和土木工程建筑业	108856	1111373	110310	175888	8383	3719
房屋工程建筑	69384	526227	45307	62948	3857	2846
土木工程建筑	23645	522050	50304	95137	3579	716
铁路道路隧道和桥梁工程	5968	49053	11636	24203	985	692
水利和港口工程建筑	719	2415	267	554	26	1
工矿工程建筑	9737	398385	25341	48352	1667	23
架线和管道工程建筑	7221	72197	13061	22028	901	
其他土木工程建筑						
建筑安装业	9097	36387	6021	7024	281	34
建筑装饰业	946	4879	882	1095	125	25
其他建筑业	5784	21830	7796	9684	541	98
工程准备	4031	18086	5477	8560	455	10
提供工程设备服务						
其他未列明的建筑活动	1753	3744	2319	1124	86	88
三、按隶属关系分						
中　央	305	1227				
地　方	108551	1110146	110310	175888	8383	
省	15707	426267	23728	50460	1810	
市	8807	211625	21692	30332	800	493
县(市、区)及以下	84037	472254	64890	95096	5773	3226
四、按企业资质等级分						
施工总承包	96981	1008807	92311	143021	6547	3608
特　级						
一　级	23913	600314	27549	58065	3071	
二　级	32053	248627	26951	38628	1334	1673
三级及以下	41016	159867	37811	46328	2142	1936
专业承包	11875	102566	17999	32867	1836	111
一　级	252	9332	1034	1344	45	
二　级	5934	19956	4887	4482	179	88
三级及以下	5689	73278	12078	27041	1613	23
五、按县(市、区)分						
城　区	71000	806892	52335	83904	3899	1908
沁 水 县	2196	33943	14228	26322	1177	10
阳 城 县	5950	43413	7108	12026	311	215
陵 川 县	51	6274	1774	2198	424	
泽 州 县	10186	79813	7437	7956	780	1102
高 平 市	7277	41098	17678	22537	1179	484
开 发 区	12196	99940	9750	20945	613	
六、按营业状态分						
营业	108668	1111064	110296	175872	8381	3719
停业(歇业)						
筹建						
当年关闭						
当年破产						
其他	188	309	14	16	2	
七、按控股情况分						
国有控股	25102	630644	48313	84076	2752	693
集体控股	9247	54423	6082	10591	230	
私人控股	74507	426306	55915	81221	5401	3026
港澳台商控股						
外商控股						
其他						

续表1

单位:万元

资产合计	负债合计	所有者权益合计	实收资本						
				国家资本	集体资本	法人资本	个人资本	港澳台资本	外商资本
1305773	949847	355926	233879	97823	16358	45922	73776		
579543	450097	129446	83167	4802	13100	12642	52623		
641904	454154	187750	116782	87521	1610	18992	8659		
71544	49766	21778	16675	11075		2000	3600		
2681	1457	1224	1410		610		800		
478807	349883	128924	83357	75446		4850	3061		
88872	53048	35824	15340	1000	1000	12142	1198		
45084	24458	20626	18086	5500	500	6454	5632		
6486	2913	3573	3316		1148	519	1649		
32756	18225	14531	12528			7315	5213		
26333	14555	11778	11315			7315	4000		
6423	3670	2753	1213				1213		
1260	740	520	60	60					
1304513	949107	355406	133819	9763	16358	45922	73776		
504053	373320	130733	88894	81594	316	6000	984		
243688	203431	40257	17562	15551		2011			
556772	372356	184416	127363	618	16042	37911	72792		
1174377	869459	304918	192099	96823	14858	15449	64969		
682154	544920	137235	92594	82394	5100		5100		
287896	228526	59370	28472	10474	4014	2305	11679		
204327	96014	108313	71033	3955	5744	13144	48190		
131396	80388	51008	41780	1000	1500	30473	8807		
10488	8572	1916	2000			2000			
26660	14406	12254	10349			7027	3322		
94248	57409	36838	29431	1000	1500	21446	5485		
927010	714874	212136	137330	74997	7458	17017	37859		
53191	23636	29554	22156		2306	17316	2534		
54859	38117	16742	13338	617	4778	5141	2801		
8049	1986	6063	2018				2018		
89297	66077	23221	16444	5000		2372	9072		
61003	32079	28924	18173		500	3510	14163		
112364	73078	39286	24420	17209	1316	566	5329		
1305450	949584	355866	233879	97823	16358	45922	73776		
323	263	60							
745426	574789	170637	107243	96823	926	8511	984		
63051	46045	17006	11943	1000	7084	3858			
497296	329013	168283	114693		8348	33553	72792		

15-5

指　　标	三、损益及分配				
	主营业务收入	主营业务成本	主营业务税金及附加	其他业务利润	管理费用
总　　计	565424	474906	6645	2129	35085
#国有及国有控股企业	343416	278894	3107	2089	24459
一、按登记注册类型分					
内资企业	565424	474906	6645	2129	35085
国有企业	62497	57874	1013	4	2546
集体企业	13235	12466	251		995
股份合作企业					
联营企业					
国有联营企业					
集体联营企业					
国有与集体联营企业					
其他联营企业					
有限责任公司	300740	237792	2234	2085	22531
国有独资公司	994	921	22		38
其他有限责任公司	299746	236871	2212	2085	22492
股份有限公司					
私营企业	188952	166774	3147	40	9013
私营独资企业					
私营合伙企业					
私营有限责任公司	188952	166774	3147	40	9013
私营股份有限公司					
其他企业					
港、澳、台商投资企业					
合资经营企业(港或澳、台资)					
合作经营企业(港或澳、台资)					
港、澳、台商独资经营企业					
港、澳、台商投资股份有限公司					
外商投资企业					
中外合资经营企业					
中外合作经营企业					
外资企业					
外商投资股份有限公司					

续表2

单位：万元

				四、应付职工薪酬（本年贷方累计发生额）	五、补充资料	
财务费用	营业利润	利润总额	应交所得税		应收工程款	竣工工程
5713	15254	18161	4858	109041	515381	213575
2656	10988	14434	3329	70370	410394	25435
5713	15254	18161	4858	109041	515381	213575
217	795	753	192	6110	76188	6511
54	−558	−489	80	3563	9771	3011
3531	11181	14665	3260	66879	346212	53536
	−1	6		7	249	321
3531	11182	14659	3260	66872	345963	53215
1911	3836	3232	1326	32489	83210	150517
1911	3836	3232	1326	32489	83210	150517

15-5

指标	三、损益及分配				
	主营业务收入	主营业务成本	主营业务税金及附加	其他业务利润	管理费用
二、按国民经济行业分					
房屋和土木工程建筑业	565424	474906	6645	2129	35085
房屋工程建筑	241062	220695	3945	7	7719
土木工程建筑	294044	228972	2489	2077	23679
铁路道路隧道和桥梁工程	36846	31563	550	457	3885
水利和港口工程建筑	2307	983	83		296
工矿工程建筑	2111887	185214	1600	1615	14263
架线和管道工程建筑	43704	11212	256	5	5235
其他土木工程建筑					
建筑安装业	22029	19247	84	45	1977
建筑装饰业	2975	2292	66		566
其他建筑业	5314	3700	61		1144
工程准备	3631	2475	56		874
提供工程设备服务					
其他未列明的建筑活动	1683	1225	5		270
三、按隶属关系分					
中　央	994	921	22		38
地　方	564430	473985	6623	2129	35047
省	213982	191347	1796	1907	15451
市	124449	85106	1121	169	7944
县(市、区)及以下	225999	197532	3706	53	11652
四、按企业资质等级分					
施工总承包	523360	442846	6088	1097	29548
特　级					
一　级	293105	267111	1958	1077	15286
二　级	138358	98921	2018	7	8785
三级及以下	91897	76814	2112	13	5477
专业承包	42064	32060	557	1032	5537
一　级	5358	4622	46		541
二　级	10246	8495	56	45	1057
三级及以下	26460	18943	455	987	3939
五、按县(市、区)分					
城　区	395199	330713	3202	1467	22899
沁水县	19096	15818	347		1909
阳城县	13667	12238	259	13	1435
陵川县	10168	9569	245		187
泽州县	23054	20641	97	32	1658
高平市	47685	38704	1563		2499
开发区	56555	47223	932	617	4498
六、按营业状态分					
营业	564649	474223	6622	2129	35019
停业(歇业)					
筹建					
当年关闭					
当年破产					
其他	775	683	23		66
七、按控股情况分					
国有控股	343416	278894	3107	2089	24459
集体控股	18371	16691	370		1341
私人控股	203637	179321	3168	40	9285
港澳台商控股					
外商控股					
其他					

续表3

单位：万元

				四、应付职工薪酬（本年贷方累计发生额）	五、补充资料	
财务费用	营业利润	利润总额	应交所得税		应收工程款	竣工工程
5713	15254	18161	4858	109041	515381	213575
2758	4627	3928	1332	32500	170045	179987
2431	10082	13538	3197	66416	322015	21400
-25	1116	1388	332	2903	7614	3888
-1	-12	-12	19	241	145	583
2520	7293	10485	2358	58106	286118	12178
-63	1685	1677	488	5166	28138	4751
170	987	1145	300	8785	18913	6165
84	-150	-153	16	328	951	885
270	-292	-297	13	1012	3457	5138
102	-126	-127	9	809	2547	3993
168	-166	-170	4	203	910	1145
	-1	6		7	249	321
5713	15255	18155	4858	109034	515132	213254
2029	5202	9087	2193	53586	287874	12734
614	5484	5018	1020	16633	123215	12044
3070	4569	4050	1645	38815	104043	188476
5402	14061	16742	4307	95810	478249	201996
3010	6632	10051	2228	69088	311188	117916
858	2980	3113	1049	12644	132414	31838
1534	4449	3578	1030	14078	34647	52242
311	1193	1419	551	13231	37132	11579
	98	159	7	239	8198	300
204	-25	124	131	7341	8639	5433
107	1120	1136	413	5651	20295	5846
4061	6277	9879	2723	72525	407377	183550
99	353	382	71	4059	12108	744
486	-647	-563	84	2118	19380	2609
7	159	160	180	1332	634	51
491	526	679	205	11986	24673	6611
81	3865	3075	886	5256	10997	7805
488	4721	4551	709	11765	40212	12205
5713	15252	18160	4858	108931	515261	213387
	2	1		110	120	188
2656	10988	14434	3329	70370	410394	25435
473	-483	-417	127	4151	18473	3022
2584	4749	4144	1402	34520	86514	185118

主要统计指标解释

建筑业统计单位 指从事房屋、构筑物建造和设备安装活动的法人企业。建筑业法人企业应具有建筑业资质并能够独立核算,同时其应具备以下条件:①依法成立,有自己的名称、组织机构和场所,能够承担民事责任;②独立拥有和使用资产,承担负债,有权与其他单位签订合同;③独立核算盈亏,能够编制资产负债表。

建筑业总产值 是以货币形式表现的建筑业企业在一定时期内生产的建筑业产品和提供的服务的总和。建筑业总产值包括:

(1)建筑工程产值:指列入建筑工程预算内的各种工程价值。

(2)安装工程产值:指设备安装工程价值,不包括被安装设备本身的价值。

(3)其他产值:建筑业总产值中除建筑工程、安装工程以外的产值。包括房屋构筑物修理产值、非标准设备制造产值、总包企业向分包企业收取的管理费以及不能明确划分的施工活动所完成的产值。

①房屋构筑物修理产值:指房屋和构筑物修理所完成的产值,但不包括被修理房屋、构筑物本身价值和生产设备的修理产值。

②非标准设备制造产值:指加工制造没有定型的非标准生产设备的加工费和原材料价值(如化工厂、炼油厂用的各种罐、槽,矿井生产统一使用的各种漏斗、三角槽、阀门等)以及附属加工厂为本企业承建工程制作的非标准设备的价值。

建筑业增加值 指建筑业企业在报告期内以货币形式表现的建筑业生产经营活动的最终成果。

从2004年第一次全国经济普查开始,建筑业现价增加值按生产法和分配法(收入法)两种方法计算,以收入法的计算结果为准,即从收入的角度出发,根据生产要素在生产过程中应得的收入份额计算。具体计算方法:经济普查年度建筑业增加值按照《经济普查年度GDP核算方案》计算,非经济普查年度建筑业增加值按照《非经济普查年度GDP核算方案》计算。**房屋建筑施工面积** 指在报告期内施过工的全部房屋建筑面积,包括本期新开工的房屋面积、上期施工跨入本期继续施工的房屋面积、上期停缓建在本期恢复施工的房屋面积、本期竣工的房屋面积及本期施工后又停缓建的房屋面积。

房屋建筑竣工面积 指在报告期内房屋建筑按照设计要求全部完工,达到了使用条件,经验收鉴定合格,正式移交使用单位的房屋建筑面积。

16 ▶交通运输、邮电通信业

Transportation, Post And Telecommunication Services

PAGE

351-368

资料整理人员： 姬艳芳

16-1 公路运输业基本情况

指 标	2006年	2007年	2008年	2009年	2010年	2011年	2012年	2013年	2014年	2015年	2016年
公路通车里程(公里)	6918	7335	7637	8020	8447	8600	8757	8881	8961	9014	9135
#高速公路	128	128	161	161	287	287	319	319	319	319	319
旅客运输量(万人)	6020	6270	2621	2485	2544	2646	2730	2954	1983	1657	1416
旅客周转量(万人公里)	219300	226100	144252	149486	152665	157891	182456	210505	171108	151197	116678
货物运输量(万吨)	7923	7930	2933	2803	3285	3460	3910	4244	5042	5385	5990
货物周转量(万吨公里)	316460	327915	212521	226951	244499	277019	320955	370243	434051	460618	493715
民用汽车拥有量(辆)	111022	125943	142683	166046	193674	220348	241075	266236	300689	333381	363796
#私人	80344	92290	105976	126494	150886	174304	196860	222504	259242	295416	328827
其他机动车拥有量(辆)	136505	133889	135810	139811	143278	143108	123524	120273	116372	100804	89309

注：1. 从2006年开始公路通车里程包括村道；
2. 从2006年开始农用运输车包括在汽车的其他汽车里。

16-2 各地区公路通车里程(2016年底)

单位:公里

地 区	公路通车里程	国道		省道		县道	乡道	专用路	村道
			高速		高速				
全 市	9135	505	121	510	197	1159	3561	28	3372
城 区	247	31	7	17	3	26	71		103
沁 水 县	1473	41		114	29	272	573		473
阳 城 县	2194	49		96	53	244	928	8	869
陵 川 县	1637	135		75	45	199	644		583
泽 州 县	2381	189	84	114	50	204	986	20	869
高 平 市	1203	60	29	94	18	214	359		476

16-3 各地区公路密度(2016年底)

地 区	公路通车里程(公里)	土地面积(百平方公里)	人口(万人)	公路密度	
				平均每百平方公里有公路(公里)	平均每万人有公路(公里)
总 计	9135	94	232	97	39
城 区	247	1	49	172	5
沁 水 县	1473	27	22	55	68
阳 城 县	2194	19	39	114	56
陵 川 县	1637	17	23	96	70
泽 州 县	2381	20	49	118	49
高 平 市	1203	10	49	123	24

16-4　公路技术等级里程(按地区分)(2016年底)

单位:公里

地　区	公路通车里程	等级公路						等外里程	等级里程占总里程的百分比(%)
		合计	高速	一级	二级	三级	四级		
合　计	9135	8918	319	155	682	1493	6269	217	97.6
城　区	247	247	10	35	10	108	83		100.0
沁水县	1473	1470	29	27	138	186	1089	3	99.8
阳城县	2194	2194	53	25	164	228	1723		100.0
陵川县	1637	1530	45	9	117	148	1211	108	93.4
泽州县	2381	2275	134	35	97	512	1497	106	95.6
高平市	1203	1203	48	23	156	310	666		100.0

16-5　公路技术等级里程(按行政关系分)(2016年底)

单位:公里

地　区	公路通车里程	等级公路						等外里程	等级里程占总里程的百分比(%)
		合计	高速	一级	二级	三级	四级		
合　计	9135	8918	319	155	682	1493	6269	217	97.6
国　道	505	505	121	63	194	127			100.0
省　道	510	510	197	55	208	50			100.0
县　道	1159	1132		28	157	624	323	27	97.6
乡　道	3561	3548		7	84	404	3052	13	99.6
专　用	28	28				12	16		100.0
村　道	3372	3196		2	39	276	2878	176	94.8

16-6　公路路面等级里程(2016年底)

单位:公里

地　区	公路通车里程	有铺装路面(高级)				简易铺装路面(次高级)		未铺装路面(中级、低级、无路面)
		合　计	沥青混凝土	水泥混凝土	占总里程的百分比(%)	合　计	占总里程的百分比(%)	
合　计	9135	8279	2363	5916	90.6	574	6.3	281
城　区	247	231	78	153	93.6	16	6.4	
沁水县	1473	1381	332	1048	93.7	54	3.7	38
阳城县	2194	2086	429	1657	95.1	81	3.7	27
陵川县	1637	1429	319	1111	87.3	77	4.7	131
泽州县	2381	2112	556	1556	88.7	191	8.0	78
高平市	1203	1041	649	391	86.5	155	12.9	7

16-7 公路高级、次高级路面里程(2016年底)

单位:公里

地区	公路通车里程	合计	公路高级、次高级路面里程						高级、次高级路面里程占总里程(%)
			国道	省道	县道	乡道	专用公路	村道	
合计	9135	8853	505	510	1105	3464	28	3241	96.9
城区	247	247	31	17	26	71		103	100.0
沁水县	1473	1435	41	114	254	559		466	97.4
阳城县	2194	2167	49	96	244	912	8	857	98.8
陵川县	1637	1507	135	75	189	616		491	92.0
泽州县	2381	2303	189	114	186	946	20	848	96.7
高平市	1203	1196	60	94	207	359		476	99.4

16-8 公路晴雨通车里程(2016年底)

单位:公里

地区	公路通车里程	合计	国道	省道	县道	乡道	专用公路	村道	晴雨通车里程占总里程的百分比(%)
合计	9135	9051	505	510	1159	3561	28	3288	99.1
城区	247	247	31	17	26	71		103	100.0
沁水县	1473	1470	41	114	272	573		470	99.8
阳城县	2194	2194	49	96	244	928	8	869	100.0
陵川县	1637	1563	135	75	199	644		509	95.5
泽州县	2381	2375	189	114	204	986	20	862	99.7
高平市	1203	1203	60	94	214	359		476	100.0

16-9 公路绿化里程(2016年底)

单位:公里

地区	公路通车里程	合计	国道	省道	县道	乡道	专用公路	村道	绿化里程占总里程的百分比(%)
合计	9135	2711	346	388	528	828	18	604	29.7
城区	247	141	21	14	25	54		27	57.4
沁水县	1473	336	23	93	89	97		34	22.8
阳城县	2194	424	37	62	88	125	5	106	19.3
陵川县	1637	421	75	59	68	134		85	25.7
泽州县	2381	858	134	71	132	285	12	223	36.0
高平市	1203	531	56	87	127	133		128	44.1

16-10 全市公路桥梁、涵洞实有数(2016年底)

地区	公路桥梁(米/座)							
	合计				按类型分			
			危桥		永久式		半永久式	
	座	米	座	米	座	米	座	米
合计	957	76734	26	1099	957	76734		
城区	29	1507			29	1507		
沁水县	149	15612	4	71	149	15612		
阳城县	205	14384	5	371	205	14384		
陵川县	107	16251	4	255	107	16251		
泽州县	274	21223	2	40	274	21223		
高平市	193	7757	11	363	193	7757		

16-10 续表

地区	公路桥梁(米/座)								涵洞
	按跨径分								
	特大桥		大桥		中桥		小桥		
	座	米	座	米	座	米	座	米	道
合计	4	4835	173	49529	204	12019	576	10351	3167
城区			3	625	8	508	18	374	88
沁水县	2	3486	28	8436	27	1911	92	1780	592
阳城县			39	10390	41	2125	125	1870	898
陵川县			29	13971	17	895	61	1385	405
泽州县	2	1349	62	13574	62	3818	148	2482	861
高平市			12	2534	49	2761	132	2462	323

16-11 全市公路隧道及其技术状况(2016年底)

地区	合计		按长度分							
			特长隧道		长隧道		中隧道		短隧道	
	处	米	处	米	处	米	处	米	处	米
合计	171	124324	8	31108	25	40899	43	32743	95	19575
城区	2	550							2	550
沁水县	25	19942	2	6898	3	5309	6	3961	14	3774
阳城县	29	17508			5	8124	8	6493	16	2891
陵川县	58	29083			6	12054	12	9306	40	7724
泽州县	55	56243	6	24210	11	15412	16	12473	22	4148
高平市	2	997					1	510	1	487

16–12　民用车辆拥有量(2016年)

单位:辆

指标名称	总计				总计中:			报废
		营运	非营运	校车	进口	个人	新注册	
合　　计	453105	36999	416017	89	8113	414203	46594	12972
一、汽车	363796	25686	338021	89	8046	328827	44054	12850
1.载客汽车	330453	4009	326355	89	7967	308074	41017	5719
#大型	2010	1302	623	85	20	41	249	241
中型	961	392	565	4	40	173	26	232
小型	319282	2313	316969		7818	299959	40553	4655
微型	8200	2	8198		89	7901	189	591
#轿车	244139	2210	241929		2362	231971	28252	3467
2.载货汽车	28698	18696	10002		76	17577	2949	6657
#重型	9693	9551	142		39	3836	731	2391
中型	1097	988	109			820	49	952
轻型	17801	8086	9715		37	12844	2169	3291
微型	107	71	36			77		23
#普通载货	13693	4897	8796		35	9959	1437	2443
3.其它汽车	4645	2981	1664		3	3176	88	474
#三轮汽车	2483	2315	168			2444		302
低速货车	187	182	5			159		128
二、电车								
1.无轨								
2.有轨								
三、摩托车	31996	6663	25333		67	31693	1777	10
1.普通	31903	6663	25240		67	31600	1776	10
2.轻便	93		93			93	1	
四、拖拉机	52650		52650			52650	518	
五、挂车	4663	4650	13			1033	245	112
六、其它类型车								
补充资料:机动车驾驶员(人)	657576							
#汽车驾驶员(人)	630446							

16-13 民用汽车拥有量

单位:辆

年份	民用汽车总计	载客汽车	大型	中型	小型	微型	载货汽车
1980	3155	522					2375
1985	6775	903					5537
1990	9480	1749					7530
1995	32434	7199					24888
2000	39967	17270	497				22243
2001	37045	16661	472				19927
2002	46424	21072	1085	1021	13619	5347	24908
2003	44194	23166	579	1205	15328	6054	20564
2004	53540	29249	652	1421	20104	7072	23200
2005	67494	38995	756	1618	28774	7847	25717
2006	111022	50625	847	1758	39683	8337	27260
2007	125943	62960	985	1816	51392	8767	29651
2008	142683	76786	1124	1873	64610	9179	31687
2009	166046	99047	1286	1896	85632	10233	34658
2010	193647	125221	1430	1859	110962	10970	37219
2011	220348	152412	1619	1831	137532	11430	39125
2012	241075	182109	1736	1524	169188	9661	36705
2013	266236	221812	2004	1421	208535	9852	35483
2014	300689	257461	2017	1289	244756	9399	35831
2015	333381	295006	2035	1178	282906	8887	32506
2016	363796	330453	2010	961	319282	8200	28698

16-13 续表

单位:辆

年份	载货汽车	重型	中型	轻型	微型	其他汽车	机动车驾驶员(人)	汽车驾驶员
1980	2375							
1985	5537							
1990	7530							
1995	24888							
2000	22243					199	135853	68706
2001	19927					193	124534	70102
2002	24908	5359	10595	6683	2271	444	142043	78338
2003	20564	3345	8286	6953	1980	464	165387	85410
2004	23200	4824	8347	8008	2021	1091	169705	96533
2005	25717	6219	8394	9670	1434	2782	182984	155261
2006	27260	6406	8781	11006	1067	33137	210871	145475
2007	29651	7048	9588	12261	754	33332	231499	172706
2008	31687	8423	9046	13554	664	34210	253514	195528
2009	34658	9857	8318	15919	564	32341	283533	229402
2010	37219	11973	7052	17780	414	31234	317360	259694
2011	39125	13700	5675	19444	306	28811	354189	299198
2012	36705	13079	3955	19456	215	22261	401680	356046
2013	35483	11638	2622	21033	190	8941	439261	402932
2014	35831	11884	2588	21192	167	7397	499130	466276
2015	32506	11217	2007	19142	140	5869	592743	563516
2016	28698	9693	1097	17801	107	4645	657576	630446

16-14 私人汽车拥有量

单位：辆

年份	私人汽车总计	载客汽车	大型	中型	小型	微型
2000	17148	9133	86			
2005	39003	25242	40	442	18614	6146
2006	80344	34981	43	461	27731	6746
2007	92290	45525	37	464	37758	7266
2008	105976	57607	34	473	49346	7754
2009	126494	77352	37	461	68037	8817
2010	150886	101179	33	448	91109	9589
2011	174304	126263	32	403	115719	10109
2012	196860	155793	21	223	146828	8721
2013	222504	194316	43	245	185002	9026
2014	259242	231557	74	328	222362	8793
2015	295416	270841	69	277	262060	8435
2016	328827	308074	41	173	299959	7901

16-14 续表

单位：辆

年份	载货汽车	重型	中型	轻型	微型	其他汽车
2000	8015					
2005	11806	1342	4985	4513	966	1955
2006	13326	1412	5549	5654	711	32037
2007	14747	1566	6084	6618	479	32018
2008	16303	2069	6052	7749	433	32066
2009	18063	2599	5654	9436	374	31079
2010	19864	3594	4820	11162	288	29843
2011	20800	4194	3895	12491	220	27241
2012	20558	4434	2991	12977	156	20509
2013	20870	4298	2091	14344	137	7318
2014	21810	4763	2119	14807	121	5875
2015	20193	4619	1668	13806	100	4382
2016	17577	3836	820	12844	77	3176

16-15 新注册民用汽车拥有量

单位:辆

年份	民用汽车总计	载客汽车	大型	中型	小型	微型
2005	14107	9494	101	172	8479	742
2006	14475	11384	116	179	10559	530
2007	16621	12805	171	136	12017	481
2008	20007	14635	159	111	13940	425
2009	27575	22466	169	108	21116	1073
2010	33548	27404	183	118	26311	792
2011	32897	27782	265	167	26735	615
2012	39687	34969	297	134	33887	651
2013	42595	39443	369	88	38564	422
2014	41574	38965	194	65	38372	334
2015	45568	43274	229	69	42665	311
2016	44054	41017	249	26	40553	189

16-15 续表

单位:辆

年份	载货汽车	重型	中型	轻型	微型	其他汽车
2005	3445	1337	938	969	201	1168
2006	2540	364	729	1411	36	551
2007	3389	972	953	1425	39	427
2008	4031	1991	488	1513	39	1341
2009	3941	1304	290	2327	20	1168
2010	5154	2459	305	2362	28	990
2011	4296	2073	133	2087	3	819
2012	3905	1414	116	2374	1	813
2013	2745	537	91	2117		407
2014	2414	493	57	1864		195
2015	2164	344	34	1786		130
2016	2949	731	49	2169		88

16-16 邮电业务基本情况

指标及年份	单位	2006年	2007年	2008年	2009年	2010年	2011年	2012年	2013年	2014年	2015年	2016年
邮电业务总量	万元	201453	246180	262238	355590	325722	164120	177723	194918	222364	243224	415024
函件	万件	820	604	447	401	604	588	382	420	303	154	275
特快专递	万件	13.0	18.6	23.0	25.2	32.0	12.0	12.0	14.0	9.0	19.2	28.9
报刊期发数	万份	15.2	10.1	11.2	11.2	24.0	26.0	28.0	29.0	28.4	26.2	
年末移动电话用户	万户	57.2	92.1	99.3	125.1	142.0	157.6	185.0	224.1	224.7	229.2	225.0
固定电话用户	万户	53.3	51.4	53.0	44.9	43.3	43.0	43.5	40.3	40.3	35.8	17.0
城市电话用户	万户	25.9	23.9	26.6	21.0	20.7	24.0	25.0	22.7	22.0		
#住宅电话用户	万户	18.0	19.3		17.1	17.6	18.2	19.2	17.1	16.3		
乡村电话用户	万户	27.4	27.5	26.4	23.9	20.5	19.0	16.9	11.5	9.9		
#住宅电话用户	万户	25.4	25.5		21.8	19.0	16.7	14.9	8.7	7.1		
邮政局所数	处	105	103	98	98	98	92	105	106	113	112	111
邮路及农村投递线路总长度	公里	10737	11411	11176	11415	12336	12898	11870	14115	14552	13741	14733
局用交换机容量	万门	35.0	35.1	31.2	54.1	88.7	29.0	23.0	18.2	16.3	1.9	0.5
移动电话交换机容量	万户	96.2	103.3	159.1	267.8	395.1	291.8	280.0	311.8	311.8	258.7	268.7

注：2015年起固定电话用户含电信用户，电信用户不分城市和乡村口径。

16-17　各地区邮电业务基本情况（2016年）

指　　标	单位	全市	市局	沁水	阳城	陵川	高平
一、邮政业网点及邮递线路							
营业网点	处	111	37	19	20	16	19
#快递营业网点	处						
信筒信箱	个	82	20	16	16	14	16
邮路总长度	公里	2044	1417	126	196	152	153
总数中:汽车邮路	公里	2044	1417	126	196	152	153
农村投递线路总长度(单程)	公里	9577	3248	1729	2300	1112	1188
城市投递线路总长度(单程)	公里	3112	1475	679	355	500	103
二、通信业务量							
邮电业务总量	万元	415024	402125	4185	4458	1903	2354
邮政业务总量	万元	13101	5070	2113	2704	1459	1755
电信业务总量	万元	401923	397055	2072	1754	444	599
移　　动	万元	271718	271718				
电　　信	万元	13709	8841	2072	1754	444	599
联　　通	万元	116496	116496				
函件	件	2746685	2655534	7878	18485	7176	57612
包裹	件	10013	3767	532	2454	1939	1321
快递	件	288796	156746	25601	48667	25070	32712
#国内同城快递	件	81144	46317	7967	7595	2184	17081
国内异地快递	件	207552	110348	17631	41056	22886	15631
国际及港澳台快递	件	100	81	3	16		
快递业务收入	元	4086600	2229800	367000	712800	343300	433700

16-17 续表

指　　标	单位	全 市	市 局	沁 水	阳 城	陵 川	高 平
汇票	笔	23287	13262	2966	2721	801	3537
订销报刊累计数	份	49128409	25040405	4966791	7227604	3544981	8348628
移动电话用户	户	2250313	1119209	191937	346967	183099	409101
固定电话用户	户	169763	82161	14024	28481	15248	29849
互联网宽带接入用户	户	430636	203734	37885	71179	34601	83237
三、电信主要通信能力							
光缆线路长度	公里	57505	40889	4126	3989	3811	4690
局用交换机容量	门	5488	4702	156	172	3	455
移动电话交换机容量	门	2687034	2687034				
移动电话基站	个	6846	3632	662	986	656	910
IPV4地址数	个	75318	75318				
互联网宽带接入端口	个	343066	180918	26569	49928	22812	62839
互联网国际出口宽带	Mbps	80000	80000				

16–18 邮电业务总量

年份 地区	邮电业务总量（万元）		函件（万件）	特快专递（万件）	报刊期发数（万份）
		邮政业务总量	电信业务总量			

年份 地区	邮电业务总量（万元）	邮政业务总量	电信业务总量	函件（万件）	特快专递（万件）	报刊期发数（万份）
1985	675	405	270	496		
1989	777	407	370	425		
1990	916	414	502	387		
1991	1216	516	700	352		
1992	1636	606	1030	411		
1993	2211	696	1515	431		
1994	3714	803	2911	435		
1995	5762	1017	4745	431		
1996	9015	1228	7787	366		
1997	9658	1454	8204	306		
1998	12392	1633	10759	305		
1999	15271	2040	13231	304		
2000	38035	2649	16654	350	6.3	20.1
2001	44588	5066	19279	307	6.4	20.3
2002	58395	6015	24560	251	6.7	21.9
2003	75208	6665	68543	210	8.9	21.7
2004	133780	7575	126205	189	10.0	13.2
2005	170752	9170	161582	106	11.7	20.8
2006	201453	12422	189031	820	13.0	15.2
2007	246180	14847	231334	604	18.6	10.1
2008	262239	17859	244380	447	23.0	11.1
2009	355590	20496	335094	401	25.2	11.2
2010	325722	15021	310701	604	31.8	24.0
2011	164120	11514	152606	588	12.5	25.5
2012	177756	12232	165524	382	12.3	30.0
2013	194918	13238	181680	420	14.0	29.0
2014	222364	12705	209659	303	9.0	28.4
2015	243224	11880	231344	154	19.2	26.2
2016	415024	13101	401923	275	28.9	

16-18 续表

年份 地区	固定电话年末用户（户）			公用电话（户）	互联网上网户数（户）
		城市电话用户	乡村电话用户		
1990	13538	9751	3787		
1995	38444	32891	5553	142	
1996	47104	40221	6883	287	
1997	82262	66793	15469	1389	
1998	102876	77466	25410	1674	
1999	114691	77667	37024	1469	
2000	151628	92668	58960	1924	5851
2001	263849	130437	133412	3910	24781
2002	334488	164414	170074	10810	43028
2003	406755	206585	200170	13794	74585
2004	449439	209729	239710	5085	68983
2005	490087	228501	261586	18248	92767
2006	532586	259019	273567	26364	74188
2007	514279	239272	275007	33366	98382
2008	530129	265651	264478	25938	103066
2009	449062	210280	238782	23701	130947
2010	432606	207072	205224	23105	155340
2011	429990	240156	189834	22435	259040
2012	434789	266044	168745	21843	326888
2013	402749	227491	114551	16995	348901
2014	402857	220153	99428	16285	392613
2015	358098				435690
2016	169763				430636

16-19 邮政局所数及邮递线路

年份	邮政局所（处）	信筒信箱（处）	邮路总长度（公里）		农村投递线路（公里）
				汽车邮路	
1978	99		1526		8674
1980	101		1636		8729
1985	102		1979	835	8984
1989	105		2047	900	9092
1990	104		2047	900	9092
1991	103		1933	999	9606
1992	103		1933	999	9698
1993	102		2014	1067	9776
1994	103		1613	1043	10098
1995	102	159	1687	868	10098
1996	107	172			9919
1997	108	138			9919
1998	187				9919
1999	187				8173
2000	103	175	1780	1537	8042
2001	106	238	1893	1650	8182
2002	103	221	1893	1650	8182
2003	102		1893	1650	8182
2004	102		2287	2287	8182
2005	101		1994	1994	8743
2006	105		1994	1994	8743
2007	103		1994	1994	9417
2008	98		1908	1908	9268
2009	98	178	2498	2116	9227
2010	98	178	2936	2806	9400
2011	92	178	2950	2820	9948
2012	105	132	2381	2278	9489
2013	106	98	2385	2282	9886
2014	113	45	2578	2475	9886
2015	112	82	1932	1932	9748
2016	111	82	2044	2044	9577

16-20 邮电通信服务水平

指　　标	2006年	2007年	2008年	2009年	2010年	2011年	2012年	2013年	2014年	2015年	2016年
邮政通信水平											
平均每一邮政局所服务面积（平方公里）	90.4	92.1	96.1	96.4	96.8	102.4	90.4	89.5	84	84.7	85.5
平均每一邮政局所服务人口（人）	21090	21543	21961	21983	22857	24814	21823	21703	20433	20669	20909
平均每人每年发函件数（件/人）	3.7	2.7	2.1	2.0	2.7	2.6	1.7	1.8	1.3	0.7	1.2
平均每百人每年订报刊数（份/百人）	6.9	4.6	5.2	4.9	10.7	11.2	12.6	12.5	12.3	11.3	
电信通信水平											
电话普及率（包括移动电话）（部/百人）	51.1	64.7	75.9	75.9	83.0	87.9	99.7	114.9	114.8	114.5	104.3
移动电话普及率（部/百人）	25.8	41.5	46.2	55.9	62.8	69.0	80.7	97.4	97.3	99.0	97.0
每千人拥有公用电话数（部）	11.9	15.0	12.1	10.6	10.2	9.8	9.5	7.4	7.1		

主要统计指标解释

公路里程 指在一定时期内实际达到《公路工程[WTBZ]技术标准JTJ01-88》规定的等级公路，并经公路主管部门正式验收交付使用的公路里程数。包括大中城市的郊区公路以及通过小城镇街道部分的公路里程和桥梁、渡口的长度，不包括大中城市的街道、厂矿、林区生产用道和农业生产用道的里程。两条或多条公路共同经由同一路段，只计算一次，不得重复计算里程长度。该指标可以反映公路建设的发展规模，也是计算运输网密度等指标的基础资料。

民用汽车拥有量 指报告期末，在公安交通管理部门按照《机动车注册登记工作规范》，已注册登记领有民用车辆牌照的全部汽车数量。汽车拥有量统计的主要分类：根据汽车结构分为载客汽车、载货汽车及其他汽车；根据汽车所有者不同分为个人（私人）汽车、单位汽车；根据汽车的使用性质分为营运汽车、非营运汽车；根据汽车大小规格不同载客汽车分为大型、中型、小型和微型，载货汽车分为重型、中型、轻型和微型。

邮电业务总量 指以价值量形式表现的邮电通信企业为社会提供各类邮电通信服务的总数量。邮电业务量按专业分类包括函件、包件、汇票、报刊发行、邮政快件、特快专递、邮政储蓄、集邮、公众电报、用户电报、传真、长途电话、出租电路、无线寻呼、移动电话、分组交换数据通信、出租代维等。计算方法为各类产品乘以相应的平均单价（不变价）之和，再加上出租电路和设备、代用户维护电话交换机和线路等的服务收入。该指标综合反映了一定时期邮电业务发展的总成果，是研究邮电业务量构成和发展趋势的重要指标。计算公式为：

邮电业务总量=∑（各类邮电业务量×不变单价）

+出租代维及其他业务收入

=邮政业务总量+电信业务总量

移动电话用户 指通过移动电话交换机进入移动电话网、占用移动电话号码的各类电话用户。包括签约用户和智能网预付费用户。一个移动电话号码统计为一户。

互联网上网人数 指平均每周使用互联网至少1小时的晋城公民人数。

本地电话用户 指接入本地电信运营商固定电话网上的电话用户。包括：住宅用户、单位用户、公用电话用户等。按电话用户位置又分为市内电话用户和农村电话用户。1997年以前，“市内电话用户”是指接入县城及县以上城市的电话网上的电话用户；“农村电话用户”是指接入县邮电局农话台及县以下农村电话交换点，以县城为中心（除市话用户外）联通县、乡（镇）、行政村、村民小组的用户。从1997年起，电话用户数分组调整为以用户所在区域划分为“城市电话用户”和“乡村电话用户”，与过去的按市内电话和农村电话划分方法不同。而电话用户总数、电话机总部数统计范围不变。

城市电话用户 指直辖市、省辖市、地级市、县级市的市区、市郊区及县城（包括县人民政府所在地的县城关区或行政建制相当于县人民政府所在地的镇）范围内接入局用交换机的电话用户数，包括分布在农村地区的独立工矿区、林区、驻军等电话用户数。

农村电话用户 指按行政区划属于城市范围以外的乡（镇）、村的电话用户数。

住宅电话用户 指安装在居民住宅或农民家里并按照住宅电话用户登记注册和收费的电话用户。包括私人付费、单位付费和按规定免费安装的住宅电话用户。

长途电话交换机容量 指用于接入长途电话网的电话交换机设备的额定容量，包括国际电话交换机容量。

局用交换机容量 指安装在电信运营企业内用于接续本地固定电话的电话交换机容量，包括现用和备用的人工或自动交换机的全部容量。不包括用户交换机容量。

移动电话交换机容量 指移动电话交换机根据一定话务模型和交换机处理能力计算出来的最大同时服务用户的数量。

17

▶国内贸易

Domestic Trade

资料整理人员： 杨　威　张中华

17-1 国内贸易基本情况

指标	2008年	2009年	2010年	2011年	2012年	2013年	2014年	2015年	2016年
法人机构（个）	**126**	**173**	**234**	**224**	**340**	**335**	**343**	**337**	**320**
批发零售贸易业	98	125	172	170	271	265	282	276	261
住宿餐饮业	28	48	62	54	69	70	61	61	59
产业活动单位（个）	**367**	**289**	**5**	**20**	**27**	**20**	**25**	**21**	**20**
批发零售贸易业	335	238	4	10	10	5	7	7	6
住宿餐饮业	32	51	1	10	17	15	18	14	14
个体户单位数（个）			**13**	**16**	**21**	**17**	**20**	**18**	**21**
批零贸易业			6	10	15	13	14	10	11
住宿餐饮业			7	6	6	4	6	8	10
从业人员（人）	**24541**	**28487**	**32615**	**34404**	**42229**	**37441**	**35315**	**33265**	**30288**
批发零售贸易业	19416	20803	22376	24198	30447	26914	26747	25134	23045
住宿餐饮业	5125	7684	10239	10206	11782	10527	8568	8131	7243
批发零售贸易业									
商品购进总额（万元）	2234343	2073572	2765180	3229386	5131786	4054663	3701637	2208781	2415682
商品销售总额（万元）	2884769	2582517	3204061	3731040	5408654	4734474	4344811	2429084	2544807
商品库存总额（万元）	197874	100409	205026	189841	295893	274286	319111	276899	246454
社会消费品零售总额（万元）	**1501369**	**1777862**	**1911163**	**2245030**	**2607672**	**2971499**	**3412124**	**3587551**	**3861943**
按行业分									
批发零售贸易业	1154362	1327628	1427625	1925359	2258044	2626130	2957559	3015149	3241143
住宿餐饮业	238414	297827	320394	319671	349628	345369	454564	572403	620800
其他行业	108593	152407	163144						

注：法人机构数、产业活动单位和个体户数、从业人员及购、销、存总额统计范围均为限额以上单位。

17-2 社会消费品零售总额

单位:万元

年份 地区	社会消费品零售总额	按行业分		
		批发零售贸易业	住宿餐饮业	其他行业
1985	46477			
1990	78869			
1991	85635			
1992	110366			
1993	155724	123071	6682	2352
1994	182586	137698	10335	19502
1995	238746	162584	13453	36197
1996	281481	192444	12810	49236
1997	345068	215891	23175	70398
1998	389130	243252	29641	73105
1999	405007	253385	32521	30314
2000	433833	257605	32481	113747
2001	460808	294842	36348	129618
2002	500446	337568	43904	118974
2003	535462	427296	45874	62292
2004	596039	475432	57853	62754
2005	751191	611930	72073	67188
2006	875858	709822	100912	65124
2007	1206160	953428	178624	74108
2008	1501369	1154362	238414	108593
2009	1777862	1327628	297827	152407
2010	1911163	1427625	320394	163144
2011	2245030	1925359	319671	
2012	2607672	2258044	349628	
2013	2971499	2626130	345369	
2014	3412124	2957559	454564	
2015	3587551	3015149	572403	
2016	3861943	3241143	620800	
城区	2046880	1730571	316308	
沁水县	224373	189252	35121	
阳城县	430122	344934	85188	
陵川县	175078	157117	17961	
泽州县	386410	337797	48612	
高平市	599080	481471	117610	

17-3 限额以上批发和零售业、住宿和餐饮业基本情况(2016年)

指　　标	法人企业（个）	产业活动单位及个体户（个）	从业人数（人）
总　计	320	41	30288
批发业合计	62	1	4072
内资企业	62		4064
国有企业	3		565
集体企业	3		116
有限责任公司	21		1991
国有独资公司	2		112
其他有限责任公司	19		1879
股份有限公司	35		1392
私营企业	1		11
私营独资企业	34		1381
私营有限责任公司		1	8
个体工商户			
港、澳、台商投资企业			
外商投资企业			
零售业合计	199	16	18973
内资企业	199	6	18729
国有企业	4	1	801
集体企业	9		358
股份合作企业	1		30
有限责任公司	23	4	3217
国有独资公司	3		853
其他有限责任公司	20	4	2364
股份有限公司	2		670
私营企业	159		13605
私营独资企业	17		911
私营合伙企业	3		43
私营有限责任公司	139	1	12651
其他企业	1		48
个体工商户		10	244
港、澳、台商投资企业			
外商投资企业	24	9	3383

17-3 续表

指　　标	法人企业（个）	产业活动单位及个体户（个）	从业人数（人）
住宿业合计	24	9	3383
内资企业	5		447
国有企业	1		43
集体企业	3	6	1844
有限责任公司	1		258
国有独资企业	2	6	1586
其他有限责任公司		1	200
股份有限公司	15	2	849
私营企业	4		141
私营独资企业	11	2	708
私营合伙企业			
私营有限责任公司			
港、澳、台商投资企业			
外商投资企业			
餐饮业合计	35	15	3860
内资企业	35	5	3443
集体企业	1		42
有限责任公司	6		880
其他有限责任公司	6		880
股份有限公司		1	22
私营企业	28	4	2499
私营独资企业	9		349
私营有限责任公司	19	4	2150
个体工商户		10	417
港、澳、台商投资企业			
外商投资企业			

17-4　限额以上批发和零售业、住宿和餐饮业法人企业数

单位:个

年份 地区	合计	批发业	零售业	住宿业	餐饮业
2009	173	47	78	23	25
2010	234	56	116	30	32
2011	224	54	116	19	35
2012	340	97	174	27	42
2013	335	94	171	27	43
2014	343	96	186	26	35
2015	337	82	194	26	35
2016	320	62	199	24	35
城区	163	26	96	17	24
沁水县	25	4	18	2	1
阳城县	40	13	23		4
陵川县	18	4	10	2	2
泽州县	28	5	20	2	1
高平市	46	10	32	1	3

17-5　限额以上批发和零售业、住宿和餐饮业产业和个体户单位数

单位:个

年份 地区	合计	批发业	零售业	住宿业	餐饮业
2009	289	48	190	24	27
2010	18	2	8	1	7
2011	36	2	18	6	10
2012	48	3	22	8	15
2013	37	2	16	8	11
2014	43	2	19	9	13
2015	39	2	15	8	14
2016	41	1	16	9	15
城区	13		6	2	5
沁水县	3		1	1	1
阳城县	4		1	1	2
陵川县	6	1	4		1
泽州县	4			4	
高平市	11		4	1	6

注:2007年-2009年数据为限额以上法人所属产业活动单位数,2010年之后为限额以上产业活动单位和个体工商户。

17-6　限额以上批发和零售业、住宿和餐饮业从业人数

单位:人

年份 地区	合计	批发业	零售业	住宿业	餐饮业
2009	28487	8693	12110	4265	3419
2010	32615	7277	15099	4845	5394
2011	34372	6465	17671	3762	6474
2012	42229	10401	20046	5238	6544
2013	37441	8961	17953	4445	6082
2014	35315	8888	17859	3959	4609
2015	33265	6574	18560	3678	4453
2016	30288	4072	18973	3383	3860
城区	18639	1794	13184	1764	1897
沁水县	988	107	606	175	100
阳城县	3819	1390	1188	105	1136
陵川县	1250	278	764	116	92
泽州县	2237	218	761	1203	55
高平市	3355	285	2470	20	580

17-7 限额以上批发和零售业商品购、销、存总额

单位:万元

年份 地区	购进总额	销售总额	批发	零售	年末库存总额
2010	2719442	3157125	2326750	830375	198540
2011	3118156	3616452	2646496	969956	177515
2012	4974361	5251425	4031432	1219993	283210
2013	3997194	4674178	3563236	1110942	269362
2014	3645898	4289771	3135621	1154151	313088
2015	2172413	2388132	1446996	941136	269413
2016	2387016	2513454	1513980	999474	243396
城区	1659912	1752304	1012074	740230	162926
沁水县	45022	51609	17930	33678	2553
阳城县	408881	417168	381614	35554	32802
陵川县	23834	27164	18231	8933	2419
泽州县	80767	82494	26062	56432	9342
高平市	168601	182716	58069	124648	33354

注:该数据为限额以上法人单位数据。

17-8 各地区星级住宿业经营情况

单位:万元

年份 地区	营业额	客房收入	餐费收入	商品销售收入	其他收入
2010	42026	12215	22453	3575	3784
2011	20125	7495	9879	473	2278
2012	39387	13410	21356	2055	2566
2013	26046	10520	11227	916	3383
2014	19339	9209	7248	1135	1748
2015	16947	8433	6229	656	1630
2016	14250	7545	5111	345	1249
城区	10533	5887	3508	86	1052
沁水县	910	472	383	55	
阳城县					
陵川县	244	152	87	6	
泽州县	2469	943	1133	197	196
高平市	94	91		2	1

注:该数据为限额以上法人单位数据。

17-9 各地区限额以上餐饮业经营情况

单位:万元

年份 地区	营业额	客房收入	餐费收入	商品销售收入	其他收入
2010	32434	4655	24695	851	2233
2011	43311	7985	32742	243	2341
2012	46383	5678	34795	1388	4523
2013	38961	6468	26342	2209	3943
2014	25201	4062	17457	1980	1702
2015	23685	3648	16885	1898	1255
2016	21444	3136	15800	1537	971
城区	16472	1751	12826	1359	536
沁水县	268	96	172		
阳城县	2908	1061	1309	103	436
陵川县	480	69	394	18	
泽州县	429		389	40	
高平市	886	159	710	18	

注:该数据为限额以上法人单位数据。

17-10 分行业限额以上批发和零售业商品购、销、存总额(2016年)

单位:万元

指标	购进总额	销售总额			年末库存总额
			批发	零售	
总计	2387016	2513454	1513980	999474	243396
批发业合计	1377967	1465519	1429488	36032	119665
农、林、牧产品批发	1290	1290	1260	31	
其他农牧产品批发	1290	1290	1260	31	
食品、饮料及烟草制品批发	182333	238907	230358	8549	20732
米、面制品及食用油批发	26162	26304	23874	2430	2737
盐及调味品批发	2202	3441	3441		185
烟草制品批发	122662	177760	177760		9821
其他食品批发	31307	31402	25283	6119	7990
纺织、服装及家庭用品批发	10807	12165	6293	5872	499
其他家庭用品批发	10807	12165	6293	5872	499
医药及医疗器材批发	45941	51361	50423	938	3720
西药批发	31224	35828	34891	938	3153
中药批发	14717	15532	15532		567
矿产品、建材及化工产品批发	1117854	1140148	1122331	17817	87366
煤炭及制品批发	1045348	1067195	1049426	17769	79525
石油及制品批发	251	220	172	48	50
金属及金属矿批发	58572	59062	59062		7694
化肥批发	13684	13671	13671		97
机械设备、五金交电及电子产品批发	10815	11882	9056	2826	7175
汽车批发	4667	5093	3726	1367	674
五金产品批发	2284	2638	1571	1067	571
电气设备批发	1555	1754	1361	392	995
其他机械设备及电子产品批发	2309	2397	2397		4936
其他批发业	8928	9767	9767		173
再生物资回收与批发	1226	1337	1337		45
其他未列明的批发	7701	8430	8430		127
零售业合计	1009049	1047935	84492	963443	123731
综合零售	221015	217626	975	216651	43126
百货零售	89761	99079	802	98277	12268
超级市场零售	120430	107450		107450	27108
其他综合零售	10823	11097	173	10925	3749
食品、饮料及烟草制品专门零售	38134	45514	18642	26873	5953

17-10 续表

单位:万元

指　　标	购进总额	销售总额			年末库存总额
			批　发	零　售	
粮油零售	12241	13159	4875	8284	2408
糕点、面包零售	620	598		598	36
果品、蔬菜零售	14427	18851	9406	9446	2399
肉、禽、蛋及水产品零售	6147	6377	4045	2332	1
营养和保健品零售	280	628		628	60
酒、饮料及茶叶零售	630	601		601	30
烟草制品零售	1634	1863		1863	602
其他食品零售	2156	3437	316	3121	417
纺织、服装及日用品专门零售	29836	30824	596	30228	3318
服装零售	22001	23601		23601	2484
化妆品及卫生用品零售	722	625	596	28	370
其他日用品零售	7113	6599		6599	464
文化、体育用品及器材专门零售	14707	15648		15648	3628
文具用品零售	183	248		248	130
图书、报刊零售	14523	15400		15400	3498
医药及医疗器材专门零售	16367	18581	7292	11289	2855
药品零售	16367	18581	7292	11289	2855
汽车、摩托车、燃料及零配件专门零售	539600	552129	52894	499235	36293
汽车零售	299000	309700		309700	33433
摩托车及零配件零售	385	868	99	769	135
机动车燃料零售	240214	241561	52795	188766	2726
家用电器及电子产品专门零售	40579	43015	2790	40224	15917
家用视听设备零售					
日用家电设备零售	29036	30694	1089	29605	13304
计算机、软件及辅助设备零售	4006	4134	1630	2505	1037
通信设备零售	7536	8187	71	8115	1576
五金、家具及室内装修材料专门零售	62248	73830	395	73436	8525
五金零售	16475	17401	395	17007	1746
家具零售	45372	55927		55927	6779
木制装饰材料零售	401	502		502	0
货摊、无店铺及其他零售业	46564	50769	908	49860	4116
互联网零售	4855	4307	80	4227	833
生活用燃料零售	14330	15228		15228	1
其他未列明的零售	27378	31233	828	30405	3282

17-11 限额以上批发、零售企业资产及负债(2016年)

单位:万元

指标	资产总计	流动资产	固定资产	负债合计	所有者权益合计
总计	2682768	1332389	512531	1956520	726248
批发企业合计	2022842	939438	322832	1537212	485630
内资企业	2022842	939438	322832	1537212	485630
国有企业	90041	81886	6929	39090	50951
集体企业	2594	1632	946	1434	1161
有限责任公司	1666397	632303	282156	1289103	377294
国有独资公司	107391	101605	1171	85101	22290
其他有限责任公司	1559006	530699	280985	1204002	355004
股份有限公司					
私营企业	263810	223616	32801	207586	56224
私营独资企业	168	126	36	182	-14
私营有限责任公司	263643	223490	32765	207404	56238
零售企业合计	659926	392952	189699	419308	240618
内资企业	659926	392952	189699	419308	240618
国有企业	2907	1676	1055	2337	570
集体企业	7340	4892	1890	5467	1873
股份合作企业	10794	593	894	9340	1453
有限责任公司	102971	57468	34747	78793	24178
国有独资公司	35707	12642	21226	30620	5087
其他有限责任公司	67264	44825	13521	48173	19091
股份有限公司	85421	47749	27498	13840	71581
私营企业	450057	280485	123270	309511	140546
私营独资企业	22923	6732	15942	5315	17608
私营合伙企业	1072	908	165	819	253
私营有限责任公司	426062	272845	107164	303377	122685
其他企业	437	90	345	20	417

17-12 分行业限额以上批发、零售企业资产及负债(2016年)

单位:万元

指　　标	资产总计	流动资产	固定资产	负债合计	所有者权益合计
总　　计	2682768	1332389	512531	1956520	726248
批发业合计	2022842	939438	322832	1537212	485630
农、林、牧产品批发	17901	9670	6136	12642	5259
其他农牧产品批发	17901	9670	6136	12642	5259
食品、饮料及烟草制品批发	100377	90731	7052	43311	57066
米、面制品及食用油批发	11515	9193	1648	10492	1024
盐及调味品批发	805	672	133	270	535
烟草制品批发	66291	60665	4781	12584	53708
其他食品批发	21766	20201	489	19966	1800
纺织、服装及家庭用品批发	1040	601	439	679	360
其他家庭用品批发	1040	601	439	679	360
医药及医疗器材批发	32999	29468	2991	35660	-2661
西药批发	24477	21459	2499	28680	-4203
中药批发	8522	8009	491	6980	1542
矿产品、建材及化工产品批发	1837314	779446	303952	1418909	418406
煤炭及制品批发	1793239	741994	298208	1393250	399989
石油及制品批发	168	126	36	182	-14
金属及金属矿批发	42186	35612	5699	23808	18377
化肥批发	1722	1714	9	1669	53
机械设备、五金交电及电子产品批发	26272	24492	1158	22334	3938
汽车批发	3648	2915	416	1216	2432
五金产品批发	1911	1784	89	1411	500
电气设备批发	6490	6454	31	6282	208
其他机械设备及电子产品批发	14224	13339	622	13426	798
其他批发业	6939	5030	1105	3678	3261
再生物资回收与批发	750	360	374	485	265
其他未列明的批发	6190	4670	731	3194	2996
零售业合计	659925.9	392952	189699	419307.5	240618
综合零售	190537	93155	70572	134623	55914
百货零售	68379	37621	24881	59228	9152
超级市场零售	104640	51764	44435	61156	43484
其他综合零售	17518	3771	1255	14240	3278
食品、饮料及烟草制品专门零售	32741	19344	11250	17446	15295

17–12 续表

单位：万元

指　　标	资产总计	流动资产	固定资产	负债合计	所有者权益合计
粮油零售	8578	6683	1120	3616	4962
糕点、面包零售	116	35	64	13	103
果品、蔬菜零售	18324	8930	8344	10808	7515
肉、禽、蛋及水产品零售	814	93	596	807	7
营养和保健品零售	437	90	345	20	417
酒、饮料及茶叶零售	580	370	56	25	556
烟草制品零售	885	858	4	590	295
其他食品零售	3008	2285	721	1567	1441
纺织、服装及日用品专门零售	24993	5720	14903	8865	16128
服装零售	21954	3896	13769	7063	14891
化妆品及卫生用品零售	567	521	46	326	241
其他日用品零售	2472	1304	1088	1476	995
文化、体育用品及器材专门零售	14418	10635	2948	7849	6569
文具用品零售	655	654	1	135	520
图书、报刊零售	13763	9981	2947	7714	6049
医药及医疗器材专门零售	8627	7527	424	7150	1476
药品零售	8627	7527	424	7150	1476
汽车、摩托车、燃料及零配件专门零售	266356	193364	48367	156580	109776
汽车零售	170449	137482	18843	136115	34334
摩托车及零配件零售	155	154	1	115	41
机动车燃料零售	95752	55728	29523	20350	75401
家用电器及电子产品专门零售	24786	23012	1083	16664	8122
家用视听设备零售					
日用家电设备零售	17415	15705	1020	11982	5434
计算机、软件及辅助设备零售	3388	3361	27	1742	1646
通信设备零售	3983	3947	36	2940	1043
五金、家具及室内装修材料专门零售	45038	19760	13145	31242	13796
五金零售	15203	14172	883	13136	2068
家具零售	29829	5588	12262	18106	11723
木制装饰材料零售	6			1	5
货摊、无店铺及其他零售业	52431	20436	27008	38889	13543
互联网零售	1660	1011	274	434	1226
生活用燃料零售	18422	5112	12499	14226	4196
其他未列明的零售	32349	14313	14236	24229	8120

17-13 限额以上批发和零售企业资产及负债

单位:万元

年份 地区	资产总计	流动资产	固定资产	负债合计	所有者权益合计
2009	837479	617824	131193	539775	297704
2010	1068554	844076	137308	745481	323073
2011	1194824	964557	134777	863623	331201
2012	2275246	1614072	107516	1823727	451519
2013	2738242	2259035	254774	2162367	575875
2014	2918240	2414077	285574	2302782	615458
2015	2503456	1973832	321070	1996201	507255
2016	2682768	1332389	512531	1956520	726248
城区	817035	598189	140996	538404	278632
沁水县	60792	27584	28043	36336	24456
阳城县	1551824	540005	276373	1205538	346286
陵川县	20777	14514	3441	13436	7341
泽州县	61397	39107	13733	41591	19806
高平市	170943	112991	49944	121214	49729

17-14 限额以上批发企业资产及负债

单位:万元

年份 地区	资产总计	流动资产	固定资产	负债合计	所有者权益合计
2009	623623	489516	70969	379658	243965
2010	775033	675593	59628	533876	241157
2011	878184	768442	49591	638973	239211
2012	1833649	1614072	107516	1494506	339144
2013	2173503	1914005	122884	1736024	437479
2014	2374430	2074140	143097	1903449	470981
2015	1892381	1615769	131399	1559884	332498
2016	2022842	939438	322832	1537212	485630
城区	323736	296216	10784	227170	96567
沁水县	36087	17997	14139	19960	16127
阳城县	1517489	524477	260727	1191574	325915
陵川县	15243	11123	1431	10237	5006
泽州县	30820	20954	7418	21321	9499
高平市	99466	68670	28333	66951	32516

17-15 限额以上零售企业资产及负债

单位:万元

年份 地区	资产总计	流动资产	固定资产	负债合计	所有者权益合计
2009	213856	128308	60224	160117	53739
2010	293522	168483	77680	211605	81917
2011	316640	196115	85186	224650	91990
2012	441597	290549	99192	329222	112375
2013	564740	345030	131890	426343	138396
2014	543810	339937	142477	399333	144477
2015	611075	358063	189671	436317	174757
2016	659926	392952	189699	419308	240618
城区	493299	301973	130212	311234	182065
沁水县	24705	9586	13904	16377	8328
阳城县	34335	15528	15646	13964	20370
陵川县	5534	3391	2010	3200	2335
泽州县	30576	18153	6315	20269	10307
高平市	71477	44321	21612	54264	17213

17-16 限额以上批发、零售企业主要财务指标(2016年)

单位:万元

指　　标	主营业务收　入	主营业务成　本	主营业务税金及附加	主营业务利　润
总　计	2375455	2133150	35206	207099
批发企业合计	1428564	1282893	32730	112942
内资企业	1428564	1282893	32730	112942
国有企业	175649	129682	21684	24283
集体企业	16943	15628	59	1255
有限责任公司	874444	797286	10789	66368
国有独资公司	491537	492134	398	-995
其他有限责任公司	382907	305152	10392	67363
私营企业	361529	340296	197	21035
私营有限责任公司	274	217		57
私营股份有限公司	361255	340079	197	20978
零售企业合计	946891	850257	2476	94158
内资企业	946891	850257	2476	94158
国有企业	8410	8126	5	279
集体企业	13693	12159	15	1520
股份合作企业	728	706	30	-7
有限责任公司	158535	144225	491	13820
国有独资公司	33518	30449	243	2827
其他有限责任公司	125017	113776	248	10993
股份有限公司	209136	188838	46	20251
私营企业	556019	495994	1888	58136
私营独资企业	16741	13570	54	3118
私营合伙企业	1657	1442	5	210
私营有限责任公司	537621	480983	1830	54809
其他企业	370	210	1	159

17-17　分行业限额以上批发、零售企业主要财务指标(2016年)

单位:万元

指　　标	主营业务收　入	主营业务成　本	主营业务税金及附加	主营业务利　润
总　计	2375455	2133150	35206	207099
批发业合计	1428564	1282893	32730	112942
农、林、牧产品批发	1290	1198		92
其他农牧产品批发	1290	1198		92
食品、饮料及烟草制品批发	211693	163741	21735	26216
米、面制品及食用油批发	24919	23714	44	1161
盐及调味品批发	3441	2578	14	849
烟草制品批发	151932	107677	21655	22599
其他食品批发	31402	29773	22	1607
纺织、服装及家庭用品批发	12165	11824	45	296
其他家庭用品批发	12165	11824	45	296
医药及医疗器材批发	43914	40995	44	2876
西药批发	30524	28388	37	2099
中药批发	13391	12608	7	776
矿产品、建材及化工产品批发	1135085	1042926	10841	81318
煤炭及制品批发	1067225	976976	10825	79423
石油及制品批发	274	217	0.2	57
金属及金属矿批发	53915	52120	15	1780
化肥批发	13671	13613	1	58
机械设备、五金交电及电子产品批发	14049	12925	45	1079
汽车批发	7260	6898	27	335
五金产品批发	2638	2163	10	465
电气设备批发	1754	1555	7	192
其他机械设备及电子产品批发	2398	2309	1	87
其他批发业	10368	9282	21	1065
再生物资回收与批发	1337	1226	0.1	111
其他未列明的批发	9031	8056	21	954
零售业合计	946891	850257	2476	94158
综合零售	168703	148022	1153	19529
百货零售	99477	88137	223	11116
超级市场零售	60758	52295	891	7572
其他综合零售	8469	7589	39	842
食品、饮料及烟草制品专门零售	42714	36859	66	5789

17-17 续表

单位:万元

指　　标	主营业务收　入	主营业务成　本	主营业务税金及附加	主营业务利　润
粮油零售	13474	11730	23	1720
糕点、面包零售	598	350	5	243
果品、蔬菜零售	15901	12915	19	2967
肉、禽、蛋及水产品零售	6377	6342	2	33
营养和保健品零售	370	210	1	159
酒、饮料及茶叶零售	601	480	6	115
烟草制品零售	1785	1640	1	144
其他食品零售	3608	3193	8	407
纺织、服装及日用品专门零售	28401	24262	87	4052
服装零售	20814	17754	60	3001
化妆品及卫生用品零售	988	691	1	296
其他日用品零售	6599	5817	27	756
文化、体育用品及器材专门零售	16029	12118	34	3877
文具用品零售	248	234	0.1	14
图书、报刊零售	15781	11884	34	3864
医药及医疗器材专门零售	18121	15503	30	2588
药品零售	18121	15503	30	2588
汽车、摩托车、燃料及零配件专门零售	536608	497459	439	38711
汽车零售	313831	297121	316	16394
摩托车及零配件零售	868	798	0.2	69
机动车燃料零售	221910	199540	123	22247
家用电器及电子产品专门零售	38343	34813	59	3471
日用家电设备零售	26642	24119	32	2491
计算机、软件及辅助设备零售	4127	3680	8	439
通信设备零售	7574	7015	18	542
五金、家具及室内装修材料专门零售	47635	37525	180	9931
五金零售	17334	15373	40	1921
家具零售	29799	21663	139	7998
木制装饰材料零售	502	489	0.4	12
货摊、无店铺及其他零售业	50337	43696	430	6210
互联网零售	3722	3308	72	342
生活用燃料零售	15039	14246	49	745
其他未列明的零售	31576	26142	310	5124

17–18　限额以上批发和零售企业主要财务指标

单位:万元

年　份 地　区	主营业务收入	主营业务成本	主营业务税金及附加	主营业务利润
2010	3042369	2800680	13750	227939
2011	3529099	3261876	14609	252614
2012	5082782	4709680	16343	356759
2013	4475056	4148864	19108	307085
2014	3908756	3608431	16642	283683
2015	2246884	2040562	24474	181847
2016	2375455	2133150	35206	207099
城　区	1585213	1462274	24101	98838
沁水县	51361	47578	131	3652
阳城县	444639	358425	10499	75716
陵川县	25228	23130	28	2070
泽州县	84112	76789	132	7192
高平市	184901	164953	316	19632

17–19　限额以上批发企业主要财务指标

单位:万元

年　份 地　区	主营业务收入	主营业务成本	主营业务税金及附加	主营业务利润
2010	2222038	2055670	10789	155579
2011	2433296	2256838	11620	164838
2012	3785245	3525847	13354	246045
2013	3426901	3194077	15586	217239
2014	2830144	2638447	12622	179075
2015	1276013	1158086	21981	95946
2016	1428564	1282893	32730	112942
城　区	882499	827642	22254	32603
沁水县	22278	21463	46	770
阳城县	412637	331767	10339	70532
陵川县	16841	16180	10	651
泽州县	23277	21930	34	1314
高平市	71032	63912	47	7073

17–20　限额以上零售企业主要财务指标

单位:万元

年　份 地　区	主营业务收入	主营业务成本	主营业务税金及附加	主营业务利润
2010	820331	745010	2961	72360
2011	1095803	1005038	2989	87776
2012	1297536	1183834	2989	110714
2013	1048155	954787	3522	89846
2014	1078612	969984	4019	104608
2015	970871	882477	2493	85901
2016	946891	850257	2476	94158
城　区	702714	634633	1847	66235
沁水县	29083	26116	85	2882
阳城县	32002	26658	160	5184
陵川县	8388	6951	18	1419
泽州县	60835	54859	98	5878
高平市	113869	101040	269	12560

17-21　限额以上住宿企业资产及负债(2016年)

单位:万元

指　　标	资产总计	流动资产	固定资产	负债合计	所有者权益合计
总　　计	74634	27654	37761	59627	15007
按登记注册类型分					
内资企业	74634	27654	37761	59627	15007
国有企业	16214	9470	5869	10728	5486
集体企业	996	380	102	1431	-435
有限责任公司	25369	3250	17160	11328	14041
国有独资公司	12701	1115	11080	1555	11146
其他有限责任公司	12668	2135	6080	9773	2895
私营企业	32055	14555	14630	36141	-4086
私营独资企业	3405	865	2504	1087	2317
私营有限责任公司	28650	13690	12126	35054	-6403
按住宿业行业小类分					
旅游饭店	61487	22207	58654	45880	15607
一般旅馆	10290	4994	7814	12970	-2680
其他住宿业	2857	453	2410	777	2080
按县(市、区)分					
城　区	48588	18060	22461	52556	-3969
沁水县	7590	7336	255	2298	5292
阳城县					
陵川县	1293	327	930	939	354
泽州县	14307	1479	11711	3057	11249
高平市	2857	453	2404	777	2080

17-22 限额以上住宿企业主要财务指标(2016年)

单位:万元

指标	主营业务收入	主营业务成本	主营业务税金及附加	主营业务利润
总计	13672	5151	230	8292
按登记注册类型分				
内资企业	13672	5151	230	8292
国有企业	2654	1782	62	809
集体企业	428	44	8	376
有限责任公司	4367	1416	-40	2992
国有独资公司	1801	728	-27	1100
其他有限责任公司	2566	688	-14	1892
私营企业	6223	1909	200	4114
私营独资企业	845	331	20	494
私营有限责任公司	5378	1578	180	3621
按住宿业行业小类分				
旅游饭店	9809	3942	210	5657
一般旅馆	3769	1199	17	2553
其他住宿业	94	10	3	81
按县(市、区)分				
总计	13672	5151	230	8292
城区	10209	3049	209	6951
沁水县	853	437	26	391
阳城县				
陵川县	244	581	12	-349
泽州县	2272	1075	-20	1217
高平市	94	10	3	81

17-23 限额以上餐饮企业资产及负债(2016年)

单位:万元

指标	资产总计	流动资产	固定资产	负债合计	所有者权益合计
总计	47990	18126	21500	55634	-7644
按登记注册类型分					
内资企业	47990	18126	21500	55634	-7644
集体企业	663	142	519	892	-228
有限责任公司	22216	3906	17001	34057	-11842
其他有限责任公司	22216	3906	17001	34057	-11842
私营企业	25111	14078	3980	20685	4426
私营独资企业	3283	1701	1422	1258	2026
私营有限责任公司	21828	12378	2558	19428	2400
按餐饮业行业小类分					
正餐服务	46569	16829	21442	54555	-7986
快餐服务	1420	1297	58	1079	342
其他餐饮服务					
按县(市、区)分					
城区	19274	9997	2535	20746	-1472
沁水县	189	164	8	139	50
阳城县	23108	5081	16848	32179	-9071
陵川县	435	120	200	197	237
泽州县	311	56	64	605	-294
高平市	4673	2709	1846	1768	2905

17-24 限额以上餐饮企业主要财务指标(2016年)

单位:万元

指标	主营业务收入	主营业务成本	主营业务税金及附加	主营业务利润
总计	18873	9901	481	8491
按登记注册类型分				
内资企业	18873	9901	481	8491
集体企业	268	5	6	257
有限责任公司	3193	2441	82	671
其他有限责任公司	3193	2441	82	671
私营企业	15411	7456	392	7563
私营独资企业	3369	1773	28	1568
私营有限责任公司	12042	5684	364	5995
按餐饮业行业小类分				
正餐服务	15953	8054	353	7546
快餐服务	2920	1847	127	946
其他餐饮服务				
按县(市、区)分				
合计	18873	9901	481	8491
城区	13860	6520	359	6981
沁水县	215	121	4	89
阳城县	2840	1562	70	1208
陵川县	480	322	2	156
泽州县	429	149	10	270
高平市	1050	1228	35	-213

17-25 限额以上批发零售贸易业主要商品分类销售额

单位:万元

项目	销售合计		批发		零售	
	2015年	2016年	2015年	2016年	2015年	2016年
销售类值合计	2423237	2600742	1466750	1555657	956487	1045085
粮油、食品类	120263	147645	38018	44096	82245	103550
#粮油类	42539	58067	18376	19884	24164	38183
肉禽蛋类	16814	18098	3865	5414	12950	12684
水产品类	2843	3501	427	410	2416	3091
蔬菜类	5748	13028	242	5308	5506	7719
干鲜果品类	7000	4859	2695	143	4305	4715
饮料类	30030	26134	11964	6750	18067	19384
烟酒类	274637	228441	252168	203442	22469	24999
服装鞋帽、针、纺织品类	99933	108651	3405		96528	108651
服装类	66975	73482	2142		64834	73482
鞋帽类	19524	21520	1075		18449	21520
针、纺织品类	13434	13649	188		13246	13649
化妆品类	9262	9813	53		9209	9813
金银珠宝类	19584	15965	227		19358	15965
日用品类	15526	19011	1762	1832	13764	17179
儿童玩具类	2045	1596			2045	1596
五金、电料类	18439	17035	1747	2288	16693	14746
体育、娱乐用品类	1470	811			1470	811
快报杂志类	19101	15409			19101	15409
电子出版物及音像制品类	700	446			700	446
家用电器和音像器材类	44875	42383	135	194	44740	42189
中西药品类	69033	73148	44176	50129	24857	23019
#西药	43897	48210	33878	38814	10019	9396
中草药及中成药	13936	14963	10298	11315	3637	3649
文化办公用品类	6369	6658	1670	1682	4699	4976
#计算机及其配套产品		2929		619		2310
家具类	30918	22936			30918	22936
通讯器材类	10627	10644		211	10627	10433
煤炭及制品类	691189	1052081	691189	1051278		804
石油及制品类	313879	272842	150832	72896	163046	199946
化工材料及制品类	12988	14029	12988	14029		
#化肥类	12639	13671	12639	13671		
金属材料类	184191	72492	184191	72492		
建筑及装潢材料类	5680	7154			5680	7154
机电产品及设备类	39392	26610	27442	9937	11950	16673
汽车类	302098	338711	3174	4505	298924	334206
其他类	103054	71695	41610	19898	61444	51797

注:表中数据为快报数

17-26　按登记注册类型分限额以上零售企业基本情况

指　　标	企业总数（个）		营业面积（万平方米）	
	2015年	2016年	2015年	2016年
合　计	194	199	54.1	67.9
内资企业	194	199	54.1	67.9
国有企业	4	4	0.1	0.1
集体企业	10	9	0.8	0.8
股份合作企业	1	1	0.3	0.3
有限责任公司	22	23	8.3	12.9
国有独资公司	2	3	0.9	0.9
其他有限责任公司	20	20	7.5	12.1
股份有限公司	2	2	4.3	4.3
私营企业	154	159	39.9	49.1
私营独资企业	16	17	5.1	5.0
私营合伙企业	3	3	0.1	0.1
私营有限责任公司	135	139	34.6	44.0
其他企业	1	1	0.3	0.3

17-26　续表1

指　　标	从业人员（人）		销售总额（万元）	
	2015年	2016年	2015年	2016年
合　计	17772	17568	1037553	1047935
内资企业	17772	17568	1037553	1047935
国有企业	106	101	7902	8418
集体企业	385	358	14554	13831
股份合作企业	30	30	1678	2005
有限责任公司	2987	2857	173214	167720
国有独资公司	971	853	24435	32858
其他有限责任公司	2016	2004	148779	134862
股份有限公司	672	670	250221	228439
私营企业	13544	13504	589358	626895
私营独资企业	1027	911	17313	16160
私营合伙企业	41	43	2634	1980
私营有限责任公司	12476	12550	569410	608755
其他企业	48	48	627	628

17-26 续表2

单位:万元

指 标	零售额		利润总额	
	2015年	2016年	2015年	2016年
合 计	909861	963443	577	12700
内资企业	909861	963443	577	12700
国有企业	5613	4209	76	-40
集体企业	13342	12685	-65	138
股份合作企业	1477	1832		
有限责任公司	166087	160033	474	-633
国有独资公司	24435	32858	69	-656
其他有限责任公司	141652	127176	405	23
股份有限公司	153272	175897	1201	6805
私营企业	569442	608158	-1236	6301
私营独资企业	17220	16160	163	96
私营合伙企业	2634	1980	-6	24
私营有限责任公司	549589	590018	-1393	6181
其他企业	627	628	128	130

17-26 续表3

单位:万元

指 标	资产总额		负债总额	
	2015年	2016年	2015年	2016年
合 计	611075	659926	436317	419308
内资企业	611075	659926	436317	419308
国有企业	2733	2907	2191	2337
集体企业	7384	7340	5692	5467
股份合作企业	10958	10794	9347	9340
有限责任公司	105607	102971	80023	78793
国有独资公司	20890	35707	19817	30620
其他有限责任公司	84718	67264	60206	48173
股份有限公司	45299	85421	4897	13840
私营企业	438656	450057	334148	309511
私营独资企业	26372	22923	6850	5315
私营合伙企业	841	1072	612	819
私营有限责任公司	411444	426062	326685	303377
其他企业	437	437	20	20

17-27 各地区商品粮食收支存(2016年)

单位:吨

地区	期初库存	收入合计							
		合计	从生产者购进	省外	从企业购进	省外	储备粮油转入	加工成品收回	其他
总计	73084	568636	338496	11008	134757	65628	35793	54560	5031
城区分局	3256	29357	4183	622	20612	16177		4562	
泽州县	7329	75828	59843		13294	10514		2692	
沁水县	8375	75853	40640		28300	10630		6913	
阳城县	11423	90130	76446		12156	7537		1527	
高平市	28359	98056	65587		9297	2309		18284	4889
陵川县	12504	113739	68888		26546	10237		18304	
市直公司	1838	85673	22908	10386	24552	8224	35793	2279	142

17-27 续表1

单位:吨

地区	支出合计			转作储备粮油	加工原料付出
	合计	销售			
		小计	其中:省外		
总计	585027	409478	102201	34990	54864
城区分局	30445	24300			4562
泽州县	81597	72185	34507		2682
沁水县	76489	46197	7997		7243
阳城县	93817	62718	75		1527
高平市	102924	65421	2239		18284
陵川县	114039	90547	53427		18303
市直公司	85715	48109	3956	34990	2263

17–27 续表2

单位:吨

地区	支出合计						期末库存
	转化用粮油					其他支出	
	小计	饲料用粮油	工业用粮油				
			小计	淀粉	食品及副食酿造业		
总计	80903	46225	34590	27725	6602	4792	52067
城区分局	1584	429	1154		1154		1667
泽州县	6730	6730					1177
沁水县	23033	18431	4532		4269	16	7298
阳城县	29572	1847	27725	27725			5809
高平市	14582	13984	580		580	4638	22528
陵川县	5188	4804	384		384		11792
市直公司	215		215		215	138	1796

17–28 各地区食用油(商品)及油料收支存(2016年)

单位:吨

地区	期初库存	收入合计							
		合计	从生产者购进		从企业购进		储备粮油转入	加工成品收回	其他
				省外		省外			
总计	1904	37424			32792	14133		4538	95
城区分局	853	5921			5826	5027			95
泽州县	108	1100			1100	612			
沁水县	119	2969			2969	1539			
阳城县	62	1123			1123	93			
高平市	360	930			930	378			
陵川县	14	5151			5151				
市直公司	388	20231			15693	6485		4538	

17-28 续表1

单位:吨

地区	支出合计			转作储备粮油	加工原料付出
	合计	销售			
		小计	其中:省外		
总计	36581	31805		4538	95
城区分局	5776	5681			95
泽州县	1037	1037			
沁水县	3017	2874			
阳城县	917	917			
高平市	854	854			
陵川县	5117	5117			
市直公司	19863	15325		4538	

17-28 续表2

单位:吨

地区	支出合计						期末库存
	转化用粮油					其他支出	
	小计	饲料用粮油	工业用粮油				
			小计	淀粉	食品及副食酿造业		
总计	143	2	141		141		2679
城区分局							990
泽州县							137
沁水县	143	2	141		141		61
阳城县							251
高平市							436
陵川县							48
市直公司							756

主要统计指标解释

社会消费品零售总额 指批发和零售业、餐饮业、新闻出版业、邮政业和其他服务业等，售予城乡居民用于生活消费的商品和社会集团用于公共消费的商品之总量。社会消费品零售总额包括：

一、批发和零售业企业(单位)售予城乡居民用于生活消费和社会集团用于公共消费的商品。包括：

1.售予城乡居民的各种生活消费品；

2.售予入境旅游的外国人、华侨、港澳台同胞的各类商品；

3.售予行政事业单位、社会团体、军队和武警等机构的商品，以及以零售方式售予各类企业的商品。具体包括：用于非生产和社会交往的办公用品，如通讯设备、计算器具和设备、电讯网络设备、文印设备、音像视听器材和设备、纸张、本册、文具及装订文印材料、家具、日用电器、针纺织品、清洁卫生用品、文体用品、奖品、纪念品、礼品等；供内部人员乘坐的交通工具和燃料；用于办公设施修缮的各类配件、材料、工具等；用于取暖和防暑降温的设备、燃料、材料及食品等；专用于教学的用品和设备；非营利医疗机构的中、西药品、中药材和医疗设备器材；非专用的劳动保护用品；不对外营业的内部食堂用的餐具、炊具、设备、清洁卫生工具和食品、燃料等；军队、武警用于其人员生活的衣着品和个人用品；其他各类非生产性设备和用品。

二、餐饮业出售的主食、菜肴、烟酒饮料和其他商品。

三、新闻出版业、邮政业售予城乡居民、企事业单位、军队和武警等机构的书报杂志、音像制品、邮品等。

四、其他服务业出售的食品、烟酒饮料、服装鞋帽、日常生活用品、医药保健用品、艺术品、工艺美术品、玩具、殡葬用品以及其他消费品。

批发和零售业商品购进、销售、库存总额 指各种登记注册类型的批发和零售业企业(单位)以本企业(单位)为总体的，从国内、国外市场购进的商品总量，销售和出口的商品总量、库存的商品总量等情况。该指标可以反映商品流转过程中商品的购进、销售、库存之间的比例关系和存在的问题。

购进总额 指从本企业(单位)以外的单位和个人购进(包括从境外直接进口)作为转卖或加工后转卖的商品总额。它反映批发和零售业从国内、国外市场上购进商品的总量。商品购进包括：(1)从工农业生产者购进的商品；(2)从出版社、报社的出版发行部门购进的图书、杂志和报纸；(3)从各种登记注册类型的批发和零售业企业(单位)购进的商品；(4)从其他单位购进的商品，如从机关、团体、企业等单位购进的剩余物资，从住宿和餐饮业、其他服务业购进的商品，从海关、市场管理部门购进的缉私和没收的商品，从居民手中收购的废旧商品等；(5)从国(境)外直接进口的商品。不包括企业(单位)为自身经营用和未通过买卖行为而收入的商品以及销售退回、商品升溢等。

销售总额 指对本企业(单位)以外的单位和个人出售(包括对境外直接出口)的商品总额。它反映批发和零售业在国内市场上销售商品以及出口商品的总量。商品销售包括：(1)售给城乡居民和社会集团消费用的商品；(2)售给工业、农业、建筑业、运输邮电业、批发和零售业、住宿和餐饮业、其他服务业等作为生产、经营使用的商品；(3)售给批发和零售业作为转卖或加工后转卖的商品；(4)对国(境)外直接出口的商品。不包括出售本企业(单位)自用的废旧包装用品，未通过买卖行为付出的商品，经本单位介绍、由买卖双方直接结算、本单位只收取手续费的业务，购货退出的商品以及商品损耗和损失等。

库存总额 指报告期末各种登记注册类型的批发和零售业企业(单位)已取得所有权的商品。它反映批发和零售业企业(单位)的商品库存情况和对市场商品供应的保证程度。商品库存包括：(1)存放在批发和零售业经营单位(如门市部、批发站、经营处)仓库、货场、货柜和货架中的商品；(2)挑选、整理、包装中的商品；(3)已记入购进而尚未运到本单位的商品，即发货单或银行承兑凭证已到而货未到的商品；(4)寄放他处的商品，如因购货方拒绝承付而暂时存放在购货方的商品和已办完加工成品收回手续而未提回的商品；(5)委托其他单位代销(未作销售或调出)尚未售出的商品；(6)代其他单位购进尚未交付的商品。不包括所有权不属于本单位的商品、委托外单位加工生产尚未收回成品的商品、外贸企业代理其他单位从国外进口尚未付给订货单位的商品、代国家物资储备部门保管的商品等。

住宿和餐饮业营业额 指住宿和餐饮业法人企业(单位)在经营活动中因提供服务或销售商品等取得的收入。包括：

客房收入、餐费收入、商品销售额和其他收入。客房收入指住宿和餐饮业法人企业(单位)在经营活动中因提供住宿服务取得的收入。餐费收入指住宿和餐饮业法人企业、(单位)因为顾客提供就餐服务取得的收入,包括经烹饪、调制加工后出售的各种食品,如主食、炒菜、凉拌菜等的收入。商品销售额指住宿和餐饮业法人企业(单位)伴随服务而出售商品所取得的收入(含增值税)。其他收入指营业收入中除客房收入、餐费收入、商品销售额以外的其他收入,包括娱乐、健身和商务服务等。

18 对外经济贸易

Foreign Trade

PAGE

399-409

资料整理人员：　安云芳

18–1 对外经济贸易基本情况

指标	2007年	2008年	2009年	2010年	2011年	2012年	2013年	2014年	2015年	2016年
进出口总额（人民币万元）	**119555**	**145425**	**163563**	**349566**	**715287**	**757186**	**568876**	**674133**	**557080**	**395071**
出口总额	61895	90189	82089	139027	177549	150478	160342	177534	179823	108788
进口总额	57659	55236	81474	210539	537744	606708	408534	496599	377257	286282
进出口差额	4236	34953	614	−71512	−360195	−456230	−248192	−319065	−197434	−177494
进出口总额（万美元）	**15622**	**20731**	**23962**	**53204**	**113516**	**123497**	**91855**	**109785**	**89597**	**59907**
出口总额	8061	12872	12026	21160	28177	24543	25890	28899	28832	16490
#初级产品									159	146
#工业制品	8061	12872	12026	21160	28177	24543		28773	28673	16343
进口总额	7560	7859	11936	32044	85340	98954	65965	80886	60765	43417
#初级产品									24487	23042
#工业制品	7560	7859	11936	32044	85334	85334		38824	36278	20273
进出口差额	501	5013	90	−10884	−57163	−74411	−40075	−51987	−31933	−26927
外商投资合同金额（万美元）	**10946**	**12881**	**1572**	**157**	**9438**	**11620**	**18000**	**2377**	**60**	
实际利用外资额（万美元）	**32282**	**30498**	**8539**	**13093**	**21799**	**25775**	**28400**	**28429**	**25765**	**20012**

注：本表中进出口总额口径为按经营单位所在地。

18–2 按企业性质分类进出口商品总额（2016年）

单位：万美元

项目	按经营单位所在地			按收发货所在地		
	进出口	出口	进口	进出口	出口	进口
进出口贸易总额	**59907**	**16490**	**43417**	**72044**	**31620**	**40424**
国有企业	458	295	163	4200	3545	655
外商投资企业	30164	9957	20207	31143	10945	20198
#中外合作企业						
中外合资企业	25052	7931	17121	25128	8017	17112
外商独资企业	5111	2026	3086	6015	2928	3087
民营企业	29285	6239	23046	36701	17130	19571
#集体企业	264	264		354	204	150
私人企业	29021	5975	23046	36348	16927	19421
个体工商户						
其他						

18-3 进出口贸易总额

年份	人民币（万元）				美元（万美元）			
	进出口总额	出口总额	进口总额	差额	进出口总额	出口总额	进口总额	差额
1998					666	665	1	664
1999					619	619		619
2000					1019	902	117	785
2001					1298	1035	263	772
2002					2002	1295	707	588
2003					3060	2287	773	1514
2004					4552	3183	1368	1815
2005	84466	37715	46751	-9036	10281	4581	5701	-1120
2006	59292	39880	19412	20468	7407	4973	2434	2539
2007	119555	61895	57659	4236	15622	8061	7560	501
2008	145425	90189	55236	34953	20731	12872	7859	5013
2009	163563	82089	81474	614	23962	12026	11936	90
2010	349566	139027	210539	-71512	53204	21160	32044	-10884
2011	715287	177549	537744	-360195	113516	28177	85340	-57163
2012	757186	150478	606708	-456230	123497	24543	98954	-74411
2013	568876	160342	408534	-248192	91855	25890	65965	-40075
2014	674133	177534	496599	-319065	109785	28899	80886	-51987
2015	557080	179823	377257	-197434	89597	28832	60765	-31933
2016	395071	108788	286282	-177494	59907	16490	43417	-26927

18-4 按贸易方式分类进出口货物总额(2016年)

单位:万美元

项目	按经营单位所在地			按收发货所在地		
	进出口	出口	进口	进出口	出口	进口
进出口贸易总额	59907	16490	43417	72044	31620	40424
一般贸易	40161	7751	32410	52122	22844	29279
国家间、国际组织无偿援助和赠送的物资				1	1	
华侨、港澳台同胞、外籍华人捐赠物资						
加工贸易	19477	8739	10738	19499	8761	10738
补偿贸易						
来料加工装配贸易						
进料加工贸易	19477	8739	10738	19499	8761	10738
寄售、代销贸易						
边境小额贸易(边民互市贸易除外)				13	13	
加工贸易进口设备	204		204	204		204
对外承包工程出口货物						
租赁贸易						
外商投资企业作为投资进口的设备、物品	30		30	30		30
出料加工贸易						
易货贸易						
免税外汇商品						
保税仓库进出境货物				139		139
保税区进出境仓储或转口货物						
出口加工区进口设备物品						
免税品						
其他	35	1	34	35	1	34

18-5 我市同各国(地区)海关进出口总额(2016年)

单位:万美元

国别与地区	按经营所在地			按收发货所在地		
	进出口	出口	进口	进出口	出口	进口
进出口贸易总值	59907	16490	43417	72044	31620	40424
亚洲	32343	10072	22271	41413	19130	22282
韩国	936	528	409	2697	2287	410
日本	5045	806	4240	5499	1248	4250
印度	3808	65	3743	5566	1824	3743
中华人民共和国	2758		2758	2758		2758
哈萨克斯坦				4	4	
印度尼西亚	24	24		161	161	
香港	5326	5286	40	5520	5479	40
台湾省	11407	957	10449	11356	907	10449
新加坡	448	339	108	462	354	108
土耳其	2	2		8	8	
马来西亚	399	222	178	573	396	178
泰国	412	269	144	468	325	144
伊朗	16	16		18	18	
越南	706	680	27	1189	1162	27
阿联酋	479	479		84	84	
孟加拉国	1	1		2942	2942	
沙特阿拉伯	45	45		21	21	
蒙古						
巴基斯坦	9	9		30	30	
以色列	3	3		3	3	
菲律宾	179	3	176	854	678	176
阿曼	39	39		2	2	
非洲	589	208	380	1641	1260	380
南非	384	4	380	385	4	380
安哥拉						
毛里塔尼亚						
赞比亚						
埃及	24	24		27	27	
尼日利亚				4	4	
摩洛哥						
津巴布韦						
坦桑尼亚				30	30	
阿尔及利亚	12	12		14	14	
肯尼亚						
欧洲	4729	605	4125	5395	1133	4262
荷兰	3	1	3	91	88	3

注:部分小额贸易国家未显示,故各(地区)国家之和略小于总计。

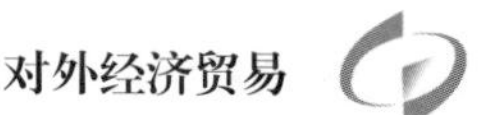

18-5 续表

单位:万美元

国别与地区	按经营所在地			按收发货所在地		
	进出口	出口	进口	进出口	出口	进口
德国	656	241	415	1133	260	873
意大利	227	189	39	984	458	526
俄罗斯联邦	11	11		26	26	
英国	245	48	197	383	36	347
卢森堡						
比利时	2	2		29	29	
法国	303	50	253	353	52	301
西班牙	32	32		115	115	
前南马其顿						
奥地利	1		1	1		1
波兰	9	9		17	17	
乌克兰	3182		3182	1505	7	1497
丹麦	3	3		681	3	678
芬兰						
捷克						
瑞典	1	1		1	1	
阿尔巴尼亚						
罗马尼亚	1	1		22	22	
瑞士	31		31	31		31
拉丁美洲	**13849**	**1627**	**12222**	**16620**	**5445**	**11176**
巴西	12260	46	12214	11216	48	11168
墨西哥	1531	1525	6	3445	3439	6
智利				1142	1142	
哥伦比亚	7	7		433	433	
古巴				5	5	
秘鲁				12	12	
阿根廷	7	7		7	7	
北美洲	**4776**	**3901**	**875**	**5399**	**4533**	**866**
加拿大	242	222	20	256	246	11
美国	4534	3680	854	5143	4287	856
大洋洲	**3621**	**77**	**3544**	**1577**	**119**	**1458**
澳大利亚	3621	77	3544	1542	84	1458
新西兰				5	5	
新喀里多尼亚						
东盟组织	**2172**	**1539**	**632**	**4588**	**3956**	**632**
欧盟组织	**1502**	**590**	**912**	**3832**	**1098**	**2734**
亚太经济合作组织	**37582**	**14628**	**22953**	**43138**	**22268**	**20870**
金砖国家(除中国)	**16464**	**126**	**16337**	**17193**	**1902**	**15291**

18-6 进出口商品类章总值表(2016年)

单位:万美元

类别	按经营所在地			按收发货所在地		
	进出口	出口	进口	进出口	出口	进口
进出口贸易总值	59907	16490	43417	72044	31620	40424
第一类 活动物;动物产品						
活动物						
肉及食用杂碎						
鱼,甲壳动物,软体动物等						
乳,蛋,蜂蜜;其他食用动物产品						
其他动物产品						
第二类 植物产品	119	119		198	198	
活植物;鳞茎.根;插花及装饰用叶	62	62		156	156	
食用蔬菜,根及块茎	48	48		42	42	
食用水果及坚果;水果或甜瓜的果皮						
咖啡,茶,马黛茶及调味香料						
谷物						
制粉工业产品;麦芽,淀粉;菊粉;面筋						
果实,果仁,工业或药用植物;稻草,饲料	8	8				
虫胶;树胶,树脂及其他植物液,汁						
编结用植物材料;其他植物产品						
第三类 动,植物油,脂,蜡及其分解产品						
动,植物油,脂,蜡及其分解产品						
第四类 食品,饮料,酒及醋;烟草及制品						
肉,鱼,甲壳动物,软体动物及制品						
糖及糖食						
可可及可可制品						
谷物,粮食粉淀粉或乳的制品;糕饼点心						
蔬菜,水果,坚果或植物其他部分的制品						
杂项食品						
饮料,酒及醋						
食品工业的残渣及废料;配制的动物饲料						
烟草,烟草及烟草代用品的制品						
第五类 矿产品	22928	14	22914	19084	975	18109
盐,硫磺,泥土,石料,石膏料,石灰,水泥				1		1
矿沙,矿渣及矿灰	22913		22913	18106		18106
矿物燃料,油及其蒸馏产品;沥青;矿物蜡	15	14	1	976	975	1
第六类 化学工业及其相关工业的产品	549	140	409	14640	14177	463
无机化学品;稀贵金属.放射性元素	64	51	13	246	233	13
有机化学品	15	3	12	456	444	12
药品						
肥料				13357	13357	
鞣料,染料,颜料,漆,胶粘剂,墨水,油墨	41		41	95		95
精油及香膏;芳香料制品及化妆盥洗品						
肥皂.洗涤剂,润滑剂,光洁剂,蜡,活性剂	78		78	78		78

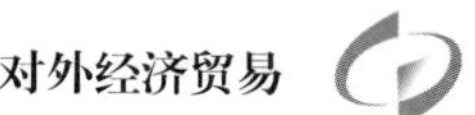

18-6 续表1

单位:万美元

类别	按经营所在地			按收发货所在地		
	进出口	出口	进口	进出口	出口	进口
蛋白类物质;改性淀粉;胶,酶	83		83	124	41	83
炸药,烟火制品;火柴,引火合金,易燃料						
照相及电影用品						
杂项化学用品	268	86	182	284	102	182
第七类 塑料及其制品;橡胶及其制品	1280	56	1224	1295	59	1236
塑料及其制品	1238	42	1196	1238	42	1196
橡胶及其制品	41	14	27	56	17	39
第八类 生皮,皮革,毛皮及其制品						
生皮(毛皮除外)及皮革						
皮革制品,旅行用品,手提包及类似容器						
毛皮,人造毛皮及其制品						
第九类 木及木制品;其他编结材料制品	14	14		12	12	
木及木制品,木炭	14	14		12	12	
软木及软木制品						
稻草,秸秆,柳,藤等编结材料制品						
第十类 纸浆;纸,纸板及其制品	1		1	1		1
木浆及其他纤维素浆;回收纸或纸板						
纸,纸板,纸浆,纸或纸板制品						
书籍,报纸,印刷图画及印刷品;手稿	1		1	1		1
十一类 纺织原料及纺织制品	331	203	128	416	288	128
蚕丝				8	8	
羊毛,动物毛,马毛纱线及其机织物						
棉花	135	7	128	162	34	128
其他植物纺织纤维;纸纱线及其织物	195	195		232	232	
化学纤维长丝						
化学纤维短丝						
絮胎,毡呢及无纺织物;线,绳,缆及制品						
地毯及纺织材料的其他铺地制品						
特种机织物;花边,装饰毯.带,刺绣品	1	1		1	1	
浸,涂,包或层压的纺织物;工业用纺织制品						
针织物及钩编织物				13	13	
针织及钩编的服装及衣着附件						
非针织及钩编的服装及衣着附件						
其他纺织制成品;成套物品,旧纺织品						
十二类 鞋帽伞杖鞭;羽毛制品;人造花						
鞋靴,护腿和类似品及其零件						
鞋类及其零件						
雨伞,阳伞,手杖,鞭子,马鞭及其零件						
羽毛,羽绒及制品;人造花,人发制品						
十三类 石料及其制品;陶瓷玻璃及制品	317	125	192	588	386	202
石料,石膏,水泥,石棉,云母及类似制品	182		182	189		189

18-6 续表2

单位:万美元

类别	按经营所在地			按收发货所在地		
	进出口	出口	进口	进出口	出口	进口
陶瓷制品	61	61		319	319	
玻璃及其制品	74	63	11	79	66	13
十四类 珍珠,宝石,贵金属;仿首饰;硬币				2	2	
珍珠,宝石,贵金属;仿首饰;硬币				2	2	
十五类 贱金属及其制品	7033	4254	2779	6766	3983	2783
钢铁	184		184	184		184
钢铁制品	3871	3850	21	3609	3585	24
铜及其制品						
镍及其制品	5		5	5		5
铝及其制品	2243		2243	2245	2	2243
铅及其制品						
锌及其制品						
锡及其制品						
其他贱金属,金属陶瓷及其制品	355	34	321	355	34	321
贱金属工具,器具,利口器,餐匙.餐叉	374	369	5	366	361	5
贱金属杂项制品				1		1
十六类 机器,电子产品,电气设备及零件	21166	8141	13025	22546	8196	14350
核反应堆,锅炉,机器,机械器具及零件	2754	438	2316	4086	488	3598
电机电气设备,电视音像设备及零部件	18413	7703	10710	18460	7708	10752
十七类 车辆,航空器,船舶及运输设备	1849	1849		1769	1769	
铁道电车道机车及其固定装置的零件	44	44		115	115	
车辆及其零件,铁道及电车道车辆除外	1805	1805		1654	1654	
航空器,航天器及其零件						
船舶及浮动结构体						
十八类 光学,检测,医疗设备;钟表,乐器	4318	1575	2743	4726	1575	3151
光学,计量,检验,医疗设备及零件	4318	1575	2743	4726	1575	3151
钟表及其零件						
乐器及其零件,附件						
十九类 武器,弹药及其零件,附件						
武器,弹药及其零件,附件						
二十类 杂项制品						
家具,寝具,褥垫,照明装置,活动房屋						
玩具,游戏品,运动用品及其零件,附件						
杂项制品						
二十一类 艺术品,收藏品及古物						
艺术品,收藏品及古物						
二十二类 特殊交易品及未分类商品	3	1	2	3	1	2
特殊交易品及未分类商品	3	1	2	3	1	2
***机电产品**	29462	13166	16296	30974	12941	18033
***高新技术产品**	17935	4700	13235	18641	5012	13629
***农产品**	247	119	128	378	250	128

主要统计指标解释

进出口总额 指实际进出我国国境的货物总金额。包括对外贸易实际进出口货物,来料加工装配进出口货物,国家间、联合国及国际组织无偿援助物资和赠送品,华侨、港澳台同胞和外籍华人捐赠品,租赁期满归承租人所有的租赁货物,进料加工进出口货物,边境地方贸易及边境地区小额贸易进出口货物(边民互市贸易除外),中外合资企业、中外合作经营企业、外商独资经营企业进出口货物和公用物品,到、离岸价格在规定限额以上的进出口货样和广告品(无商业价值、无使用价值和免费提供出口的除外),从保税仓库提取在中国境内销售的进口货物,以及其他进出口货物。该指标可以观察一个国家在对外贸易方面的总规模。我国规定出口货物按离岸价格统计,进口货物按到岸价格统计。

商品经营单位所在地进、出口额 指在所在地海关注册登记的有进出口经营权的企业实际进、出口额。

商品目的地进口额和商品货源地出口额 目的地进口额指进口货物的消费、使用或最终抵运地的实际进口额;货源地出口额指出口货物的产地或原始发货地的实际出口额。

利用外资 指我国各级政府、部门、企业和其他经济组织通过对外借款、吸收外商直接投资以及用其他方式筹措的境外现汇、设备、技术等。

对外借款 指通过对外正式签订借款协议,从境外筹措的资金,包括外国政府贷款、国际金融组织贷款、外国银行商业贷款、出口信贷以及对外发行债券等。1996年及以前还包括对外发行股票。该指标是我国利用外资的重要部分。

外商直接投资 指外国企业和经济组织或个人(包括华侨、港澳台胞以及我国在境外注册的企业)按我国有关政策、法规,用现汇、实物、技术等在我国境内开办外商独资企业、与我国境内的企业或经济组织共同举办中外合资经营企业、合作经营企业或合作开发资源的投资(包括外商投资收益的再投资),以及经政府有关部门批准的项目投资总额内企业从境外借入的资金。

外商其他投资 指除对外借款和外商直接投资以外的各种利用外资的形式。包括企业在境内外股票市场公开发行的以外币计价的股票发行价总额,国际租赁进口设备的应付款,补偿贸易中外商提供的进口设备、技术、物料的价款,加工装配贸易中外商提供的进口设备、物料的价款。

对外直接投资 指我国国内投资者以现金、实物、无形资产等方式在国外及港澳台地区设立、购买国(境)外企业,并以控制该企业的经营管理权为核心的经济活动。

对外承包工程 指各对外承包公司以招标议标承包方式承揽的下列业务:(1)承包国外工程建设项目;(2)承包我国对外经援项目;(3)承包我国驻外机构的工程建设项目;(4)承包我国境内利用外资进行建设的工程项目;(5)与外国承包公司合营或联合承包工程项目时我国公司分包部分;(6)对外承包兼营的房屋开发业务。对外承包工程的营业额是以货币表现的本期内完成的对外承包工程的工作量,包括以前年度签订的合同和本年度新签订的合同在报告期内完成的工作量。

对外劳务合作 指以收取工资的形式向业主或承包商提供技术和劳动服务的活动。我国对外承包公司在境外开办的合营企业,中国公司同时又提供劳务的,其劳务部分也纳入劳务合作统计。劳务合作营业额按报告期内向雇主提交的结算数(包括工资、加班费和奖金等)统计。

对外设计咨询 指以服务成果向业主收费的技术服务项目。包括承担地形地貌测绘,地质资源勘探与普查,建设区域规划,提供设计文件、图纸、生产工艺技术资料和工程技术经济咨询,工程项目的可行性考察、研究和评估,进行技术指导和培训人员等;也包括承担国(境)内利用外资建设工程项目中的设计咨询项目内收取外币部分。

19 ▶金融和保险

Banking And Insurance

资料整理人员：郭　瑞　卢心洁　安云芳

19-1　银行系统机构、人员数(2016年)

项　　　目	机构数(个)	年末人数(人)
总　计	481	8469
中国人民银行	5	225
中国工商银行	30	652
中国农业银行	36	843
中国银行	23	590
中国建设银行	28	682
中国农业发展银行	5	110
交通银行	10	215
招商银行	2	65
光大银行	8	94
兴业银行	14	181
晋城银行	27	1584
晋商银行	2	95
邮储银行	81	384
农村信用社	95	1157
农商行	115	1592

19-2　金融机构人民币信贷资金平衡表(资金来源)

(年底余额)　　　　单位:万元

指　　　标	2016年	2015年
资金来源合计	21177575	18028095
各项存款	19345530	17763065
1.住户存款	10480927	9751819
2.非金融企业存款	4662736	4186112
3.广义政府存款	4039448	3788830
4.非银行业金融机构存款	161729	35825
金融债券		
卖出回购资产	189108	59100
借款及非银行业金融机构拆入		
联行往来(净)		
应付及暂收款	749389	715425
各项准备	367110	375260
所有者权益	1272607	1195487
其他	-746170	-2080243

19-3 金融机构人民币信贷资金平衡表(资金运用)

(年底余额) 单位:万元

指　　标	2016年	2015年
资金运用合计	21177575	18028095
各项贷款	10822150	9957204
住户贷款	1366455	1380225
短期贷款	485210	606334
中长期贷款	881246	773891
非金融企业及机关团体贷款	9455694	8576979
短期贷款	5162313	4539850
中长期贷款	3512211	3548042
票据融资	779774	487571
融资租赁		
各项垫款	1397	1516
非银行业金融机构贷款		
债券投资	5307940	3891936
股权及其他投资	52466	59496
买入返售资产	29985	194980
存放非银行业金融机构款项		
联行往来(净)	4636366	3666667
金银占款		
外汇买卖		461
应收及预付款	161918	93289
投资性房地产		
固定资产	166750	164061

19-4 金融机构外汇信贷情况

单位:万美元

指　　标	2016年	2015年
资金来源总计	**38226**	**36164**
各项存款	38404	36709
住户存款	4644	3333
非金融企业存款	33513	28093
广义政府存款	234	241
非银行业金融机构存款	5	10
金融债券		
卖出回购资产		
借款及非银行业金融机构拆入		
联行往来(净)		
应付及暂收款	98	61
外汇买卖		74
各项准备	126	94
所有者权益	289	-59
其他	-691	-714
资金运用总计	**38226**	**36164**
各项贷款	13840	
住户贷款	9	13
非金融企业及机关团体贷款	13830	18149
非银行业金融机构贷款		
债券投资		
股权及其他投资		
买入返售资产		
存放非银行业金融机构款项		
联行往来(净)	24355	17970
应收及预付款	32	33
投资性房地产		
固定资产		

19-5 按金融机构分金融部门本外币存款余额(2016年底)

单位:万元

地区	境内存款	单位存款	个人存款	国库定期存款	非存款类金融机构存款	境外存款
中国人民银行						
商业银行	12161442	5738180	5940578		29925	745
中国工商银行	2371565	1126320	1223381		21863	252
中国农业银行	1782119	870707	908339		3073	21
中国银行	1116442	526863	589498		81	279
中国建设银行	2296223	1249493	1044990		1739	72
交通银行	1147796	798798	348993		6	43
兴业银行	534854	431242	103612			
招商银行	233156	206468	26687		1	78
光大银行	367314	334773	32541			
晋城市商业银行	2311973	193516	1662537		3162	
政策性银行	155004	155004				
农业发展银行	155004	155004				
邮政储汇局	1012777	140823	871954			
农村信用社	1683943	281635	1402308			

19-6 按县(市、区)分金融部门人民币存款余额(2016年底)

单位:万元

地区	境内存款	住户存款	非金融企业存款	广义政府存款	非银行业金融机构存款	境外存款
总计	**19344839**	**10480927**	**4662736**	**4039448**	**161729**	**691**
市区	12716573	5948646	3916229	2699682	152017	652
沁水县	1104708	691777	132455	280474	1	
阳城县	1927397	1360952	226809	339613	23	32
陵川县	853394	612067	76698	164629		
高平市	2742767	1867485	310545	555050	9687	7

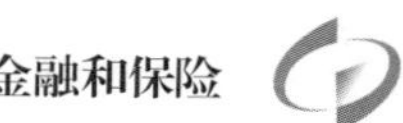

19–7 按金融机构分金融部门本外币贷款余额（2016年底）

单位：万元

地区	合计	短期贷款			
			个人贷款及透支	单位普通贷款及透支	非存款类金融机构贷款
中国人民银行					
商业银行	7736071	3881886	172679	3709206	
中国工商银行	1530733	584042	9301	574741	
中国农业银行	1149442	471922	17142	454780	
中国银行	678283	371469	32111	339358	
中国建设银行	1182772	754705	4641	750063	
交通银行	775271	488499	3127	485372	
兴业银行	709663	356318	3496	352822	
招商银行	368874	42685	6737	35948	
光大银行	302127	288930	1362	287568	
晋城市商业银行	1038906	523316	94762	428554	
政策性银行	201971	47437		47437	
农业发展银行	201971	47437		47437	
邮政储汇局	300246	200517	13263	187254	
农村信用社	661496	360509	87925	272584	

19–7 续表

单位：万元

地区	中长期贷款				票据融资	各项垫款
		个人贷款	单位贷款	非存款类金融机构贷款		
中国人民银行						
商业银行	3395555	534637	2857918		457831	
中国工商银行	809123	99179	709944		137567	
中国农业银行	586842	28687	558155		90677	
中国银行	276394	46549	229845		30420	
中国建设银行	352752	143829	205923		75316	
交通银行	257909	29371	228538		28863	
兴业银行	352271	35289	316982		276	
招商银行	323964	9197	314767		2225	
光大银行	13197	5197	8000			
晋城市商业银行	423103	137339	285764		92487	
政策性银行	154534		154534			
农业发展银行	154534		154534			
邮政储汇局	36893	36733	160		62836	
农村信用社	300551	91281	209270		436	

19-8 按县(市、区)分金融部门本外币贷款余额(2016年底)

单位:万元

地区	各项贷款	住户贷款	非金融企业级机关团体贷款	非银行业金融机构贷款
总计	**12129426**	**1641925**	**10427501**	**60000**
市区	9344106	1111387	8172719	60000
沁水县	488201	60148	428054	
阳城县	769078	174805	594273	
陵川县	359226	112836	246389	
高平市	1168815	182749	986066	

19-8 续表

单位:万元

地区	债券投资	应收及预付款	联行往来	固定资产
总计	**5851115**	**243593**	**4408246**	**171160**
市区	4747656	193791	1575627	128256
沁水县	122375	9205	460191	6932
阳城县	414529	18552	761335	12897
陵川县	155309	5323	371254	7164
高平市	411247	16722	1239840	15911

19-9 中资全国性大型银行人民币信贷收支

单位：万元

指　　标	2016年	2015年
资金来源合计	10354897	10223665
各项存款	9462137	9460826
境内存款	9462137	9427720
个人存款	4955823	4763138
活期存款	1334695	1283423
定期存款	2528574	2748727
结构性存款	53654	66099
单位存款	4478973	4628691
活期存款	1559036	1735898
定期存款	2136778	2314892
保证金存款	134876	178740
结构性存款	10470	14470
国库定期存款		
非存款类金融机构存款	26728	35891
境外存款	613	33107
代理财政性存款	180	182
金融债券		
卖出回购资产		
向中央银行借款		1837
银行业存款类金融机构往来	334146	182642
借款及非存款类金融机构拆入		
联行往来(净)		
应付及暂收款	371359	379496
其他负债	71468	52906
所有者权益	115608	145775

19-9　续表

单位:万元

指　　标	2016年	2015年
资金运用合计	10354897	10223665
各项贷款	5520742	5192948
短期贷款	2775150	2281050
个人贷款及透支	79522	90292
单位贷款及透支	2695628	2190759
非存款类金融机构贷款		
中长期贷款	2319912	2647710
个人贷款	387347	276912
单位贷款	1932566	2370798
非存款类金融机构贷款		
票据融资	425679	264188
债券投资	-473	-3082
股权及其他投资		
买入返售资产		
存放中央银行存款	1190	186705
缴存中央银行财政性存款	8101	581
银行业存款类金融机构往来		
存放非存款类金融机构款项		
联行往来	5157724	4638523
库存现金	53727	57111
应收及预付款	24047	21731
投资性房地产		
固定资产	61924	60591
其他资产	-409008	139416
减:各项准备	63078	70860

19-10　证券业务基本情况

单位：个、人、户、万元

项　　目	2015年	2016年	增　速（%）
一、证券营业部	4	6	50.0
从业人员	88	98	11.4
二、资金账户情况			
累计资金开户	96446	130377	35.2
#本年开户	30938	31391	1.5
银证转入资金	1207300	599159	-50.4
银证转出资金	990124	564690	-43.0
新增资产总额	230734	-35444	-115.4
三、经营情况			
营业收入	16501	5591	-66.1
# 手续费收入	14777	4782	-67.6
利息收入	1724	807	-53.2
营业支出	5593	3762	-32.7
# 手续费支出	1631	848	-48.0
利息支出	346	224	-35.4
营业费用	2678	2601	-2.9
营业税金及附加	763	120	-84.3
营业利润	10908	1826	-83.3
利润总额	10921	1826	-83.3
资产总计	89798	61660	-31.3
流动资产	89625	61548	-31.3
固定资产	69	81	16.6
负债合计	82966	58545	-29.4
# 流动负债	82703	58536	-29.2

19-11 保险系统机构、人员数(2016年)

项　　目	市级分、中支公　　司(个)	县级支公司(个)	营销服务部(个)	职工人数(人)	业务员(人)
总　计	26	77	104	1622	15443
中国人寿保险公司晋城分公司	1	7	51	113	3975
中国太平洋人寿保险晋城中心支公司	1	6	3	270	3502
新华人寿保险公司晋城中心支公司	1	3	1	43	473
中国人民财产保险晋城市分公司	1	5	1	64	400
中国平安人寿晋城中心支公司	1	3		56	864
泰康人寿保险晋城中心支公司	1	4	3	40	1723
太平人寿保险有限公司晋城中心支公司	1			21	338
民生人寿保险股份有限公司晋城中心支公司	1	1		12	70
光大永明人寿股份有限公司晋城中心支公司	1			6	2
农银人寿股份有限公司晋城中心支公司	1			12	21
中国人民财产保险公司晋城分公司	1	15	33	457	2745
中国太平洋财产保险晋城中心支公司	1	5		75	259
中国人寿财险保险晋城中心支公司	1	7	1	125	412
中国平安财产保险晋城中心支公司	1	4	1	78	50
中国大地财产保险晋城中心支公司	1	1	4	55	300
永安财产保险晋城分公司	1	3	4	30	60
阳光财产保险晋城中心支公司	1	3		22	45
中煤财产保险晋城中心支公司	1	5		47	21
渤海财产保险晋城中心支公司	1			7	14
天安保险晋城中心支公司	1	3		18	13
永诚财产保险晋城中心支公司	1		1	4	6
中华联合财产保险晋城中心支公司	1			16	10
安邦财产保险晋城营销服务部			1	6	6
英大财产保险晋城中心支公司	1			3	5
都邦财产保险股份有限公司晋城中心支公司	1			6	6
太平财产保险有限公司晋城中心支公司	1	2		32	119
华泰财产保险有限公司晋城中心支公司	1			4	4

19-12 财产保险业务情况(2016年)

单位:万元

项目	累计承保	累计保费	已决赔案	未决赔案
中国人民财产保险晋城分公司	**4332.4**	**55477.1**	**29006.2**	**13380.7**
企业财产保险	363.6	5427.3	3556.1	1011.1
家庭财产保险	11.4	111.0	89.7	7.1
机动车辆保险	480.3	41348.6	21480.4	10692.8
其中:交强险	145.3	11072.7	5291.8	3612.0
货物运输保险	118.1	665.3	15.9	9.2
责任保险	317.6	1736.2	527.3	443.2
信用保险				
保证保险	0.6	1195.1	140.9	92.9
工程保险	3.4	78.5	130.1	9.0
船舶保险				
农业保险	15.7	2802.8	1376.1	1073.6
特殊风险保险				
健康险	2953.2	1876.9	1649.5	22.2
意外险	68.6	235.6	40.2	19.7
其他险				
中国太平洋财产保险晋城中心支公司	**302.4**	**9882.2**	**5210.8**	**332.0**
企业财产保险	149.3	1305.3	444.6	10.0
家庭财产保险	2.5	1.0		
机动车辆保险	96.5	8278.7	4356.3	312.0
其中:交强险	38.3	2757.5	1237.6	153.0
货物运输保险	0.6	4.2	58.1	
责任保险	4.9	80.4	23.2	1.0
信用保险				
保证保险				
工程保险			247.4	
船舶保险				
农业保险				
特殊风险保险				
健康险	3.4	41.5	16.8	
意外险	45.1	171.1	64.3	9.0
其他险				
永安财险晋城分公司	**166.4**	**10303.6**	**4040.8**	**1003.4**
企业财产保险	4.5	85.4	42.2	3.0
家庭财产保险	0.2	3.6		
机动车辆保险	130.1	10054.1	3949.6	990.2
其中:交强险	68.7	4903.4	1522.2	596.3
货物运输保险	1.1	4.4	2.0	
责任保险	3.6	49.4	10.0	2.6
信用保险				
保证保险				
工程保险	0.1	2.4	14.2	
船舶保险				
农业保险				
特殊风险保险				
健康险				
意外险	26.8	104.5	22.8	7.7
其他险				

19-12 续表1

单位:万元

项目	累计承保	累计保费	已决赔案	未决赔案
国寿财险晋城分公司	159.3	9757.9	5939.0	3218.0
企业财产保险	21.7	240.4	57.2	14.3
家庭财产保险	1.6	18.2	0.3	
机动车辆保险	94.7	8149.1	5291.1	2679.4
其中:交强险	33.9	2632.0	1556.6	938.7
货物运输保险				
责任保险	15.9	410.8	114.7	23.7
信用保险				
保证保险				
工程保险	1.0	29.8	1.4	
船舶保险				
农业保险	7.6	764.8	437.5	492.1
特殊风险保险				
健康险				
意外险	17.0	144.9	36.9	8.5
其他险				
平安财险晋城分公司	199.5	12132.4	4042.1	2441.0
企业财产保险	87.6	509.3	14.4	190.7
家庭财产保险	0.9	6.9	4.8	0.1
机动车辆保险	20.5	11090.1	3932.5	2176.3
其中:交强险		3707.3	1204.2	1123.3
货物运输保险	1.1	10.1		7.3
责任保险	36.8	314.8	76.8	0.2
信用保险		0.1		
保证保险				
工程保险	4.6	53.4		30.6
船舶保险				
农业保险				
特殊风险保险				
健康险	12.7	43.0	9.4	14.1
意外险	35.3	104.7	4.3	21.6
其他险				
中国大地财产保险晋城中心支公司	61.6	3620.0	1958.7	333.5
企业财产保险	1.5	39.5		
家庭财产保险	0.7	3.1	0.5	
机动车辆保险	43.7	3465.9	1930.8	311.6
其中:交强险	17.0	1179.0	688.4	167.1
货物运输保险	0.0	1.7		0.1
责任保险	3.8	36.0	6.1	17.6
信用保险				
保证保险				
工程保险				
船舶保险				
农业保险				
特殊风险保险				
健康险				
意外险	11.9	73.8	21.3	4.2
其他险				

19-12 续表2

单位：万元

项目	累计承保	累计保费	已决赔案	未决赔案
阳光财险晋城分公司	83.3	2921.7	1244.2	512.5
企业财产保险	7.9	42.5	0.4	
家庭财产保险	8.7	14.0	0.7	0.6
机动车辆保险	34.4	2649.6	1236.4	311.8
其中：交强险	14.1	1007.4	448.1	166.5
货物运输保险		0.01		
责任保险	2.7	36.4	0.8	2.0
信用保险				
保证保险				
工程保险	0.8	23.2		
船舶保险				
农业保险				
特殊风险保险	0.1	0.8		
健康险				
意外险	28.6	155.1	5.9	198.2
其他险				
天安财产保险晋城中心支公司	68.8	2219.2	628.4	95.1
企业财产保险	1.8	21.1		
家庭财产保险	0.3	5.0		
机动车辆保险	18.0	1311.0	429.2	92.7
其中：交强险	9.0	584.3	154.2	64.0
货物运输保险	0.3	4.5		
责任保险	7.6	183.0	0.1	
信用保险				
保证保险				
工程保险	3.4	76.9	9.6	
船舶保险				
农业保险				
特殊风险保险				
健康险	1.2	33.1	4.2	1.7
意外险	36.2	584.8	185.4	0.8
其他险				
英大财险晋城分公司	119.1	512.8	118.4	-6.7
企业财产保险	114.5	315.0		
家庭财产保险				
机动车辆保险	1.7	133.3	118.4	-11.9
其中：交强险	0.7	47.0	34.2	-9.4
货物运输保险				
责任保险	0.2	2.2		
信用保险				
保证保险	0.2	31.5		
工程保险				
船舶保险				
农业保险				
特殊风险保险				
健康险				
意外险	2.5	30.7		5.3
其他险				

19-12 续表3

单位:万元

项目	累计承保	累计保费	已决赔案	未决赔案
太平财险晋城分公司	48.0	2884.3	1158.4	315.6
企业财产保险	3.1	75.1		
家庭财产保险	0.04	0.1		
机动车辆保险	35.6	2649.5	1152.2	314.5
其中:交强险	18.0	1211.9	487.6	236.9
货物运输保险	0.2	4.4		
责任保险	1.3	116.3	5.1	
信用保险				
保证保险				
工程保险				
船舶保险				
农业保险				
特殊风险保险				
健康险		0.1		
意外险	7.7	38.9	1.1	1.1
其他险				
都邦财险晋城分公司	10.4	815.4	320.3	79.5
企业财产保险				
家庭财产保险				
机动车辆保险	9.2	810.8	319.7	79.5
其中:交强险	4.9	364.8	129.5	59.7
货物运输保险				
责任保险	0.1	2.6		
信用保险				
保证保险				
工程保险				
船舶保险				
农业保险				
特殊风险保险				
健康险				
意外险	1.0	2.1	0.6	
其他险				
永诚财产保险晋城中心支公司	8.7	367.7	170.8	52.4
企业财产保险				
家庭财产保险				
机动车辆保险	7.5	356.4	167.9	52.4
其中:交强险	4.0	171.3	70.7	35.9
货物运输保险				
责任保险	0.8	5.5		
信用保险				
保证保险				
工程保险	0.1	2.0		
船舶保险				
农业保险				
特殊风险保险				
健康险	0.01	0.02		
意外险	0.3	3.7	2.9	
其他险				

19-12 续表4

单位:万元

项　　目	累计承保	累计保费	已决赔案	未决赔案
渤海财险晋城分公司	15.9	627.2	310.2	142.7
企业财产保险	0.9	3.8		
家庭财产保险	0.1	0.2		
机动车辆保险	6.0	547.5	305.2	76.7
其中:交强险	3.4	252.6	125.3	48.5
货物运输保险				
责任保险	4.8	44.4		61.1
信用保险				
保证保险				
工程保险				
船舶保险				
农业保险				
特殊风险保险				
健康险				
意外险	4.1	31.5	5.0	4.9
其他险	0.01	0.01		
安邦财险晋城分公司	1.8	170.0	72.2	22.8
企业财产保险				
家庭财产保险				
机动车辆保险	1.8	170.0	72.2	22.8
其中:交强险	0.6		17.4	1.4
货物运输保险				
责任保险				
信用保险				
保证保险				
工程保险				
船舶保险				
农业保险				
特殊风险保险				
健康险				
意外险				
其他险				
华泰财险晋城分公司	23.6	1328.0	753.8	176.2
企业财产保险				
家庭财产保险	0.02	0.01		
机动车辆保险	16.7	1289.5	747.4	170.8
其中:交强险	8.9	619.4	306.7	98.6
货物运输保险				
责任保险				
信用保险				
保证保险				
工程保险	0.01	0.5		
船舶保险				
农业保险				
特殊风险保险				
健康险				
意外险	6.8	37.9	6.4	5.4
其他险				

19-12 续表5

单位:万元

项目	累计承保	累计保费	已决赔案	未决赔案
中煤财险晋城中心支公司	41.2	3442.7	2031.8	700.4
企业财产保险	5.2	76.9	51.5	
家庭财产保险	0.2	3.0	1.4	
机动车辆保险	28.0	2566.2	1517.0	620.7
其中:交强险	11.8	983.1		
货物运输保险				
责任保险	6.4	673.2	429.2	77.4
信用保险				
保证保险				
工程保险	0.1	1.6	24.3	
船舶保险				
农业保险	0.7	114.1		
特殊风险保险				
健康险				
意外险	0.7	7.8	8.3	2.3
其他险				
中华联合财产保险股份有限公司晋城中心支公司	23.9	1834.6	928.2	82.3
企业财产保险	0.4	7.1	0.1	
家庭财产保险	0.4	1.6	0.8	1.0
机动车辆保险	19.2	1784.8	926.0	74.0
其中:交强险	7.2	568.2	257.0	47.8
货物运输保险	0.01	0.4		
责任保险	2.2	28.4	0.2	6.1
信用保险				
保证保险				
工程保险				
船舶保险				
农业保险				
特殊风险保险				
健康险	0.03	0.1		
意外险	1.8	12.1	1.1	1.2
其他险				

19-12 续表6

单位:万元

项目	累计承保	累计保费	已决赔案	未决赔案
信达财险晋城分公司	0.01	103.7	1.0	
企业财产保险				
家庭财产保险		0.1		
机动车辆保险	0.01	103.0	1.0	
其中:交强险				
货物运输保险				
责任保险				
信用保险				
保证保险				
工程保险				
船舶保险				
农业保险				
特殊风险保险				
健康险				
意外险		0.5		
其他险				
各公司合计	5666.1	118400.6	57935.1	22881.4
企业财产保险	762.1	8148.7	4166.6	1229.1
家庭财产保险	26.9	167.6	98.2	8.7
机动车辆保险	1044.0	96758.0	47933.4	18966.1
其中:交强险	386.0	32061.9	13531.5	7340.2
货物运输保险	121.6	694.8	76.0	16.6
责任保险	408.4	3719.7	1193.4	634.8
信用保险		0.1		
保证保险	0.8	1226.6	140.9	92.9
工程保险	13.4	268.2	427.1	39.6
船舶保险				
农业保险	23.9	3681.7	1813.5	1565.7
特殊风险保险	0.1	0.8		
健康险	2970.6	1994.7	1679.7	38.0
意外险	294.3	1739.6	406.4	289.9
其他险	0.01	0.01		

19-13　人寿保险业务情况(2016年)

单位:万元

项　　目	保费收入	赔款支出
中国人寿保险公司晋城分公司	110536.1	2140.3
个人业务	75930.8	1163.1
传统产品	43120.8	
分红类产品	32159.3	
万能产品		
投资连结产品		
新型产品		
健康险产品	266.0	1061.8
意外险产品	384.8	101.2
其中期缴:	75230.5	
团体业务	3591.6	977.2
传统产品	4.3	
分红类产品		
万能产品		
新型产品		
健康险产品	2640.9	975.2
意外险产品	946.5	2.0
其中短险:	3587.4	
银保业务	27766.6	
传统产品	20207.6	
分红类产品	7477.3	
万能产品		
投资连结产品		
新型产品		
健康险产品	26.9	
意外险产品	54.9	
其中期缴:	14206.4	
其他渠道	3247.0	
中国太平洋人寿保险晋城中心支公司	55954.3	381.1
个人业务	49701.7	101.8
传统产品	11733.9	
分红类产品	32236.3	
万能产品	26.6	
投资连结产品		
新型产品		
健康险产品	5589.7	68.8
意外险产品	115.2	33.0
其中期缴:	15073.1	
团体业务	2258.4	176.7
传统产品	442.3	
分红类产品	737.0	
万能产品		
新型产品		
健康险产品	167.1	32.8
意外险产品	912.0	143.9
其中短险:	964.9	
银保业务	3994.2	102.6
传统产品	299.4	
分红类产品	3450.0	
万能产品	0.5	
投资连结产品		
新型产品		
健康险产品	88.8	2.6
意外险产品	155.5	100.0
其中期缴:	204.2	
其他渠道		

19-13 续表1

单位:万元

项目	保费收入	赔款支出
中国人民人寿保险公司晋城分公司	**34322.4**	**6.5**
个人业务	672.9	1.9
传统产品	101.6	
分红类产品	170.4	
万能产品	13.5	
投资连结产品		
新型产品		
健康险产品	306.1	1.9
意外险产品	81.3	
其中期缴:	513.3	
团体业务	5319.6	4.4
传统产品	1736.7	
分红类产品	3380.7	
万能产品	0.1	
新型产品		
健康险产品	172.9	2.5
意外险产品	29.1	1.9
其中短险:	36.6	
银保业务	28212.8	0.2
传统产品	24338.9	
分红类产品	3271.8	
万能产品	0.3	
投资连结产品		
新型产品		
健康险产品	555.4	0.2
意外险产品	46.4	
其中期缴:	9960.5	
其他渠道	117.1	
新华人寿保险公司晋城分公司	**23562.9**	**98.2**
个人业务	10837.1	7.2
传统产品	1223.2	
分红类产品	6720.9	
万能产品		
投资连结产品		
新型产品		
健康险产品	2891.6	7.2
意外险产品	1.4	
其中期缴:	10734.8	
团体业务	121.6	91.1
传统产品	1.2	
分红类产品		
万能产品		
新型产品		
健康险产品	56.3	47.1
意外险产品	64.0	44.0
其中短险:	121.6	
银保业务	12604.3	
传统产品	8308.0	
分红类产品	4080.6	
万能产品		
投资连结产品		
新型产品		
健康险产品	215.7	
意外险产品		
其中期缴:	7834.1	
其他渠道		

19-13 续表2

单位:万元

项　　目	保费收入	赔款支出
泰康人寿保险公司晋城分公司	**15833.1**	**91.3**
个人业务	11341.8	26.0
传统产品	2103.6	
分红类产品	6869.8	
万能产品	311.3	
投资连结产品		
新型产品		
健康险产品	2034.4	24.8
意外险产品	22.6	1.3
其中期缴:		
团体业务		59.3
传统产品		
分红类产品		
万能产品		
新型产品		
健康险产品		0.9
意外险产品		58.4
其中短险:		
银保业务	4182.0	
传统产品	2650.7	
分红类产品	1501.8	
万能产品	0.1	
投资连结产品	0.1	
新型产品		
健康险产品	29.4	
意外险产品		
其中期缴:		
其他渠道	309.4	6.0
平安人寿保险公司晋城分公司	**11703.4**	**34.1**
个人业务	11703.4	34.1
传统产品	3041.6	
分红类产品	4714.7	
万能产品	645.3	
投资连结产品		
新型产品		
健康险产品	2656.3	3.0
意外险产品	645.4	31.1
其中期缴:		
团体业务		
传统产品		
分红类产品		
万能产品		
新型产品		
健康险产品		
意外险产品		
其中短险:		
银保业务		
传统产品		
分红类产品		
万能产品		
投资连结产品		
新型产品		
健康险产品		
意外险产品		
其中期缴:		
其他渠道		

19-13　续表3

单位:万元

项　　目	保费收入	赔款支出
农银人寿保险公司晋城分公司	4258.9	
个人业务	22.2	
传统产品		
分红类产品		
万能产品	2.5	
投资连结产品		
新型产品		
健康险产品	19.1	
意外险产品	0.6	
其中期缴:	22.2	
团体业务	139.6	
传统产品	139.6	
分红类产品		
万能产品		
新型产品		
健康险产品		
意外险产品		
其中短险:	139.6	
银保业务	4097.2	
传统产品	2450.3	
分红类产品	299.2	
万能产品	1276.3	
投资连结产品		
新型产品		
健康险产品	26.4	
意外险产品	45.0	
其中期缴:	480.8	
其他渠道		
太平人寿保险公司晋城分公司	5012.1	
个人业务	1739.9	
传统产品	180.9	
分红类产品	1304.2	
万能产品		
投资连结产品		
新型产品		
健康险产品	220.0	
意外险产品	34.8	
其中期缴:	1739.9	
团体业务		
传统产品		
分红类产品		
万能产品		
新型产品		
健康险产品		
意外险产品		
其中短险:		
银保业务	3100.0	
传统产品	2398.6	
分红类产品	672.9	
万能产品		
投资连结产品		
新型产品		
健康险产品	28.5	
意外险产品		
其中期缴:	347.4	
其他渠道	172.2	

19-13 续表4

单位:万元

项　　目	保费收入	赔款支出
民生人寿保险公司晋城分公司	**1395.7**	**0.8**
个人业务	898.8	0.3
传统产品	254.5	
分红类产品	435.7	
万能产品		
投资连结产品		
新型产品		
健康险产品	204.4	0.3
意外险产品	4.2	
其中期缴:		
团体业务	5.6	0.5
传统产品	1.9	
分红类产品		
万能产品		
新型产品		
健康险产品	3.2	0.5
意外险产品	0.5	
其中短险:	3.7	
银保业务	491.4	
传统产品	-1.0	
分红类产品	492.2	
万能产品		
投资连结产品		
新型产品		
健康险产品	0.2	
意外险产品		
其中期缴:		
其他渠道		
光大永明人寿保险公司晋城分公司	**479.4**	**35.8**
个人业务		
传统产品		
分红类产品		
万能产品		
投资连结产品		
新型产品		
健康险产品		
意外险产品		
其中期缴:		
团体业务	81.3	
传统产品	0.9	
分红类产品	17.2	
万能产品		
新型产品		
健康险产品	38.7	
意外险产品	24.5	
其中短险:	81.3	
银保业务	398.2	35.8
传统产品	90.5	
分红类产品	154.9	
万能产品		
投资连结产品		
新型产品		
健康险产品	97.8	35.8
意外险产品	55.0	
其中期缴:	398.2	
其他渠道		

19-13 续表5

单位:万元

项　　目	保费收入	赔款支出
各公司合计	**263058.4**	**2788.1**
个人业务	162848.5	1334.4
传统产品	61760.1	
分红类产品	84611.3	
万能产品	999.2	
投资连结产品		
新型产品		
健康险产品	14187.7	1167.8
意外险产品	1290.3	166.6
其中期缴:	103313.8	
团体业务	11517.5	1309.2
传统产品	2326.8	
分红类产品	4134.9	
万能产品	0.1	
新型产品		
健康险产品	3079.0	1058.9
意外险产品	1976.7	250.3
其中短险:	4934.9	
银保业务	84846.6	138.6
传统产品	60743.0	
分红类产品	21400.5	
万能产品	1277.2	
投资连结产品	0.1	
新型产品		
健康险产品	1069.2	38.6
意外险产品	356.8	100.0
其中期缴:	33431.6	
其他渠道	3845.7	6.0

主要统计指标解释

信贷资金 指金融机构以信用方式积聚和分配的货币资金。金融机构信贷资金的来源有各项存款、金融债券发行、应付及暂收款、对国际金融机构负债、流通中货币、各项准备、所有者权益和其他项目等;信贷资金的运用有各项贷款、有价证券及投资、应收及预付款、委托投资、金银占款、外汇占款、库存现金、财政借款及在国际金融机构中的资产等。

存款 指企业、机关、团体或居民根据资金必须收回的原则,把货币资金存入银行或其他信贷机构保管并取得一定利息的一种信用活动形式。根据存款对象或性质的不同可划分为企业存款、财政存款、机关团体存款、基本建设存款、储蓄存款、农村存款、委托存款、其他存款等科目。它是银行信贷资金的主要来源。

贷款 指银行或其他信贷机构根据资金必须归还的原则,按一定利率,为企业、个人等提供资金的一种信用活动形式。我国银行贷款分为短期贷款、中期流动资金贷款、中长期贷款、信托贷款、融资租赁、委托贷款、票据融资、各项垫款等。

保险公司 在中国境内的、经过保险监督管理部门批准设立,并依法登记注册的各类商业保险公司。

保险金额 指保险人承担赔偿或者给付保险金责任的最高限额。

保费 指投保人为取得保险人在约定范围内所承担赔偿责任而支付给保险人的费用。

赔款 指保险人根据保险合同的规定,向被保险人支付的赔偿保险责任损失的金额。

给付 包括死伤医疗给付和满期给付。死伤医疗给付是指保险人根据人寿保险及长期健康保险合同的规定,因被保险人在保险期内发生保险责任范围内的保险事故支付给被保险人(或受益人)的金额。满期给付是指被保险人生存期满,保险人按人寿保险合同规定支付给被保险人的满期保险金额。

20 ▶教育、科技

Education, Science and Technology

资料整理人员：　张　磊

20-1　分年度各级各类学校数

单位:所

年　　份	普通高等学校	普通中学	高　中	初　中	中专	职业中学	普通小学	特殊教育学校	学前教育
2003		200	13	153		18	2530	2	470
2004	2	198	15	165		18	2346	2	549
2005	2	191	17	157		17	1830	3	537
2006	2	186	20	151		18	1634	3	526
2007	2	203	20	138		20	1347	4	521
2008	2	173	20	130		21	1131	4	526
2009	2	165	17	125	2	20	939	4	507
2010	2	180	17	123	2	20	828	4	484
2011	2	161	33	128	2	17	740	4	512
2012	2	159	20	125	2	16	713	4	521
2013	2	159	34	125	2	14	586	5	483
2014	2	157	33	124	2	13	545	6	474
2015	2	160	34	126	2	12	543	6	446
2016	2	156	34	122	2	11	494	6	459

20-2　分年度各级各类学校专任教师数

单位:人

年　　份	普通高等学校	普通中学	高　中	初　中	中专	职业中学	普通小学	特殊教育学校	学前教育
2003		8044	1550	6494		660	11899	66	1148
2004		8480	1950	6530		656	11974	66	1549
2005		8756	2190	6566		672	11965	71	1608
2006		9243	2585	6658		611	12154	77	1546
2007	429	9437	2749	6688		581	12160	82	1837
2008	429	9688	2947	6741		822	12958	92	2732
2009	413	10017	2360	6118	365	601	11718	83	1895
2010	413	10160	3298	6862	363	564	11206	81	2035
2011	436	10532	3517	7015	353	644	11005	79	1996
2012		10928	3763	7165	375	604	10712	66	2100
2013		11317	4070	7247	366	601	10537	110	2325
2014		11409	4184	7225	370	603	10313	137	2483
2015		11460	4378	7082	515	620	9648	131	2554
2016		11118	4326	6792	529	621	9227	123	2829

20-3　分年度各级各类学校招生数

单位:人

年　　份	普通高等学校	普通中学	高　中	初　中	中专	职业中学	普通小学	特殊教育学校	学前教育
2003		44197	11041	33156		3763	53477	125	
2004	2012	49179	12680	36499		4043	39186	56	
2005	1858	53878	15130	38748		4605	35211	83	
2006	2231	47854	13491	34363		5646	32629	91	
2007	3499	52737	15880	36857		4731	30215	88	
2008	3267	58081	17335	40746		4242	26539	121	
2009	2399	60295	18902	41393	3218	5136	24695	90	
2010	2825	58048	19908	38140	2447	4193	25488	76	
2011	2911	57213	22862	34351	2802	5313	24383	67	
2012	3210	54290	23165	31125	2826	3905	23071	35	
2013	2957	51144	23931	27213	2582	2957	20698	97	
2014	2438	43763	19940	23823	3798	2656	16466	88	
2015	2429	40000	17890	22110	2269	4095	17780	52	
2016	2304	40354	17023	23331	1732	2913	18486	108	

20-4 分年度各级各类学校在校学生数

单位：人

年　份	普通高等学校	普通中学	高　中	初　中	中专	职业中学	普通小学	特殊教育学校	学前教育
2003		141077	28541	112536		9756	230186	544	61019
2004	6383	144619	34598	110021		10935	233047	528	65943
2005	4758	150204	39926	110314		11481	227941	497	59154
2006	4603	150419	40944	109475		13570	226206	489	50990
2007	6274	154778	44443	110335		14339	219232	619	49678
2008	7609	162803	47402	115401		13580	204221	668	49505
2009	8125	171938	52009	119929	8316	13448	187018	720	52079
2010	7964	176785	55775	121010	7680	13647	173444	656	50171
2011	8520	177022	61558	115464	7703	13627	162127	451	51644
2012	9128	169192	66069	103123	7894	12294	150535	550	52501
2013	9389	160573	70197	90376	7985	11134	138105	573	50558
2014	9720	147689	66787	80902	8952	9143	128102	599	53931
2015	7485	136985	63004	73981	7236	9685	123130	513	55054
2016	7655	126228	56483	69745	6340	9590	118011	686	55977

20-5 分年度各级各类学校毕业生数

单位：人

年　份	普通高等学校	普通中学	高　中	初　中	中专	职业中学	普通小学	特殊教育学校
2003		42006	7059	34947		2173	30137	25
2004	773	46520	7881	38639		2588	36270	19
2005	2521	48129	9464	38665		3571	39195	41
2006	2286	46268	11980	34288		3733	34580	75
2007	1692	48337	12500	35837		3659	36921	21
2008	1617	50129	14446	35683		4405	41199	42
2009	1848	50683	14001	36682	1961	4704	41742	13
2010	3023	52311	15724	36587	2348	3828	38385	62
2011	2295	57608	17458	40150	2644	3803	34206	53
2012	2496	60884	18721	42163	2483	4353	32120	30
2013	2911	57052	19537	37515	2325	3374	29149	14
2014	2859	55739	22927	32812	2691	4220	25267	37
2015	3408	53935	22939	30996	2652	3514	22416	42
2016	2461	53935	23654	27888	2457	2862	23599	99

20-6　中等职业学校（机构）数（2016年）

单位：个

指　　标	总　计	中央部门	地方部门			
				教育部门	非教育部门	民　办
中等职业学校	19		19	15		4
普通中等专业学校	2		2	2		
成人中等专业学校	6		6	6		
职业高中学校	11		11	7		4
其他机构（教学点）（不计校数）	8		8	3	2	5

注：中等职业学校未含技工学校数据（以下各表同）。

20-7　中等职业学校（机构）学生分科类情况（2016年）

单位：人

指　　标	招生数			在校学生数	毕业生数	
		初　中毕业生				获得职业资格证书
			应　届毕业生			
总　计	4645	4606	4620	15930	5319	5298
农林牧渔类	10	6	6	96	14	14
资源环境类	41	41	41	196	178	178
能源与新能源类						
土木水利类						
加工制造类	440	414	428	1994	968	968
石油化工类						
轻纺食品类	7	7	7	27	33	33
交通运输类	521	521	521	1830	515	515
信息技术类	1741	1736	1736	5492	1506	1506
医药卫生类						
休闲保健类	203	203	203	702	217	217
财经商贸类	530	529	529	1821	658	658
旅游服务类	569	569	569	1695	591	591
文化艺术类	463	461	461	1585	512	512
体育与健身	79	78	78	325	110	89
教育类						
司法服务类	6	6	6	26	4	4
公共管理与服务类				40	13	13
其　他	35	35	35	101		

20-8 普通高中学校和学生情况(2016年)

指　　标	学校数（所）	高级中学	完全中学	招生数（人）	在校学生数（人）	毕业生数（人）
总　计	**34**	**23**	**11**	**17023**	**56483**	**23654**
教育部门和集体办	24	19	5	12925	41374	16879
社会力量办	10	4	6	4098	15109	6775
其他部门办						
城　市	17	9	8	8796	28819	11423
教育部门和集体办	10	6	4	5913	18230	6581
社会力量办	7	3	4	2883	10589	4842
其他部门办						
县　镇	16	14	2	7610	25496	11339
教育部门和集体办	14	13	1	7012	23144	10298
社会力量办	2	1	1	598	2352	1041
其他部门办						
农　村	1		1	617	2168	892
教育部门和集体办						
社会力量办	1		1	617	2168	892
其他部门办						

20-9 普通初中学校和学生情况(2016年)

指　　标	学校数（所）	初级中学	九年一贯制	招生数（人）	在校学生数（人）	毕业生数（人）
总　计	**122**	**115**	**7**	**23331**	**69745**	**27888**
教育部门和集体办	117	111	6	22109	65868	26724
社会力量办	3	3		875	2932	899
其他部门办	2	1	1	347	945	265
城　市	24	20	4	8186	23898	9291
教育部门和集体办	22	19	3	7928	23167	9052
社会力量办	1	1		6	51	26
其他部门办	1		1	252	680	213
县　镇	65	64	1	12812	38682	15672
教育部门和集体办	63	62	1	11943	35801	14799
社会力量办	2	2		869	2881	873
其他部门办						
农　村	33	31	2	2333	7165	2925
教育部门和集体办	32	30	2	2238	6900	2873
社会力量办						
其他部门办	1	1		95	265	52

20-10 普通小学学校和学生情况(2016年)

指标	学校数（所）	招生数（人）	在校学生数（人）	毕业生数（人）
总计	494	18486	118011	23599
教育部门和集体办	487	18331	116626	23375
社会力量办	4	108	1078	206
其他部门办	3	47	307	18
城市	77	7677	46691	8356
教育部门和集体办	74	7562	45660	8154
社会力量办	3	85	888	196
其他部门办		30	143	6
县镇	167	7576	48762	9994
教育部门和集体办	167	7576	48762	9994
社会力量办				
其他部门办				
农村	250	3233	22558	5249
教育部门和集体办	246	3193	22204	5227
社会力量办	1	23	190	10
其他部门办	3	17	164	12

20-11 各级普通学校毕业生升学率和学龄儿童入学率

单位:%

年份	学龄儿童净入学率	小学升初中	初中升高级中学	高中升高等教育
2001	100.0	96.2	26.0	
2002	100.0	97.0	26.3	
2003	100.0	97.9	42.0	
2004	100.0	98.2	64.0	
2005	100.0	99.1	72.3	
2006	100.0	98.8	72.3	
2007	100.0	100.8	80.1	
2008	100.0	99.8	82.9	
2009	100.0	100.0		
2010	100.0	100.0		
2011	100.0	100.0		
2012	100.0	100.0		
2013	100.0	100.0		
2014	100.0	100.0		
2015	100.0			
2016	100.0	100.0		

20-12　各地区普通高中基本情况(2016年)

单位:人

地区	学校数(所)	招生数	在校学生数	毕业生数	教职工数	专任教师
全市	**34**	**17023**	**56483**	**23654**	**5883**	**4794**
城区	11	5794	18555	7489	2191	1754
沁水县	3	1291	4541	2134	528	436
阳城县	3	2576	9006	4534	734	660
陵川县	5	1745	5432	1931	660	509
泽州县	5	1904	6314	2685	593	539
高平市	7	3713	12635	4881	1177	896

20-13　各地区普通初中基本情况(2016年)

单位:人

地区	学校数(所)	招生数	在校学生数	毕业生数	教职工数	专任教师
全市	**122**	**23331**	**69745**	**27888**	**7322**	**6539**
城区	20	6406	18441	6780	1491	1395
沁水县	16	1827	5372	2385	839	748
阳城县	23	3551	10965	4530	1454	1368
陵川县	11	2566	7380	2850	703	447
泽州县	32	4013	12817	5384	1400	1272
高平市	20	4968	14770	5959	1435	1309

20-14　各地区普通小学基本情况(2016年)

单位:人

地区	学校数（所）	招生数	在校学生数	毕业生数	教职工数	专任教师
全　市	494	18486	118011	23599	9745	9012
城　区	67	5927	35795	6413	1924	1766
沁水县	37	1394	9750	2001	1057	933
阳城县	70	2222	15300	3587	1670	1639
陵川县	63	2006	12855	2627	1162	1067
泽州县	154	3053	19809	4013	2139	2010
高平市	103	3884	24502	4958	1793	1597

20-15　各地区特殊教育基本情况(2016年)

单位:人

地区	学校数（所）	招生数	在校学生数	毕业生数	教职工数	专任教师
全　市	6	138	686	99	139	123
城　区	1	81	347	69	77	74
沁水县	1	16	45		15	8
阳城县	1	13	63	6	12	12
陵川县	1	5	30	10	4	2
泽州县	1	13	61	7	12	10
高平市	1	10	140	7	19	17

20-16　成人教育基本情况(2016年)

单位:所、人

地　　区	成人中等专业学校				
	学校数	毕业生	招　生	在校学生	教职工
总　　计	6				164
城　　区	1				23
沁 水 县	1				16
阳 城 县	1				17
陵 川 县	1				18
泽 州 县	1				63
高 平 市	1				27

20-17 幼儿教育基本情况(2016年)

单位:所、个、人

地区	园数	班数		在园幼儿	
			学前班		学前班
总计	459	2369	19	55977	277
城区	76	625	17	17246	259
沁水县	23	166		4375	
阳城县	149	395		6980	1
陵川县	36	299		5792	12
泽州县	83	404	2	9818	5
高平市	92	480		11766	

20-17 续表

单位:人

地区	教职工数		六至十一周岁学龄儿童		
		教师	学龄儿童总数	已入学儿童数	入学率(%)
总计	4242	2829	117255	117255	100
城区	2131	1358	35180	35180	100
沁水县	406	286	9723	9723	100
阳城县	313	269	15300	15300	100
陵川县	268	170	12850	12850	100
泽州县	701	473	19720	19720	100
高平市	423	273	24482	24482	100

20-18 各级各类学校教职工数(2016年)

单位:人

地区	教职工数	教育部门和集体办	民办	其他办	高等学校	中专		普通中学
						教育部门和集体办	其他部门办	
总计	29199	24465	4301	433	515	389	41	13205
城区	8814	5924	2512	378	515	203	41	3682
沁水县	2940	2695	245					1367
阳城县	4393	4158	235					2188
陵川县	2900	2400	500					1363
泽州县	5092	4770	275	47				1993
高平市	5060	4518	534	8		186		2612

20-18 续表1

单位:人

地区	教育部门和集体办	民办	其他办	职业中学	教育部门和集体办	民办	其他办	特殊教育学校
总计	11354	1808	43	759	547	212		139
城区	2836	803	43	218	55	163		77
沁水县	1328	39		79	79			15
阳城县	2074	114		193	144	49		12
陵川县	1045	318		85	85			4
泽州县	1993			184	184			12
高平市	2078	534						19

20-18 续表2

单位:人

地区	小学	教育部门和集体办	民办	其他办	教师进修学校	幼儿园
总计	9745	9562	141	42	164	4242
城区	1924	1796	128		23	2131
沁水县	1057	1057			16	406
阳城县	1670	1670			17	313
陵川县	1162	1162			18	268
泽州县	2139	2084	13	42	63	701
高平市	1793	1793			27	423

20-18 续表3

单位:人

地区	教育部门和集体办	民办	其他办
总计	1795	2140	307
城区	419	1418	294
沁水县	200	206	
阳城县	241	72	
陵川县	86	182	
泽州县	434	262	5
高平市	415		8

20-19　中小学教师职称情况(2016年)

单位:人

地区	专任教师数	高级教师	初中	高中	小学	中职
总计	21844	1494	379	932	18	150
城区	5631	773	159	536	8	70
沁水县	2186	116	51	57	2	8
阳城县	3844	191	55	97	2	37
陵川县	2117	98	29	65	1	7
泽州县	4046	140	40	77	3	19
高平市	4020	176	45	100	2	9

20-19　续表1

单位:人

地区	中级教师	初中	高中	小学	中职
总计	6379	2041	949	2976	413
城区	1715	536	352	704	123
沁水县	727	248	146	307	26
阳城县	1181	430	120	570	61
陵川县	645	126	111	369	39
泽州县	1041	363	92	502	84
高平市	1070	338	128	524	80

20-19　续表2

单位：人

地　　区	初级教师	初中	高中	小学	中职
总　　计	12014	3929	1777	5913	395
城　　区	2149	671	382	1029	67
沁 水 县	1214	392	185	600	37
阳 城 县	2321	845	349	1081	46
陵 川 县	1169	253	207	675	34
泽 州 县	2737	851	326	1449	111
高 平 市	2424	917	328	1079	100

20-19　续表3

单位：人

地　　区	员级教师	初中	高中	小学	中职
总　　计	1957	443	1002	320	192
城　　区	994	214	472	186	122
沁 水 县	129	57	48	24	
阳 城 县	151	8	94	16	33
陵 川 县	205	111	54	22	18
泽 州 县	128	33	14	71	10
高 平 市	350	20	320	1	9

20-20 科技活动基本情况

指标	2007年	2008年	2009年	2010年	2011年	2012年	2013年	2014年	2015年	2016年
科技活动人员(人)	69360	72506	72418	72698	79524	78329	78863	79625	76543	77132
#科学家和工程师	3197	3985	4155	4315	4735	5015	5554	5515	5574	5601
研究与试验发展折合全时人员(人年)	4276	4973	4986	4997	5014	5135	5188	5281	5305	5355
#科学家和工程师	3829	4215	4318	4613	4823	5014	5033	5065	5070	5080
科技经费筹集额(万元)	158122	165000	168000	169401	184325	173270	184925	179528	166410	165773
#政府资金	5224	6938	8030	10573	12587	13121	15073	14188	14775	9704
企业资金	101605	147916	147615	144372	154215	143825	158644	159740	146135	150069
金融机构贷款	51293	10146	12356	14456	17523	16324	11208	5600	5500	6000
科技经费内部支出(万元)	58274	62134	78174	80125	120825	138600	151293	154339	156300	152511
研究与试验发展经费支出相当于地区生产总值比例(%)	1.05	1.25	1.29	1.30	1.00	1.37	1.47	1.49	1.50	1.45
技术市场成交额(万元)	18729	26504	31546	45678	59524	91965	106070	117762	65114	83200
专利申请受理数(件)	144	230	621	660	1007	1127	1197	823	916	784
发　明	45	56	369	126	272	330	313	246	296	271
实用新型	58	80	134	257	314	399	461	395	452	445
外观设计	41	94	118	277	421	398	423	182	168	68
专利申请授权数(件)	57	108		282	394	617	619	462	530	371
发　明	21	12		18	44	42	33	41	79	73
实用新型	21			182	282	321	392	275	364	255
外观设计	15			82	68	254	194	146	87	43

20-21 科学研究与开发机构基本情况

指标	2007年	2008年	2009年	2010年	2011年	2012年	2013年	2014年	2015年	2016年
科技活动人员(人)	96	108	123	125	73	64	65	100	53	92
#科学家和工程师	47	58	67	75	45	42	43	46	36	60
科技经费筹集额(万元)	412	513	449	596	631	785	1000	1703	680	967
#政府资金	412	513	449	596	631	706	950	1703	680	967
科技经费内部支出(万元)	408	507	407	485	603	757	962	911	615	810
#劳务费	332	405	268	125	371	466	672	638	509	570
业务费	76	102	139	360	232	291	290	273	100	240

20-22　各地区三种专利申请受理数和授权数(2016年)

单位:件

地区	申请受理数合计	发明	实用新型	外观设计	授权数合计	发明	实用新型	外观设计	发明专利拥有量
全市	784	271	445	68	371	73	255	43	340
城区	386	118	254	14	201	56	124	21	232
沁水县	44	7	34	3	46	6	35	5	22
阳城县	132	44	72	16	59	4	48	7	35
陵川县	69	31	38		19	2	17		13
泽州县	85	53	31	1	31	3	25	3	25
高平市	68	18	16	34	15	2	6	7	13

20-23　自然科学研究与开发机构情况(2016年)

指标	单位	数量
一、机构数	个	105
市属科研所	个	8
企业技术中心	个	96
县区	个	1
二、人员数	人	1121
市属科研所	人	92
企业技术中心	人	740
县区	人	289

20-24　全部工业法人单位R&D活动基本情况

指标	计量单位	2016年	2015年	增幅(%)
企业数	个	242	251	-3.6
其中:有R&D活动企业数	个	24	18	33.3
其中:有研发机构企业数	个	22	20	10.0
其中:有专利申请的企业数	个	28	20	40.0
其中:有新产品销售的企业数	个	19	18	5.6
其中:享受研究开发费用加计扣除的企业数	个	5	5	
R&D人员合计	人	4900	4097	19.6
R&D人员折合全时当量合计	人年	4324	3606	19.9
R&D经费内部支出合计	万元	109030.8	100869.9	8.1
其中:①经常费支出	万元	107365.2	99698.6	7.7
其中:人员劳务费	万元	29307.0	25467.2	15.1
②资产性支出	万元	1665.6	1171.3	42.2
其中:土建工程	万元	53.3		
仪器和设备	万元	1612.3	1171.3	37.7
③试验发展支出	万元	109030.8	100869.9	8.1
其中:①政府资金	万元	4577.4	2385.6	91.9
②企业资金	万元	104453.4	98464.0	6.1
③其他资金	万元		20.3	-100.0
R&D经费外部支出合计	万元	8665.0	9710.6	-10.8

20-24 续表1

指标	计量单位	2016年	2015年	增幅(%)
机构数	个	22	20	10.0
机构人员合计	人	1454	1280	13.6
其中:博士毕业	人	31	29	6.9
硕士毕业	人	205	195	5.1
机构经费支出	万元	21437.0	30267.6	-29.2
仪器和设备原价	万元	29568.9	24687.2	19.8
其中:进口	万元	2960.6	1076.7	175.0
专利申请数	件	267	254	5.1
其中:发明专利	件	80	94	-14.9
有效发明专利数	件	283	227	24.7
其中:已被实施	件	206	152	35.5
新产品开发项目数	项	158	82	92.7
新产品开发经费支出	万元	81059.0	17755.1	356.5
新产品产值	万元	674548.8	702865.4	-4.0
新产品销售收入	万元	571068.9	572858.5	-0.3
其中:出口	万元	18225.8	10377.2	75.6
发表科技论文	篇	220	440	-50.0
拥有注册商标	件	103	129	-20.2
形成国家或行业标准	项	2	4	-50.0
使用来自政府部门的研发资金	万元	5018.2	3985.2	25.9
研究开发费用加计扣除减免税	万元	5794.2	4586.0	26.3
高新技术企业减免税	万元	7724.7	5322.1	45.1

20-24 续表2

指标	计量单位	2016年	2015年	增幅(%)
引进境外技术经费支出	万元	680.0	530.0	28.3
引进境外技术的消化吸收经费支出	万元	320.0	210.0	52.4
购买境内技术经费支出	万元	3927.5	4852.3	-19.1
技术改造经费支出	万元	127816.4	120612.5	6.0
全部项目数	项	376	332	13.3
全部参加项目人员合计	人	8707	9209	-5.5
全部项目人员实际工作时间合计	人月	91158	97860	-6.8
全部项目经费内部支出合计	万元	168964.8	193907.2	-12.9
其中:政府资金	万元	3223.5	3985.2	-19.1
从事科技活动人员合计	人	10287	10503	-2.1
其中:本科毕业及以上人员	人	4715	4609	2.3
其中:科技管理和服务人员	人	1580	1294	22.1
科技相关费用合计	万元	204619.6	242913.3	-15.8
R&D经费内部支出合计与主营业务收入之比	%	1.15	1.03	0.12
政府资金占R&D经费内部支出的比重	%	4.20	2.37	1.83
R&D项目经费内部支出占R&D经费内部支出比重	%	81.59	79.22	2.37
R&D人员合计与从业人员平均人数之比	%	2.42	1.96	0.46
研究人员占R&D人员比重	%	27.53	22.75	4.78
机构中博士硕士占机构人员比重	%	16.23	17.50	-1.27
发明专利占专利申请比重	%	29.96	37.01	-7.05
新产品销售收入占主营业务收入比重	%	6.01	5.86	0.15
利润总额与主营业务收入之比	%	5.96	5.18	0.78
工业总产值与从业人员平均人数之比	万元/人	41.88	41.68	0.48

20-25　科协系统科技活动情况(2016年)

指　　标	单　　位	数　　量
机构和人员		
实有机构	个	6
从业人员	人	43
学会个人委员	人	5800
学术交流活动		
境内举办学术交流活动	次	9
参加人数	人次	300
科学技术普及(综合)		
举办科普讲座	次	112
听讲人数	人	70000
举办科普展览	次	5
参观人数	人次	1300
举办科普宣传	次	99
工作人员	人次	390
科普场馆	个	3
展厅面积	平方米	110
科普教育基地	个	8
标准科普画廊建筑总长度	米	20
本年展览总长度	米	320
科学技术普及专题1(青少年科技教育)		
举办青少年科普讲座	次	108
听讲人数	人次	55000
举办青少年科普展览	次	2
参观人数	人次	2000
举办青少年科技竞赛	次	3
参加人数	人次	25000
举办青少年科技夏冬令营	次	1
参加人数	人次	22

20-25 续表

指标	单位	数量
科学技术普及专题2(全国科普日活动)		
举办科普讲座	次	12
听讲人数	人次	3500
举办科普展览	次	
参观人数	人次	
举办科普宣传	次	35
工作人员	人次	100
开展科技咨询	次	3
工作人员	人次	20
科学技术普及专题3(科技下乡活动)		
组织科技下乡次数	次	20
举办科普讲座	次	5
听讲人数	人次	1000
举办科普展览	次	3
参观人数	人次	500
开展科技咨询	次	2
工作人员	人次	15
国际民间科技交流活动		
国外及港澳台地区来访团组	个	
来访总人数	人次	
举办科技报告会	场	
听讲人数	人次	
社会、科技服务活动		
“金桥工程”本年完成数	项	6
完成技术咨询合同	项	
反映科技建议	项	
举办培训班	次	1
培训人数	人	150
组织与宣传		
向人大、政协提案	项	10
#被采纳提案	项	
接待科技工作者来信来访	件	1
#协助解决	件	
表彰优秀科技工作者	人次	
科技传媒情况		
主办科技期刊	种	
年发行总数	册	
年发表数学术论文	篇	

20-26 科技项目与示范园区情况(2016年)

指　　标	单　　位	数　　量
一、实施各类科技项目	项	34
国家级	项	
省级	项	18
市级	项	16
二、科技总投资	万元	165773
# 科技拨款	万元	9704
科技贷款	万元	6000
自筹资金	万元	150069
三、科技示范园区	个	70

20-27 科技三项经费使用情况(2016年)

单位:万元

指　　标	绝对额	占财政支出比例(%)
总　　计	**9704**	**0.56**
市 本 级	3307	0.80
城　　区	571	0.34
泽 州 县	547	0.20
沁 水 县	655	0.36
阳 城 县	2204	0.92
高 平 市	799	0.30
陵 川 县	1598	1.01
开 发 区	23	0.11

主要统计指标解释

普通高等学校 指按照国家规定的设置标准和审批程序批准举办的，通过全国普通高等学校统一招生考试，招收高中毕业生为主要培养对象，实施高等学历教育的全日制大学、独立设置的学院和高等专科学校、高等职业学校和其他机构（独立学院和分校、大专班）。

大学、独立设置的学院主要实施本科层次教育，其他机构是承担国家普通招生计划任务不计校数的机构。包括普通高等学校分校和批准筹建的普通高等学校等。

成人高等学校 指按照国家规定的设置标准和审批程序批准举办的，通过全国成人高等学校统一招生考试，招收具有高中毕业或同等学历的人员为主要培养对象，利用函授、业余、脱产等多种形式对其实施高等学历教育的学校。包括职工高等学校、农民高等学校、管理干部学院、教育学院、独立函授学院、广播电视大学、其他机构等。其他机构是承担国家成人招生计划任务不计校数的机构。

小学学龄儿童净入学率 指调查范围内已入小学学习的学龄儿童占校内外学龄儿童总数(包括弱智儿童，不包括盲聋哑儿童)的比重。计算公式为：

小学学龄儿童净入学率＝已入学的小学学龄儿童数／校内外小学学龄儿童总数×100%

国家财政性教育经费 包括国家财政预算内教育经费，各级政府征收用于教育的税费，企业办学校教育经费，校办产业、勤工俭学和社会服务收入用于教育的经费。

财政预算内教育经费 指中央、地方各级财政或上级主管部门在年度内安排，并计划拨到教育部门和其他部门主办的各级各类学校，列入国家预算支出科目的教育经费，包括教育事业拨款、科研经费拨款、基建拨款和其他经费拨款。

科技活动 指在自然科学、农业科学、医学科学、工程与技术科学、人文与社会科学领域（简称科学技术领域）中，与科技知识的产生、发展、传播和应用密切相关的有组织的活动。可分为研究与试验发展（R＆D）、研究与试验发展成果应用及相关的科技三类活动。该定义是联合国教科文组织考虑成员国特别是发展中国家开展科技统计工作的需要，而对科技活动所作的统计界定。

科技活动人员 指直接从事科技活动、以及专门从事科技活动管理和为科技活动提供直接服务，累计的实际工作时间占全年制度工作时间10%及以上的人员。(1)直接从事科技活动的人员包括：在独立核算的科学研究与技术开发机构、高等学校、各类企业及其他事业单位内设的研究室、试验室、技术开发中心及中试车间（基地）等机构中从事科技活动的研究人员、工程技术人员、技术工人及其他人员；虽不在上述机构工作，但编入科技活动项目（课题）组的人员；科技信息与文献机构中的专业技术人员；从事论文设计的研究生等。(2)专门从事科技活动管理和为科技活动提供直接服务的人员，包括：独立核算的科学研究与技术开发机构、科技信息与文献机构、高等学校、各类企业及其他事业单位主管科技工作的负责人，专门从事科技活动的计划、行政、人事、财务、物资供应、设备维护、图书资料管理等工作的各类人员，但不包括保卫、医疗保健人员、司机、食堂人员、茶炉工、水暖工、清洁工等为科技活动提供间接服务的人员。该指标用来反映投入科技活动人力的规模。

科学家和工程师 指科技活动人员中具有高、级技术职称（职务）的人员和不具有高、中级技术职称（职务）的大学本科及以上学历人员。该指标用来反映投入科技活动人力的素质。

基础研究 指为了获得关于现象和可观察事实的基本原理的新知识（揭示客观事物的本质、运动规律，获得新发现、新学说）而进行的实验性或理论性研究，它不以任何专门或特定的应用或使用为目的。其成果以科学论文和科学著作为主要形式。用来反映知识的原始创新能力。

应用研究 指为获得新知识而进行的创造性研究，主要针对某一特定的目的或目标。应用研究是为了确定基础研究成果可能的用途，或是为达到预定的目标探索应采取的新方法（原理性）或新途径。其成果形式以科学论文、专著、原理性模型或发明专利为主。用来反映对基础研究成果应用途径的探索。

试验发展 指利用从基础研究、应用研究和实际经验所获得的现有知识，为产生新的产品、材料和装置，建立新的工艺、系统和服务，以及对已产生和建立的上述各项作实质性的改进而进行的系统性工作。其成果形式主要是专利、专有技术、具有新产品基本特征的产品原型或具有新装置基本特征的原始样机等。在社会科学领域，试验发展是指把通过基础研究、应用研究获得的知识转变成可以实施的计划（包括为进行检验和评估实施示范项目）的过程。人文科学领域没有对应的试验发展活动。主要反映将科研成果转化为技术和产品的能力，是科技推动经济社会发展的物化成果。

研究与试验发展人员 指参与研究与试验发展项目研究、管理和辅助工作的人员，包括项目（课题）组人员，企业科技行政管理人员和直接为项目(课题)活动提供服务的辅助人员。反映投入从事拥有自主知识产权的研究开发活动的人力规模。研究与试验发展人员全时当量指全时人员数加非全时人员按工作量折算为全时人员数的总和。例如:有两个全时人员和三个非全时人员(工作时间分别为20%、30%和70%),则全时当量为2+0.2+0.3+0.7=3.2人年。为国际上比较科技人员投入而制定的可比指标。

专业技术人员 指从事专业技术工作和专业技术管理工作的人员,即企事业单位中已经聘任专业技术职务从事专业技术工作和专业技术管理工作的人员,以及未聘任专业技术职务,现在专业技术岗位上工作的人员。包括工程技术人员,农业技术人员,科学研究人员,卫生技术人员,教学人员,经济人员,会计人员,统计人员,翻译人员,图书资料、档案、文博人员,新闻出版人员,律师,公证人员,广播电视播音人员,工艺美术人员,体育人员,艺术人员及企业政治思想工作人员,共十七个专业技术职务类别。用来反映科技人力资源情况。

科技活动经费筹集 指从各种渠道筹集到的计划用于科技活动的经费,包括政府资金、企业资金、事业单位资金、金融机构贷款、国外资金和其他资金等。反映各社会经济主体对促进科技进步所做的努力。

政府资金 指从各级政府部门获得的计划用于科技活动的经费,包括科学事业费、科技三项费、科研基建费、科学基金、教育等部门事业费中计划用于科技活动的经费以及政府部门预算外资金中计划用于科技活动的经费等。

企业资金 指从自由资金中提取或接受其他企业委托的,科研院所和高校等事业单位接受企业委托获得的,计划用于科研和技术开发的经费。不包括来自政府、金融机构及国外的计划用于科技活动的资金。

金融机构贷款 指从各类金融机构获得的用于科技活动的贷款。

科技活动经费内部支出 指报告年内用于科技活动的实际支出,包括劳务费、科研业务费、科研管理费、非基建投资购建的固定资产、科研基建支出以及其他用于科技活动的支出。不包括生产性活动支出、归还贷款支出及转拨外单位支出。反映科技投入实际完成情况。

劳务费 指以货币或实物形式直接或间接支付给从事科技活动人员的劳动报酬及各种费用。包括各种形式的工资、津贴、奖金、福利、离退休人员费用、人民助学金等。反映改善科技人员待遇情况。

固定资产购建费 指报告年内使用非基建投资购建的固定资产和用于科研基建投资的实际支出额,即固定资产实际支出和科研基建投资实际完成额之和。固定资产是指长期使用而不改变原有实物形态的主要物资设备、图书资料、实验材料和标本以及其他设备和家具、房屋、建筑物。反映用于改善科研条件和科研手段方面的投入情况。

新产品 指采用新技术原理、新设计构思研制、生产的全新产品,或在结构、材质、工艺等某一方面比原有产品有明显改进,从而显著提高了产品性能或扩大了使用功能的产品。既包括政府有关部门认定并在有效期内的新产品,也包括企业自行研制开发,未经政府有关部门认定,从投产之日起一年之内的新产品。用来反映科技产出及对经济增长的直接贡献。

专利 是专利权的简称,是对发明人的发明创造经审查合格后,由专利局依据专利法授予发明人和设计人对该项发明创造享有的专有权。包括发明、实用新型和外观设计。反映拥有自主知识产权的科技和设计成果情况。

发明(专利) 指对产品、方法或者其改进所提出的新的技术方案。是国际通行的反映拥有自主知识产权技术的核心指标。

实用新型(专利) 指对产品的形状、构造或者其结合所提出的适于实用的新的技术方案。反映具有一定技术含量的技术成果情况。

外观设计(专利) 指对产品的形状、图案、色彩或者其结合所作出的富有美感并适于工业上应用的新设计。反映拥有自主知识产权的外观设计成果情况。

21 文化、体育和卫生

Culture, Sports and Public Health

资料整理人员：　张　磊　张静云

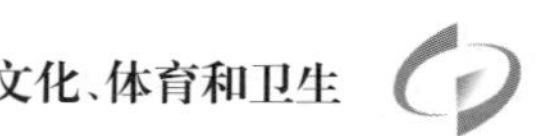

21-1 文化、文物事业机构、人员数(2016年)

机 构 类 别	机 构 数(个)	从业人数(人)
文化事业合计		
艺术事业	14	605
艺术表演团体	9	528
艺术表演场所	5	77
公共图书馆事业	7	97
群众文化事业		
群众艺术馆、文化馆	7	99
文化站	84	186
艺术教育事业		
其他文化事业	10	212
文物事业合计	8	64
文物保护管理机构	3	24
文物科研机构	1	6
其他文物机构		
博物馆	4	34
综合性博物馆	1	23
历史类博物馆	3	11
文物商店		

21-2 各地区文化、文物事业单位数(2016年)

单位:个

地区	艺术表演团体	艺术表演场所	文化馆	公共图书馆	博物馆
全市合计	8	5	7	7	
市直	1	2	1	1	
城区	1		1	1	
沁水县	1		1	1	
阳城县	1		1	1	
陵川县	1	1	1	1	
泽州县	1	1	1	1	
高平市	2	1	1	1	

21-3 博物馆、文物机构业务活动及经费情况(2016年)

指标	文物保护管理机构	文物科研机构	其他文物机构	博物馆
藏品(件)				57747
#一级品				19
业务活动				
陈列展览(个)				18
展览				
参观人数(人次)	37500			252434
经费支出(万元)	1111.7	80		808.5
#修缮费				

21–4 艺术表演团体演出情况(2016年)

种类	演出场数(场)		观众人数(千人次)
		到农村演出	
总计	2874	2566	2782
#国有剧团	1860	1600	2285
集体经营剧团	390	390	221
按剧种分			
话剧、儿童剧、滑稽剧团	50	40	30
歌舞团、轻音乐团	410	110	391
戏曲剧团	3340	3160	3836

21–5 艺术表演团体收支情况(2016年)

种类	总收入(千元)			总支出(千元)
		财政补贴收入	演出收入	
总计	32446		13051	23314
#国有剧团	11767	3312	7565	11876
集体经营剧团	2260	1035	1225	2192
按剧种分				
话剧、儿童剧、滑稽剧团	2584	80	340	3494
歌舞团、轻音乐团	10308	2650	6132	8858
戏曲剧团	26546	9126	15068	28136

注:本表各项指标仅指文化局系统内。

21-6 群众艺术馆、文化馆站业务活动(2016年)

指　　标	总　　计	群众艺术馆	文化馆
单位数(个)	7	1	6
举办展览(个)	45	1	44
组织文艺活动(次)	179	20	159
举办训练班			
班次(次)	131	13	118
结业人次(人次)			
群众艺术馆、文化馆负责指导单位			
农村集镇文化中心(个)			
文化户(户)			
群众业余演出团(队)(个)	200	2	198

21-7 公共图书馆业务活动及经费情况(2016年)

指　　标	总　　计
总藏量(册、件)	1308240
书架总长度(米)	16312
发放借书证数(个)	89604
图书流通情况	
总流通人次(人次)	957332
书刊外借册次(册次)	393912
为读者举办各种活动	
次数(次)	101
参加人数(人次)	9048
新增藏量购置费(万元)	1391
本年新购藏量(册)	76928
公用房屋建筑面积(平方米)	35190
# 书库(平方米)	5580
阅览室座席(个)	1909

21-8 档案馆机构和人员情况

年份	市综合档案馆	
	馆数	专职人员
1985	1	6
1990	1	12
1995	1	16
1996	1	16
1997	1	16
1998	1	16
1999	1	16
2000	1	19
2001	1	19
2002	1	19
2003	1	23
2004	1	23
2005	1	23
2006	1	23
2007	1	24
2008	1	24
2009	1	24
2010	1	24
2011	1	24
2012	1	24
2013	1	23
2014	1	22
2015	1	23
2016	1	24

21-9 市综合档案馆基本情况

年份	馆藏档案（卷、件）	馆藏资料（册）	利用档案（人、次）
2000	56467	16585	60
2001	56467	16585	75
2002	58447	16585	80
2003	59706	16585	85
2004	59706	16665	90
2005	59706	16745	95
2006	59706	16825	100
2007	59898	16925	120
2008	59898	17065	110
2009	61438	17115	120
2010	61438	17235	150
2011	61438	17285	110
2012	64332	17345	28451
2013	64498	17919	208
2014	182798	18791	192
2015	413246	18810	3520
2016	534905	18810	4689

注:2012年晋东南地区整理档案资料,故该年份使用档案次数较多。

21-10 广播、电视事业基本情况(2016年)

指　　标	单　位	数　量
广播电视台	座	7
制作广播节目	小时	17630
#自制广播节目	小时	17630
制作电视节目	小时	3686
#自制电视节目	小时	3686
调频发射机	千瓦/部	20.4/15
广播覆盖率	%	98.74
有线广播电视传输网络干线总长度	公里	25380.9
全年制作广播节目时间	小时	17630
微波传送站	座	8
微波传送线路	公里	294
电视转播发射台	座	7
电视发射机	千瓦/部	28/16
无线广播覆盖率	%	98.74
无线电视覆盖率	%	98.83
电视覆盖率	%	98.83

21-11 广播、电视事业发展情况

指　　标	2015年	2016年	增速(%)
广播电视系统职工人数(人)	967	884	-8.6
广播发射机功率(千瓦)	20.4	20.4	
广播电视台(座)	7	7	
广播人口覆盖率(%)	98.74	98.74	
电视发射台及转播台(座)	7	7	
电视发射机功率(千瓦)	28	28	
电视人口覆盖率(%)	98.83	98.83	

21-12 广播、电视节目制作时间

单位:小时

指　　标	2006年	2007年	2008年	2009年	2010年	2011年	2012年	2013年	2014年	2015年	2016年
广播节目制作	11245	11299	10427	10219	12362	12392	11204	17786	17616	17618	17630
新　　闻	1165	1600	2215	2137	3256	3162	2911	3673	3651	3652	3660
专　　题	3457	2955	3052	1974	4447	4317	5594	5651	5645	5645	5649
综　　艺	5920	5387	4183	5191	3224	3217	2155	5987	5979	5980	5980
广 播 剧	186		182					1460	1460	1460	1460
广　　告	122	1105	765	826	1036	1020	343	903	856	856	856
其　　他	395	252	30	91	399	676	202	112	25	25	25
电视节目制作	8000	5515	8471	8504	3456	3455	3371	4110	3677	3682	3686
新　　闻	1439	926	2102	2819	1144	958	900	1234	1417	1420	1440
专　　题	998	529	1656	1523	1629	1281	1389	1337	1216	1188	1192
综　　艺	932	475	1960	2040	387	577	416	802	630	662	662
影 视 剧										15	
广　　告	4345	3270	1031	926	210	419	496	517	161	162	157
其　　他	286	315	1722	1196	86	220	170	220	253	235	235

21-13 各地区文化事业基本情况(2016年)

单位:个、人、场、册、件、千元、万人次

地区	文化馆						文物馆					
	单位数	职工人数	组织文艺活动	举办培训班	收入	固定资产原值	单位数	职工人数	藏品件数	一级品	二级品	三级品
总计	7	99	179	146	10242	10215	4	34	57747	19	185	602
市直	1	13	20	13	3000	5227	1	23	22607	4	116	455
城区	1	12	16	3	1399	1033						
沁水县	1	9	40	4	400	450	1	4	1297	1	23	32
阳城县	1	13	30	3	1594	1602	1	7	4499	6	30	60
陵川县	1	17	20	3	1548	640	1	0	12721		1	22
泽州县	1	24	35	90	1491	400						
高平市	1	11	18	30	810	863			16623	8	15	33

21-13 续表1

单位:人、册、千元

地区	公共图书馆			
	职工人数	藏书册数	收入	固定资产原值
总计	97	1115240	7126	57289
市直	38	649788	1670	45533
城区	10	116596	1316	3172
沁水县	9	50100	350	570
阳城县	10	80952	1529	2107
陵川县	5	33524	354	393
泽州县	21	60000	1095	1820
高平市	4	124280	812	3694

21-13 续表2

单位:个、人、场、册、件、千元、万人次

地区	艺术表演团体						
	剧团数	全部职工	演出场次	观众人次	收入	支出	固定资产原值
总计	8	512	2826	387	24674	26634	13733
市直	1	72	288	58	7593	9322	343
城区	1	61	350	8	2835	2888	300
沁水县	1	60	450	126	3461	3477	2834
阳城县	1	66	409	78	4954	5134	4623
陵川县	1	55	300	20	100	110	800
泽州县	1	56	390	22	2260	2192	100
高平市	2	142	639	75	3471	3511	4733

21-14 体育事业基本情况

指 标	2007年	2008年	2009年	2010年	2011年	2012年	2013年	2014年	2015年	2016年
体育系统各类机构(个)	10	10	10	10	10	10	10	10	10	10
#体育运动学校										
业余体校	3	3	3	3	3	3	3	3	3	3
体育系统职工人数(人)	155	155	155	162	162	162	162	162	162	110
专职教练员	41	41	41	47	47	47	47	47	47	22
专职文化教师	27	27	27	28	28	28	28	28	28	23
行政管理人员	60	60	60	60	60	60	60	60	60	62
其他人员	27	27	27	27	27	27	27	27	27	3
各级体委训练干部人数(人)	852	884	890	1614	1610	1610	1610	1610	1610	1610
#裁判员	343	352	267	165						
各级举办运动会次数(次)	189	169	178	197	149	160	165	146	158	156
参加运动会的运动员人数(人次)	72800	62596	66239	68979	68073	68532	54746	54688	57688	53757
各级训练机构在队教练(人)	39	41	41	47	47	47	50	50	50	50
运动学校在队教练	33	35	35	41	41	41	44	44	44	44
普通业余体校在队教练	6	6	6	6	6	6	6	6	6	6
《国家体育锻炼标准》达标人数(人)	337238	338500	336552	336750	321260	332806	335511	334570	335496	334320
优秀级	7645	7800	8200	8150	7935	8173	8213	8273	8320	8170
良好级	146038	146500	159820	159730	157200	167520	159845	160148	160047	159833
及格级	183555	184200	168532	168870	126125	157113	167453	166149	167129	153470
本年批准等级运动员(人)	44	34	42	22	48	42	15	24	33	58
二级运动员	34	34	42	22	48	42	15	24	33	58
三级运动员										
本年批准等级裁判员(人)	72	97	35	150	81	112	265	51	61	186
一级裁判员										
二级裁判员	57	97	35	150	81	112	265	51	61	186
三级裁判员	15									
参加省级以上重大比赛获奖情况										
金牌(枚)	51	32	28	42	81	47	56	65	13	38
银牌(枚)	22	52	32	35	68	39	36	60	20	53
铜牌(枚)	19	6	38	27	70	36	52	51	17	33

21–15 卫生机构数

单位：个

年　份	总　计	医院、卫生院	疗养院	门诊部、诊所	专科防治院（所、站）
1985	310	150		137	
1990	318	153		139	
1995	307	150		132	
2000	183	153		2	
2005	191	167	1		1
2006	185	162	1	703	1
2007	211	161	1	794	1
2008	219	164		533	
2009	226	164		638	
2010	227	163		689	
2011	3098	165		626	
2012	3129	168		643	
2013	3043	177		469	
2014	3069	179		569	
2015	3090	177		591	
2016	3102	176		605	

注:2011年以前卫生机构数不包含村卫生所。

21–15 续表

单位：个

年　份	疾病预防控制中心（防疫站）	妇幼保健院（所、站）	医学科学研究机构	其他卫生机构
1985	5	4		6
1990	7	5	1	8
1995	7	5	1	4
2000	7	5	1	6
2005	7	7	1	7
2006	7	7	1	7
2007	8	7	2	1
2008	7	7	1	
2009	7	7		1
2010	7	7		6
2011	7	7	1	5
2012	7	7	1	5
2013	7	7	1	6
2014	7	7	1	6
2015	7	7	1	5
2016	7	7	1	6

21-16 卫生机构人员数

单位:人

年份	总计	卫生技术人员	医生	护师、护士
1985	6554	5683	1046	56
1990	7500	6647	2601	376
1995	8486	7497	3320	671
2000	8994	7889	3256	850
2005	10785	8514	4076	1888
2006	10784	8894	4133	2391
2007	11173	9106	4129	2577
2008	11913	9727	4396	2830
2009	12385	10271	4483	3022
2010	12304	9749	5764	3638
2011	17603	12000	5354	3843
2012	17915	12380	5637	3976
2013	18559	12692	5830	4306
2014	18261	12597	5781	4307
2015	18157	12464	5361	4422
2016	18571	12891	5532	4741

21-17 卫生机构床位数

单位:张

年份	总计	医院、卫生院	疗养院	妇幼保健院(所、站)
1985	5189	4938		35
1990	6148	5861		96
1995	6481	6157		122
2000	6236	6090		106
2005	7608	7126	99	338
2006	6892	6438	99	335
2007	6637	6073	99	367
2008	7428	6876		362
2009	7926	7287		399
2010	8311	7683		408
2011	8574	8000		392
2012	8881	8323		363
2013	9689	9159		365
2014	10095	9509		370
2015	10737	10126		370
2016	11257	10611		370

21-18 卫生机构各类人员数

单位:人

人员分类	2005年	2006年	2007年	2008年	2009年	2010年	2011年	2012年	2013年	2014年	2015年	2016年
总　　计	10271	10784	11173	11913	12385	12304	17603	17915	18559	18261	18157	18571
卫生技术人员	8514	8894	9106	9727	10271	9749	12000	12380	12692	12597	12464	12891
#医生	4076	4133	4129	4396	4483	5764	5354	5637	5830	5781	5361	5532
#医师	3256	3385	3354	3518	3674	4737	2224	4726	4969	4972	4618	4799
护师、士	1888	2394	2577	2830	3022	3638	3843	3975	4306	4307	4422	4741
药技人员	702	679	619	665	656	800	779	797	801	771	74	760
检验人员	459	433	386	389	577	415	408	440	448	446	446	475
其他	1389	1255	1214	1248	1533	1469	1329	1312	1077	1105	1214	1197
其他技术人员	508	657	695	651	562	573	594	547	701	701	616	534
管理人员	568	487	592	665	698	743	762	715	759	764	839	885
工勤人员	681	746	780	870	854	1012	1117	1130	1227	1270	1360	1470
平均每千人口拥有卫生技术人员	4.02	4.18	4.24	4.52	4.74	5.69	5.20	5.70	5.80	5.50	5.68	5.85

注:总人口按户籍人口数计算。

21-19 卫生总费用

单位:万元

项　　目	2005年	2006年	2007年	2008年	2009年	2010年	2011年	2012年	2013年	2014年	2015年	2016年
卫生总费用			51282	51930	26684	141727	120541	149123	182910	219397	378642	415544
政府预算卫生支出	39287	43994	15017	10028	25330	20819	42843	50820	58181	199394	368203	400207

21-20 各地区卫生机构、床位数(2016年)

地 区	卫生机构数（个）	医 院	卫生院	疾病预防控制中心（防疫站）	妇幼保健院（所站）	医疗机构床位数（张）	医 院	卫生院
全 市	3102	80	96	7	7	11257	7747	2864
城 区	394	38	1	2	2	4364	3918	32
沁水县	348	6	19	1	1	711	410	286
阳城县	613	11	25	1	1	2069	1217	812
陵川县	468	5	12	1	1	810	360	418
泽州县	716	6	26	1	1	1859	894	915
高平市	563	14	13	1	1	1444	948	401

21-21 各地区卫生机构人员数(2016年)

单位：人

地 区	人员数	卫生技术人员	执业医师	执业助理医师	注册护士	药剂人员	检验人员	其 他	其他技术人员	管理人员	工勤人员
全 市	18571	12891	4799	733	4741	760	475	1197	534	885	1470
城 区	7867	6339	2404	212	2702	276	239	443	294	518	619
沁水县	1248	766	290	46	240	28	19	133	30	61	136
阳城县	3153	1935	700	116	654	142	73	216	69	116	304
陵川县	1348	706	335	41	135	68	27	81	29	43	96
泽州县	2754	1718	561	217	447	189	72	185	49	106	142
高平市	2201	1427	509	101	563	57	45	139	63	41	173

21–22 分类别卫生机构、床位、人员数(2016年)

单位:个、张、人

类别	机构数	床位数	人员数	卫生技术人员	执业医师	执业助理医师	注册护士
总计	3102	11257	18571	12891	4799	733	4741
1.医院	80	7747	9408	7610	2639	196	3440
(1)综合医院	37	5398	6756	5553	2049	84	2560
(2)中医医院	5	475	604	498	158	13	186
(3)中西医医院	1	30	38	26	4	1	10
(4)专科医院	35	1844	2010	1533	428	98	684
2.卫生院	96	2864	2475	2030	604	317	478
3.急救中心(站)	1		80	51	20	7	19
4.采供血机构	1		74	50	4	6	24
5.妇幼保健院、站	7	370	717	600	252	23	244
6.疾病控制中心(防疫站)	7		228	125	68	5	9
7.卫生监督所	7		312	236			
8.医学科学研究机构	1		8	5	2		2
9.健康教育所	2		9	2			
10.其他卫生事业机构	6		275	138	48	9	45

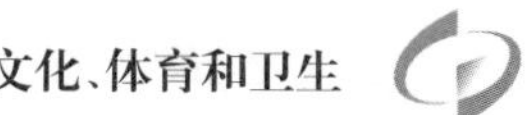

21-22 续表

单位:人

类别	卫生技术人员			其他技术人员	管理人员	工勤人员
	药师(士)	技师(士)	其他			
总计	760	661	1197	534	885	1470
1.医院	386	437	512	339	569	890
(1)综合医院	268	295	297	208	435	560
(2)中医医院	32	36	73	30	19	57
(3)中西医医院	4	4	3		1	11
(4)专科医院	82	102	139	101	114	262
2.卫生院	261	116	254	85	109	251
3.急救中心(站)	2		3	3	4	22
4.采供血机构		16	15	12	2	10
5.妇幼保健院、站	21	30	30	15	35	67
6.疾病控制中心(防疫站)		21	22	16	54	33
7.卫生监督所			236		46	30
8.医学科学研究机构	1		1		3	
9.健康教育所			2		5	
10.其他卫生事业机构	3	12	21	43	20	74

主要统计指标解释

文化事业机构 指从事专业文化工作和为专业文化工作服务的独立建制的单位。不包括这些单位另外举办独立核算的其他机构和各部门的业余文化组织。该指标主要反映文化事业机构发展规模水平。

艺术表演团体 由文化部门主办或实行行业管理(经文化市场行政部门审批或已申报登记并领取相关许可证),专门从事表演艺术等活动的各类专业艺术表演团体,含民间职业剧团。如话剧团、方言话剧团、滑稽剧团、儿童剧团、歌剧团、木偶团、皮影团等以及由若干剧种组成的综合性专业艺术表演团体。不包括半工半艺、半农半艺的剧团。

艺术表演观众人数(人次) 指售票、包场演出或民族地区免费演出的艺术表演观众人次数,不包括彩排审查和内部观摩演出的观看人次数。该指标主要反映全国观看专业艺术表演团体演出的效益规模。

卫生机构 指从卫生行政部门取得《医疗机构执业许可证》,或从民政、工商行政、机构编制管理部门取得法人单位登记证书,为社会提供医疗保健、疾病控制、卫生监督服务或从事医学科研和教育等工作的单位。卫生机构包括医院、疗养院、社区卫生服务中心(站)、卫生院、门诊部、诊所(卫生所、医务室)、急救中心(站)、采供血机构、妇幼保健院(所、站)、专科疾病防治院(所、站)、疾病预防控制中心(防疫站)、卫生监督所、卫生监督检验(监测、检测)机构、医学科研机构、医学在职培训机构、健康教育所(站)等其他卫生机构。

医疗机构 指从卫生行政部门取得《医疗机构执业许可证》的机构,包括医院、疗养院、社区卫生服务中心(站)、卫生院、门诊部、诊所(卫生所、医务室)、妇幼保健院(所、站)、专科疾病防治院(所、站)、急救中心(站)和临床检验中心。

医院 包括综合医院、中医医院、中西医结合医院、民族医院、各类专科医院和护理院。

卫生技术人员 指卫生机构中医生、护理人员、药剂人员、检验人员等卫生技术人员。

医生 指在医疗、预防保健机构工作且取得《执业医师证书》的执业医师和执业助理医师。

卫生服务总费用 反映全国当年用于医疗卫生保健服务所消耗的资金总额,用筹资来源法测算。政府预算卫生支出指各级政府用于卫生事业的财政预算拨款。社会卫生支出指政府预算外的卫生资金投入,主要表现为社会医疗保险。其中包括如企事业单位和乡村集体经济单位举办医疗卫生机构设施建设费,企业职工医疗卫生费,行政事业单位负担的职工公费医疗超支部分等。居民个人卫生支出指城乡居民用自己可支配的经济收入支付的各项医疗卫生费用和医疗保险费用。

22 其他社会活动

Other Social Activities

资料整理人员：周　磊　张静云　郭　瑞　商　明

22-1 历届党代会大会代表人数

单位:人

届别	年份	代表总数	女代表	少数民族代表	占代表总数比重（%）女代表	占代表总数比重（%）少数民族代表
一届	1986.01	355	65	5	18.3	1.4
二届	1991.11	380	65	4	17.1	1.1
三届	1996.12	380	68	4	17.9	1.1
四届	2001.05	385	67	5	17.4	1.3
五届	2006.07	398	67	6	17.6	1.5
六届	2011.08	416	85	8	20.4	1.9
七届	2016.09	417	102	6	24.5	1.4

22-2 历届人民代表大会代表人数

单位:人

届别	年份	代表总数	女代表	中共党员代表	占代表总数比重（%）女代表	占代表总数比重（%）中共党员代表
一届	1985.09	380	80	104	21.1	27.4
二届	1991.05	317	75	282	23.7	89.0
三届	1996.05	319	77	288	24.1	90.3
四届	2001.05	305	70	201	23.0	65.9
五届	2006.06	317	80	217	25.2	68.5
六届	2011.08	321	79	214	24.6	66.7
七届	2016.10	318	83	205	26.1	64.5

22-3 历届政治协商会议委员人数

单位:人

届别	年份	代表总数	女代表	中共党员代表	占代表总数比重（%）女代表	占代表总数比重（%）中共党员代表
一届	1985.09	165	28	59	17.0	35.8
二届	1991.04	192	29	77	15.1	40.1
三届	1996.04	235	47	94	20.0	40.0
四届	2001.05	280	52	114	18.6	40.7
五届	2006.06	300	57	120	19.0	40.0
六届	2011.08	320	85	118	26.6	36.9
七届	2016.10	322	88	129	27.3	40.1

22-4 工会组织情况

年份	工会基层组织数（个）	全市已建工会组织的基层单位职工与工会人数（人）				工会专职工作人员（人）
		职工人数	女职工	会员人数	女会员	
1985	877	140000	37000	90700	29479	434
1986	880	148013	37512	100124	29969	427
1987	891	154015	37804	109103	30219	443
1988	900	170161	38650	115009	30569	449
1989	950	180021	39720	124508	31569	455
1990	1000	198501	40131	135004	34215	462
1991	1099	212700	40451	141454	36335	480
1992	1201	214700	41698	146654	38335	490
1993	1252	216000	43198	151974	40188	495
1994	1323	218950	45054	157734	42088	525
1995	1370	221086	46906	163664	43848	575
1996	1400	223242	48829	167924	45448	593
1997	1450	225455	50249	173784	47293	650
1998	1490	227580	51699	179384	48947	719
1999	1515	229790	53655	185259	50712	790
2000	1565	232022	55215	191204	52337	805
2001	1595	234128	56869	197169	53993	895
2002	1608	235688	58869	202369	56249	950
2003	1679	238985	67856	211160	61543	1038
2004	1656	267548	73574	242580	67768	1343
2005	2027	296076	80635	277577	73549	1357
2006	2242	393559	103421	378048	97777	1042
2007	2474	436316	108611	429683	106755	1052
2008	3528	466516	121060	462808	120160	1121
2009	3528	463677	123598	461337	122596	1481
2010	2965	452117	128387	445325	124375	1422
2011	3419	520134	159535	507273	156529	1489
2012	3787	527923	154074	519970	153205	1489
2013	3819	529784	144223	526132	143572	1489
2014	3945	550480	169322	531698	162741	1835
2015	4040	554954	174414	547873	172801	1976
2016	4024	564538	173394	558709	171162	2057

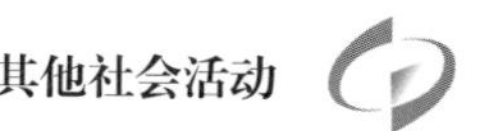

22-5 各地区工会组织建设情况(2016年)

单位:个、人

地 区	基层工会	基层工会涵盖独立法人单位	职 工	女职工	工会会员	女会员
总 计	4024	12592	564538	173394	558709	171162
市 直	435	1515	215429	71701	212147	69975
城 区	478	2419	45248	21153	45248	21153
沁 水 县	511	1351	40821	12084	40429	12084
阳 城 县	800	2320	86776	26329	85189	25980
陵 川 县	469	1259	27120	8174	26964	8114
泽 州 县	618	1904	80059	15846	80059	15846
高 平 市	713	1824	69085	18107	68673	18010

注:开发区数据涵盖在市直。

22-6 共青团组织发展情况(2016年)

指 标	单 位	数 量
团组织数	个	5144
基层团委	个	225
团支部	个	4896
团工委	个	23
团员总数	万人	11.1
当年新发展团员	万人	0.8
分 类		
高 校	人	6894
职业高中	人	8654
中学(初中、高中)	人	50247
国有企业	人	5630
非公企业	人	32079
机关事业单位	人	2267
社会组织	人	2060
农 村(社区)	人	3112

22-7 劳动争议处理情况

指　　　标	2005年	2006年	2007年	2008年	2009年	2010年	2011年	2012年	2013年	2014年	2015年	2016年
上期未结案数(件)												
案件受理情况												
当期案件受理数(件)	364	472	419	472	507	317	357	376	489	516	730	836
#集体劳动争议数	5	6	7	22	10	3	1	2	10		4	8
#劳动者申诉案件数	364	472	419	440	499	317	357	376	489	516	725	834
劳动者当事人数(人)	391	616	459	638	640	416	476	491	734	555	883	1055
#集体争议劳动者当事人数	32	150	47	195	115	41	12	46	242		72	144
争议原因(件)												
变更劳动合同												
解除劳动合同												
终止劳动合同												
其　他												
案件处理情况												
结案数(件)	364	472	419	472	507	317	357	376	489	516	730	835
按处理方式分												
仲裁调解	177	193	254	277	273	167	197	207	331	257	423	366
仲裁裁决	160	219	126	150	185	132	152	163	148	229	257	416
其他方式	27	60	39	45	49	18	8	6	10	30	50	53
按处理结果分												
用人单位胜诉						4	6	9	19	7	19	26
劳动者胜诉						54	56	63	99	336	368	388
双方部分胜诉						259	292	301	361	163	343	412
本期未结案数(件)												1

22-8 律师、公证和调解工作基本情况

指　　标	2007年	2008年	2009年	2010年	2011年	2012年	2013年	2014年	2015年	2016年
律师工作										
律师事务所(个)	23	23	30	32	35	35	35	38	38	39
律师工作人员(人)	147	150	161	180	175	216	247	299	338	383
# 专职律师(人)	147	150	161	180	175	216	247	299	338	374
兼职律师(人)										1
聘请担任常年法律顾问的单位(件)	259	266	301	344	352	354	556	615	683	836
民事诉讼代理(件)	1687	1724	1758	1974	1997	2469	2667	3080	4328	4219
经济诉讼代理(件)										
刑事辩护(件)	779	746	802	949	950	1065	1624	1014	1552	1675
行政诉讼代理(件)	50	53	61	45	50	64	68	58	109	107
非诉讼法律事务(件)	540	236	312	275	274	292	819	695	613	685
涉外及涉港澳台法律事务(件)										
解答法律询问(件)	10551	12003	16004	15003	16570	9025	13016	10352	18730	21625
代写法律事务文书(件)		6328	10161	2884	17727	1549	7461	1579	4084	6852
公证工作										
公证处(个)	6	6	6	6	6	6	6	6	6	6
公证人员(人)	38	32	34	23	31	32	32	27	30	37
# 公证员(人)	27	25	23	31	23	22	21	22	21	19
公证员助理(人)	6	4	11	8	8	3	3	5	7	15
办理公证文书(件)	3654	1586	2170	2360	2567	2499	2718	3619	3674	6100
人民调解工作										
专职司法助理员(人)	96	96	96	104	104	104	123	148	148	105
人民调解委员会(个)	2488	2484	2484	2603	2603	2551	2521	2518	2482	2481
调解人员(人)	8883	10862	10862	12138	13621	10605	9526	8508	8800	8919
调解案件点数(件)	11356	10120	12579	13147	11922	7628	9972	12479	9990	6992

22–9　国内公证文书分类(2016年)

类　　别	办证件数(件)
合同(协议)	94
买卖合同	37
赠与合同	3
借款合同	17
租赁合同	
承揽合同	
建设工程合同	
委托合同	
担保合同	10
土地使用权合同	
知识产权合同	
承包合同	
企业经营合同	
劳动(劳务)合同	
其他合同	
合伙协议	
财产分割协议	14
财产约定协议	1
抚养协议	5
出国留学协议	
拆迁安置协议	
赔偿协议	
还款协议	
其他	7
单方法律行为	505
委托	360
声明	180
赠与	7
遗嘱	3
保证(担保)	1
承诺(要约)	
其他	4

22-9 续表

类　　别	办 证 件 数（件）
现场监督	1868
招标投标	275
拍卖	23
开奖、评选	
公司会议	1
抽签（摇号）	1566
其他	3
保全证据	11
公司章程	
组织资格	
财产权	
身份	1
收养关系	1
婚姻状况	
亲属关系	4
有无违法犯罪记录	5
其他有法律意义事实	1
出生	
死亡	
生存、居住	
学历（学位）	
经历	
职务（职称）	
其他	1
证书（执照）	
签名（印鉴）	44
文本相符	10
赋予执行效力	2
执行证书	
抵押登记	
提存	
保管	
其他	5

22-10 涉外及港澳台公证文书分类(2016年)

类别	办证件数(件)		
	涉外	涉港澳	涉台
合计	1104	3	13
合同(协议)	12		
继承			
委托	56		
声明	14		1
遗嘱			
其他单方法律行为			
公司章程			
组织资格			
收养关系			
婚姻状况	29		3
亲属关系	183		5
出生	178		1
死亡	2		
生存、居住			
学历(学位)	132	2	
经历			
职务(职称)			
身份			
有无违法犯罪记录	103		1
其他有法律意义事实			
证书(执照)	9		
签名(印鉴)			
文本相符	171		
其他	215	1	2

22-11 在押服刑人员基本情况

单位:人

指　　标	2006年	2007年	2008年	2009年	2010年	2011年	2012年	2013年	2014年	2015年	2016年
年初在押服刑人数	182	159	131	142	164	143	181	55	16	103	114
# 女性	25	16	4	3	4	10	8			1	2
未成年	38	23	15	26	7	7	10	1			1
释放人数	454	428	431	64	540	567	761	853	533	602	611
年末在押服刑人数	203	142	178	47	143	181	201	16	28	114	92

注:1.本表未成年是指14-18岁服刑人员;
2.释放人员是指减刑释放、假释和刑满释放人员。

22-12 公安机关立案的刑事案件及构成

单位:起

类　　别	立　　案						构　　成(%)					
	2011年	2012年	2013年	2014年	2015年	2016年	2011年	2012年	2013年	2014年	2015年	2016年
合　　计	5765	5655	5542	5272	5962	5430	100.0	100.0	100.0	100.0	100.0	100.0
杀人	15	13	15	19	9	14	0.3	0.2	0.3	0.4	0.2	0.3
伤害	82	101	81	82	71	72	1.4	1.8	1.4	1.6	1.2	1.3
抢劫	130	102	80	53	38	32	2.3	1.8	1.4	1.0	0.6	0.6
强奸	39	48	44	35	31	38	0.9	0.9	0.8	0.7	0.5	0.7
拐卖妇女儿童		3	2	4	4	4		0.1		0.1	0.1	0.1
盗窃	3866	3388	2993	2587	3082	2713	67.1	59.9	52.9	49.1	51.7	50.0
诈骗	597	636	1159	1231	1592	1393	10.4	11.3	20.5	23.4	26.7	25.6
走私												
伪造、变造货币,出售、购买、运输、持有、使用假币		2		1	1			0.04		0.02	0.02	
其他	1036	1362	1168	1260	1134	1164	18.0	24.1	20.7	23.9	19.0	21.4

注:2015年共破获刑事案件2387起。

22-13 公安机关受理、查处治安案件数

单位:起

类别	2016年		2015年	
	受理	查处	受理	查处
合计	14945	9283	8871	8181
扰乱公共秩序	632	655	668	659
扰乱单位秩序	167	156	217	216
扰乱公共场所秩序	106	232	194	194
扰乱公共交通工具秩序	1	1		
妨碍交通工具正常行驶	23	22	30	30
扰乱大型群众性活动秩序			1	1
虚构事实扰乱公共秩序	9	8	4	4
投放虚假危险物质				
寻衅滋事	303	214	195	190
组织、教唆、胁迫、诱骗他人从事邪教、会道门活动	1	1	4	4
利用邪教、迷信活动或冒用宗教、气功名义危害社会	2	2	11	11
非法侵入、破坏计算机信息系统	1	1		
其他	19	18	12	9
妨害公共安全	103	91	58	57
违反危险物质管理规定	22	20	22	22
非法携带枪支、弹药及管制刀具	54	48	26	26
盗窃、损毁公共设施	9	8	4	4
危害铁路安全				
违法举行大型群众性活动				
其他	18	15	6	5
侵犯人身权利、财产权利	12586	6984	6688	6014
强迫他人劳动				
非法限制人身自由	10	6	1	1
非法搜查他人身体	1			
胁迫、诱骗、利用他人乞讨或以他人方式乞讨				
侮辱、诽谤他人	54	41	55	53
发送信息干扰他人正常生活	5	5	9	9
偷窥、偷拍、窃听、散布他人隐私	20	17	7	6
殴打他人	5830	5022	4263	4189
故意伤害他人	239	126	151	133
虐待	2	2	1	1
遗弃	1			
强迫交易	1	1		
盗窃	3646	536	912	595
诈骗	768	81	295	101
哄抢	1	1		
抢夺	81	5	5	3
敲诈勒索	6	1	11	10
故意损毁财物	1781	985	903	843
其他	140	155	75	70

22-13 续表

单位:起

类别	2016年		2015年	
	受理	查处	受理	查处
妨害社会管理秩序	1624	1553	1457	1451
阻碍执行职务	52	49	32	32
招摇撞骗	2	1		
违反公文、证章管理	4	3	5	5
伪造、变造,倒卖有价票证、凭证	1	1	6	6
违反社团管理				
擅自经营需公安机关许可的行业	3	3	10	10
煽动,策划非法集会,游行,示威			2	2
违反旅馆业管理	152	153	138	138
违反房屋出租管理	12	12	24	24
收购赃物、有赃物嫌疑的物品	11	10	7	6
谎报案情	10	9	7	7
窝藏、转移、代销赃物				
违反监管规定	5	5	3	3
故意损坏文物、名胜古迹	1	1		
卖淫、嫖娼	25	24	34	33
拉客招嫖			1	1
引诱、介绍他人卖淫	5	5	2	2
制作、运输、复制、出售、出租淫秽物品				
传播淫秽信息	2	2		
组织播放淫秽音像或组织、进行淫秽表演				
为淫秽活动提供条件				
赌博或为赌博提供条件	181	161	204	203
毒品违法活动	798	767	775	772
为吸毒、赌博、卖淫、嫖娼人员通风报信	1	1		
伪造、隐匿、毁灭证据或提供虚假证言				
其他	359	346	207	207

22-14 交通事故情况（2016年）

类别及地区	发生数（起）	死亡人数（人）	受伤人数（人）	损失折款（万元）
总　　计	569	202	575	154.3
按类别分				
机动车	544	194	550	150.6
#摩托车	147	53	155	23.4
拖拉机	1		2	0.02
非机动车	24	7	25	3.8
#自行车				
行人或乘车人	1	1		1.0
其　　他				
按地区分				
城　　区	97	32	118	38.3
沁 水 县	71	26	78	23.6
阳 城 县	128	33	132	44.0
陵 川 县	64	23	68	15.9
泽 州 县	93	45	84	16.7
高 平 市	116	43	95	15.8

22-15 火灾事故情况（2016年）

类别及地区	发生数（起）	死亡人数（人）	受伤人数（人）	直接经济损失（万元）	人口火灾发生率（1/10万人）
总　　计	236			310.7	1.1
特　　大					
重　　大					
一　　般	236			310.7	1.1
城　　区	68			86.0	1.7
沁 水 县	25			27.1	1.1
阳 城 县	40			33.2	1.0
陵 川 县	23			19.1	0.9
泽 州 县	45			78.0	0.9
高 平 市	35			67.3	0.7

22-16 检察机关直接立案侦查案件情况(2016年)

类　　别	受案（件）	立案件数（件）	立案人数（人）	要　案	结案件数（件）	结案人数（人）
合　　计	125	84	109	8	62	76
贪污贿赂案件小计	91	60	74	6	23	36
贪污	39	21	34	6	31	31
贿赂	41	31	31			
挪用公款	8	8	9		8	9
集体私分	2					
巨额财产来源不明						
其他						
渎职案件小计	34	24	35	2	24	35
滥用职权	6	1	1		1	1
玩忽职守	28	23	34	2	23	34
徇私舞弊						
其他						

22-17 检察机关审查批准、决定逮捕犯罪嫌疑人和提起公诉被告人情况(2016年)

类　　别	批捕、决定逮捕合计		决定起诉合计	
	件	人	件	人
合　　计	641	908	1541	2087
公安、安全、监狱机关提请小计	635	899	1469	1983
危害国家安全案				
危害公共安全案	43	44	574	591
破坏社会主义市场经济秩序案	36	47	62	103
侵犯公民人身、民主权利案	106	133	162	214
侵犯财产案	303	401	454	594
妨害社会管理秩序案	147	274	217	481
危害国防利益案				
军人违反职责案				
检察机关直接立案侦查案件小计	6	9	72	104
贪污贿赂案	6	9	53	77
渎职案			19	27

22-18 检察机关处理申诉案件情况(2016年)

类　　别	受案（件）	立案复查（件）	结案（件）	
				改变原决定
不服检察机关处理决定	2	2	2	
不服不批捕				
不服不起诉	2	2	2	
不服撤案				
不服原判免予起诉				
其他				
不服法院刑事判决裁定	17	14	14	
刑罚执行中被害人申诉	2	2	2	
刑罚执行中被告人申诉	4	4	4	
刑罚执行完毕后被害人申诉	2	2	2	
刑罚执行完毕后被告人申诉	9	6	6	

22-19 人民法院审理一审案件情况

单位:件

年　份	受　案					
		刑　事	民　事	经济纠纷	行　政	海事海商
1995	5269	887	3421	921	40	
2000	7251	1178	5079	883	111	
2001	8671	1364	5933	1090	284	
2002	7859	1383	6245		231	
2003	7892	1497	6245		150	
2004	7082	1290	5712		80	
2005	7024	1282	5665		77	
2006	6676	1507	5088		81	
2007	6330	1420	4865		63	
2008	6613	1308	5244		61	
2009	7334	1448	3435	2399	52	
2010	7683	1576	3603	2440	64	
2011	8054	1769	3676	2540	69	
2012	9321	2000	7258		63	
2013	10101	1908	8122		71	
2014	11621	1717	9812		92	
2015	15338	2060	13055		223	
2016	16807	2024	14536		247	

22-20 人民法院一审案件受理审结情况（2016年）

单位:件

类别	受理	审结
合计	16807	13942
刑事	2024	1864
民商事	14536	11885
行政	247	193

22-21 社会福利事业、企业单位和工作人员数

指标	机构（个）		工作人员（人）	
	2016年	2015年	2016年	2015年
全市总计	73	160	1243	1752
收养性福利事业单位	37	61	491	573
国家办（在编制部门登记）	28	28	340	348
集体办（在民政部门登记）	9	33	151	225
民　办				
社会福利企业	15	26	510	860
国　有				
集　体				
其　他	15	26	510	860
优抚事业单位	10	10	140	140
救助管理单位	5	6	35	42
殡葬事业单位	3	3	50	18
募捐单位	1	1	13	13
救灾储备机构	1	1	2	2
社区服务单位	1	52	2	104
社区指导中心	1	1	2	2
社区服务站		51		102

22-22 收养性社会福利事业单位基本情况(2016年)

指 标	单位数（个）	工作人员（人）	床 位（张）	年末收养人数（人）
收养性福利事业单位	37	491	2627	1593
国家办	28	340	1963	1201
集体办	9	151	664	392
民 办				
优抚休、疗养院				
光荣院	6	71	186	104
社会福利院	1	105	510	365
儿童福利院				
精神病人福利院				
城镇老年性福利机构	3	65	396	178
农村老年性福利机构	17	107	1084	748
其他收养机构				

22-23 社会福利救济主要费用情况

单位:万元

指 标	2006年	2007年	2008年	2009年	2010年	2011年	2012年	2013年	2014年	2015年	2016年
定期抚恤人数（人）	2549	2428	2359	2326	2276	1969	1792	1614	1493	1102	557
定期补助人数（人）	7496	8798	7434	8017	7700	7556	9717	11814	12161	12610	13400
社会福利院支出	**188**	**212**	**224**	**327**	**324**	**708**	**822**	**1241**	**439**	**436**	**730**
国家支出	188	212	224	327	324	708	822	1241	439	436	730
集体支出											
光荣院支出	**394**	**386**	**346**	**611**	**130**	**220**	**291**	**630**	**516**	942	553
国家支出	394	386	346	611	130	220	291	630	516	942	553
集体支出											

22-24 享受补助、救济人员情况

单位:人

指标	2007年	2008年	2009年	2010年	2011年	2012年	2013年	2014年	2015年	2016年
城市居民最低生活保障人数	31919	33193	31888	31244	31497	28763	27396	23598	18973	13130
城市临时救济人次数				134	142					
农村低保和传统救济人次数	56387									
农村居民最低生活保障人数	56387	63920	77969	79095	79871	79880	76440	76388	64889	41538
#五保户数	5043		5112	1549	1707	1754				
农村传统救济人数		3330								
#五保户数										
农村临时救济人次数（人次）	87									

22-25 社会福利企业基本情况

年份	单位（个）	职工（人）	#残疾职工
2000	72	2135	927
2001	73	2157	964
2002	74	2343	1077
2003	58	1978	924
2004	54	1632	795
2005	57	1518	811
2006	58	2047	1020
2007	55	1920	904
2008	50	1780	905
2009	47	1749	860
2010	48	1817	813
2011	48	1690	777
2012	38	1185	596
2013	31	1061	
2014	26	808	449
2015	26	860	422
2016	15	510	250

22-26 离休、退休、退职费

年份	费用总额（万元）	民政部门支付	平均每人费用（元）
1990	53	53	3984
1995	26	26	2680
2000	203	203	9621
2001	224	224	11089
2002	259	259	14230
2003	269	269	15112
2004	276	276	15862
2005	319	319	17243
2006	326	326	17717
2007	374	374	28120
2008	461	461	25054
2009	471	471	28719
2010	499	499	
2011	556	556	
2012	532	532	
2013	561	561	
2014	570	570	
2015	397	397	
2016	132	132	

22-27 离休、退休、退职人员保险福利费用及构成

年份	合计	离休金	退休金	退职生活费	医疗卫生费	其他
绝对数（万元）						
2007	48325	4062	44263			
2008	50501	1904	48597			
2009	45031	1087	43964			
2010	82016	1644	80372			
2011	95252	1790	92249			1213
2012	115671	1707	112525			1439
2013	142661	1626	139549			1486
2014	167156	1769	163699			1688
2015	232675	1571	228284			2820
2016	302890	1092	298857			2941
比上年增长（%）						
2007	12.2	24.9	30.1			
2008	4.5	-53.1	9.8			
2009	-10.8	-42.9	-9.5			
2010	82.1	51.2	82.8			
2011	16.1	8.9	14.8			
2012	21.4	-4.6	21.9			18.6
2013	23.3	-4.7	24.0			3.3
2014	17.2	8.8	17.3			13.6
2015	39.2	-12.6	39.5			67.1
2016	30.2	-30.5	30.9			4.3
构成（以合计为100）						
2007	100.0	8.4	91.6			
2008	100.0	3.8	96.2			
2009	100.0	2.4	97.6			
2010	100.0	2.0	98.0			
2011	100.0	1.9	96.8			1.2
2012	100.0	1.1	97.3			1.6
2013	100.0	0.8	97.9			1.3
2014	100.0	1.1	97.9			1.0
2015	100.0	0.7	98.1			1.2
2016	100.0	0.4	98.7			1.0

注:本表不包括民政部门支付的离休、退休、退职费。

22-28 各地区离休、退休、退职人员数(2016年)

单位:人

地区	合计	机关事业				企业			
		小计	离休人员	退休人员	退职人员	小计	离休人员	退休人员	退职人员
全市合计	82574	26068	30	26038		56506	164	56342	
城区	7854	2247	3	2244		5607	3	5604	
沁水县	6878	3424	12	3412		3454	13	3441	
阳城县	12019	4788	7	4781		7231	8	7223	
陵川县	6762	2658		2658		4104	18	4086	
泽州县	7455	4468		4468		2987	7	2980	
高平市	12324	4267		4267		8057	27	8030	
市本级	29282	4216	8	4208		25066	88	24978	

注:机关事业离休人员、退休人员为自收自支单位人数。

22-29 参加基本养老保险人数

单位:人

年份	合计	在职职工人数	企业(含其他)	离休、退休、退职人员数	企业(含其他)
1990	75633	64368	64368	11265	11265
1995	99947	87926	87926	12021	12021
2000	145998	126047	89247	19951	19204
2001	151465	129291	92391	22174	21265
2002	162296	139105	100805	23191	22107
2003	173162	147522	107422	25640	22462
2004	178702	151525	110025	27177	3597
2005	183837	154332	112132	29505	25610
2006	194860	163038	120138	31822	27395
2007	204287	169873	125011	34414	29555
2008	225985	188936	142516	37049	31699
2009	234964	195405	148058	39559	33589
2010	249624	206609	157926	43015	35963
2011	285957	237485	182763	48472	41033
2012	322363	269660	216824	52703	44762
2013	349289	293291	240104	55998	47557
2014	368969	309064	256248	59905	50936
2015	397690	327806	262955	69884	53948
2016	421908	339334	272233	82574	56506

22-30 社会保险基本情况

年份	失业保险			基本医疗保险		工伤保险		年末参加生育保险职工人数（人）
	年末参保职工人数（人）	全年发放失业保险金人数（人）	全年发放失业保险金（万元）	年末参保职工人数（人）	年末参保离休、退休、退职人员（人）	年末参保职工人数（人）	年末享受工伤待遇的人数（人）	
1990	96075							
1995	91235	2602	55.6			27200	231	29860
2000	103713	8904	434.0			42228	61	24402
2001	106083	2530	214.8			39726	93	23636
2002	136543	2328	173.0	93516	8480	35152	122	34971
2003	160302	2228	245.7	108932	18932	37769	167	37770
2004	161030	4867	525.2	134578	25057	96339	175	48548
2005	171885	4077	442.7	155655	29836	116009	372	56321
2006	171965	2466	470.3	182246	34802	140065	345	60922
2007	190686	2648	850.5	200058	39257	146000	742	72659
2008	196581	2976	1126.0	258818	41466	163706	805	81439
2009	196663	3693	1253.4	251090	48214	172511	1488	110581
2010	204566	4189	2434.0	270693	50945	204000	1604	146080
2011	210700	5081	3006.5	291446	54946	221847	1664	193012
2012	269413	4486	2597.4	317110	57446	349747	1850	274410
2013	284607	1876	890.4	334602	59173	403885	2235	304085
2014	296505	2995	1568	335934	60113	435061	2574	309348
2015	301244	2964	18679	339448	60723	448561	2628	310123
2016	302900	5060	18450	341082	63086	479877	2777	313784

22-31 各地区基本养老保险情况（2016年）

地区	年末参加养老保险人数（人）				基金收支情况（万元）		
		事业人员	企业人员	离休、退休、退职人员	基金收入	基金支出	累计结余
全市	**365404**	**93171**	**272233**	**56506**	**337981**	**302664**	**1171996**
城区	28750	8314	20436	5607	25039	32269	41970
沁水县	28613	10493	18120	3454	28559	27117	79124
阳城县	45624	15691	29933	7231	36357	42994	70320
陵川县	16522	8420	8102	4104	14014	24224	15101
泽州县	34490	15765	18725	2987	30656	28937	80062
高平市	43070	13520	29550	8057	29109	44535	81431
市本级	168335	20968	147367	25066	174247	102588	803988

22-32 社会保险基金收支及累计结余

单位:万元

年　　份	合　计	基本养老保险	失业保险	医疗保险	工伤保险	生育保险
基金收入						
2000	11423	9912	1304		132	75
2005	59055	33618	3196	19682	2288	271
2006	88768	55815	3586	25569	3374	424
2007	132179	90730	5272	31975	3742	460
2008	149190	92800	9909	40200	5200	1081
2009	204787	149126	9622	39433	5548	1058
2010	249641	175651	12340	53793	6396	1461
2011	317236	201933	16041	86822	9105	3335
2012	419260	267622	22998	107621	14875	6144
2013	565675	347960	33985	155467	17316	10947
2014	533230	333037	42090	133301	15751	9051
2015	406786	241760	26433	116668	15866	6059
2016	503090	337981	23217	119700	15434	6758
基金支出						
2000	9556	8817	505		145	89
2005	32781	18394	527	12517	1213	130
2006	42828	24885	513	15603	1614	213
2007	69068	44938	851	21210	1943	126
2008	82217	50782	1126	26066	3711	532
2009	103601	66516	1441	31001	3823	820
2010	120455	68970	2434	43625	4288	1138
2011	164741	98175	3467	56290	5320	1489
2012	203782	126035	5991	61620	8054	2082
2013	280582	157198	1333	105303	11693	5055
2014	345683	186127	16662	121750	14228	6916
2015	312113	157387	18679	115866	14305	5876
2016	454568	302664	18450	113641	14520	5293
累计结余						
2000	9486	5632	3295		518	41
2005	67723	36589	10869	17069	2832	364
2006	113664	67519	13943	27035	4592	575
2007	198420	134955	18365	37800	6391	909
2008	245548	194098	23446	18000	8545	1459
2009	380437	276289	31650	60401	10400	1697
2010	467263	341352	40913	70569	12400	2029
2011	686646	506688	52693	106698	16692	3875
2012	900508	648277	68083	152699	23512	7937
2013	1126104	839038	102700	141402	29135	13829
2014	1312256	985946	128212	152953	30658	14487
2015	1359734	1011133	133697	165949	32219	16736
2016	1413277	1171996	4767	183051	34027	19436

22-33 各地区失业保险情况(2016年)

单位:人

地区	参保人数	企业	国有企业	集体企业	其他企业	事业单位	领取失业保险金人数
全市	**302900**	**257493**	**162764**	**22406**	**72611**	**45119**	**5060**
城区	19164	14664	1491	1302	11871	4500	938
沁水县	18051	12296	2185	320	9791	5755	542
阳城县	30704	22825	15590	5171	2064	7879	395
陵川县	8757	5478	4527	360	591	3279	353
泽州县	26068	15858	6976	3310	5572	8210	286
高平市	24615	18444	9556	4468	4420	6171	291

22-34 各地区基本医疗保险情况(2016年)

地区	年末参保人数(人)			基金收支情况(万元)		
	合计	职工	离休、退休、退职人员	基金收入	基金支出	累计结余
全市	**404168**	**341082**	**63086**	**119700**	**113641**	**183051**
城区	20820	15880	4940	5233		
沁水县	27279	22394	4885	6100		
阳城县	46203	38982	7221	11235		
陵川县	17926	14407	3519	4167		
泽州县	35288	28000	7288	9386		
高平市	49778	39779	9999	11570		
市本级	206874	181640	25234	72009		

注:2016年基金收支累计结余全市统一核算,没有县区数据。

22-35 各地区社会团体登记管理情况(2016年)

单位:个

地区	实有社团数	民间组织按行业分类													
		科技与研究	生态环境	教育	卫生	社会服务	文化	体育	法律	工商服务业	宗教	农业及农村发展	职业及从业组织	国际及涉外组织	其他
合计	**503**	**15**	**11**	**8**	**12**	**42**	**100**	**82**	**4**	**82**	**18**	**36**	**47**		**46**
晋城市本级	233	8	7	6	7	21	49	34	2	49	6	6	20		18
城区	18					3	2	1		1	1	4	2		4
沁水县	49	1	1	1	1	6	11	5	2	5	3	8			5
阳城县	76	3			3	5	17	23		5	4	5			11
陵川县	21		1	1		1	4	1		4	1	4	2		2
泽州县	32	1	1			1	4	4		5	2	2	11		1
高平市	74	2	1		1	5	13	14		13	1	7	12		5

22-36 残疾人事业基本情况

项　　目	2007	2008	2009	2010	2011	2012	2013	2014	2015	2016
康复										
白内障复明手术										
白内障复明手术（例）	988	992	990	986	220	350	1428	460	1007	1027
人工晶体植入率（%）					100	100	100	100	100	100
低视力配用助视器（人）	90	80	80	80		30	330	530	394	436
聋儿康复										
年收训聋儿（人）	32	28	28	28	32	35	7	5	6	6
聋儿入普幼普小率（%）										
培训家长（人）	32	28	28	28	40	35	7	5	6	6
精神病防治康复										
开展精神病防治康复工作县(市、区)数(个)	2	2	2	3	3	6	6	6	4	6
综合防治康复精神病人数（人）			220	296	213	600	755	2015	4906	4353
监护率（%）			95	95	95	95	95		80	80
显好率（%）			95	95	95	95	95		80	80
社会参与率（%）			85	85	85	85	85			
肇事率（%）										
康复训练与服务（人）	76	42	60	60	48	47	44	160	549	556
肢体残疾康复训练数			30	30	10				326	
智残儿童康复训练数	33	38	30	35	18	14	7	53	197	
脑瘫儿童康复训练数			30		10	20	20	107	26	35
麻风畸残康复										
矫治手术（例）							15	55		
发放辅助用具（件）				1400	2110	2064	1827	6349	2720	
康复训练（人）										
教育										
未入学适龄残疾儿童少年（人）	288	302	296	117	208	397	274	601	346	461
职业教育与培训机构数（个）	7	6	7	8	8	8	8	8		
教育与培训人数（人）	500	961	719	738	741					
就业										
城镇残疾人就业状况										
当年安排就业（人）	200	382	261	206	278	492	384	529	1295	1329
按比例就业	55	36	49	35	53	30	42	98	215	221
集中就业	77	199	118	97	151	410	518	558	965	981
个体就业	83	147	94	74	74	33	78	153	115	127
未安排就业	1245	5381	5280	5217	3686	2080	1920	1786		
农村残疾人就业状况										
就业（人）	400	36228	34635	46618	46838		26048	27405	21659	26459
未就业（人）	8877	7962	7985	7842	7073	10303	7749	3599		
残疾人就业服务机构（个）	7	7	7	7	7	7	7	7	7	7
市	1	1	1	1	1	1	1	1	1	1
县（县级市）	5	5	5	5	5	5	5	5	5	5
区	1	1	1	1	1	1	1	1	1	1
盲人按摩										
保健按摩员培训（人）	22		22	22	18	18	30	32	40	42
医疗按摩员培训（人）	9	22	9	11	4	4	12	22	71	76
扶贫										
扶贫开发解决温饱残疾人（人）	2185	2163	1976	1368	1185	2229	2400	317		
尚未解决温饱贫困残疾人（人）	16994									
#可扶持贫困残疾人	10196									
残联组织建设										
残疾人工作者数（人）	166	395	193	177	300	315	320	333	334	334

22-37 婚姻登记和离婚情况

年 份	结婚登记对数（万对）	内地居民登记结婚（万人）	初婚（万人）	再婚（万人）	涉外及港澳台居民登记结婚（万人）	离 婚（万对）	离婚率（%）
1990	1.4	2.8	2.6	0.2		0.06	4.29
1991	1.5	3.0	2.9	0.1		0.04	2.67
1992	1.4	2.8	2.7	0.1		0.04	2.86
1993	1.3	2.6	2.5	0.1		0.03	2.31
1994	1.3	2.6	2.5	0.1		0.03	2.31
1995	1.4	2.8	2.5	0.3		0.03	2.14
2000	1.3	2.6	2.4	0.2		0.04	3.08
2001	1.2	2.4	2.3	0.1		0.04	3.33
2002	1.2	2.4	2.4			0.04	3.33
2003	1.0	2.0	1.9	0.1		0.05	5.00
2004	1.0	2.0	1.9	0.1		0.06	6.00
2005	1.4	2.8	2.6	0.2		0.07	5.00
2006	1.3	2.6	2.5	0.1		0.06	4.62
2007	1.9	3.9	3.6	0.3		0.09	4.74
2008	2.1	4.1	3.7	0.4		0.12	5.71
2009	2.1	4.1	3.8	0.3		0.14	6.67
2010	1.9	3.8	3.4	0.4		0.17	8.95
2011	1.8	3.5	3.4	0.1		0.17	9.44
2012	1.9	3.7	3.4	0.3		0.20	10.53
2013	2.0	3.9	3.6	0.3		0.22	9.48
2014	1.9	3.8	3.3	0.5		0.26	11.38
2015	2.0	4.1	3.7	0.4		0.30	
2016	1.8	3.6	3.1	0.5		0.34	

22-38 各地区婚姻登记与收养登记情况（2016年）

单位:对、人

地 区	结婚登记	初婚人数	再婚人数	离婚登记	收养登记	社会弃婴	父母无力抚养
合 计	36156	31146	5010	3392	9		
城 区	8104	6983	1121	907			
沁水县	3486	3052	434	271			
阳城县	5878	4729	1149	678			
陵川县	3612	3088	524	432	9		
泽州县	7178	6229	949	651			
高平市	7898	7065	833	453			

22–39　按行业分个体

行业分类	期末		
	合计		
	户数	从业人员	资金数额
合计	79589	152621	10328173.6
农、林、牧、渔业	1723	3713	25762.9
农、林、牧、渔服务业	82	163	794.0
采矿业	20	63	309.0
开采辅助活动	1	2	10.0
制造业	2404	5318	13530.9
金属制品、机械和设备修理业	11	23	38.0
电力、热力、燃气及水生产和供应业	42	63	125.5
建筑业	261	784	2472.9
批发和零售业	48048	83895	10138454.3
交通运输、仓储和邮政业	1307	2374	15659.9
住宿和餐饮业	12047	28830	64313.9
信息传输、软件和信息技术服务业	2063	2947	5936.1
金融业	8	15	22.5
房地产业			
租赁和商务服务业	415	910	3838.4
科学研究和技术服务业	36	137	368.6
水利、环境和公共设施管理业	155	308	878.6
居民服务、修理和其他服务业	10194	20732	49011.2
教育	19	54	170.0
卫生和社会工作	388	794	1823.4
文化、体育和娱乐业	452	1668	5446.9
其他	7	16	48.5

工商业情况（2016年）

单位:户、人、万元

实有			其中:本期登记			本期注销	
其中:城镇							
户数	从业人员	资金数额	户数	从业人员	资金数额	合计	其中:城镇
45552	89055	10156453.1	13976	32583	10012088.3	7346	4084
574	1345	9809.0	447	1071	7955.8	192	53
20	38	217.0	14	28	219.0	9	2
6	14	61.0	3	6	25.0	2	1
1	2	10.0	1	2	10.0		
1364	2835	6928.3	501	1268	3358.1	173	93
1	1	0.5	2	3	5.5	2	1
8	13	56.0	7	10	50.0	5	4
156	448	1350.8	60	266	636.8	15	11
27305	48302	10044912.7	6730	14614	9952385.3	4711	2593
834	1467	9530.7	887	1620	10272.9	52	27
7559	18333	40431.8	3185	8281	20952.7	1010	646
790	1174	2775.7	69	146	337.1	188	64
7	13	17.5	3	7	11.0	1	
255	606	2397.7	97	233	1481.3	43	28
25	113	306.5	16	89	193.0	3	2
100	214	732.8	2	7	6.0	11	4
6050	12715	32573.8	1824	4493	12665.4	865	514
11	40	133.0	8	32	79.0	2	2
239	473	1210.9	58	131	507.1	31	23
264	937	3194.5	78	306	1161.7	42	19
5	13	30.5	1	3	10.0		

22–40 按行业分私营企业

行业分类	期末				
	合计				
	户数	其中:分支机构	投资者人数	雇工人数	注册资本（出资金额）
合计	25086	1992	44484	142206	8333382.9
农、林、牧、渔业	1649	26	2707	8631	490843.4
农、林、牧、渔服务业	89	3	153	422	24617.0
采矿业	220	5	371	1746	169613.7
开采辅助活动	7		16	65	3295.0
制造业	1810	81	3533	29755	1360003.6
金属制品、机械和设备修理业	16		35	36	10227.0
电力、热力、燃气及水生产和供应业	231	21	513	1068	255073.0
建筑业	1432	151	2619	9532	515649.6
批发和零售业	11173	736	19138	56838	2720573.8
交通运输、仓储和邮政业	560	154	833	2533	128608.5
住宿和餐饮业	412	93	589	3233	80968.0
信息传输、软件和信息技术服务业	1132	61	1981	4500	199788.7
金融业	286	144	1146	1179	538308.5
房地产业	561	43	1228	4010	513632.2
租赁和商务服务业	2128	218	4027	6263	614152.0
科学研究和技术服务业	454	36	915	1547	206781.7
水利、环境和公共设施管理业	200	5	458	1258	181585.9
居民服务、修理和其他服务业	1901	186	2892	6925	218756.7
教育	40		68	203	3110.0
卫生和社会工作	75	12	102	422	10261.0
文化、体育和娱乐业	812	19	1332	2479	108503.5
其他	10	1	32	84	17169.0

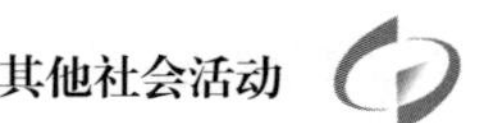

登记管理情况(2016年)

单位:户、人、万元

实有				其中:本期登记			
其中:城镇							
户数	投资者人数	雇工人数	注册资本(出资金额)	户数	投资者人数	雇工人数	注册资本(出资金额)
14348	26077	87457	4883291.6	5664	4915	4362	1344557.2
611	1025	2372	202428.0	319	302	254	84417.9
45	79	146	7276.0	21	23	9	1683.0
78	138	363	86746.0	38	47	37	23369.0
3	7	14	415.0	3	4	5	2800.0
612	1333	8730	353404.5	214	188	197	109086.5
5	10	16	640.0	6	4		1657.0
128	283	472	154480.8	83	84	44	87844.0
885	1700	7766	352359.1	375	315	421	115853.5
6706	11645	43687	1765723.2	2493	2080	1653	534934.3
330	445	1307	86399.9	135	75	101	31934.0
260	402	2471	56163.0	97	73	112	11286.0
712	1246	3302	132599.4	320	298	282	43940.5
214	698	958	358654.0	34	10	15	1088.0
397	929	3616	424560.2	71	76	56	22821.0
1376	2818	4395	421132.2	594	580	402	92595.0
294	643	1036	130870.2	154	179	103	81457.9
126	320	918	160484.9	30	23	38	19381.0
1050	1547	4253	131527.7	416	328	256	38900.5
30	51	185	2207.0	11	10	10	735.0
50	79	269	8183.0	18	20	84	5120.0
482	764	1333	53399.5	261	226	297	39743.0
7	11	24	1969.0	1	1		50.0

22-40

行业分类	独资企业				
	户　　数	其中:分支机构	投资者人数	雇工人数	出资额
合　　计	3594	66	3528	12902	209145.3
农、林、牧、渔业	572		572	1780	53983.0
农、林、牧、渔服务业	19		19	56	598.0
采矿业	80		80	372	14342.7
开采辅助活动	1		1		10.0
制造业	601	4	597	3775	51802.3
金属制品、机械和设备修理业	1		1		60.0
电力、热力、燃气及水生产和供应业	8	2	6	18	200.0
建筑业	28		28	93	696.0
批发和零售业	1092	29	1063	2542	41767.4
交通运输、仓储和邮政业	53		53	165	1924.5
住宿和餐饮业	82	11	71	507	5138.0
信息传输、软件和信息技术服务业	241	1	240	567	7827.1
金融业	12		12		88.0
房地产业	1		1	2	50.0
租赁和商务服务业	165	1	164	324	4715.5
科学研究和技术服务业	20		20	49	724.0
水利、环境和公共设施管理业	16		16	68	625.0
居民服务、修理和其他服务业	420	14	406	1470	12294.4
教育	5		5	7	203.0
卫生和社会工作	34	2	32	237	5956.0
文化、体育和娱乐业	164	2	162	926	6808.5
其他					

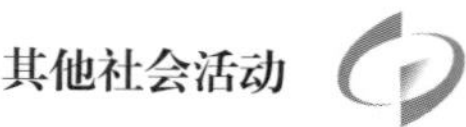

续表1

单位:户、人、万元

合伙企业					
小计					
户数	其中:分支机构	合伙人数	雇工人数	认缴出资金额	实缴出资金额
134	1	523	1068	22015.6	11304.2
7		33	22	2220.9	570.0
5		13	23	875.0	150.0
37		172	503	9923.9	5278.9
1		2	3	50.0	50.0
2		2	4	590.0	10.0
14		46	109	2049.2	1279.2
1		3	20	1000.0	1000.0
3		7	35	160.0	160.0
5		11	44	131.1	14.6
33	1	165	139	3268.5	1561.5
13		32	75	675.0	510.0
10		26	62	987.0	635.0
3		11	29	85.0	85.0

22-40

行业分类	合伙				
	普通合伙企业				
	户数	合伙人数	雇工人数	认缴出资金额	实缴出资金额
合　　计	130	426	1057	21085.6	11174.2
农、林、牧、渔业	7	33	22	2220.9	570.0
农、林、牧、渔服务业					
采矿业	5	13	23	875.0	150.0
开采辅助活动					
制造业	36	169	495	9823.9	5178.9
金属制品、机械和设备修理业					
电力、热力、燃气及水生产和供应业	1	2	3	50.0	50.0
建筑业	2	2	4	590.0	10.0
批发和零售业	14	46	109	2049.2	1279.2
交通运输、仓储和邮政业	1	3	20	1000.0	1000.0
住宿和餐饮业	3	7	35	160.0	160.0
信息传输、软件和信息技术服务业	5	11	44	131.1	14.6
金融业					
房地产业					
租赁和商务服务业	30	71	136	2438.5	1531.5
科学研究和技术服务业					
水利、环境和公共设施管理业					
居民服务、修理和其他服务业	13	32	75	675.0	510.0
教育					
卫生和社会工作	10	26	62	987.0	635.0
文化、体育和娱乐业	3	11	29	85.0	85.0
其他					

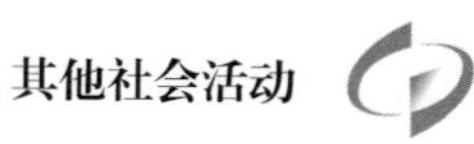

续表2

单位:户、人、万元

企业					
有限合伙企业					
户数	有限合伙人数	普通合伙人数	雇工人数	认缴出资金额	实缴出资金额
4	51	46	11	930.0	130.0
1	1	2	8	100.0	100.0
3	50	44	3	830.0	30.0

22-40

行业分类	有限责					
	小计					
	户数	其中：分公司	投资者人数	雇工人数	注册资本	实收资本
总　计	21192	1795	39453	126343	7666177.2	3116213.0
农、林、牧、渔业	1068	26	2098	6814	431639.5	133224.0
农、林、牧、渔服务业	69	3	132	351	23019.0	3659.0
采矿业	135	5	278	1351	154396.0	47487.0
开采辅助活动	6		15	65	3285.0	485.0
制造业	1166	76	2752	24905	1277577.5	607370.2
金属制品、机械和设备修理业	15		34	36	10167.0	1900.0
电力、热力、燃气及水生产和供应业	220	18	501	1009	243823.0	63763.0
建筑业	1401	150	2589	9435	514363.6	169515.1
批发和零售业	10062	706	18012	53301	2668920.6	1020371.2
交通运输、仓储和邮政业	504	154	720	2270	121184.0	57887.4
住宿和餐饮业	319	77	489	2661	69460.0	30907.0
信息传输、软件和信息技术服务业	882	57	1727	3848	191330.6	72688.1
金融业	154	30	401	1067	202972.5	127477.5
房地产业	558	43	1207	3992	507582.2	325711.2
租赁和商务服务业	1927	215	3637	5776	600068.0	284583.9
科学研究和技术服务业	430	35	883	1492	196057.7	47240.1
水利、环境和公共设施管理业	181	4	437	1190	175260.9	36663.9
居民服务、修理和其他服务业	1468	172	2454	5380	205787.3	76811.4
教育	35		63	196	2907.0	2122.0
卫生和社会工作	31	10	44	123	3318.0	1013.0
文化、体育和娱乐业	643	16	1147	1509	97360.0	10158.0
其他	8	1	14	24	2169.0	1219.0

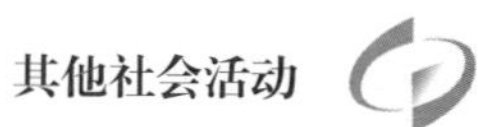

续表3

单位:户、人、万元

任　公　司							
其中:自然人独资				其中:法人独资			
户　　数	投资者人数	雇工人数	注册资本	户　　数	投资者人数	雇工人数	注册资本
5772	5649	13251	1222617.8	196	168	4036	172375.0
291	290	845	128143.5	10	9	118	2180.0
21	21	34	2768.0				
32	32	142	19476.0	1	1		500.0
1	1	1	1000.0				
241	236	2875	86253.6	12	12	287	32548.0
5	5		1137.0				
56	56	103	44427.0	12	12	46	28061.0
421	420	937	104471.5	12	10	296	10400.0
2820	2754	4689	564020.3	41	34	1821	18238.0
113	100	490	20820.0	13	9	75	7280.0
73	67	85	8230.0	9	5	156	4800.0
282	277	524	33759.7	8	6	708	1110.0
8	7	53	3240.0	3	3	34	200.0
80	76	367	25563.0	17	17	216	22630.0
559	546	836	73885.8	20	15	50	29235.0
105	105	121	41593.7	4	3	16	2300.0
27	27	120	11276.0	6	5	134	2640.0
410	404	636	36267.8	22	21	57	7303.0
13	13	14	543.0				
8	8	40	640.0				
231	229	374	19857.0	5	5	22	2350.0
2	2		150.0	1	1		600.0

22-40

指　　标	股份有限公司		
	户　数	分公司	投资者人　数
总　计	166	130	980
农、林、牧、渔业	2		4
农、林、牧、渔服务业	1		2
采矿业			
开采辅助活动			
制造业	6	1	12
金属制品、机械和设备修理业			
电力、热力、燃气及水生产和供应业	2	1	4
建筑业	1	1	
批发和零售业	5	1	17
交通运输、仓储和邮政业	2		57
住宿和餐饮业	8	5	22
信息传输、软件和信息技术服务业	4	3	3
金融业	120	114	733
房地产业	2		20
租赁和商务服务业	3	1	61
科学研究和技术服务业	4	1	12
水利、环境和公共设施管理业	3	1	5
居民服务、修理和其他服务业			
教育			
卫生和社会工作			
文化、体育和娱乐业	2	1	12
其他	2		18

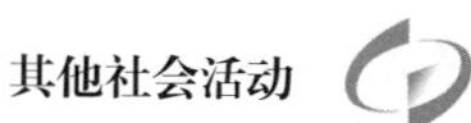

续表4

单位:户、人、万元

股份有限公司			本期注销		
雇工人数	注册资本	实收资本	户数		注册资本（出资金额）
				城镇	
1893	436044.7	54723.8	1372	771	177153.6
15	3000.0	1000.0	87	28	12212.0
15	1000.0	1000.0	9	3	413.0
			14	5	4003.0
			1	1	100.0
572	20700.0	9400.0	92	38	11139.5
			1	1	
38	11000.0	5000.0	12	6	6265.0
			71	32	22062.0
886	7836.7	2600.0	664	407	72049.4
78	4500.0	4500.0	25	11	1539.0
30	6210.0	4880.0	36	18	2580.0
41	500.0	100.0	69	46	3647.5
112	335248.0	15743.8	7	5	2200.0
16	6000.0	6000.0	15	7	8937.0
24	6100.0	2000.0	94	53	11791.8
6	10000.0		22	14	2641.0
	5700.0		10	6	493.0
			118	73	13708.9
			2	1	10.0
15	4250.0	500.0	32	19	1794.5
60	15000.0	3000.0	2	2	80.0

22-41　旅游开发及对外开放(2016年)

指　　标	单位	数　　量
接待国内游客	万人次	3885.3
#五大景区接待游客	万人次	373.7
国内旅游收入	亿元	356.4
接待国外游客	人次	12819
#接待外国人	人次	6984
外汇收入	万美元	714.0
旅游经营机构		
#A级景区	个	20
旅 行 社	个	42
星级饭店	个	18
#四星级及以上	个	12

主要统计指标解释

社会福利事业单位 指集中收养社会孤老、残、幼的机构，包括由民政部门管理的社会福利院、儿童福利院、精神病人福利院和城镇集体举办的福利院及农村集体举办的敬老院以及优抚医院和具有收养能力的社区服务中心等。该指标主要反映我国在社会福利性单位投入的水平。

社会福利事业单位收养人数 包括民政部门管理和城镇、农村集体举办的社会福利事业单位中收养的老人、少年儿童、缺乏生活自理能力的残疾人员和精神病人。该指标主要反映收养性社会福利单位的收养能力。

社会福利企业单位 指以安置城镇有一定劳动能力的盲、聋、哑和肢体残疾人员就业为目的，享受国家减免税待遇的国有或集体企业。包括福利工厂、福利商业和服务业、假肢厂和安置农场等单位。该指标主要反映我国对残疾人照顾的特殊政策。

农村五保户 指农村中既无劳动能力，又无经济来源的老、弱、孤、残的农民，其生活由集体供养，实行保吃、保穿、保住、保医、保葬(孤儿保教)，简称“五保”，享受五保待遇的家庭叫五保户。该指标主要反映农村弱势群体的人员数量。

粗离婚率 指当年离婚对数占年平均人口的比重，计算公式为：

$$粗离婚率=\frac{当年离婚对数}{年平均人口数}\times 1000‰$$

聋儿入普幼普小率 指本年度内进入普通幼儿园、普通小学的聋儿数与在训聋儿数(不含当年新收训聋儿数)之比。该指标主要反映经过康复训练的聋儿进入普通幼儿园和普通小学的情况。

综合防治康复精神病人数 指在开展精神病防治康复工作地区，采取不同形式，接受综合性防治康复措施、开放式管理的精神病人数。该指标主要反映精神病患者接受治疗康复情况。

监护率 指通过监护小组、家庭病床、工疗站、社会就业以及精神卫生机构，接受社会化、综合性、开放式治疗与康复的精神病人占经调查摸底、登记在册的精神病人数的百分比。该指标主要反映对精神病患者落实治疗康复措施的情况。

精神病人社会参与率 指生活能自理，并参加生产劳动和社会生活的精神病人数占监护精神病人数的百分比。该指标主要反映精神病人康复状况和参与社会的情况。

未入学适龄残疾儿童少年 指根据义务教育法规定应接受义务教育，但因各种原因未能入学的适龄视力残疾、听力与言语残疾、智力残疾、肢体残疾、精神残疾、多重残疾儿童少年。适龄残疾儿童少年的年龄段参照各省级人民政府依照义务教育法规定的入学年龄。该指标主要反映因各种原因未能入学的适龄残疾儿童的年度变化，为制定残疾儿童义务教育发展规划及其应采取的方针、政策和措施提供依据，同时为各地开展资助残疾儿童就学工作提供依据。

律师 指依法取得律师执业证书，担任法律顾问，民事(刑事、行政)案件代理人、刑事案件辩护人、办理非诉讼业务，解答法律询问，代写法律事务文书等，为社会提供法律服务的人员。

公证人员 指在公证处工作的人员总称，包括公证处主任、副主任、公证员、公证员助理(助理公证员)和其他从事辅助性工作的人员。

公证文书 指公证处根据当事人申请，依照事实和法律，按照法定程序制作的，具有法律效力的司法证明文书。

调解员 指在人民调解委员会担负调解民间纠纷工作的人员，包括调解委员会的委员和调解小组的调解员。该指标主要反映从事人民调解工作的人员数量。

调解民间纠纷 指调解委员会按照法律规定，根据自愿原则，用说服教育的方法调解民间发生的有关民事权利和义务争执的件数，包括调解成功数和调解未成功数。该指标主要反映人民调解委员会的工作量。

立案 指人民检察院对受理的报案、控告、举报或自首及自行发现的犯罪线索、犯罪嫌疑人进行初步调查后，认为存在职务犯罪事实和应追究刑事责任，并决定作为刑事案件进行侦查的诉讼活动，是追究犯罪的开始。该指标主要反映人民检察院依法将职务犯罪线索作为刑事案件进行侦查的诉讼活动。

大案 指贪污、贿赂案数额在5万元以上，挪用公款案数额在10万元以上，集体私分、巨额财产来源不明、隐瞒境外存款案数额在50万元以上以及按照《人民检察院直接受理的渎职、侵权重、特大案件标准（试行）》认定的案件。该指标主要反映人民检察院立案查办的职务犯罪案件中经济损失大、社会危害严重的案件。

要案 指县、处级以上干部的犯罪案件。该指标主要反映国家工作人员中县、处级以上干部因职务犯罪被人民检察院依法立案侦查的情况。

决定逮捕 指人民检察院对直接受理、自行侦查的案件，认为需要逮捕犯罪嫌疑人时，依据法律做出的逮捕决定。该指标主要反映人民检察院对直接受理的案件行使决定逮捕权的情况。

批准逮捕 指人民检察院对公安机关、国家安全机关、监狱管理机关提出逮捕的犯罪嫌疑人进行审查，根据事实，依法做出逮捕决定。该指标主要反映人民检察院对提请逮捕机关提请逮捕犯罪嫌疑人进行审查后依法做出批准逮捕决定的情况。

决定起诉 指人民检察院对公安机关、国家安全机关、监狱管理机关和检察机关内设机构反贪污贿赂部门等移送起诉的案件进行审查，根据事实，做出提起公诉的案件。该指标主要反映人民检察院对各种刑事案件向人民法院提起公诉的情况。

申诉 指经检察机关信访部门审查处理后，移送到检察机关申诉部门的申诉案件，包括不服检察机关处理决定和不服法院刑事判决和裁定的申诉的案件。

受理劳动争议案件数 指劳动争议仲裁委员会根据国家有关规定，对劳动争议当事人的申请予以审查，符合受理条件而正式立案、准备处理的劳动争议案件数。

基本养老保险

1.（参保）职工人数：指报告期末按照国家法律、法规和有关政策规定参加基本养老保险并在社保经办机构已建立缴费记录档案的职工人数，包括中断缴费但未终止养老保险关系的职工人数，不包括只登记未建立缴费记录档案的人数。

2.（参保）离退休人员人数：指报告期末参加基本养老保险的离休、退休和退职人员的人数。

3.基本养老保险基金收入：指根据国家有关规定，由纳入基本养老保险范围的缴费单位和个人按国家规定的缴费基数和缴费比例缴纳的养老保险基金，以及通过其他方式取得的形成基金来源的收入。包括单位和职工个人缴纳的基本养老保险费、基本养老保险基金利息收入、上级补助收入、下级上解收入、转移收入、财政补贴和其他收入。

4.基本养老保险基金支出：指按照国家政策规定的开支范围和开支标准从养老保险基金中支付给参加基本养老保险的离休、通休、退职人员个人的养老金、丧葬抚恤补助，以及由于保险关系转移、上下级之间调剂资金等原因而发生的支出。包括离休金、退休金、退职金、各种补贴、医疗费、死亡丧葬补助费、抚恤救济费、社会保险经办机构管理费、补助下级支出、上解上级支出、转移支出、其他支出等。

5.基本养老保险基金累计结余：指截止报告期末基本养老保险基金收支相抵后的累计余额。

离休、退休、退职人员 指正式办理了离休、退休、退职手续，并享受相应的离休、退休、退职待遇的人员。

基本医疗保险

1.参保人数：指报告期末按国家有关规定参加基本医疗保险的人数。包括参加保险的职工人数和退休人员人数。

2.基金收入：指根据国家有关规定，由纳入基本医疗保险范围的缴费单位和个人，按国家规定的缴费基数和缴费比例缴纳的基金，以及通过其他方式取得的形成基金来源的款项，包括：单位缴纳的社会统筹基金收入、个人缴纳的个人账户基金收入、财政补贴收入、利息收入、其他收入。

3.基金支出：指按照国家政策规定的开支范围和开支标准从社会统筹基金中支付给参加基本医疗保险的职工和退休人员的医疗保险待遇支出，和从个人帐户基金中支付给参加基本医疗保险的职工和退休人员的医疗费用支出，以及其他支出。包括：住院医疗费用支出、门急诊医疗费用支出、个人账户基金支出、其他支出。

4.基金累计结余：指截止报告期末基本医疗保险的社会统筹和个人帐户基金累计结余金额。包括银行存款、财政专户、债券投资和其他。

失业保险

1.参保人数：指报告期末按照国家法律、法规和有关政策规定参加了失业保险的城镇企业事业单位的职工及地方政府规定参加失业保险的其他人员的人数。

2.失业保险基金收入：指按照规定从企业、事业及其他单位筹集的失业保险费及其他并入失业保险基金收入的总额。包括单位和个人缴纳的失业保险费、失业保险基金利息收入、上级补助收入、下级上解收入、转移收入、财政补贴和其他收入。

3.失业保险基金支出：指报告期内为保障失业人员和下岗职工基本生活、促进其再就业等支出的基金总额。包括失业救济金、医疗费、死亡丧葬补助费、抚恤救济费、转业训练费支出、失业保险经办机构管理费、补助下级支出、上解上级支出、转移支出和其他支出。

4.基金累计结余：指截止报告期末失业保险基金收支相抵后的累计余额。

工伤保险

1.参加保险人数：指报告期末依据国家有关规定参加工伤保险的职工人数。

2.享受保险待遇人数：指劳动者因工负伤致残、死亡或因患职业病致残，根据有关规定享受工伤保险待遇职工或供养直系亲属人数。包括伤残人数、职业病人数、因工死亡人数、供养直系亲属人数。

3.基金收入：指根据国家有关规定，由参加工伤保险的单位按国家规定的缴费基数和缴费比例缴纳的工伤保险基金，以及通过其他形式取得的形成基金来源的款项。包括：单位缴纳的社会统筹基金收入、财政补贴收入、利息收入、其他收入。

4.基金支出：指按照国家政策规定的开支范围和开支标准从工伤保险基金中支付给参加工伤保险的人员及供养直系亲属工伤保险待遇支出及其他支出。包括工伤医疗费、伤残补助金、工亡补助金、护理费、丧葬补助费、工伤预防费用、职业康复费用和其他支出。

5.基金累计结余：指截止报告期末工伤保险基金累计结余金额。包括银行存款、财政专户、债券投资和其他。

生育保险

1.参保人数：指报告期末依据有关规定参加生育保险的职工人数。

2.基金收入：指根据国家有关规定，由参加生育保险的单位按照国家规定的缴费基数和缴费比例缴纳的生育保险基金，以及通过其他方式取得的形成基金来源的款项，包括：单位缴纳的基金收入、利息收入和其他收入。

3.基金支出：指按照国家政策规定的开支范围和开支标准，从生育保险基金中支付给参加生育保险的职工，因妊娠、分娩和计划生育手术而享受的待遇及其他支出。包括：生育津贴、医疗费用支出及其他支出。

4.基金累计结余：指截止报告期末生育保险基金累计结余金额。包括银行存款、财政专户、债券投资和其他。

离休、退休、退职人员保险福利费用　指离休、退休、退职人员实际得到的生活费用总额，包括从社会保险经办机构和单位得到的费用。

1.离休金：指按规定支付给离休人员的生活费用。

2.退休金：指按规定支付给退休人员的生活费用。

3.退职生活费：指按规定支付给退职人员的生活费用。

4.医疗卫生费：指单位直接支付给离休、退休、退职人员的医疗费、住院费以及住院伙食补助等费用。

5.其他：指离休金、退休金、退职生活费和医疗卫生费以外的其他保险福利费用，如丧葬抚恤救济费、生活补贴、物价补贴、冬季取暖补贴等。

旅游者人数

1.入境国际旅游者人数：指来中国参观、访问、旅行、探亲、访友、休养、考察、参加会议和从事经济、科技、文化、教育、宗教等活动的外国人、华侨、港澳同胞和台湾同胞的人数。不包括外国在我国的常驻机构，如使领馆、通讯社、企业办事处的工作人员；来我国常住的外国专家、留学生以及在岸逗留不过夜人员。

2.出境居民人数：指大陆居民因公务活动或私人事务短

期出境的人数。公务活动出境居民人数包括在国际交通工具上的中国服务员工,因私出境居民人数不包括在国际交通工具上的中国服务员工。

3.国内旅游者人数:指我国大陆居民和在我国常住1年以上的外国人、华侨、港澳台同胞离开常住地在境内其他地方的旅游设施内至少停留一夜,最长不超过6个月的人数。

国际旅游(外汇)收入 指入境旅游的外国人、华侨、港澳同胞和台湾同胞在中国大陆旅游过程中发生的一切旅游支出,其对于国家来说就是国际旅游(外汇)收入。

国际旅行社 指经营对外招徕并接待外国人、华侨、港澳同胞和台湾同胞来中国、归国或回内地旅游业务的旅行社。

国内旅行社 指负责经营招徕、组团、接待国内旅客的旅游业务,以及不对外招徕,负责经营接待国际旅行社或其它涉外部门组织的外国人、华侨、港澳同胞和台湾同胞来中国、归国或回内地的旅游业务的旅行社。

星级饭店 指已评定星级的饭店。

附录

▶一、统计公报

Statistics Communique

PAGE

525-535

晋城市统计局
关于2016年全市国民经济和社会发展的
统 计 公 报

2016年，面对错综复杂形势和艰巨繁重任务，全市上下认真贯彻落实党中央、国务院和省委、省政府的决策部署，坚持稳中求进工作总基调，自觉践行新发展理念，积极推进供给侧结构性改革，全市经济运行稳中见好，社会发展和谐稳定。

一、综 合

初步核算，全年全市生产总值1049.3亿元，按可比价格计算，比上年增长3.9%。其中，第一产业增加值49.8亿元，增长0.6%，占生产总值的比重为4.7%；第二产业增加值554.9亿元，增长2.4%，占生产总值的比重为52.9%；第三产业增加值444.6亿元，增长6.3%，占生产总值的比重为42.4%。第三产业中，金融保险业增加值68.7亿元，增长7.5%；交通运输、仓储和邮政业增加值76.1亿元，增长11.4%；批发和零售业增加值62.3亿元，增长3.0%；住宿和餐饮业增加值30.7亿元，增长7.8%；营利性服务业增加值45.7亿元，增长11.7%。人均地区生产总值45271元，按2016年平均汇率计算为6815美元。

全年全市财政总收入169.0亿元，下降12.2%。其中，增值税57.4亿元，下降3.5%；企业所得税25.6亿元，下降27.1%；个人所得税5.7亿元，下降15.8%；营业税10.9亿元，下降37.4%；资源税19.0亿元，下降9.8%。一般公共预算收入89.3亿元，下降4.9%。其中，税收收入55.3亿元，下降5.4%。一般公共预算支出173.2亿元，下降3.9%。其中，科学技术支出下降56.6%，教育支出下降8.0%，农林水事务支出下降0.7%，社会保障和就业支出增长2.4%，文化体育与传媒支出增长4.3%，医疗卫生和计划生育支出增长6.1%，节能保护支出下降15.3%。

居民消费价格比上年上涨0.7%。工业生产者出厂价格下降6.4%，工业生产者购进价格下降0.6%。

图1 2012—2016年全市生产总值及增长速度

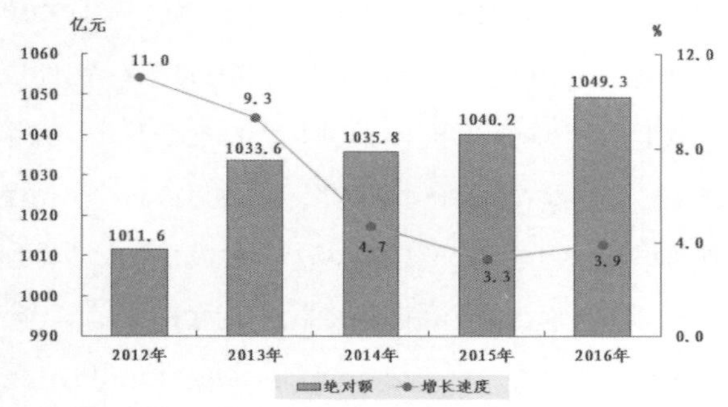

图2 2012—2016年一般公共预算收入及增长速度

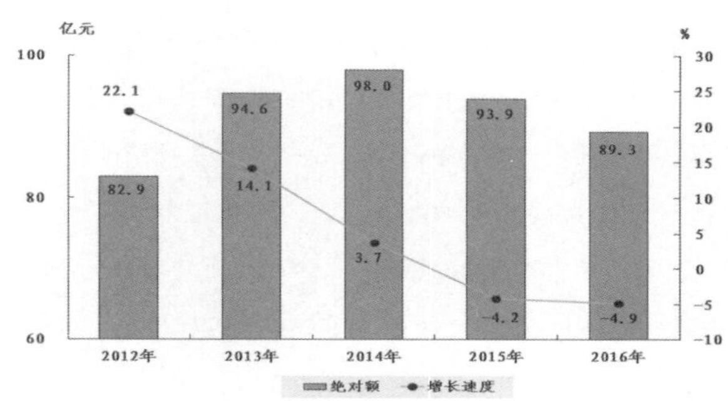

图3 2012—2016年价格比上年涨跌幅度

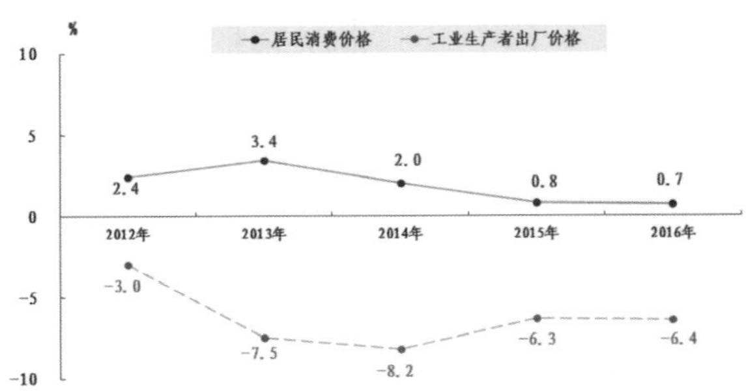

表1 2016年居民消费价格比上年涨跌幅度

单位:%

指　　标	涨跌幅度
居民消费价格	0.7
食品烟酒	1.9
衣　着	0.8
居　住	0.4
生活用品及服务	-0.6
交通和通信	-2.7
教育文化和娱乐	-0.3
医疗保健	4.3
其他用品和服务	0.9

全年全市城镇新增就业4.03万人。年末城镇登记失业率1.85%。

二、农　业

全年全市农作物种植面积180.3千公顷,减少8.9千公顷。其中,粮食种植面积169.0千公顷,减少9.1千公顷;油料种植面积2.1千公顷,增加0.08千公顷;棉花种植面积0.1千公顷,减少0.01千公顷。在粮食种植面积中,玉米种植面积88.3千公顷,减少0.01千公顷;小麦种植面积43.2千公顷,减少3.6千公顷。

全年粮食产量90.1万吨,减少6.2万吨,下降6.4%。其中,夏粮18.5万吨,下降19.7%;秋粮71.6万吨,下降2.2%。

表2 2016年主要农林产品产量及增长速度

单位:万吨

产品名称	产　量	比上年增长%
粮　食	90.1	-6.4
其中:玉　米	62.4	-0.8
小　麦	18.5	-19.7
谷　子	2.9	-5.1
豆　类	4.8	-16.2
薯　类	1.3	-5.2
油　料	0.4	-12.5
棉　花	0.01	-20.3
蔬菜及食用菌	35.5	-19.1
水　果	6.1	-20.6
其中:瓜果类	0.3	-32.7
园林水果	5.8	-19.9
食用坚果	1.4	22.2
其中:核桃	1.3	25.4

全年完成造林面积1.8千公顷,下降48.6%。其中,经济林面积0.6千公顷,下降61.9%。全年木材产量7255立方米,增长10.5%。

全年全市肉类总产量16.6万吨,下降3.5%。全年猪牛羊肉总产量14.7万吨,下降5.3%。其中,猪肉产量14.0万吨,下降5.4%;牛肉产量0.1万吨,下降10.9%;羊肉产量0.6万吨,下降1.0%。年末生猪存栏103.0万头,下降11.0%;生猪出栏188.1万头,下降5.6%。牛奶产量0.06万吨,增长1.6%;禽蛋产量8.3万吨,增长4.7%;水产品产量0.2万吨,增长4.6%。

全年全市设施蔬菜产量11.0万吨,下降24.2%;食用菌1.2万吨,下降41.8%;蚕茧0.2万吨,下降51.1%;蜂蜜0.2万吨,增长0.5%;药材0.8万吨,下降9.1%。

年末全市农业机械总动力109.7万千瓦,下降56.2%。机械耕地面积147.5千公顷,增长2.1%;机械播种面积129.3千公顷,增长7.5%;机械收获面积95.3千公顷,下降8.8%。全市农机化经营总收入4.9亿元,下降55.3%。

三、工业和建筑业

年末全市规模以上工业企业230家。全年规模以上工业增加值比上年增长2.5%。

图4 2012-2016年规模以上工业增加值增长速度

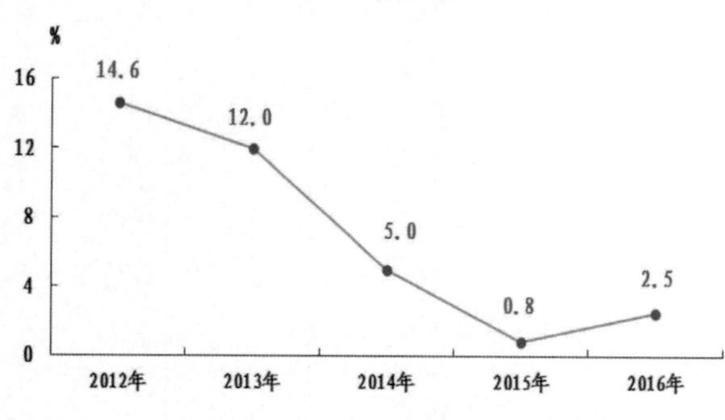

表3 2016年规模以上工业增加值增长速度

指　标	比上年增长%
规模以上工业	2.5
其中:轻工业	1.4
重工业	2.6
其中:国有控股企业	2.5
其中:集体企业	27.1
股份制企业	2.4
外商及港澳台投资企业	3.1
其中:煤炭开采和洗选业	2.4
黑色金属冶炼和压延加工业	14.4
电力、热力的生产和供应业	-1.9
石油与天然气开采业	0.7
化学原料及化学制品制造业	-1.9
石油加工、炼焦及核燃料加工业	-72.2
非金属矿物制品业	20.5
通用设备制造业	-37.7
专用设备制造业	-13.6
计算机、通信和其他电子设备制造业	9.5

全年全社会原煤产量9271万吨,下降1.7%;规模以上工业发电226亿千瓦时,下降0.3%;水泥193万吨,下降9.9%;农用化肥(折纯)259万吨,下降0.9%;焦炭33万吨,下降26.8%;钢材产量354万吨,增长17.6%;生铁417万吨,增长14.5%。

表4 2016年规模以上工业主要工业产品产量及增长速度

产品名称	单 位	产 量	比上年增长%
原　煤(全社会)	万吨	9271	-1.7
洗　煤	万吨	2703	-12.1
煤层气	亿立方米	33	-0.9
金属切削工具	万件	426	-10.1
矿山专用设备	吨	39814	-21.7
光电子器件	万只(片、套)	123324	10.5
焦　炭	万吨	33	-26.8
合成氨	万吨	333	1.3
精甲醇	万吨	98	23.2
水　泥	万吨	193	-9.9
农用化肥(折纯)	万吨	259	-0.9
生　铁	万吨	417	14.5
钢　材	万吨	354	17.6
发电量	亿千瓦时	226	-0.3

全年规模以上工业企业实现主营业务收入936.1亿元,下降3.2%。其中,煤炭、冶铸和建材工业分别实现主营业务收入457.0亿元、105.9亿元和11.7亿元,分别增长0.1%、10.5%和1.8%;炼焦、电力、煤层气开采、化工、装备制造、医药和食品制造工业分别实现主营业务收入2.9亿元、71.5亿元、47.1亿元、82.0亿元、122.0亿元、4.9亿元和0.9亿元,分别下降19.2%、8.2%、10.0%、17.2%、7.6%、11.5%和12.2%。

规模以上工业实现利税133.2亿元,增长9.0%;实现利润53.4亿元,增长19.2%。

表5 2016年规模以上工业企业利润总额及增长速度

单位:亿元

指　标	利润总额	比上年增长%
规模以上工业	53.4	19.2
其中：国有控股企业	39.1	35.6
其中：集体企业	-0.01	—
股份制企业	29.0	180.0
外商及港澳台商投资企业	26.0	-29.2

年末全市具有资质等级的总承包和专业承包建筑业企业113家，完成总产值56.1亿元，下降5.9%；房屋施工面积376.3万平方米，增长6.3%；签订合同额为119.4亿元，增长3.1%。

四、固定资产投资

全年全市固定资产投资完成1150.4亿元，增长4.1%。其中，国有及国有控股投资293.3亿元，下降31.7%；港澳台及外商投资43.0亿元，下降24.9%；民间投资817.6亿元，增长32.2%。

图5　2012-2016年固定资产投资及增长速度

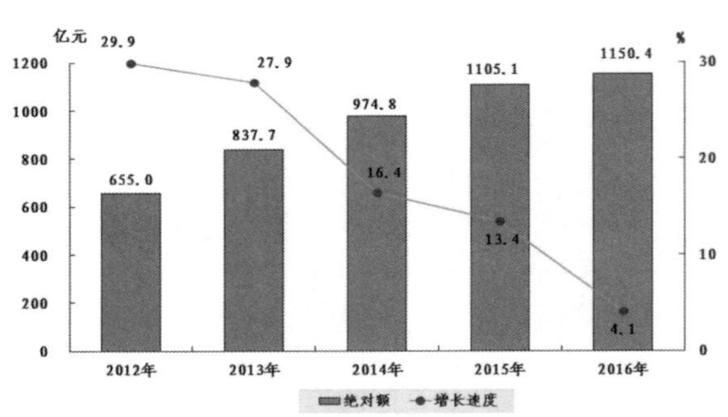

在固定资产投资中，第一产业投资120.4亿元，增长87.4%；第二产业投资368.5亿元，下降17.8%；第三产业投资661.5亿元，增长11.6%。在第二产业中，工业投资368.3亿元，下降17.4%。其中，煤炭工业投资66.9亿元，下降55.1%；非煤产业投资301.5亿元，增长1.1%。传统产业（煤炭、炼焦、冶金、电力）投资合计88.5亿元，下降46.7%。

全年全市在建固定资产施工项目2821个。其中，5亿元以上项目61个，计划总投资1390.0亿元，完成投资145.3亿元，占全市固定资产投资的比重为13%。

表6　2016年分行业固定资产投资及增长速度

单位：亿元

行　　业	投资额	比上年增长%
总　计	1150.4	4.1
农林牧渔业	124.0	83.3
采矿业	78.7	-56.0
制造业	203.0	-10.9
电力、热力、燃气及水的生产和供应业	86.6	114.2

表6　续表

单位：亿元

行　　业	投资额	比上年增长%
建筑业	0.1	-86.4
批发和零售业	30.5	11.8
交通运输、仓储和邮政业	57.8	-10.5
住宿和餐饮业	13.6	45.4
信息传输、软件和信息技术服务业	3.9	57.7
金融业	0.3	—
房地产业	219.7	11.8
租赁和商务服务业	68.9	111.3
科学研究和技术服务业	7.7	9.0
水利、环境和公共设施管理业	155.9	-7.0
居民服务、修理和其他服务业	11.4	55.2
教　育	16.6	-13.7
卫生、社会工作	14.3	11.3
文化、体育和娱乐业	51.3	48.3
公共管理、社会保障和社会组织	6.0	-22.9

全年房地产开发投资80.4亿元，增长7.7%。其中，住宅投资58.9亿元，下降2.3%；商业营业用房投资11.0亿元，增长44.1%。

全年房屋新开工面积180.7万平方米，下降49.4%。其中，住宅新开工面积125.3万平方米，下降50.4%。商品房销售面积130.6万平方米，下降14.3%。其中，住宅销售面积126.8万平方米，下降14.7%。商品房销售额60.3亿元，下降3.3%。其中，住宅销售额58.2亿元，下降4.8%。房地产开发企业土地购置面积22.7万平方米，增长0.7%。房地产开发企业本年实际到位资金合计106.2亿元，下降2.7%。其中，国内贷款增长8.9%，自筹资金下降15.5%，其他资金下降8.6%。

表7　2016年房地产开发和销售情况

指　　标	单位	绝对数	比上年增长%
投资完成额	亿　元	80.4	7.7
其中：住　宅	亿　元	58.9	-2.3
房屋施工面积	万平方米	899.0	2.8
其中：住　宅	万平方米	636.3	1.1
房屋新开工面积	万平方米	180.7	-49.4
其中：住　宅	万平方米	125.3	-50.4

表7 续表

指 标	单 位	绝对数	比上年增长%
房屋竣工面积	万平方米	83.7	-30.9
其中：住 宅	万平方米	66.5	-21.6
商品房销售面积	万平方米	130.6	-14.3
其中：住 宅	万平方米	126.8	-14.7

五、能 源

全年全市一次能源生产折标准煤7001.4万吨，增长1.0%；二次能源生产折标准煤2836.2万吨，下降5.9%。

全年全市向省外运输煤炭6315万吨，增长6.0%，外运煤炭占原煤产量68.1%。向省外输送电力161.8亿千瓦小时，下降0.2%，外输电量占发电量的71.5%。

固定资产投资中，能源工业投资164.9亿元，下降23.9%。其中，煤炭工业投资66.9亿元，下降55.1%；石油和天然气开采业投资10.6亿元，下降59.8%；石油加工、炼焦及核燃料加工业投资0.8亿元，下降27.9%；电力、热力、燃气及水的生产和供应业投资86.6亿元，增长114.2%。

全年全市全社会用电总量180.0亿千瓦小时。其中，第一产业用电1.6亿千瓦小时，占全社会用电量的0.9%；第二产业用电160.4亿千瓦小时，占全社会用电量的89.1%，其中，工业用电159.4亿千瓦小时；第三产业用电9.7亿千瓦小时，占全社会用电量的5.4%；城乡居民生活用电8.3亿千瓦小时，占全社会用电量的4.6%。

六、国内贸易

全年全市社会消费品零售总额386.2亿元，增长7.6%。按经营地统计，城镇消费品零售额326.5亿元，增长7.5%；乡村消费品零售额59.7亿元，增长8.4%。

图6 2012-2016年社会消费品零售额及增长速度

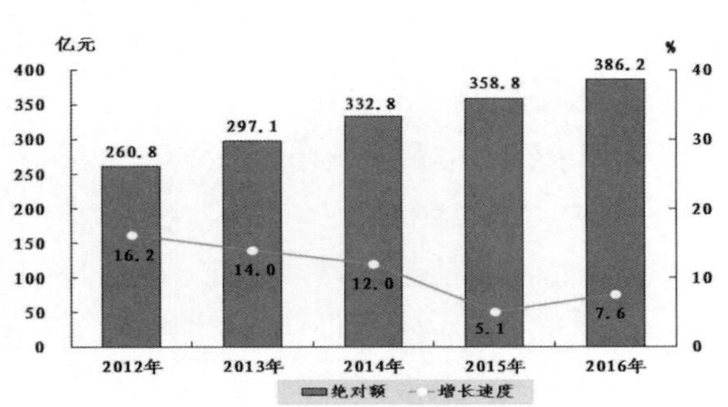

表8 2016年社会消费品零售总额及增长速度

单位：亿元

指 标	绝对数	比上年增长%
社会消费品零售总额	386.2	7.6
分地域：城镇	326.5	7.5
其中：城区	221.2	12.3
乡村	59.7	8.4
分行业：批发业	33.4	9.4
零售业	290.8	7.3
住宿业	8.5	7.0
餐饮业	53.6	8.7

表9 2016年限额以上批发零售业零售额及增长速度

单位：万元

指 标	绝对数	比上年增长%
粮油、食品类	103550	25.9
饮料类	19384	5.8
烟酒类	26886	4.6
服装、鞋帽、针纺织品类	108651	10.9
化妆品类	9813	-1.9
金银珠宝类	15965	-17.5
日用品类	17179	24.3
五金、电料类	14746	-10.4
体育、娱乐用品类	811	-45.0
书报杂志类	15409	-19.3
电子出版物及音像制品类	446	-36.3
家用电器和音像器材类	42189	-9.8
中西药品类	23019	-7.4
文化办公用品类	4976	-3.6
家具类	22936	-18.1
通讯器材类	10433	-4.7
石油及制品类	199946	22.6
建筑及装潢材料类	7154	62.0
机电产品及设备类	16673	38.5
汽车类	334206	4.1
其他类	52264	-26.6

七、对外经济

全年全市海关进出口总额6.0亿美元,下降32.8%。其中,进口额4.34亿美元,下降28.1%;出口额1.65亿美元,下降42.8%。

图7 2012-2016年外贸进出口总额及增长速度

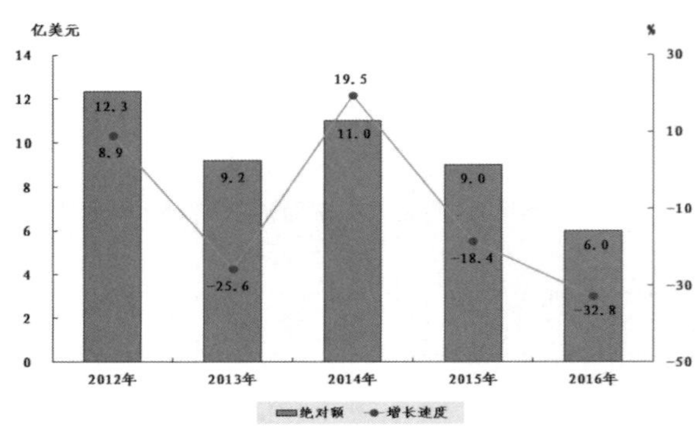

表10 2016年海关进出口总额及增长速度

单位:万美元

指 标	绝对数	比上年增长%
进出口总额	59907	-32.8
出口额	16490	-42.8
其中:一般贸易	7751	-35.0
加工贸易	8739	-48.3
其中:机电产品	13166	-43.2
高新技术产品	4700	-68.1
其中:国有企业	295	-68.4
外商投资企业	9957	-49.4
进口额	43417	-28.1
其中:一般贸易	32410	-29.3
加工贸易	10738	-24.9
其中:机电产品	16296	-50.4
高新技术产品	13235	-49.8
其中:国有企业	163	154.0
外商投资企业	20207	-44.1

全年出口煤炭14万美元,下降63.0%;出口钢材3304万美元,下降32.2%;出口机电产品13166万美元,下降43.2%;出口高新技术产品4700万美元,下降68.1%;出口电器及电子产品7703万美元,下降56.5%;出口计算机及通信技术产品2576万美元,下降80.2%。

全年进口铁矿砂22913万美元,下降4.6%;进口机电产品16296万美元,下降50.4%;进口集成电路6537万美元,下降57.1%;进口机械设备2316万美元,下降51.1%;进口电子技术产品8058万美元,下降56.3%;进口计算机集成制造技术产品1348万美元,下降58.9%。

表11 2016年与晋城有贸易往来的主要国家和地区进出口情况

单位:万美元

国家和地区	进出口	比上年增长%	出口额	比上年增长%	进口额	比上年增长%
中国香港	5326	-59.9	5286	-60.2	40	—
中国台湾	11407	-28.5	957	4.9	10449	-30.6
印 度	3808	1878.8	65	-49.8	3743	5814.7
日 本	5045	-55.4	806	-25.3	4240	-58.6
韩 国	936	-50.8	528	-15.2	409	-68.1
德 国	656	-12.2	241	-26.4	415	-1.1
意大利	227	-63.3	189	-35.9	39	-88.1
巴 西	12260	-4.5	46	-96.6	12214	6.3
美 国	4534	-16.1	3680	-20.6	854	10.6
澳大利亚	3621	-63.4	77	139.2	3544	-64.0

全年全市按全口径统计实际使用外商直接投资金额18000万美元,下降30.1%。

八、交通、邮电和旅游

年末全市公路线路里程9134.5公里。其中,高速公路318.6公里。

年末全市民用汽车保有量36.4万辆(包括三轮汽车和低速货车0.3万辆),比上年末增长9.1%。其中,私人汽车32.9万辆,增长11.3%。本年新注册汽车4.4万辆,下降3.3%。年末轿车保有量24.4万辆,增长11.5%。其中,私人轿车23.2万辆,增长12.8%。

全年全市完成邮电业务总量41.5亿元。其中,邮政业务总量1.3亿元;电信业务总量40.2亿元。年末移动电话用户225.0万户。全市宽带接入用户54.3万户,增长24.6%

图8　2012-2016年全市宽带接入用户

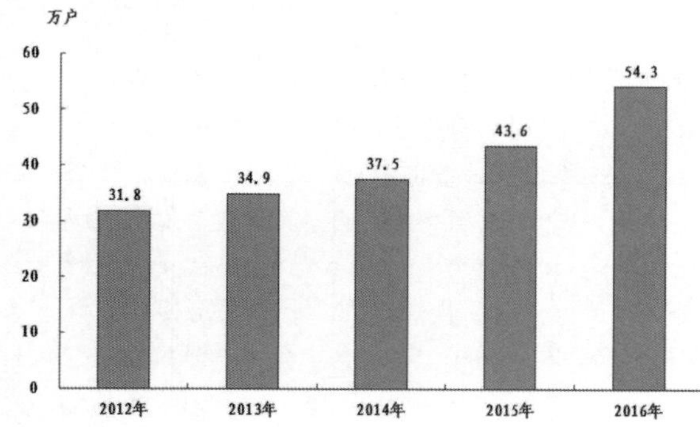

年末全市共有A级景区20个。其中，5A级景区1个，4A级景区7个，3A级景区11个，2A级景区1个。共有星级饭店18家。其中，五星级2家、四星级10家、三星级4家、二星级2家。全年全市接待海外旅游者12819人次，接待国内旅游者3885.28万人次，分别增长5.57%和19.76%；旅游外汇收入713.96万美元，国内旅游收入356.34亿元，旅游总收入356.62亿元，分别增长6.26%、20.95%和20.90%。

九、金融、证券和保险

年末全市金融机构本外币各项存款余额1961.2亿元，比年初增加161.1亿元，增长9.0%。各项贷款余额1091.8亿元，比年初增加84.3亿元，增长8.4%。

年末全市农村金融合作机构（农村信用社、农村合作银行、农村商业银行）人民币贷款余额176.3亿元，比年初减少21.7亿元，下降11%；人民币存款余额452.1亿元，比年初增加35.4亿元，比年初增长8.5%。

表12　2016年年末金融机构本外币存贷款及增长速度

单位：亿元

指　标	年末数	比上年末增长%
各项存款余额	1961.2	9.0
其中：单位存款	489.5	12.1
城乡居民储蓄存款	1051.3	7.6
其中：人民币	1048.1	7.5
各项贷款余额	1091.8	8.4
其中：短期贷款	574.4	9.1
中长期贷款	439.3	1.6
其中：个人消费性贷款（人民币）	70.2	28.6

年末全市共有证券营业部6家，从业人员98人。累计资金开户数130377户，银证转入资金59.9亿元，下降51.9%，新增资产总额-3.5亿元。全年营业收入0.56亿元，下降66.5%；利润总额0.18亿元，下降83.1%。

全年全市保费收入39.0亿元，增长9.1%。其中，寿险业务保费收入27.2亿元，增长13.3%；财产险业务保费收入11.8亿元，增长0.4%。

十、教育和科学技术

年末全市普通高等学校1所，独立设置的成人高等学校1所。高中阶段毛入学率95.5%。

表13　2016年各类教育发展情况

单位：人

指　标	招生	在校生	毕业生
普通高等教育	2169	6325	2033
中等职业教育	4645	15930	5319
普通高中	17023	56483	23654
初　中	23331	69745	27888
小　学	18486	118011	23599
特殊教育	138	686	99
学前教育	16423	55977	19676

全年全市组织实施各类科技项目34项（省级18项、市级16项）。在省级项目中，列入重点研发一般项目4项，成果转化项目4项，农村技术承包项目6项，专利推广资助项目2项，科技重大专项持续支持项目2项。全年全市技术市场交易成交235项，交易额8.32亿元；有效发明专利拥有量340件；省级科技成果鉴定2项。全年全市新认定国家星创天地1个，省民营科技企业7个，省科普基地1个，省众创空间4个。截止2016年末，全市共有国家星创天地1个，国家科技特派员创业链3个，省级民营科技企业38个，省级科普基地11个，省级创新型企业11个，省级创新型试点企业2个，省级工程技术研究中心4个，省级重点实验室3个，省级科技企业孵化器1个，省级众创空间4个，省级农业科技园区2个，省级星火示范基地3个。

十一、文化、卫生和体育

年末全市共有艺术表演团体10个，新创作首演剧目3个；演出场次3010场，演出收入1692万元；全市共有艺术表演场馆5个，群众艺术馆1个，文化馆6个，美术馆1个，公共图书馆7个，总藏书111万册。

年末全市共有各级医疗卫生机构3201个，其中妇幼保健院（所、站）7个。医院和卫生院床位10.6千张，卫生专业技术人员1.29万人，每千人拥有病床4.9张，每千人拥有医生数2.4人。全市6县（市、区）全部开展了新型农村合作医疗试点工作，新型农村合作医疗参合率99.10%。村卫生室覆盖率100%、县乡村三级医疗机构达标率均为100%。全年各县（市、区）的儿童“五苗”全程接种率以乡镇为单位均达到了90%以上。碘盐覆盖率达到98%，合格碘盐食用率达到92.92%，各种地方病得到了有效控制。全市乡镇卫生监督站覆盖率达到100%。

年末全市拥有各级各类体育场馆5717个，体育锻炼标准达标人数达334320人。全年我市运动员在省级以上重大比赛中获金、银、铜牌分别为38枚、53枚和33枚（包括非奥运项目比赛）。全市销售中国体育彩票17600万元，增长16.1%。

十二、人口、人民生活和社会保障

据2016年人口抽样调查，年末全市常住人口为232.09万人，比上年末增加0.59万人。全年全市出生人口1.94万人，人口出生率为8.36‰；死亡人口1.35万人，死亡率为5.82‰；自然增长率为2.54‰。出生人口性别比为105.32（以女性人口为100）。

全年居民人均可支配收入20578元，增长6.3%。按常住地分，城镇居民人均可支配收入28223元，增长5.9%，城镇居民人均消费支出17355元，增长5.4%；农村居民人均可支配收入11635元，增长6.6%，农村居民人均消费支出9297元，增长13.5%。按全市居民五等份收入分组，城镇低收入组人均可支配收入11220元，增长6.6%；农村低收入组人均可支配收入4705元，增长8.9%。城镇居民家庭恩格尔系数（即居民家庭食品消费支出占家庭消费支出的比重）22.0%，农村居民家庭恩格尔系数24.2%。

表14　2016年末人口数及其构成

单位：万人

指　标	年末数	比重(%)
全市常住人口	232.09	
其中：城　镇	135.41	58.34
乡　村	96.68	41.66
其中：男　性	117.20	50.50
女　性	114.89	49.50

年末参加城镇职工基本养老保险42.2万人，比上年末增加2.4万人；参加新型农村社会养老保险110.6万人，减少1.7万人；参加城镇基本医疗保险61.6万人，增加0.7万人；参加失业保险30.3万人，增加0.2万人；参加工伤保险48.0万人，增加0.2万人，其中，农民工19.1万人，减少3.2万人；参加生育保险31.4万人，增加0.4万人。全市共有144.9万农民参加了合作医疗。

年末城镇低保人数13130人，减少5843人；农村低保人数41538人，减少23351人；农村集中供养五保户1966人；民政部门资助参加合作医疗52912人。优抚对象15568人，享受定期抚恤557人，享受定期补助13400人。全年共发放最低保障资金2.5亿元。全市提供住宿的社会服务机构37个，床位数2627张，年收养救助人数1552人。全市社区养老机构和设施515个。全市福利企业15个，残疾职工250人。福利彩票发行单位1个。全年直接接收捐赠款231.9万元，受益25862人次。

十三、资源、环境和安全生产

全市有自然保护区5个，自然保护区面积达到14.6万公顷。

全年市区环境空气质量二级以上天数达到236天。其中，一级天数68天，增加39天。空气综合污染指数为7.35，较上年增长13.4%。

城市污水处理率达到95.0%;城市生活垃圾无害化处理率达到100%;全市集中供热普及率达到87.5%。

全年全市共发生各类生产安全事故199起,事故死亡109人。亿元GDP生产安全事故死亡率0.1039,煤矿百万吨死亡率0.1114。

公报注释:

1、本公报部分数据为初步统计数据。

2、地区生产总值、各产业增加值绝对数按现价计算,增长速度按不变价格计算。

3、除注明外,本公报所列增加、增长、减少、下降均系与上年比较。

4、部分数据因四舍五入的原因,存在与分项合计不等的情况。

5、根据国家统计局规定,节能降耗指标单独发布。

6、2016年由于农业机械不统计农用运输车,故机械总动力和农机化经营总收入同比下降幅度较大。

7、全市居民五等份收入分组是指将所有调查户按人均收入水平从低到高顺序排列,平均分为五个等份,处于最高20%的收入群体为高收入组,依此类推依次为中等偏上收入组、中等收入组、中等偏下收入组、低收入组。

▶三、1949-2016年主要经济社会指标

Major Index in 1949-2016Years

PAGE

537-554

1949-2016年主要经济社会指标(1)

单位:人

年份	总人口	按性别分		按农业、非农业分	
		男	女	农业户口	非农业户口
1949	1016533	517918	498615	992386	24147
1950	1046564	532143	514421	1019936	26628
1951	1070242	543859	526383	1039226	31016
1952	1091385	553820	537565	1054717	36668
1953	1119826	572009	547817	1076474	43352
1954	1145143	587694	557449	1090728	54415
1955	1173415	601386	572029	1112885	60530
1956	1192111	614579	577532	1123580	68531
1957	1225458	632854	592604	1153742	71716
1958	1268715	652302	616413	1165650	103065
1959	1291393	665919	625474	1158815	132578
1960	1298788	668316	630472	1179876	118912
1961	1294598	662444	632154	1198345	96253
1962	1324382	677651	646731	1244751	79631
1963	1351852	691533	660319	1270472	81380
1964	1366943	698819	668124	1282946	83997
1965	1391976	710394	681582	1305878	86098
1966	1417300	723278	694022	1329484	87816
1967	1440163	737766	702397	1347776	92387
1968	1474749	754470	720279	1383302	91447
1969	1510782	772381	738401	1417034	93748
1970	1550665	792166	758499	1447244	103421
1971	1582343	810282	772061	1468194	114149
1972	1609373	822926	786447	1490193	119180
1973	1640304	838468	801836	1516733	123571
1974	1673763	856434	817329	1544502	129261
1975	1693818	866235	827583	1563750	130068
1976	1707369	879643	827726	1580452	126917
1977	1735620	888058	847562	1595077	140543
1978	1745029	893074	851955	1599449	145580

续 表

单位:人

年 份	总人口	按性别分		按农业、非农业分	
		男	女	农业户口	非农业户口
1979	1752740	898142	854598	1600473	152267
1980	1761597	902812	858785	1602152	159445
1981	1778254	909473	868781	1605963	172291
1982	1798346	919822	878524	1616536	181810
1983	1809784	929442	880342	1618254	191530
1984	1812802	932097	880705	1619779	193023
1985	1820330	936233	884097	1621048	199282
1986	1824402	935929	888473	1615663	208739
1987	1844393	945722	898671	1620627	223766
1988	1864263	957384	906879	1632151	232112
1989	1889464	970953	918511	1652566	236898
1990	1919410	983347	936063	1669863	249547
1991	1944443	997962	946481	1687115	257328
1992	1969230	1011582	957648	1703304	265926
1993	1995703	1027366	968337	1715521	280182
1994	2016920	1032922	983998	1720224	296696
1995	2039271	1049946	989325	1730403	308868
1996	2054998	1057824	997174	1724275	330723
1997	2069390	1060316	1009074	1724258	345132
1998	2083893	1065308	1018585	1725266	358627
1999	2100254	1073751	1026503	1725168	375086
2000	2102610	1072409	1030201	1704050	398560
2001	2106316	1072173	1034143	1695883	410433
2002	2111588	1077085	1034503	1683301	428287
2003	2118287	1076945	1041342	1672210	446077
2004	2122015	1075351	1046664	1655488	466527
2005	2118610	1074777	1043833	1629260	489350
2006	2134601	1080675	1053926	1630988	503613
2007	2147768	1083596	1064172	1626440	521328
2008	2152235	1085693	1066542	1618615	533620
2009	2165264	1090695	1074569	1613600	551664
2010	2162304	1088746	1073558	1597625	564679
2011	2174770	1093921	1080849	1594769	580001
2012	2182370	1096479	1085891	1587300	595070
2013	2193126	1102220	1090906	1585225	607901
2014	2189195	1097513	1091682	1572990	616205
2015	2194372	1096979	1097393	1384649	809723
2016	2203916	1100828	1103088	1323111	880805

注:本表为公安户籍人口数

1949-2016年主要经济社会指标(2)

年　　份	生产总值（万元）				生产总值发展速度（上年=100）	人　均生产总值（元）
		第一产业	第二产业	第三产业		
1949						
1950						
1951						
1952	7774	6109	820	845	100.0	72
1953	8486	6474	953	1059	108.1	77
1954	9047	6615	1080	1352	104.6	80
1955	10145	7253	1411	1481	112.1	88
1956	10912	7372	1740	1800	105.8	92
1957	11650	6721	3021	1908	103.3	96
1958	16447	8151	5498	2798	132.0	132
1959	16799	6927	6261	3611	98.4	131
1960	19399	6797	8273	4329	109.7	150
1961	15530	7083	4667	3780	82.4	120
1962	14525	7360	3818	3347	96.2	111
1963	14637	7302	3968	3367	101.8	109
1964	16635	8386	4701	3548	114.5	122
1965	16178	7075	5073	4030	95.9	117
1966	19060	8461	6288	4311	118.1	136
1967	19002	8916	5484	4602	100.1	133
1968	18995	8276	5473	5246	98.1	130
1969	21702	7980	7457	6265	109.5	145
1970	27109	10050	10595	6464	126.1	177
1971	34152	15447	11529	7176	107.3	218
1972	33537	12894	13186	7457	98.2	210
1973	40223	17941	14156	8126	120.1	248
1974	34913	13777	13230	7906	87.0	211
1975	39776	15837	15842	8097	114.7	236
1976	39893	14746	16130	9017	99.2	235
1977	51751	16662	25164	9925	117.9	301
1978	60124	16516	33428	10180	109.3	345

续 表

年　份	生产总值（万元）				生产总值发展速度（上年＝100）	人　均生产总值（元）
		第一产业	第二产业	第三产业		
1979	66056	18969	35813	11274	108.0	378
1980	68976	18385	37937	12654	104.9	393
1981	69646	15247	40053	14346	101.1	393
1982	80766	20525	44559	156	111.6	452
1983	92564	25396	49360	17808	114.7	513
1984	115132	34978	60733	19421	120.2	636
1985	137621	28621	85449	23551	114.6	758
1986	154993	35943	88595	30455	110.3	851
1987	167473	38943	91745	36785	104.1	913
1988	195179	43717	107611	43851	109.1	1053
1989	235786	49340	132750	53696	107.4	1256
1990	269458	60147	137237	72074	107.5	1415
1991	294188	41417	158399	94372	104.2	1523
1992	377739	60826	200365	116548	118.3	1930
1993	541304	70604	305670	165030	122.5	2730
1994	651540	91266	349260	211014	111.6	3248
1995	830580	109812	437402	283366	111.3	4095
1996	1007967	131127	517241	359599	114.9	4924
1997	1111052	84194	600850	426008	113.8	5388
1998	1245693	133785	647479	464429	111.5	5998
1999	1336030	109519	714494	512017	107.2	6386
2000	1462174	119359	772593	570222	107.6	6958
2001	1618444	92416	869962	656066	108.4	7472
2002	1804226	99951	987236	717039	111.5	8288
2003	2125995	111419	1203268	811308	113.5	9724
2004	2683377	133482	1675943	873952	115.0	12234
2005	3201537	147427	2048592	1005517	116.3	14544
2006	3740999	161488	2406829	1172682	113.3	16928
2007	4398210	201961	2777732	1418518	117.8	19822
2008	5632450	224948	3555378	1852124	112.3	25823
2009	6060499	251357	3837357	1971785	107.2	27108
2010	7305428	307078	4646429	2351922	113.7	32329
2011	8949773	388048	5858311	2703414	113.6	39205
2012	10128134	427681	6537622	3162831	111.1	44257
2013	10335860	424897	6263151	3647812	109.3	45017
2014	10358635	438377	6086174	3834085	104.8	44945
2015	10402397	492315	5756793	4153288	103.3	44994
2016	10493406	498569	5543568	4451270	103.8	45271

注：生产总值发展速度按可比价格计算，以上年为100。

1949-2016年主要经济社会指标(3)

年　　份	耕地面积（千公顷）	农林牧渔业总产值（万吨）	粮　食总产量（吨）	秋　粮	油　料总产量（吨）	蚕　茧总产量（吨）	蔬　菜总产量（吨）
1949	201.92	7055	249300	210535	2940	604	32380
1950	204.05	7489	262975	225090	3120	573	43545
1951	215.38	8388	292480	249440	3425	716	42475
1952	219.54	9189	320740	282330	3480	723	54355
1953	219.69	9753	339895	284995	4325	676	54740
1954	218.20	9959	339880	293280	4860	660	56430
1955	218.14	10919	374160	307175	4870	737	72805
1956	217.75	11109	359835	299575	3830	1263	89330
1957	217.01	10141	335015	291750	3765	1165	92370
1958	207.81	12292	387070	337870	4260	1213	171625
1959	203.42	10428	304455	245125	3855	983	127180
1960	201.03	10244	302570	245140	2775	760	168590
1961	201.63	10685	326495	278205	2700	545	199870
1962	203.31	11092	302000	324845	2755	560	154495
1963	203.21	11013	374700	339540	3785	649	122185
1964	204.28	12655	404345	353170	4135	779	152935
1965	204.31	10690	339855	266535	3515	781	73860
1966	203.95	12764	385360	360365	4430	679	144465
1967	203.57	13484	409175	361730	3990	676	190245
1968	203.26	12480	369890	321310	2975	624	160775
1969	202.78	12000	371265	299645	3180	645	159820
1970	202.47	14371	453710	417580	3620	698	197865
1971	202.07	23220	536275	490260	2675	506	173715
1972	201.49	19631	405985	335580	2365	540	173025
1973	201.48	26938	592905	520200	5290	672	198770
1974	201.43	20710	432315	353375	2855	729	142745
1975	201.41	23855	541115	429705	5565	775	147615
1976	201.39	22249	483920	365625	3005	923	1446156
1977	201.37	23489	513080	452495	3095	1113	163885
1978	201.34	23387	502025	441725	1795	1378	140975

续 表

年 份	耕地面积（千公顷）	农林牧渔业总产值（万元）	粮食总产量（吨）	秋粮	油料总产量（吨）	蚕茧总产量（吨）	蔬菜总产量（吨）
1979	201.14	25444	491740	412390	3655	1337	138465
1980	200.99	27200	555040	515995	4890	1681	166870
1981	200.91	22494	381820	326060	4000	1459	122345
1982	199.17	30580	486535	400245	5005	1807	132170
1983	199.10	38436	621115	474180	6155	1820	148125
1984	198.92	47773	670315	507865	7120	2111	204630
1985	194.82	41326	434434	222559	6407	2062	140217
1986	191.62	51294	595172	383057	8629	2205	181938
1987	190.37	52293	582801	381099	9414	2458	178177
1988	189.92	62053	550696	406788	9351	2602	188544
1989	190.52	71534	670643	463251	10435	2756	210080
1990	189.53	86806	685540	423357	12096	2825	188264
1991	189.29	68292	446488	210949	5649	2568	129944
1992	188.78	84283	574305	463291	14232	2757	206990
1993	188.37	111665	767546	466821	16107	2533	240992
1994	188.20	140793	595706	317767	11226	2979	215251
1995	187.89	170611	649303	474849	16104	2844	241489
1996	185.89	200585	763473	511907	16933	2830	277954
1997	197.64	141180	447110	158270	3299	2363	130743
1998	196.77	194710	836392	534826	20457	2860	301081
1999	196.12	166525	732643	556663	17160	2434	249931
2000	196.06	182925	751277	530068	20914	2636	249237
2001	195.66	152474	533077	366783	12788	2660	197481
2002	189.31	172114	641378	452440	15315	3002	262697
2003	183.49	205994	724373	464081	16559	2927	308064
2004	182.33	246484	800301	585329	14321	3419	283031
2005	182.01	274363	790466	596324	11666	3771	271903
2006	192.09	298414	852991	618656	10075	4300	282959
2007	192.15	322411	781092	592886	7814	4825	276461
2008	192.15	383031	864531	622558	7058	5272	265800
2009	204.72	417253	628465	479775	4779	4010	257759
2010	204.75	538198	914645	668329	6532	4925	283781
2011	204.75	670478	920386	691333	6189	5324	319146
2012	204.75	745728	974459	713477	6097	5680	402156
2013	204.91	777963	904836	728320	5893	5689	428514
2014	204.68	798268	730049	562573	4094	5442	456340
2015	204.7	929345	962290	732319	4494	4977	438359
2016	204.8	949614	900509	715851	3932	2434	354674

注:2006年及以后的耕地面积为国土部门数。

1949-2016年主要经济社会指标(4)

年　份	年　末 大牲畜存栏 （万头）	年　末 生猪存栏 （万头）	肉类总产量 （吨）	禽蛋产量 （吨）	水果产量 （吨）
1949	14.85	1.74	152	1283	5420
1950	16.93	2.04	188	1509	5455
1951	19.43	2.64	227	1762	5715
1952	21.50	4.31	342	1908	7190
1953	22.90	4.06	330	2478	7190
1954	22.56	3.87	305	2513	10900
1955	23.35	2.79	246	2586	11675
1956	21.28	5.39	429	2811	17745
1957	20.32	12.18	1073	2756	13710
1958	19.14	15.06	1396	2780	21135
1959	19.38	14.70	1388	2311	18975
1960	18.87	10.92	1032	1405	21535
1961	17.67	6.75	665	1133	13190
1962	17.06	7.73	727	1448	20285
1963	17.77	13.92	1271	1754	17585
1964	18.26	18.15	1619	1948	21835
1965	19.13	27.94	2463	2006	25610
1966	20.02	28.28	2538	2069	29500
1967	20.31	33.66	2957	2132	34095
1968	20.12	36.39	3148	2197	32370
1969	19.13	31.90	2735	2266	31890
1970	18.96	34.45	2902	2334	34410
1971	18.98	44.77	3858	2409	29845
1972	18.82	45.80	4037	2485	27530
1973	19.21	46.28	5282	2565	43395
1974	19.40	55.83	7875	2645	32930
1975	19.01	64.64	7269	2729	32580
1976	18.13	65.96	9300	2817	13885
1977	18.02	65.46	11180	2907	33135
1978	18.16	62.00	11875	3001	38475

续 表

年 份	年 末 大牲畜存栏 （万头）	年 末 生猪存栏 （万头）	肉类总产量 （吨）	禽蛋产量 （吨）	水果产量 （吨）
1979	17.53	57.86	11570	3099	29700
1980	16.81	52.05	13630	3200	42675
1981	16.19	43.46	18301	3306	33730
1982	15.54	41.18	16958	3413	44620
1983	15.60	39.04	16976	3527	38975
1984	15.64	30.90	18397	4856	62030
1985	15.19	32.67	18952	7158	53551
1986	15.52	33.85	16741	8597	59801
1987	15.63	22.65	19053	8490	47612
1988	15.76	24.23	19167	9497	60317
1989	16.19	28.51	19828	10474	40847
1990	16.00	27.42	24886	11575	31911
1991	15.19	26.31	25211	11687	25163
1992	15.01	28.54	27398	13429	34350
1993	14.68	30.42	30067	15288	36956
1994	14.86	32.87	32380	16514	31974
1995	16.79	35.32	36136	18578	29450
1996	18.54	40.33	42240	21019	34659
1997	12.11	32.66	32533	18096	32967
1998	12.05	35.09	34814	15132	41079
1999	12.09	31.75	37583	17029	49995
2000	10.81	32.66	39135	18356	47836
2001	8.22	34.35	39950	20077	39220
2002	7.62	36.96	41665	17839	42911
2003	7.80	40.70	49188	20489	46585
2004	7.84	50.29	59458	24364	53592
2005	8.08	55.71	74533	31499	54901
2006	3.08	39.81	52999	27000	60670
2007	2.85	44.54	56427	29631	61620
2008	3.29	79.09	83511	39234	59619
2009	1.94	71.45	89287	47530	57081
2010	1.63	58.70	100412	35066	57441
2011	2.53	89.98	113548	64595	64809
2012	2.13	92.17	131697	68847	69305
2013	1.73	95.93	140277	72894	61688
2014	1.98	106.59	158447	81596	66580
2015	1.78	115.70	171922	79347	76087
2016	1.64	102.96	165945	83255	60445

1949-2016年主要经济社会指标(5)

年 份	全部工业增加值(万元)	工业主要产品产量					
		原 煤(万吨)	发电量(万千瓦时)	生 铁(万吨)	化 肥(万吨)	布(万米)	水 泥(万吨)
1949		65		0.7			
1950		61		0.8			
1951		64		1.0			
1952	706	72		1.6			
1953	800	85		1.5			
1954	1015	87		1.8			
1955	1285	95		1.3			
1956	1486	101	8	1.2		17	
1957	1583	106	117	2.0		20	
1958	3020	152	244	4.0		24	
1959	3741	183	1289	6.0		42	1
1960	4640	216	2470	8.0		67	1
1961	3120	145	2454	2.3		16	1
1962	2818	182	2999	1.7		18	1
1963	3010	231	3121	0.5		20	1
1964	3423	278	3477	0.1		14	1
1965	4161	333	4354	0.2		4	2
1966	4631	343	5801	0.9		46	2
1967	4079	363	5256	1.6	0.2	79	2
1968	4162	324	6419	2.5	0.1	150	2
1969	5533	426	13011	3.6	0.2	208	3
1970	7568	488	18878	4.8	0.2	263	3
1971	9117	495	26825	5.6	0.3	307	3
1972	10968	598	36392	6.9	0.6	455	4
1973	11792	627	41051	13.6	1.0	575	5
1974	11236	508	43703	11.8	0.8	665	5
1975	14025	661	46708	8.2	1.2	778	5
1976	14628	642	50359	8.0	1.0	698	6
1977	23702	855	57391	11.0	1.6	949	9
1978	31388	927	58929	12.2	2.3	1649	12

续 表

年　份	全部工业增加值（万元）	工业主要产品产量					
		原　煤（万吨）	发电量（万千瓦时）	生　铁（万吨）	化　肥（万吨）	布（万米）	水　泥（万吨）
1979	32463	1198	58259	15.4	2.8	1081	11
1980	34337	1307	54494	9.8	3.2	1203	13
1981	35995	1418	50625	6.7	2.6	1472	14
1982	40178	1544	49773	7.6	3.0	1596	17
1983	44201	1748	53346	12.3	3.6	3596	17
1984	54370	1991	55484	23.0	4.0	1435	21
1985	78055	2248	56209	50.0	3.3	1168	23
1986	81268	2327	57341	45.7	2.7	1370	30
1987	84136	2581	61382	46.5	3.8	1591	32
1988	99843	2823	66499	57.6	4.4	1635	32
1989	120359	3084	69967	67.0	4.9	1614	37
1990	123218	3099	70145	67.1	5.7	1318	40
1991	141132	3129	76044	79.5	5.8	987	44
1992	176355	3271	94552	137.6	5.5	1124	50
1993	277566	3292	104620	375.3	5.5	1123	55
1994	318246	3226	108018	370.5	6.0	1050	57
1995	383898	3549	120281	407.4	6.7	1058	71
1996	448492	3985	118309	338.4	8.5	1027	94
1997	486396	3825	114833	313.5	9.9	1091	113
1998	517967	4021	113200	291.7	12.1	1068	98
1999	542422	2551	98400	318.6	13.5	1005	99
2000	604663	3807	102872	306.0	14.9	1189	90
2001	706222	3294	477745	305.0	17.4	1192	90
2002	865127	4902	1032403	225.0	22.0	1282	99
2003	1056201	6561	1241060	233.0	25.6	1166	106
2004	1528443	7499	1380079	276.0	46.1	782	129
2005	1849249	7628	1349664	308.0	88.0	800	114
2006	2138769	7667	1330324	170.0	116.1	809	124
2007	2449565	7867	1471526	149.0	157.2	736	151
2008	3121216	8611	1961777	119.0	191.1	539	98
2009	3675342	8532	1993299	256.0	210.1	647	125
2010	4438868	8434	2040874	226.0	172.1	736	143
2011	5600578	9140	1991597	278.0	201.7	706	139
2012	6184887	8433	2192641	334.0	235.9	669	233
2013	5843305	8143	2319767	346.2	270.6	777	236
2014	5636646	7954	2337500	372.4	261.4	914	253
2015	5330793	8791	2266861	364.0	261.8	977	224
2016	5114295	9021	2296021	417.0	259.5	892	193

1949-2016年主要经济社会指标(6)

年　份	固定资产投资额（万元）	社会消费品零售总额（万元）	城镇居民人均可支配收入（元）	农村居民人均可支配收入（元）	城乡居民储蓄存款余额（万元）
1949		1373			
1950	2	1625			2
1951	5	2054			9
1952	88	2561			33
1953	109	3205			51
1954	58	3924			175
1955	81	3982			304
1956	232	4740			410
1957	891	4656			534
1958	1618	6280			705
1959	4185	7597			1541
1960	6029	8588			1374
1961	2566	7173			1681
1962	1657	6959			1179
1963	1587	6887			1035
1964	2115	6959			1118
1965	1512	7226			1017
1966	2740	7231			989
1967	2309	8046			1070
1968	2146	8048			1263
1969	3134	9294			1273
1970	4922	9823			1324
1971	3913	10794			1546
1972	3585	10764			1671
1973	3806	12842			2064
1974	3182	12673			2380
1975	2871	12934			2573
1976	2351	13989			2669
1977	2273	15307			3117
1978	4318	15984	300	114	3609

续　表

年　　份	固定资产投资额（万元）	社会消费品零售总额（万元）	城镇居民人均可支配收入（元）	农村居民人均可支配收入（元）	城乡居民储蓄存款余额（万元）
1979	7704	17361	303	132	4213
1980	7151	20265	308	138	5973
1981	4870	22995	315	145	8332
1982	5658	25886	321	183	11556
1983	8864	28655	330	254	15464
1984	12188	36623	468	298	20977
1985	37018	46477	508	369	28413
1986	36012	53263	573	397	36067
1987	37013	56207	712	425	48812
1988	44510	66216	835	519	69718
1989	49241	76939	1061	553	102031
1990	65255	78869	1141	611	138934
1991	90791	85635	1254	587	178454
1992	112367	110366	1479	695	230612
1993	201984	155724	1752	890	301192
1994	160003	182586	2426	1001	412276
1995	182758	238745	3091	1552	583477
1996	275185	281481	3369	2009	780096
1997	386096	345068	4150	2393	925794
1998	472368	389130	4171	2582	1053336
1999	684231	405007	4384	2576	1189887
2000	576225	433833	4842	2629	1288919
2001	576648	460808	5374	2594	1437079
2002	681263	500446	6107	2707	1670422
2003	823249	535462	7071	2942	1952885
2004	1078759	596039	8097	3278	2372650
2005	1308989	751191	8911	3593	2904916
2006	1647534	875858	10132	3939	3300761
2007	2154911	1206160	12404	4435	3673062
2008	2675397	1501369	14146	4856	4812788
2009	3666119	1777862	15161	5255	5438723
2010	4326382	1911163	17353	5899	6145618
2011	5041207	2245030	20127	7043	6543256
2012	6549537	2607672	22565	8037	7555365
2013	8376976	2971499	23250	9026	8254620
2014	9747818	3412124	24907	10087	8706248
2015	11051476	3587551	26651	10914	9773463
2016	11503657	3861943	28223	11635	10480927

注：1. 2011年固定资产投资统计起点为项目计划总投资500万元；

2. 2013年以后城乡居民收入口径改为城镇常住居民人均可支配收入和农村常住居民人均可支配收入。

1949-2016年主要经济社会指标(7)

年　　份	财　政 总收入 (万元)	公共财政 预算支出 (万元)	金融部门 存款余额 (万元)	金融部门 贷款余额 (万元)	金融部门 现金收入 (万元)	金融部门 现金支出 (万元)
1949	324	98	2	17		
1950	389	116	27	8		
1951	493	117	82	47		
1952	641	265	193	99		
1953	763	378	431	328	2321	2420
1954	890	562	649	586	3245	3372
1955	984	591	1046	1559	4481	4313
1956	963	821	1093	2434	5671	5758
1957	1099	1036	1949	2427	5651	5519
1958	2091	1886	3528	5564	7462	8030
1959	4380	2982	4347	6150	11911	12161
1960	3893	4052	5879	7541	9222	9822
1961	1989	2560	7743	8008	7660	8445
1962	2007	1317	5914	6771	5991	6613
1963	2039	1376	5753	4964	5360	5758
1964	2151	1463	5714	4447	5871	5640
1965	2578	1451	5469	6456	5799	6208
1966	3077	1642	6228	8818	6274	6521
1967	2324	2228	6481	6395	8090	8541
1968	2556	2039	8210	6330	7619	8251
1969	3485	2962	7665	7403	8517	9262
1970	4050	3718	9024	8094	8594	9268
1971	4684	4420	7796	9957	8704	10098
1972	5407	4150	7426	11247	8774	10378
1973	7335	4667	10290	12394	9590	10693
1974	4943	4726	10117	13157	10310	12117
1975	5090	4668	9087	14414	9925	11580
1976	3901	4079	11596	16420	10385	12661
1977	5972	4500	13344	16489	11611	13090
1978	6344	5880	13715	17792	12562	14880

续 表

年　份	财　政 总收入 （万元）	公共财政预算 支　出 （万元）	金融部门 存款余额 （万元）	金融部门 贷款余额 （万元）	金融部门 现金收入 （万元）	金融部门 现金支出 （万元）
1979	7021	6336	15359	19080	15289	18539
1980	7278	5626	21246	23427	19058	22623
1981	7611	5116	24395	27184	23864	26829
1982	7506	8964	29482	28076	29521	32188
1983	8802	8315	41263	36858	39592	43777
1984	10619	9714	49758	62740	40770	48388
1985	10927	12764	62340	73949	42835	52945
1986	11669	15189	68750	88034	51452	60015
1987	11640	13933	89943	99629	65979	74570
1988	14326	17248	124488	129770	92678	107002
1989	18119	21975	178972	163760	129437	141943
1990	20118	23924	246132	209920	151042	175942
1991	22869	25385	305252	244781	181235	225420
1992	23967	27252	380722	309863	255116	325564
1993	30952	32562	461585	399850	373444	479592
1994	27852	41608	624368	477213	575870	644818
1995	58423	53141	965566	634894	892851	915144
1996	73462	63945	1347571	798465	1144392	1184514
1997	89292	75747	1638883	1002369	1201484	1304526
1998	101567	83012	1669608	1020149	1880221	1952925
1999	110318	90456	1785168	994228	2281840	2362204
2000	115512	99029	1945439	1011146	2597485	2646684
2001	139205	124602	2161850	1106393	3406224	3375402
2002	222870	153174	2599264	1393707	4211589	4087486
2003	301223	192517	3084052	1643363	5736855	5635536
2004	430941	245342	3982930	2148131	9107151	8777490
2005	616693	313156	5044581	2221963	9781229	9547116
2006	790065	392581	6234919	2603300	9981533	9691625
2007	965529	540495	7196151	3358040	11581530	11434802
2008	1131565	632928	9579988	3767760	12820570	12734628
2009	1361365	764896	11070426	4271572	12988264	13104682
2010	1532288	895069	13249293	5229188	14588860	14930870
2011	1818009	895069	14983391	6334496		
2012	2134753	1298261	17191624	7689828		
2013	2232527	1571345	17475406	8590211		
2014	2073211	1617219	18126212	9220797		
2015	1925250	1801145	17763065	9957204		
2016	1690127	1728079	19345530	10822150		

注：2011年金融统计报表制度调整，取消现金收入和支出统计。

1949-2016年主要经济社会指标(8)

年份	学校数（所）	在校学生数（人）	招生数（人）	毕业生数（人）	卫生机构数（个）	卫生机构床位数（张）	卫生机构人员数（人）
1949	1793	77522	17824	2784	40	26	1545
1950	1905	81192	18524	6166	53	29	2061
1951	2092	91411	18465	4651	58	45	2162
1952	2480	117270	38979	10981	115	86	3721
1953	2511	126728	24812	20257	139	133	4815
1954	2506	127406	35345	24234	217	141	5950
1955	2603	140749	45085	20958	272	203	6475
1956	2626	158793	48780	23380	305	260	7963
1957	2681	165644	42633	29443	389	419	8286
1958	3277	217226	84941	34369	701	738	9112
1959	3057	238941	68535	40415	738	1109	9239
1960	3080	268720	91883	54271	726	1317	8637
1961	3250	268440	74884	63477	636	1352	8740
1962	3362	245793	62489	55778	683	1281	8690
1963	3472	222690	62898	48113	600	1069	7758
1964	3776	241632	85980	46468	606	1241	7568
1965	3915	263609	88510	50238	592	1363	6522
1966	3880	271345	85934	48340	182	1498	1784
1967	3845	279080	83358	46517	131	1633	1825
1968	3810	286810	80782	45089	125	1766	1984
1969	3775	294538	78206	43247	131	1767	2103
1970	3773	294525	77497	43729	130	1631	2097
1971	3838	321717	94755	64400	142	2498	2462
1972	4038	339226	92822	70479	237	2707	2871
1973	4074	342778	83596	67187	251	2983	3058
1974	4082	352157	89013	74005	277	3776	3829
1975	4139	367195	105229	86467	249	3809	3801
1976	4215	385268	117780	95764	272	3905	1031
1977	4239	395151	124465	103081	230	4274	3887
1978	4279	415891	130067	112601	263	4133	4148

续 表

年 份	学校数（所）	在校学生数（人）	招生数（人）	毕业生数（人）	卫生机构数（个）	卫生机构床位数（张）	卫生机构人员数（人）
1979	4271	396568	110047	112725	258	4339	4403
1980	4297	410989	80144	71252	261	4340	4924
1981	4230	395517	81487	81569	307	4650	5677
1982	4231	380009	82883	92391	307	4734	5835
1983	4253	363822	83665	82654	303	4785	5771
1984	4164	358626	80276	78906	308	4860	6163
1985	4145	350723	76987	77706	310	5189	6554
1986	4100	333503	71617	80531	311	5387	6689
1987	4090	317332	70785	79749	321	5497	6554
1988	4092	313353	77066	81015	318	5706	6855
1989	4057	299753	72190	78789	321	6016	7406
1990	4042	296634	72315	75509	318	6148	7500
1991	3988	288732	69002	75373	323	6352	7835
1992	3957	282388	69315	69326	405	6556	7942
1993	3941	273315	70112	70873	318	6842	8185
1994	3910	277301	74517	68663	170	6248	7525
1995	3797	284216	75412	68941	307	6481	8486
1996	3751	290644	78731	69051	181	6165	7935
1997	3573	299824	79955	67276	182	6276	8676
1998	3522	305466	76762	68263	182	6098	8787
1999	3490	310157	79907	72910	183	6236	8994
2000	3450	324351	86683	73197	183	6236	8994
2001	3288	344466	98382	77665	171	6591	10008
2002	2962	364612	105040	84837	174	5866	8536
2003	2758	388448	103749	77643	175	6645	9867
2004	2572	400771	82836	88073	187	7043	10271
2005	2050	400845	89876	95412	191	7608	10785
2006	1850	401447	90507	88553	185	6892	10784
2007	1564	401935	93897	92752	211	6637	11173
2008	1339	396415	99553	95262	219	7428	11913
2009	1639	441644	95833	100951	226	7926	12385
2010	1520	430347	93077	99957	227	8311	12304
2011	1438	421094	92689	100609	3098	8574	17603
2012	1417	402094	87337	102366	3129	8881	17915
2013	1251	378317	80435	94825	3043	9689	18559
2014	1199	358136	69209	90813	3069	10095	18261
2015	1171	340088	66625	85967	3090	10737	18157
2016	1130	324487	65897	85413	3102	11257	18571